T5-BBP-549

LA FEMME À LA FENÊTRE

VIE DES LETTRES QUÉBÉCOISES
collection dirigée par
Jacques BLAIS et Joseph BONENFANT
fondée par
Benoît Lacroix, Luc Lacourcière et Jean Ménard

1 *La Mère dans le roman canadien-français*, par sœur Sainte-Marie-Éleuthère, c.n.d., 1964.

2 *Le Ciel et l'Enfer d'Arthur Buies*, par Marcel-A. Gagnon, 1965.

3 *L'Hiver dans le roman canadien-français*, par Paulette Collet, 1965.

4 *Xavier Marmier et le Canada. Relations franco-canadiennes au XIXe siècle*, par Jean Ménard, 1967.

5 *Joseph Marmette, sa vie, son œuvre*, suivi de *À travers la vie*, par Roger Le Moine, 1968.

6 *Saint-Denys Garneau et ses lectures européennes*, par Roland Bourneuf, 1969.

7 *À la recherche de Napoléon Aubin*, par Jean-Paul Tremblay, 1969.

8 *Les Grands Thèmes nationalistes du roman historique canadien-français*, par Maurice Lemire, 1970.

9 *Poésie et Société au Québec (1937-1970)*, par Axel Maugey, 1972.

10 *Romanciers canadiens*, par Robert Charbonneau, 1972.

11 *Présence d'Alain Grandbois*, par Jacques Blais, 1974.

12 *Le Roman de la terre au Québec*, par Mireille Servais-Maquoi, 1974.

13 *La Poésie nationaliste au Canada français (1606-1867)*, par Jeanne d'Arc Lortie, s.c.o., 1975.

14 *De l'Ordre et de l'Aventure. La poésie au Québec de 1934 à 1944*, par Jacques Blais, 1975.

15 *Le Canada français vu de France (1830-1914)*, par Armand Yon, 1975.

16 *Hubert Aquin romancier*, par Françoise Maccabée Iqbal, 1978.

17 *Les Mots à l'écoute. Poésie et silence chez Fernand Ouellette, Gaston Miron et Paul-Marie Lapointe*, par Pierre Nepveu, 1979.

18 *Entre la neige et le feu. Pierre Baillargeon, écrivain montréalais*, par André Gaulin, 1980.

19 *Réjean Ducharme, Nietzsche et Dionysos*, par Renée Leduc-Park, 1982.

20 *La Partie et le Tout. Lecture de Fernand Ouellette et Roland Giguère*, par Paul Chanel Malenfant, 1983.

21 *Le Phénomène* IXE-13, par Guy Bouchard, Claude-Marie Gagnon, Louise Milot, Vincent Nadeau, Michel René et Denis Saint-Jacques, 1984.

22 *La Femme à la fenêtre. L'univers symbolique d'Anne Hébert dans* les Chambres de bois, Kamouraska *et* les Enfants du sabbat, par Maurice Émond, 1984.

Maurice ÉMOND

LA FEMME À LA FENÊTRE

L'univers symbolique d'Anne Hébert
dans *les Chambres de bois*,
Kamouraska et *les Enfants du sabbat*

LES PRESSES DE L'UNIVERSITÉ LAVAL, QUÉBEC, 1984

Cet ouvrage est publié grâce à une subvention de la Fédération canadienne des études humaines, dont les fonds proviennent du Conseil de recherches en sciences humaines du Canada.

Dépôt légal (QUÉBEC), 3e trimestre 1984

I.S.B.N. 2-7637-7012-6

À Viviane, Guy et Yves

Sigles*

SÉ	*Les Songes en équilibre*
P	*Poèmes* (recueil comprenant *le Tombeau des rois* et *Mystère de la parole*)
AM	« L'Arche de midi »
IP	*Les Invités au procès*
MA	*La Mercière assassinée*
TS	*Le Temps sauvage*
LT	*Le Torrent*
CB	*Les Chambres de bois*
K	*Kamouraska*
ES	*Les Enfants du sabbat*
H	*Héloïse*
FB	*Les Fous de Bassan*

* Cette liste a été établie selon l'ordre chronologique. Il faut signaler dès maintenant qu'à la première mention d'un ouvrage, qu'il s'agisse ou non d'une œuvre d'Anne Hébert, on trouvera, en note, une description bibliographique complète. Par la suite, nous utiliserons les sigles ci-dessus pour les écrits d'Anne Hébert et nous n'indiquerons que le nom de l'auteur et le titre, parfois même en abrégé, pour les autres ouvrages. Le lecteur remarquera également que, pour des raisons évidentes de commodité, la plupart des références aux écrits d'Anne Hébert ont été intercalées, dans le texte courant, entre crochets.

INTRODUCTION

L'imagination n'est pas une simple faculté marginale créatrice d'images fantaisistes. Elle est conscience totale, fonction englobante qui dynamise toute la vie psychique. Ce qui équivaut à lui reconnaître une suprématie sur les autres activités mentales. « Plus que la volonté, plus que l'élan vital, l'Imagination est la force même de la production psychique[1] », affirme Gaston Bachelard. Elle est « une fonction première du psychisme humain, une fonction de pointe, à condition, bien entendu, de considérer l'imagination avec tous ses caractères, avec ses trois caractères formel, matériel et dynamique[2] ». L'imagination est souveraine et échappe, finalement, aux déterminations extérieures. Elle constitue son règne propre, avec son univers et ses constantes.

L'image littéraire qui surgit des profondeurs de l'imaginaire pour apparaître dans le texte écrit propose un langage neuf, « est un texte original de langage[3] », selon Bachelard. Loin d'être un signe douteux ou appauvri, elle est riche de sens multiples; elle exprime une mobilité et une ouverture; elle éclate dans toutes les directions en épousant les dynamismes mêmes de l'imagination. Alors les mots s'organisent, tout un univers s'élabore sur la page blanche. « L'image littéraire est un explosif, dirait encore Bachelard.

---

[1] Gaston Bachelard, *la Psychanalyse du feu*, Paris, Gallimard, coll. Idées, nº 73, 1969, p. 181.

[2] Gaston Bachelard, *la Terre et les Rêveries de la volonté*, Paris, Librairie José Corti, 1971, p. 392.

[3] *Ibid.*, p. 6.

[Elle] met les mots en mouvement, elle les rend à leur fonction d'imagination[4]. »

À la manière d'une certaine critique thématique, celle d'un Georges Poulet, d'un Jean-Pierre Richard, d'un Jean Rousset ou d'un Jean Starobinski, pour ne citer que ceux-là, nous nous sommes mis à l'écoute de l'œuvre d'Anne Hébert dans une lecture qui se voulait, autant que possible, « une lecture *non prévenue*, une rencontre simple, sur laquelle aucune préméditation systématique, aucun préalable doctrinal ne fasse d'abord ombre[5] »; une lecture attentive aux moindres sollicitations du texte, qui refasse le cheminement de l'écrivain et s'abandonne volontiers à l'œuvre, confiante d'y trouver une organisation originale, une « constitution spécifique[6] », en d'autres mots, un univers symbolique avec ses dynamismes, ses images, ses thèmes et ses motifs.

Notre démarche critique, tout en coïncidant de la sorte avec l'œuvre, devait éviter de s'identifier à elle sans toutefois adopter une technique et un langage qui se refermeraient sur leur propre cohérence. Difficile équilibre entre la tentation d'une identification excessive qui conduit à la paraphrase et, à la limite, au silence, et celle d'une distance systématique qui aboutit au discours parallèle. Ne succomber ni à l'envoûtement de l'œuvre ni à celui de son propre langage critique; l'équilibre n'étant pas tant de se maintenir entre les deux pôles que d'aller de l'un à l'autre dans un « trajet critique[7] » qui doit trouver sa propre harmonie.

Ainsi sommes-nous partis à la rencontre de l'œuvre d'Anne Hébert, découvrant, au fil des pages, tout un réseau

[4] Gaston BACHELARD, *l'Air et les Songes; essai sur l'imagination du mouvement*, Paris, Librairie José Corti, 1972, p. 285.

[5] Jean STAROBINSKI, *l'Œil vivant II. La relation critique*, Paris, Gallimard, 1972, p. 13.

[6] L'expression est de Gaston BACHELARD, *la Poétique de l'espace*, Paris, PUF, 1970, p. 204.

[7] Nous empruntons à STAROBINSKI cette notion de « trajet critique [*l'Œil vivant II* [...], p. 13] ».

d'images et de thèmes constituant un monde vivant et dynamique. Nous n'hésitions pas à explorer les reliefs et les replis, les espaces de lumière comme les zones d'ombre, à la manière d'un Richard : « La critique peut dès lors s'en aller dans les sous-bois, suivre des pistes à demi recouvertes, s'enfoncer dans les en-dessous de l'œuvre, afin d'y découvrir des points d'émergence et de clarté[8]. » Nous nous efforcions d'être, le plus possible, ce « lecteur complet » dont parle Rousset,

> tout en antennes et en regards, [qui] lira donc l'œuvre en tout sens, adoptera des perspectives variables mais toujours liées entre elles, discernera des parcours formels et spirituels, des tracés privilégiés, des trames de motifs ou de thèmes qu'il suivra dans leurs reprises et leurs métamorphoses, explorant les surfaces et creusant les dessous jusqu'à ce que lui apparaissent le centre ou les centres de convergences, le foyer d'où rayonnent toutes les structures et toutes les significations, ce que Claudel nomme le « patron dynamique »[9].

Nous étions sans cesse à l'affût des multiples portes d'accès qui permettent une meilleure pénétration de l'œuvre, demeurant disponible aux résonances imprévues, veillant à ne pas imposer d'avance une orientation précise ou à ne retenir que les images familières ou celles auxquelles nous étions le plus réceptif. Cette lecture féconde se voulait la plus globale possible, sensible aux multiples manifestations de l'imaginaire d'Anne Hébert. Déjà Bachelard disait qu'une œuvre « doit être contemplée à la fois dans ses lignes et dans ses tensions, dans ses élans et dans ses poids, avec un œil qui ajuste les surfaces et une épaule qui supporte les volumes, bref avec tout notre être tonalisé[10] ».

Nous avons donc parcouru l'ensemble de l'œuvre, relevant systématiquement les images, thèmes ou motifs

---

[8] Jean-Pierre RICHARD, *l'Univers imaginaire de Mallarmé*, Paris, Éditions du Seuil, 1961, p. 17.

[9] Jean ROUSSET, *Forme et Signification : essais sur les structures littéraires de Corneille à Claudel*, Paris, Librairie José Corti, 1970, p. XV.

[10] BACHELARD, *la Terre et les Rêveries de la volonté*, p. 392.

qui composent l'univers symbolique d'Anne Hébert : ses couleurs, ses bruits, ses odeurs, ses nourritures, ses jours et ses nuits, ses silences et ses cris, ses lumières et ses ténèbres, ses enfers et ses cieux, ses armes et ses liens, son bestiaire, ses personnages, ses matières (eau, air, feu, terre, neige...), ses rituels, ses espaces privilégiés, ses regards, ses fenêtres, ses miroirs... Et si nous avons finalement choisi de concentrer notre étude sur trois romans, *les Chambres de bois*[11], *Kamouraska*[12] et *les Enfants du sabbat*[13], nous n'hésiterons pas, lorsque l'occasion s'en présentera, à puiser dans toute l'œuvre pour mieux montrer la nouveauté, la continuité ou l'évolution des images, reconnaissant qu'aux yeux de l'imaginaire il n'y a pas de frontières étanches d'un texte à l'autre, de l'univers romanesque à l'univers poétique ou dramatique.

Toutefois, une œuvre n'est pas la simple juxtaposition d'images et de thèmes; à considérer ceux-ci isolément l'on risque de perdre de vue les pôles dynamiques, les constellations, les fréquences significatives, « les lignes et les tensions ». Même exhaustif, un tel relevé ne saurait rendre compte de la complexité du monde imaginaire d'Anne Hébert avec ses correspondances et ses résonances infinies. S'il est important d'éprouver l'image isolée dans un contexte précis qui lui donne une tonalité particulière, il faut en même temps reconnaître les liens qu'elle conserve avec d'autres images, les élans, les forces qui l'animent et révèlent ses racines profondes. Les images ne vivent pas isolément; elles émergent de l'imaginaire en indiquant un dynamisme, un sens. Elles sont en mouvement; mieux encore, elles expriment un mouvement. Vivantes, elles décrivent les grands remous de l'âme, épousent les pulsations du psychisme et tissent des réseaux, s'ordonnent autour de pôles magnétiques. De véritables lignes de force

[11] Anne HÉBERT, *les Chambres de bois*, préface de Samuel de Sacy, Paris, Éditions du Seuil, 1958.

[12] Anne HÉBERT, *Kamouraska*, Paris, Éditions du Seuil, 1970.

[13] Anne HÉBERT, *les Enfants du sabbat*, Paris, Éditions du Seuil. 1975.

les sous-tendent, « comme de grands courants sous-marins[14] ».

Toutefois, de nombreuses difficultés naissent dès que nous voulons identifier ces mouvements de l'image. Il ne s'agit pas de leur imposer des catégories logiques, tout en utilisant le langage de la raison, celui-là même que la littérature remet sans cesse en question, pour décrire et expliquer celui de l'image littéraire qui, en actualisant les virtualités de l'imaginaire, révèle le dynamisme de celui-ci. En définitive, les images répondent aux intimations de l'imaginaire et s'organisent en réseaux, proposent une dialectique qui se nourrit à même les poussées profondes du psychisme humain. Nous inspirant de l'archétypologie générale de l'imagination telle que l'a développée Gilbert Durand, nous voyons les images se grouper en vastes constellations autour de noyaux organisateurs, ou archétypes, formant finalement deux *régimes* : le *régime diurne* de l'image et le *régime nocturne*. Précisons tout de suite un vocabulaire qui traduit d'un régime à l'autre non pas une opposition du jour et de la nuit mais des « groupements de structures voisines[15] » fort complexes s'inspirant des grands gestes réflexologiques : les dominantes posturale, digestive et rythmique.

Si la dominante posturale du *régime diurne* fait appel aux matières lumineuses et visuelles et aux techniques de séparation ou de purification, c'est pour mieux combattre les matières ténébreuses, les liens et les souillures. C'est dans ce régime de l'image que la nuit se fait inquiétante, que surgissent des ténèbres des figures dévorantes, que l'angoisse se traduit en chute sans fin dans des abîmes insondables. C'est le régime de l'antithèse, de l'opposition, des contrastes et des affrontements. Loin d'exclure la nuit et les ténèbres, c'est contre elles que, malgré son appellation,

---

[14] Anne HÉBERT, *Poèmes*, Paris, Éditions du Seuil, 1960.

[15] Gilbert DURAND, *les Structures anthropologiques de l'imaginaire; introduction à l'archétypologie générale*, Paris, Bordas, coll. Études supérieures, 1969, p. 66.

le *régime diurne* tout entier se dresse avec la dernière énergie.

Au contraire, dans le *régime nocturne*, en une transformation remarquable des valeurs symboliques, l'on s'éloigne d'une polémique dualiste pour découvrir, en premier lieu, dans une dominante digestive, l'intimité des matières de la profondeur, la descente bienheureuse au sein d'une nuit maternelle riche de toutes les teintures, breuvages et aliments. Puis, dans une dominante rythmique, dont la sexualité demeure un modèle exemplaire, l'on assiste à une tentative de réconciliation des contraires grâce à une liturgie dramatique qui est promesse de renaissance, d'éternel recommencement, de jour nouveau.

Ainsi avons-nous regroupé, dans un premier développement, les images qui illustrent le *régime diurne* et le *régime nocturne* de l'imagination symbolique d'Anne Hébert dans les trois romans à l'étude. Nous voulions déterminer le régime de l'image que privilégie l'auteure, l'évolution possible d'un régime à l'autre ou la valorisation parallèle des deux régimes. Le titre choisi, « Une symbolique du noir et du blanc », indique déjà le manichéisme des images, le dualisme impénitent d'un univers de contrastes déchiré par des forces antithétiques. Le noir et le blanc ne sont pas simplement deux couleurs, à la fois absence et surcroît de couleurs. Le noir et le blanc tout en s'opposant s'appellent l'un l'autre, se complètent, se valorisent mutuellement. Pour une « imagination symbolique[16] », le noir et le blanc sont indissociables. Anne Hébert écrivait dans un de ces premiers poèmes, en une étonnante intuition de son aventure poétique :

> Ma belle rêverie
> Et celle du jour
> Se frôlent
> Sans jamais se rejoindre :
> L'une est au soleil,
> L'autre à l'ombre,

[16] *Cf.* Gilbert DURAND, *l'Imagination symbolique*, Paris, PUF, coll. SUP, n° 66, 1976.

Et toutes les deux
Fuient comme une onde
Entre les doigts[17].

Elle confirme cette rêverie d'un monde écartelé entre les puissances du jour et de la nuit dans un poème intitulé « la Chambre de bois », dont le titre et le contenu préfigurent le roman *les Chambres de bois* :

Midi brûle aux carreaux d'argent
La place du monde flambe comme une forge
L'angoisse me fait de l'ombre
Je suis nue et toute noire sous un arbre amer[18].

Voilà qui laisse déjà entrevoir une dialectique du noir et du blanc. « Les couleurs, suggère Bachelard, ne relèvent pas ici d'un nominalisme. Elles sont des forces substantielles pour une imagination activiste[19]. » Ces forces ont un sens, expriment des élans, forment des axes qui peuvent être identifiés. En établissant une dialectique, le noir et le blanc font référence aux couleurs mais appellent en même temps d'autres réalités, d'autres significations, toute une symbolique. Ils parlent un autre langage que celui des tonalités. Dans le noir et le blanc se retrouvent les couleurs et l'absence de couleurs, mais également la nuit et le jour, la chute et la montée, les liens et les armes qui forment la matière de nos quatre premiers textes.

Nous avons également réuni, dans un cinquième texte, des images qui illustrent une transformation des valeurs symboliques sous l'impulsion du *régime nocturne* de l'imaginaire. Ce renversement symbolique permet à l'auteure d'échapper temporairement à la tentation omniprésente du *régime diurne* de la représentation et illustre la

---

17 Anne HÉBERT, *les Songes en équilibre; poèmes*, Montréal, Éditions de l'arbre, [1942], p. 81.

18 *P*, p. 43.

19 Gaston BACHELARD, *la Terre et les Rêveries du repos*, Paris, Librairie José Corti, 1971, p. 47.

vitalité et la complexité d'une imagination aux ressources insoupçonnées.

* * *

Cependant, pour prendre vraiment racine, pour trouver une plénitude substantielle, l'imagination a besoin d'une matière, elle doit se nourrir aux sources mêmes des éléments fondamentaux. La symbolique du noir et du blanc trouve force et vie nouvelles dans les images matérielles. Bachelard écrit : « *L'imaginaire* ne trouve pas ses racines profondes et nourricières dans les *images*; il a d'abord besoin d'une *présence* plus prochaine, plus enveloppante, plus matérielle. La réalité imaginaire s'évoque avant de se décrire[20]. » Les éléments offrent une matière onirique riche et dense qui alimente l'imagination matérielle. Ils deviennent en quelque sorte « les hormones de l'imagination. Ils mettent en action des groupes d'images. Ils aident à l'assimilation intime du réel dispersé dans ses formes[21]. » Alors apparaissent ce que Bachelard appelle les « complexes originels » et les « complexes de culture[22] », tels ceux d'Ophélie ou d'Empédocle. L'imagination qui se laisse emporter par la rêverie matérielle prolonge la rêverie ordinaire dans une rêverie littéraire qui renouvelle les images tout en restant fidèle aux élans oniriques premiers.

Cette étude des images élémentaires s'inscrit dans la continuité du double *régime diurne* et *nocturne* de l'image. Si nous voulons montrer l'importance de l'imagination matérielle d'Anne Hébert, notre but n'est pas d'indiquer la prédominance d'un élément privilégié qui proposerait un type de rêverie bien particulier — un « *système de fidélité poétique*[23] », dirait Bachelard — ce qui reviendrait à

---

[20] Gaston Bachelard, *l'Eau et les Rêves; essai sur l'imagination de la matière*, Paris, Librairie José Corti, 1971, p. 164.

[21] Bachelard, *l'Air* [...], p. 19.

[22] Bachelard, *l'Eau* [...], p. 26.

[23] *Ibid.*, p. 7.

étudier le « *déterminisme de l'imagination*[24] » selon la théorie des quatre éléments. L'imagination matérielle travaille à l'intérieur des régimes de l'image. Les dynamismes fondamentaux de l'imagination symbolique qui organisent les images en différentes constellations proposent aux éléments eux-mêmes ces grands axes, ces lignes de force de l'imaginaire. Quand l'imagination rêvant dans l'intimité d'une substance découvre une orientation particulière, un destin spécifique, ce n'est pas tant l'élément lui-même en tant que substance qui les lui dicte que ses attributs, ses qualifications, en somme, sa manière d'être. Les dynamismes, les forces axiomatiques ont plus d'importance que les objets et les matières. Le mouvement et l'orientation de la flèche importent plus que la flèche elle-même. Et ce sont les propriétés de l'eau ou du feu bien plus que l'élément en tant que substance qui motivent l'imagination. « Ce n'est pas par une physique des éléments que s'organise l'imagination, écrit Durand, mais bien par une physiologie que l'on pourrait appeler verbale, et par les reliquats adjectivaux et passifs de ces verbes qui expriment des schèmes et des gestes[25]. »

Ainsi chaque élément a son enfer et son ciel. L'eau, dans un *régime diurne*, peut être une eau triste et noire associée aux ténèbres et à la mort ou une eau lustrale qui purifie; alors que dans une constellation nocturne elle a l'épaisseur d'une matière intime et maternelle et affectionne le vert et le violet. Et l'eau appelle son contraire, le feu, qu'elle semble engendrer. À son tour le feu, dans un *régime diurne*, s'associe à la flèche ignée ou à l'éclair et devient baptême et purification. Mais, dans un tel régime antithétique, il peut être également soleil noir, feu infernal et néfaste; alors que dans un *régime nocturne* il est chaleur intime et s'associe au rythme sexuel pour devenir un symbole de fécondité.

Il y a un intérêt certain à dialectiser les images élémentaires et à étudier leurs différentes valeurs symbo-

[24] BACHELARD, *la Terre et les Rêveries de la volonté*, p. 211.
[25] DURAND, *les Structures* [...], p. 197s.

liques. C'est dans cette perspective que s'articule notre deuxième volet, autour d'« Une dialectique de l'eau et du feu ». Nous ne voulons pas pour autant minimiser l'importance des autres éléments dans l'œuvre d'Anne Hébert. La terre et en particulier l'union de la terre et de l'eau jouent un rôle important[26]. Cependant, nous avons pu constater que non seulement les manifestations de l'eau et du feu sont présentes dans tous les écrits d'Anne Hébert, selon des modalités et des variantes significatives, mais que leur opposition ou leur union agissent d'une œuvre à l'autre avec une constance et une intensité convaincantes. Surtout, il nous est vite apparu que ces deux éléments, dans l'imagination matérielle d'Anne Hébert, reflètent avec le plus d'intensité et de fidélité les forces antithétiques ou de synthèse de son univers symbolique.

En illustrant de façon privilégiée dans la dialectique de l'eau et du feu les grandes constantes de son imaginaire, l'auteure donne à sa rêverie un accent personnel, qu'elle aurait pu exprimer dans d'autres images et de façon bien différente. Les images élémentaires ne sont pas don-

[26] Pierre PAGÉ, dans une étude intéressante sur la poésie d'Anne Hébert et les structures anthropologiques de l'image, a montré la fécondité et la combinaison de l'eau et de la terre, et en particulier de l'eau symbole de la mort : « la Poésie d'Anne Hébert », *la Poésie canadienne-française*, « Archives des lettres canadiennes », t. IV, Montréal, Fides, 1969, p. 357-378. Mentionnons également la thèse de Richard GIGUÈRE, « Évolution thématique de la poésie québécoise (1935-1965). Étude de Saint-Denys Garneau, A. Hébert, R. Giguère et P. Chamberland », thèse de maîtrise, université de Sherbrooke, 1970. Celui-ci fait une étude comparée des quatre éléments dans l'œuvre de ces poètes et tente de dégager le ou les éléments déterminants pour chacun d'eux. En ce qui concerne Anne Hébert, il en arrive à la conclusion que « le feu, la terre et l'eau pourraient se disputer la première place [f. 61, note 39] », mais que, néanmoins, « sa poésie se place avant tout sous le signe de l'eau, une eau ambivalente, passive et active, surtout une eau du mystère et de l'inconnu, lieu et piège d'une contemplation narcissique [f. 88] ». Nombreux sont les critiques qui ont parlé de l'importance des éléments et en particulier de l'eau dans l'œuvre d'Anne Hébert. Outre que ces études portent presque exclusivement sur les poèmes, elles adoptent un point de vue bien différent du nôtre.

nées une fois pour toutes. Elles sont sans cesse reprises par chaque écrivain et surgissent alors dans toute leur nouveauté et originalité.

Avec l'eau et le feu Anne Hébert trouve en même temps deux matières qui se prêtent admirablement au jeu des oppositions et des accouplements. Cette combinaison de l'eau et du feu est particulièrement révélatrice des ressorts, des dynamismes d'un univers imaginaire travaillé par les impératifs d'un régime antithétique, voire même synthétique. De façon plus éclatante que les autres éléments, l'eau et le feu apparaissent à l'imagination comme des substances à la fois contraires et complémentaires. Bachelard y voit une contradiction vraiment substantielle et une concordance privilégiée : « Comment rêver de plus grands géniteurs que l'eau et le feu », s'exclame-t-il. « Unis, ces deux éléments créent tout[27]. »

Nous n'avons pas voulu montrer l'opposition ou le mariage des deux éléments dans une inversion simplificatrice ou une réconciliation factice des valeurs. Nous avons plutôt étudié de près chacun des deux éléments dans leurs contradictions respectives et leur union fondamentale. L'imagination qui rêve dans la profondeur substantielle des éléments propose une ambivalence ou une communion qui est le reflet même d'une constellation diurne ou nocturne. Ici encore nous reconnaissons le dynamisme propre au *régime diurne*, lequel ne se contente pas de dresser l'un en face de l'autre les deux contraires que sont l'eau et le feu mais qui prolonge son action antithétique dans l'ambivalence de chacun des éléments; c'est reconnaître également celui du *régime nocturne* qui propose l'union des contraires dans un renversement symbolique qui promet bonheur et fécondité.

Voilà pourquoi ce deuxième volet regroupe dans les deux premiers textes les eaux et les feux néfastes, puis dans les troisième et quatrième les eaux et les feux purificateurs. Des eaux funestes aux feux purificateurs nous

---

[27] BACHELARD, *l'Eau* [...], p. 133, 136.

suivons la rêverie matérielle hébertienne dans l'ambivalence et les contradictions des éléments : les eaux funestes se doublent de feux néfastes et l'eau lustrale d'un feu purificateur; images antithétiques aussi des eaux lustrales et des feux purificateurs devant les eaux funestes et les feux néfastes : images d'abîmes et de ciels contraires, opposition de l'eau et du feu dans une dialectique sans cesse renouvelée. Écartelée entre la séduction de l'eau et celle du feu, l'imagination fourbit ses armes purificatrices.

Un cinquième texte nous fait voir le dépassement de cette dialectique dans l'union de l'eau et du feu et le renversement complet des valeurs symboliques.

Enfin, nous consacrons quelques pages à l'étude de la neige dans *Kamouraska* tant celle-ci prend de l'importance dans ce roman et remplace, en quelque sorte, l'impossible union de l'eau et du feu en devenant la grande transformatrice. Elle ne se résorbe pas en simple eau gelée mais se distingue radicalement de l'eau comme de tout autre élément et s'offre à l'imagination d'Anne Hébert telle une matière nouvelle qui vient rassembler les multiples ambivalences de la symbolique du noir et du blanc et de la dialectique de l'eau et du feu.

* * *

Il importait d'abord, dans une symbolique du noir et du blanc, d'inventorier les images et de montrer leur appartenance aux vastes réseaux de l'imaginaire. Il fallait encore s'éloigner quelque peu d'une fantastique universelle pour étudier le fonctionnement d'une imagination matérielle et voir à l'œuvre un psychisme individuel, avec ses tensions et ses résonances, dans une dialectique de l'eau et du feu. Et nous voilà, c'est l'objet de notre troisième développement, au carrefour de l'imaginaire et de l'écriture, au point de rencontre d'une fantastique et d'une poétique. Cette poétique n'est pas une science ou une esthétique. Il ne s'agit pas davantage d'une stylistique, d'une rhétorique ou d'une narratologie. Nous ne nous écartons guère de ce carrefour de l'imaginaire et de l'écriture, de ce lieu de rencontre qui nous permet d'apercevoir l'œuvre réelle sans perdre de vue l'œuvre latente qui la soutient. Nous entendons poétique au sens premier du mot, comme un élan et un dynamisme créateurs. Dans *la Poétique de l'espace*, Bachelard écrit : « Il s'agit de passer, phénoménologiquement, à des images invécues, à des images que la vie ne prépare pas et que le poète crée. Il s'agit de vivre l'invécu et de s'ouvrir à une ouverture de langage[28]. » À son tour et à sa façon, l'imagination poétique, prolongeant l'imagination et matérielle et symbolique, dynamise le langage, lui donne un surcroît de signification, une surréalité ou une « autre réalité », pour utiliser les mots mêmes d'Anne Hébert : « La poésie [...] transplante la réalité dans une autre terre vivante qui est le cœur du poète, et cela devient une autre réalité, aussi vraie que la première. La vérité qui était éparse dans le monde prend un visage net et précis, celui d'une incarnation singulière[29]. »

Cette poétique est ainsi une « incarnation singulière », une « loi nouvelle, totale et envahissante[30] », ajoute Anne Hébert, une « constitution spécifique », un « patron dynamique », un principe organisateur, en d'autres mots, une thématique telle que l'a définie Richard :

> Le thème nous apparaît alors comme l'élément transitif qui nous permet de parcourir en divers sens toute l'étendue interne de l'œuvre, ou plutôt comme l'élément-charnière grâce auquel elle s'articule en un volume signifiant. Toute thématique relève à la fois d'une cybernétique et d'une systématique[31].

La thématique, précise ailleurs Rousset, est le lieu « où se dessine un accord ou un rapport, une ligne de forces, une figure obsédante, une trame de présences ou d'échos,

---

[28] BACHELARD, *la Poétique de l'espace*, p. 13.

[29] *P*, p. 68. La poésie dont il est question ici se trouve tout autant dans le roman ou la dramatique que le poème. « Tout art, à un certain niveau, devient poésie », ajoute-t-elle.

[30] *P*, p. 69.

[31] RICHARD, *l'Univers imaginaire* [...], p. 26.

un réseau de convergences[32] ». Les thèmes sont les lieux de rencontre privilégiés de l'imagination et du langage; ils gardent l'empreinte des forces dynamiques de l'imaginaire et proposent en même temps un nouvel élan. Ces carrefours, ces « zones de coïncidence[33] », sont autant de centres organisateurs grâce auxquels l'œuvre trouve son visage distinctif.

C'est dans cette perspective que nous avons étudié une poétique du regard chez Anne Hébert. Sans doute celle-ci a-t-elle été influencée par son cousin Saint-Denys Garneau qui accorde au regard, comme l'indique le titre de son recueil : *Regards et Jeux dans l'espace*, un rôle privilégié[34]. Elle écrit : « Il m'apprenait à voir la campagne. La lumière, la couleur, la forme : il les faisait surgir devant moi. Il appelait la lumière par son nom et la lumière lui répondait. Il a reçu parole de la lumière, parole et message[35]. » Mais la poétique du regard trouvera chez elle des accents personnels et une vocation bien différente de celle de son cousin. Après *les Songes en équilibre*, où elle ne fait que jouer à la surface des choses : « Laissez-moi mes yeux ! / Laissez mes yeux / Courir sur le monde / Comme la couleur sur la mer[36] », elle accepte dans *le Tombeau des rois* la périlleuse aventure d'un regard qui scrute

---

32 Rousset, *Forme et Signification* [...], p. xis.

33 Rousset utilise cette expression et insiste sur les liens intimes qui existent entre les « structures de l'imagination » et les « structures formelles » ou thématiques [*Forme et Signification* [...], p. xv].

34 Saint-Denys Garneau, *Poésies complètes : Regards et Jeux dans l'espace, les Solitudes*, introduction de Robert Élie, Montréal, Fides, coll. du Nénuphar, 1966. Pierre Pagé décrit l'influence qu'aurait eue Saint-Denys Garneau sur Anne Hébert en ces termes : « Peut-être cette influence humaine, cette initiation à une poésie du regard, fut-elle plus profonde encore qu'une influence strictement littéraire [*Anne Hébert*, Montréal, Fides, coll. Écrivains canadiens d'aujourd'hui, 1965, p. 21]. »

35 Anne Hébert, « De Saint-Denys Garneau et le paysage », *la Nouvelle Relève*, vol. 3, nº 9 (déc. 1944), p. 523.

36 *SÉ*, p. 49.

l'envers du monde : « L'eau de ces bois sombres / [...] / Vocation marine où je me mire[37]. »

Une poétique du regard a besoin de supports concrets; elle s'exprime d'abord, comme nous le voyons en un premier texte, dans le motif des yeux, les fonctions passives et actives de l'œil, la nature particulière du regard hébertien, le jeu des regards avec ses esquives et ses affrontements, en somme tout le difficile combat de l'être pour passer de la cécité à la voyance.

Le regard trouve son prolongement grâce à la fenêtre qui fait l'objet d'un deuxième texte. La vitre offre une substance privilégiée à l'élaboration d'une poétique du regard : « Substance merveilleuse, écrit Richard, qui remplace l'opacité brumeuse par une visibilité totale, mais en interdisant aussitôt de toute sa surface interposée l'accès immédiat de l'objet. La vitre écarte et réunit, elle dérobe et elle propose[38]. » La fenêtre est transparence et ouverture, mais elle peut être aussi opacité et obstacle. Elle est évasion ou refuge, fuite vers l'extérieur ou l'intérieur. Elle est lieu de communication ou de réclusion. Elle nous propose une dialectique du dehors et du dedans, de l'immense et de l'intime, de l'espace ouvert et de l'espace fermé. Elle est encore point de vue sur le monde et convergence des regards. Elle est vision renouvelée et voyance.

Le thème de la fenêtre nous conduit naturellement à celui du miroir, auquel nous consacrons les pages suivantes. Il suffit d'un fond de nuit, d'un certain angle de vision, d'une couche de tain et le verre devient miroir. Toute surface polie ou brillante est matière réfléchissante. Les yeux eux-mêmes peuvent se transformer en miroir, fenêtre ouverte sur un monde nouveau, séduisant ou inquiétant.

Il y a, dans l'œuvre d'Anne Hébert, une présence constante des miroirs dans un univers où le jeu des regards est reflété à l'infini. Dans ces espaces réduits où vivent les

[37] *P*, p. 17.

[38] Jean-Pierre RICHARD, *Poésie et Profondeur*, Paris, Éditions du Seuil, 1955, p. 111s.

personnages, maisons fermées, chambres, appartements, le miroir vient offrir au regard une fenêtre supplémentaire, à la fois sécurisante et troublante, qui s'ouvre sur un monde imaginaire habité de fantômes, de reflets, d'images, un univers fantastique qui sauvegarde souvent toutes les apparences du réel tout en le niant constamment. Il est idéalisation ou déformation angoissante. Comme la fenêtre et le regard, le miroir se fait l'écho d'une symbolique du noir et du blanc et d'une dialectique de l'eau et du feu.

Yeux, fenêtres et miroirs sont des regards multipliés. Ils sont les soutiens dynamiques d'une poétique du regard. De même imagination symbolique, matérielle ou poétique, manifestations différentes d'une même « action imaginante[39] » ou « conscience imageante[40] », constituent le monde imaginaire d'Anne Hébert, un univers complet et original qui s'ouvre à nous telle une « autre terre vivante ».

[39] BACHELARD, *l'Air* [...], p. 7.

[40] DURAND, *les Structures* [...], p. 437.

UNE SYMBOLIQUE DU NOIR ET DU BLANC

Le Noir et le Blanc

Le contraste des couleurs dans *les Chambres de bois, Kamouraska* et *les Enfants du sabbat* esquisse une dialectique du noir et du blanc qui trouvera dans l'opposition de la nuit et du jour, de la chute et de la montée, ou encore des liens et des armes une résonance symbolique plus étendue. Cependant, les images, les vêtements et les personnages en noir et blanc illustrent déjà le dualisme d'un univers déchiré par des forces contraires. Derrière le simple nominalisme des couleurs agissent des forces dynamiques qui se complaisent dans un manichéisme évident.

La première page des *Chambres de bois* nous propose l'image d'un carrelage de cuisine luisant « comme un bel échiquier noir et blanc [*CB*, p. 27] ». Toute la symbolique du noir et du blanc semble se refléter dans le plancher de la cuisine, comme si les forces de mort et de vie étaient inscrites au cœur même de la maison de Catherine.

Dans *Kamouraska*, une image en particulier vient harceler Élisabeth, celle d'un homme en noir dans un traîneau noir tiré par un cheval noir sur l'immense étendue blanche d'un paysage de neige : « Noir sur blanc. Barbe, cheveux, yeux, cœur (Ah ! surtout le cœur), noir, noir, noir, le cheval et le traîneau. Et la neige blanche, aveuglante, sous tes pas, jusqu'au bout du chemin [*K*, p. 190]. » Élisabeth suit en rêve l'étrange équipage noir en route pour l'anse de Kamouraska où aura lieu le meurtre d'Antoine. Image épique d'un homme aux intentions criminelles qui brave, seul, la distance, la neige et le froid pour se débarrasser de son rival. Noir sur blanc, complicité du mal et du bien, projection dans l'espace d'un conflit qui habite les personnages.

Vêtements en noir et blanc

Même les vêtements prolongent ce jeu des couleurs. Déjà, dans « le Torrent », Claudine portait, en vue d'étouffer une sensibilité trop ardente, un « corsage noir, cuirassé[1] », le même que la servante Aline dans *les Chambres de bois* [*CB*, p. 173]. La vieille Sophie dans « le Printemps de Catherine » revêt également en toutes circonstances son éternelle robe noire et son bonnet blanc, « robe noire des dimanches et des fêtes, de toutes les fêtes de deuil ou de joie [*LT*, p. 127] ». Et la « robe de fête couleur de camélia, aux fils d'or à peine posés sur la douceur du tissu comme des buées [*CB*, p. 92] » que met Catherine pour plaire à Michel contraste étrangement avec la robe noire de concert que porte Lia et qu'elle ne veut plus quitter [*CB*, p. 118].

Représentons-nous les quatre sœurs Lanouette portant « l'uniforme des âges canoniques, de bonne famille. Du marron, un peu de dentelle, très peu, du gris, beaucoup de gris, un peu de beige, pas trop de beige. Du noir, du beau noir de qualité [*K*, p. 45]. » Elles vont à la messe « encapuchonnées de noir, tuyautées de blanc [*K*, p. 102] ». Elles attendent l'événement qui leur permettra d'abandonner même le marron, le gris et le beige pour ne porter que le noir relevé de blanc, le noir, couleur de deuil, de mort, de renoncement aux plaisirs du monde, et le blanc, couleur de propreté, d'ordre, de pureté, à la mesure de leur âme écartelée entre la peur de l'enfer et l'espoir du paradis. Elles écoutent, dans leur tenue de femmes austères et vertueuses, le récit que leur fait Élisabeth de son séjour de deux ans avec Antoine à Kamouraska : « Tout ce noir, ce deuil, l'éclat aveuglant des cols, des bonnets et

[1] Anne Hébert, *le Torrent*, Montréal, Éditions HMH, coll. L'arbre, nº 1, 1963, p. 13.

des manchettes blanches [*K*, p. 97]. » Le meurtre d'Antoine et leur convocation au tribunal leur fournissent l'occasion de faire une provision de noir : « Fourrures noires, voilettes noires, colliers de jais, emmêlés autour de leurs cous de poulet [*K*, p. 48]. » Et elles mourront ainsi, en vêtements de deuil, l'une à la suite de l'autre, à un an d'intervalle, « trois corps d'oiseaux momifiés dans leurs plumes ternies [*K*, p. 97] ».

Après la mort de son mari, Marie-Louise, la mère d'Élisabeth, adopte le noir et le blanc pour toujours : « Costumée en grand-mère, malgré ses dix-sept ans, robe noire, bonnet blanc, col et poignets de lingerie fine, elle entreprend de vieillir et de se désoler [*K*, p. 52]. » À son tour, après la mort de son fils Antoine, madame Tassy, veuve depuis de nombreuses années, remet son bonnet noir et ses voiles de deuil.

Au milieu de tant de deuil, de noir et d'austérité, apparaît l'image éclatante d'Élisabeth en communiante : « Tout de blanc vêtue, de la tête aux pieds. Son long voile pend jusqu'à terre. Sur sa tête une couronne de roses blanches [*K*, p. 58]. » Puis elle troquera sa robe de communiante contre la robe blanche de mariée et sa couronne, contre une autre, de fleurs d'oranger [*K*, p. 70]. Couleurs et symboles traditionnels d'innocence et de virginité. D'ailleurs, Élisabeth possède toute une garde-robe de vêtements blancs : corsage immaculé, robe de chambre blanche, jupon en dentelle d'Irlande, bas de soie blanche, jupe de mousseline blanche [*K*, p. 243, 167s., 179, 71, 149]. Mais bien vite le noir et le deuil la rattraperont. Veuve à vingt ans, elle s'affiche avec fierté aux yeux de tous dans son nouveau rôle et se promène dans Sorel avec ses vêtements de circonstance et ses enfants comme si son veuvage était lié à la condition féminine et la valorisait en quelque sorte. Le roman se termine sur la mort prochaine de Jérôme Rolland. Élisabeth va revêtir de nouveau ses vêtements de deuil. Le filet noir qu'on lui avait jeté sur les épaules dans le salon de bal du manoir de Saint-Ours était à l'image de la vie qui l'attendait.

Cette double appartenance au bien et au mal trouve une illustration privilégiée dans le costume en noir et blanc des dames du Précieux-Sang : « le blanc empesé des cornettes et des guimpes, l'étoffe noire, mate, des robes [*ES*, p. 55] », le « gros soulier noir lacé et [le] bas de laine blanche à côtes [*ES*, p. 123] », « le scapulaire [...] la coiffe de toile blanche, le voile blanc des novices, le rosaire pendu à la ceinture de corde [*ES*, p. 15] », la « cape noire [*ES*, p. 15] », autant de vêtements d'humiliation et de sanctification, à la fois diaboliques et angéliques.

Personnages en noir et blanc

Les Chambres de bois

Cependant, ces vêtements en noir et blanc ne font qu'imager en surface une dualité qui s'enracine en chacun des personnages d'Anne Hébert. Les vêtements sont à la mesure de la réalité intérieure de chacun. Si Catherine croit échapper au noir de son pays en épousant Michel, elle devra cependant éprouver jusqu'au bout les sortilèges d'un blanc qui deviendra à son tour piège et menace de mort[2]. Le blanc est ici désincarnation, désir de pureté absolue et refus de toute chair. À Paris, dans les chambres de bois, Catherine est initiée à l'univers de Michel, en une sorte d'exorcisme, de purification progressive de toutes les impuretés. Entre les mains de Michel, devenu le grand prêtre de cet étrange rituel, Catherine découvre les exigences du blanc. Inactive, elle devient de plus en plus pâle et blanche. Michel insiste « pour que Catherine demeur[e] tranquille comme une douce chatte blanche en ce monde captif sous la pluie [*CB*, p. 76] » et rêve de la peindre « en camaïeu, toute blanche, sans odeur, fade et fraîche comme

---

[2] Marcel Saint-Pierre écrit dans « Noir sur blanc », *la Barre du jour*, nos 11-13 (déc. 1967-mai 1968), p. 109, au sujet de certains tableaux en noir et blanc de Roland Giguère : « Le blanc débouche sur le noir et l'absorbe [...] Le blanc est sa propre chair; se nourrissant, dévorant et buvant la chair de toute autre couleur. »

la neige, tranquille comme l'eau dans un verre [*CB*, p. 83] », telle « une pure fille de roi [*CB*, p. 85] ». Tout au long de l'hiver Catherine fait taire en elle les désirs de vie pour suivre l'itinéraire que lui trace Michel. Elle ira jusqu'au bout du dépouillement :

> — Suis-je assez fine, Michel ? Assez blanche et douce ? Ai-je assez pâli et langui dans ces deux chambres de bois ? [...]
> — Tu es fine, blanche et douce, Catherine. Tu entreras dans la maison des seigneurs par la porte la plus haute, et la servante s'inclinera devant toi [*CB*, p. 91s.].

Il ne reste plus que la blancheur de la mort. Exorciser la chair jusqu'à la mort, désincarnation absolue, dernière purification des salissures du monde. Catherine l'a bien compris qui répond à Michel qui la trouve « belle et poignante » : « C'est une petite mort, Michel, ce n'est rien qu'une toute petite mort [*CB*, p. 88]. »

En face de Catherine, blanche, douce, transparente, une Catherine aux cheveux blonds et aux yeux bleus[3], se présente la sœur de Michel, Lia, la « fille noire », la « sœur si noire [*CB*, p. 40, 51] », Lia aux « longs cheveux noirs et luisants », « au bel œil étrange, mince trait noir d'encre humide [*CB*, p. 108, 105] ». Si Lia ressemble à un « corbeau calciné [*CB*, p. 119] », Catherine est « pareille à un petit coq pâle, acéré [*CB*, p. 62] ». « L'oiseau de l'aurore[4] » et l'oiseau de nuit dans un face-à-face dramatique. Michel n'était qu'un intermédiaire. Le véritable combat du blanc et du noir se fera entre les deux femmes.

L'arrivée de Lia provoque chez Catherine un profond bouleversement. Elle découvre en Lia son double, à la fois séduisant et angoissant. Lia illustre l'aspect nocturne de Catherine. Elle arrive dans les chambres de bois au moment même où la mort se présente comme la dernière

---

[3] Il est important de noter avec DURAND que « les couleurs, dans le régime diurne de l'image, se réduisent à quelques rares blancheurs azurées et dorées [*les Structures* [...], p. 250] ». C'est le portrait même de Catherine à ce moment-ci de son évolution.

[4] *Ibid.*, p. 142.

purification. Dans « le Torrent », Amica, cette fille sans nom venue de nulle part, était apparue dans l'univers de François comme si elle avait été créée par le désir même de François. Ainsi Lia, dont le nom rappelle Amica à la fois par ses sonorités et le sens du mot lié, si près d'amie, fait son apparition au moment propice.

Si Lia est perçue comme une intruse et une rivale, Catherine est néanmoins fascinée par l'aspect nocturne de cette femme dont la voix « avait parfois des inflexions inattendues, prenantes, charnelles [*CB*, p. 101s.] ». Une étrange amitié à laquelle Michel assistera, impuissant, naît pendant quelque temps entre elles. Le drame de Lia attire Catherine, elle qui n'a pas encore connu la passion, ni au pays du père, encore moins dans l'appartement de Michel. Le côté ténébreux de l'amour lui est tout à coup révélé. Elle commence par interroger du regard « le jeune corps bistre et sec, y cherchant les pistes du feu, le secret de l'être qui s'est donné et qui a été reçu [*CB*, p. 107] ». Catherine « était particulièrement heureuse, paisible, contentée, lorsque Lia, sans sourire, ni parler, déroulait gravement ses longs cheveux noirs et luisants [*CB*, p. 108] ». L'on songe à François observant avec délices le pelage noir aux reflets bleus de Perceval et goûtant à la présence réelle, presque physique, de la passion [*LT*, p. 32]. Catherine participe du regard à la sensualité de Lia. Elle ira jusqu'à supplier celle-ci de lui dévoiler l'inconnu [*CB*, p. 111]. Lia, comme l'oiseau nocturne, vient du fond de la nuit livrer à Catherine quelques images de passion et de fureur.

Mais si le corbeau, en tant qu'oiseau ténébreux, peut être révélation du monde obscur, il est aussi, rappelle Durand, un oiseau solaire « surdéterminé par la liaison au vol solaire et par l'onomatopée de son nom qui le rattache aux pierres du culte solaire[5] ». Cette image du corbeau associée à Lia illustre bien les contradictions intimes du personnage participant à la fois à la nuit et au jour, au noir et au blanc. N'est-elle pas celle qui lutte contre la nuit,

---

[5] DURAND, *les Structures* [...], p. 144.

contrairement à Michel; celle qui épouse les valeurs viriles ? N'est-elle pas la femme fatale, la chasseresse sanguinaire qui avait dit à Catherine et ses sœurs « qu'elle avait chassé dès avant le jour, à travers les marais et que la gibecière était pleine de cailles [*CB*, p. 29] » ? C'est elle qui hérite des armes du héros diurne, le père, bottes rouges, cravaches et fusil [*CB*, p. 123]. C'est elle qui prendra un amant malgré les avertissements de Michel. Mais elle ne peut vaincre le temps qui avait tué la mère puis le père, le temps complice des ravages de la passion que révèlent « ses grandes toiles chaotiques, sanglantes et charbonneuses [*CB*, p. 113] ». Quand elle s'isole dans les chambres avec Michel, elle est bien cette « grande furie, crucifiée sur la porte [*CB*, p. 123] ». Elle est un autre visage du temps, marquée dans sa chair par le passage de ce dernier : « Elle est rentrée depuis ce matin, couleur de cendres, rageuse, pillée, affamée, blessée à l'épaule [*CB*, p. 188]. »

Catherine refusera la séduction étrange de Lia comme la douce et tranquille mort blanche que lui offre Michel. Contre tant de noir, contre un blanc qui a partie liée avec la mort elle-même, elle oppose les images de son enfance. Elle se révolte et crie « qu'elle [est] blanche et blonde, que son ventre [sent] la neige fraîche et qu'elle n'[a] que faire parmi la race étrangère de deux romanichels impuissants, couleur de safran [*CB*, p. 131] ». Elle abandonnera Michel et Lia dans leurs chambres de bois; elle quittera le royaume des morts et partira à la recherche de celui des vivants. Elle réclame l'assurance rayonnante d'un jour lumineux, promesse de renaissance et de vie nouvelle.

Kamouraska

Incapables de demi-teintes, les personnages sont blancs ou noirs, saints ou démons, anges ou bêtes, ou les deux à la fois. Les tantes d'Élisabeth affichent une vertu austère et une vie exemplaire. « Elles sentent la naphtaline et le pain d'épice. [...] Émouvantes, odorantes [...] la peau presque fraîche, sur des os d'oiseaux [*K*, p. 53]. » Elles assistent à tous les offices religieux, fréquentent les sacrements et la bonne société, pratiquent les bonnes manières et veillent constamment à leur excellente réputation. Cependant, ces femmes irréprochables n'hésiteront pas à tout mettre en œuvre pour sauvegarder l'honneur de la famille. Le procès d'Élisabeth est une épreuve redoutable. Les saintes femmes ont l'impression d'être « traînées dans la boue [*K*, p. 45] ». C'est qu'elles craignent la condamnation plus que la damnation, préférant l'honneur de la famille à leur âme.

De même la sœur de George Nelson, sœur Catherine des Anges, qui a consacré toute sa vie à Dieu et à la prière, rejettera pourtant celle-ci dans un cri de désespoir qui montre toute la révolte de son cœur et qui annonce le personnage de sœur Julie de la Trinité [*K*, p. 170].

Aurélie peut aller à la messe du dimanche avec un col de dentelle, entrer au service d'Élisabeth et porter tablier et bonnet blancs, elle est néanmoins accusée d'être une « fille dévergondée, menteuse, sans scrupule... adonnée à l'ivrognerie... infâme, traînée... [*K*, p. 45] ». À quinze ans, elle habite avec un homme qui ne serait pas son oncle, court les rues suivie d'une bande de vauriens qui l'escortent et la bousculent et se fait passer pour une sorcière capable de prédire si les nouveaux-nés mourront ou vivront. Sa connaissance des garçons fait l'envie d'Élisabeth. Aurélie, au service d'Élisabeth, c'est toutes les forces obscures d'une sexualité refoulée subitement dévoilée. C'est la fin de l'ignorance et de l'innocence, comme l'affirme Aurélie elle-même : « Je n'ai jamais été innocente. Ni Madame non plus [*K*, p. 61]. »

À son tour Antoine affiche toutes les apparences du blanc, de l'innocence et de la respectabilité. N'est-il pas le seigneur de Kamouraska, fils de bonne famille, possédant terres et biens ? « Beau, grand, gros garçon [*K*, p. 68] » aux cheveux blonds et aux yeux bleus, il semble déborder de santé et de joie de vivre. Aux yeux de tous il fait figure du mari innocent assassiné par l'amant de sa femme et retrouvé enseveli dans la neige et la glace sur la batture de Kamouraska. Dans la mort elle-même il est recouvert du blanc linceul de la neige. Il semble rayonner d'innocence : « La glace et la neige qui sont restées attachées aux vêtements d'Antoine et dans ses cheveux blonds fondent peu à peu [...] c'est une pitié pour un homme aussi jeune de dégeler ainsi, tout doucement. Comme un pauvre petit poisson des chenaux [*K*, p. 231]. » Mort, il apparaît à Élisabeth auréolé d'un bandeau blanc, véritable couronne d'innocence.

Nous découvrons cependant ici encore la face cachée du personnage. Antoine est un voyou qui traîne dans les bordels et dévergonde les jeunes filles. Élisabeth se souvient avec nostalgie des jeunes hommes aux « gants blancs » et aux « mines confites [*K*, p. 72] » du bal du gouverneur, si différents de son mari : « Mon mari a de drôles d'idées. Ah ! tous ces canayens-habitants-chiens-blancs ! Ils sentent la sueur et la crasse. Ils se démènent en dansant et crient comme des bêtes qu'on égorge. Mon mari aime les filles pas lavées, à l'odeur musquée. Il me l'a dit. Il boit du caribou. Il mange de la galette chaude [*K*, p. 72]. » Mais l'ivrogne et le débauché, qui affiche une joie bruyante, est secrètement rongé par le désespoir et la folie. Ses confessions ne soulagent guère sa culpabilité morbide. Il aimerait se suicider et entraîner avec lui dans la mort sa femme Élisabeth. Impuissant, « il écoute monter cette voix destructrice en lui. L'envers de sa joie bruyante, la voix aigre et souveraine de son désespoir [*K*, p. 86]. »

Ce sont surtout George et Élisabeth qui, dans *Kamouraska*, nous révèlent le mieux les forces contraires qui les déchirent et font d'eux des êtres écartelés, incapables de réconcilier les appels du bien et du mal. Ils cherchent l'absolu, dans le bien comme dans le mal, et toute médiation leur semble une trahison. « Je suis l'amour et la vie, s'écrie Élisabeth, mon exigence n'a de comparable que l'absolu de la mort [*K*, p. 170]. »

George Nelson, l'assassin, est le personnage noir par excellence, au physique comme au moral. « Œil, barbe, cils, sourcils, noirs. L'amour noir [*K*, p. 31]. » Il a les cheveux noirs, de petits favoris noirs, un teint brun coloré [*K*, p. 199, 224]. Quand il entre dans la chambre d'Élisabeth à son retour de Québec, après la mort de sa sœur, « ses bottes pleines de boue laissent des traces noires sur le parquet. Sa barbe de trois jours fait des ombres bleues sur ses joues [*K*, p. 175]. » Il est « le roi de la vase [*K*, p. 174] ». Son cheval, son traîneau, ses attelages sont noirs. De même que son fils, « le tout noir et mince enfant de l'amour [*K*, p. 20] ».

Mais c'est son cœur qui est le plus noir : « (Ah ! surtout le cœur), noir, noir, noir [*K*, p. 190]. » D'un côté « le mauvais larron [...] le frère perdu », de l'autre, Henry, son frère, le jésuite, « bon larron de son état, prédicateur zélé [*K*, p. 170] ». Le mal est débusqué et éclate au grand jour : « Se découvrir jusqu'à l'os, sans l'ombre d'une imposture. Avouer enfin son mal profond. La recherche éperdue de la possession du monde [*K*, p. 129]. » Le voilà devenu l'amant d'Élisabeth et le meurtrier d'Antoine, son camarade de collège; reconnu par tous les témoins, poursuivi par la police, pourchassé en exil : « Découvert ! Élève Nelson, vous êtes découvert ! Inutile de jouer le médecin des pauvres, le consolateur des affligés. Vous êtes découvert. Imposteur. Vous n'êtes qu'un imposteur. La foule se retourne contre vous. Hurle, menaçante. Tous les protestants sont des damnés [*K*, p. 155]. » Malgré lui, comme voué au mal par une fatalité secrète, un « Dieu noir », George se serait lancé, la rage au cœur, dans l'absolu du crime.

Pourtant, cet homme noir semblait avoir une vocation de saint : « Et moi, Élisabeth, j'ai juré d'être un saint. Je l'ai juré [*K*, p. 129] ! » Chassé de la maison paternelle et envoyé au Canada pour qu'il demeure fidèle à la couronne britannique et ne soit pas contaminé par l'esprit révolutionnaire, il s'est converti au catholicisme et a appris le français. Il a fréquenté le petit séminaire de Québec et a choisi la médecine telle une vocation, comme son frère avait choisi la prêtrise et sa sœur la vie religieuse. Il garde en lui le traumatisme du déracinement et du rejet paternel, cette faute originelle qu'il ne réussit pas à expier. N'y a-t-il pas de salut possible pour lui ? « On vous craint, docteur Nelson. Comme si, au fond de votre trop visible charité, se cachait une redoutable identité... Plus loin que le protestantisme, plus loin que la langue anglaise, la faute originelle... Cherchez bien... Ce n'est pas un péché, docteur Nelson, c'est un grand chagrin [*K*, p. 128]. » Voué à demeurer un étranger dont on se méfie, condamné finalement par ceux-là mêmes avec qui il avait choisi de vivre et qu'il a soignés, il devra fuir, doublement criminel, vers les États-Unis, où il vivra en exilé et en étranger parmi les siens, abandonné par Élisabeth elle-même dont il ne recevra plus de nouvelles et qui épousera Jérôme Rolland pour mieux faire oublier son aventure avec lui. Il a été l'instrument du mal et de la mort, tel Perceval, le cheval noir, dans « le Torrent ». Ils portent pourtant tous deux un nom qui les destinait à un autre sort : Perceval, nom légendaire du héros parti à la quête du Graal, symbole de vie mystique et de perfection chrétienne; George, en souvenir du saint qui terrasse les dragons, qui vainc les forces du mal et les tendances démoniaques. L'homme et le cheval ont surgi subitement et sont repartis sur des routes inaccessibles.

Élisabeth porte, elle aussi, un nom célèbre. C'est d'abord la maternité sanctifiée, grâce à sainte Élisabeth, mère de Jean-Baptiste. C'est surtout le rappel d'une souveraineté inviolable, celle d'Élisabeth Ire, reine d'Angleterre. Ce nom est garant d'immunité, malgré les accusations qui pèsent sur la personne. Élisabeth est effectivement comparée à la fois à une sainte et à une reine : « Quelle créature dévouée et attentive, une vraie sainte, monsieur Rolland. Et jolie avec ça, une princesse [*K*, p. 15]. » Ses tantes l'ont vénérée : « Petite idole, statuette d'or dans notre désert [*K*, p. 48]. » Ses cheveux sont « blond[s] et fauve[s] dans la lumière [*K*, p. 42] », comme ceux des déesses. Elle ressemble à une « pietà sauvage [*K*, p. 38] ». Elle est à l'image de la reine elle-même :

> — On dirait la reine avec ses petits princes autour d'elle.
>
> [...] Comment ose-t-on m'accuser d'avoir offensé la reine ? Lorsqu'il est prouvé que je lui ressemble, comme une sœur, avec

> tous mes enfants autour de moi. Je ressemble à la reine d'Angleterre. Je me calque sur la reine d'Angleterre. Je suis fascinée par l'image de Victoria et de ses enfants. Mimétisme profond [*K*, p. 34].

Élisabeth prend ses allures « de reine offensée [*K*, p. 23] », et « savoure avec une joie étrange [son] rôle de femme martyre [*K*, p. 90] ». Elle fait appel à son chevalier noir, qui porte justement le nom de George, pour qu'il vienne « punir les méchants, récompenser les bons. Délivrer la princesse suppliciée, terrasser le dragon féroce qui la tient captive [*K*, p. 164]. » Ainsi se déploie une rêverie fidèle en cela à toute une imagerie traditionnelle.

Élisabeth, la blanche, la vierge, l'innocente. Elle offre un visage de paix et de réconciliation. Elle ne semble pas avoir été touchée par l'âge, le malheur ou le crime qui ont passé sur elle « comme l'eau, sur le dos d'un canard [*K*, p. 15] ». La glace lui renvoie l'image d'une femme encore belle, indemne [*K*, p. 14]. Et en songe elle redevient « blanche et bête comme une jeune fille à marier [*K*, p. 243] ». Toute sa vie elle a été élevée dans la pratique des bonnes manières et la fréquentation des sacrements : « Tant de délicatesse, de finesse de toute sorte, chevreau, dentelle, première communion, Walter Scott, tant de classe et de dignité [*K*, p. 45]. » Élisabeth semble transcender les vertus ordinaires. Telle une madone vénérée, une vierge sanctifiée, Élisabeth apparaît dans toute la splendeur et le détachement d'une femme qui n'appartient plus aux lois de ce monde :

> Cette chair rayonnante qu'elle a, la Petite, cette haute taille, ces robes bien coupées, cette morgue au coin de la bouche, le regard aveugle des statues, insoutenable. Elle passerait au cœur du feu, sans se brûler; au plus profond du vice sans que s'altère son visage. La tragique, dure vertu de la beauté suffisante, invente ses propres lois. Vous ne pouvez comprendre. Elle est au-dessus des lois ordinaires de la terre [*K*, p. 47].

Mais toute cette vertu n'est qu'un masque maintenu au prix d'efforts épuisants, au prix de son amour même pour George qu'elle a abandonné pour se refaire un nom et un honneur : « Fixer le masque de l'innocence sur les os de ma face. Accepter l'innocence en guise de revanche ou de punition. Jouer le jeu cruel, la comédie épuisante, jour après jour. Jusqu'à ce que la ressemblance parfaite me colle à la peau [*K*, p. 249]. » Ne devait-elle pas se « refaire une innocence à chaque séance, comme une beauté entre deux bals, une virginité entre deux hommes [*K*, p. 8] » ? Il faut regarder sous le masque et mettre à jour la face cachée d'Élisabeth, la femme noire au cœur ténébreux sous la peau blanche et lisse : « Le cœur souterrain, l'envers de la douceur, sa doublure violente. Votre fin visage, Élisabeth d'Aulnières. Mince pelure d'ange sur la haine. À fleur de peau [*K*, p. 91]. » Un mal secret la ronge, « comme une fleur violette, une tumeur cachée [*K*, p. 107] ». À la toute fin du roman, après avoir longtemps combattu les souvenirs de son amour coupable, au terme d'un sommeil agité de cauchemars, le visage caché d'Élisabeth apparaît au grand jour sous les traits d'une femme noire déterrée vive :

> Dans un champ aride, sous les pierres, on a déterré une femme noire, vivante, datant d'une époque reculée et sauvage. Étrangement conservée. On l'a lâchée dans la petite ville. Puis on s'est barricadé, chacun chez soi. Tant la peur qu'on a de cette femme est grande et profonde. Chacun se dit que la faim de vivre de cette femme, enterrée vive, il y a si longtemps, doit être si féroce et entière, accumulée sous la terre, depuis des siècles ! On n'en a sans doute jamais connu de semblable. Lorsque la femme se présente dans la ville, courant et implorant, le tocsin se met à sonner. Elle ne trouve que des portes fermées et le désert de terre battue dont sont faites les rues. Il ne lui reste sans doute plus qu'à mourir de faim et de solitude.
>
> Malfaisante Élisabeth ! Femme maudite [*K*, p. 250] !

Cette description est lourde de significations. Il ne s'agit pas simplement de la découverte, par Élisabeth, de son moi caché, mais bien davantage de l'apparition, sorte d'accouchement symbolique au terme d'un long labeur onirique, de la femme maudite, de la sorcière qui renaît de ses cendres. Cette femme qui a traversé les siècles est éternelle. Elle mourra peut-être de faim et de solitude mais renaîtra toujours. Elle est la faim dévorante, celle qui ne peut se rassasier qu'en semant la mort : la femme fatale, l'ogresse, la goule[6]. Élisabeth « habite la fièvre et la démence, comme [son] pays natal [*K*, p. 115] ». Jérôme Rolland ne craint-il pas le « pouvoir maléfique de sa femme [*K*, p. 14] » ? Un passage particulièrement éloquent révèle cette nature cachée d'Élisabeth, la femme sorcière :

> J'ai un chignon noir, mal attaché sur le dessus de la tête. Avec de grosses mèches qui retombent. Je suis une sorcière. Je crie pour faire sortir le mal où qu'il se trouve, chez les bêtes et les hommes [*K*, p. 130s.].

À la lumière de ce texte, certaines expressions, apparemment banales, prennent une signification nouvelle; il se produit un glissement du sens figuré au sens littéral, comme c'est souvent le cas chez Anne Hébert :

> Le cercueil de mon jeune père quitte la maison. Ma mère s'évanouit. Et moi, bien enfermée à double tour, je lui donne des coups de pied dans le foie. Pour la réveiller. Je me démène comme un cabri. Nous pourrions en mourir toutes les deux, ma mère et moi, d'un évanouissement aussi terrible et prolongé.
> — Quelle petite fille malfaisante !
> Est-ce là la première voix du monde qui parvient à mes oreilles [*K*, p. 51] ?

Élisabeth est comparée à un cabri, petit du bouc et de la chèvre. Peut-être faut-il prendre le texte à la lettre. D'ailleurs l'imagerie traditionnelle nous a habitués aux différentes métamorphoses du diable, dont celle-ci. Le bouc

---

[6] Jacques BLAIS dit fort justement du roman *Kamouraska*, dans un article intitulé « Notes sur le héros de roman québécois; de *la Scouine* à *l'Hiver de force* », *Québec français*, nº 17 (févr. 1975), p. 39 : « D'une écriture elliptique, ce roman supprime la chronologie, confond le rêve et le vécu, tire ses lois d'organisation et d'unité du fantastique. L'exploitation des pouvoirs occultes, un climat de sauvage innocence magico-mystique, rendent inutilisables les concepts traditionnels de la psychologie. » C'est ce côté « fantastique » de l'œuvre que nous tentons justement de mettre en relief ici.

n'est pas seulement un symbole « d'assimilation aux forces reproductrices de la nature, au puissant élan d'amour de la vie[7] », il est l'incarnation même du diable : « Dans l'imagerie chrétienne, Satan présidant le Sabbat est représenté le plus communément sous la forme d'un bouc [...] Le bouc est aussi, comme le manche à balai, la monture des sorcières qui se rendent au Sabbat[8]. » La fin du passage nous fait entendre « la première voix du monde », première non seulement au sens chronologique mais ontologique, l'ouverture sémantique étant signifiée à la fois par la forme interrogative, l'épithète « première » et l'indécision du lecteur quant au véritable narrateur. Et cette voix apprend justement à Élisabeth son origine, lui dit qu'elle est la fille du mal, une « petite fille malfaisante ». La même voix, un peu plus loin dans le texte, devient plus explicite : « Pas moyen de la tenir. Il n'y a rien à en faire. Je vous assure. Elle a le diable dans le corps. Vous ne réussirez jamais à la mater [*K*, p. 51s.] ! » Le sens premier des mots ne serait-il pas ici encore le plus significatif ? Élisabeth ne serait-elle pas fille de Satan comme le sera sœur Julie de la Trinité ? La mort subite de son père, éliminé si tôt de la scène, les agissements et les pouvoirs occultes d'Élisabeth nous invitent à nous interroger de plus près sur sa véritable filiation. L'homme est en trop dans ce gynécée et il doit vite s'éclipser. Tous les hommes qui approchent Élisabeth meurent ou disparaissent. Elle n'appartient à aucun d'eux, comme si elle était vouée secrètement au diable lui-même. « Je suis possédée [*K*, p. 117] », avoue Élisabeth qui ne croit pas si bien dire.

Nombreux, en effet, sont les passages qui l'associent au diable. Au début du roman, elle émerge à peine « d'un sommeil de quelques heures, visité par les démons [*K*, p. 34] ». Les servantes qu'elle prend à son service sont comparées au diable : « Florida est le diable. J'ai pris le

---

[7] Jean CHEVALIER et Alain GHEERBRANT, *Dictionnaire des symboles; mythes, rêves, coutumes, gestes, formes, figures, couleurs, nombres*, t. 1, Paris, Éditions Seghers, 1976, p. 221.

[8] *Ibid.*, p. 221s.

diable à mon service. C'est la seconde fois, madame Rolland. C'est la seconde fille de l'enfer que vous engagez chez vous. La première s'appelait Aurélie Caron [*K*, p. 33]. » Aurélie, celle qui lèche les nouveaux-nés pour savoir s'ils vont vivre ou mourir, semble posséder en plus le pouvoir de franchir tous les obstacles, de voler comme une sorcière : « On ne l'entend jamais venir. Tout à coup elle est là. Comme si elle traversait les murs. Légère et transparente [*K*, p. 133]. » Durant le voyage de George au chevet de sa sœur mourante, Aurélie surgit, véritable diablesse, tout en noir, comme sortie des enfers : « Aurélie se dresse, telle une apparition, sur ton chemin de boue. Sa figure trop blanche. Son fichu de laine noire, tordu sur ses épaules étroites. La petite tête crépue se balance avec des grâces d'actrice et de négresse [*K*, p. 171]. »

Mais il y a surtout, aux côtés d'Élisabeth, la présence diabolique de George Nelson, si étrangement noir, un « diable américain qui maudit les mamelles des femmes. Comme on empoisonne des sources [*K*, p. 114]. » La redoutable identité qu'il cache, Élisabeth la fait éclater au grand jour. Lui aussi se métamorphose en personnage diabolique, avec son « poil de bête noire [*K*, p. 159], tel qu'est si souvent représenté le diable. « Le plus grand diable c'est vous, Monsieur le docteur [*K*, p. 175] », s'écrie Aurélie. Et George, sans nier, renchérit : « Nous allons mesurer nos pouvoirs ensemble. On verra bien si tu es aussi sorcière que tu le prétends [*K*, p. 175]. » Isolé dans sa cabane de bois au milieu de la campagne, il accomplit des rites étranges : « Souvent le petit jour le surprend assis à la table de la cuisine, penché sur des chiffres et des calculs précis. À moins que ce ne soit en pleine manipulation d'appareils, de flacons et d'éprouvettes. Certaine poudre à l'éclat métallique chauffe et se volatilise, sans fondre. Dans un étrange parfum d'ail [*K*, p. 165]. » S'agit-il de magie, de formules cabalistiques, de spéculations mystérieuses à l'aide de chiffres et de poudres ? À quelle science occulte se livre le docteur dans sa cabane transformée en véritable laboratoire alchimique ? Et cette odeur d'ail qui, comme le soufre ou toute trace pestilentielle, est liée au passage du diable. Anne Hébert, dans *les Invités au procès*, mettait déjà en scène le diable lui-même et associait le mal à des odeurs douteuses, de sueur, d'ail et de crasse[9].

George Nelson est « le roi des démons [*K*, p. 194] ». Avec son traîneau et son cheval noirs il prend l'allure d'un équipage infernal : « James Wood et Robert Dunham ne sont pas loin de croire aux vertus surnaturelles du grand cheval noir emportant son démon de maître à l'intérieur des terres [*K*, p. 238]. » Les citations sont trop nombreuses, l'insistance est trop grande pour que l'on puisse ne voir là que des expressions fortuites. Ce mal et cette rage qui rongent George Nelson, ce Dieu noir qui a reçu son vœu [*K*, p. 205], cette redoutable identité qu'il a font de lui un être étrange que tous craignent. Élisabeth et George portent sur eux les traces du mal : « Surtout ne t'avise pas (toi qui es médecin) de vouloir situer le mal dans nos veines. Un caillot peut-être ? Quelque tache de naissance sur notre peau [*K*, p. 195] ? » Ils ont, comme sœur Julie de la Trinité, le stigmate diabolique, « la marque du diable. Ce signe indélébile que Satan était censé imprimer sur le corps de ses fidèles[10] ».

George a répondu au cri d'Élisabeth qui résonnait dans la campagne. Le mal en lui s'est déchaîné. Avec ses dents blanches en forme de crocs, il ressemble à un diable vampire. Démasqué à son tour, comme Élisabeth il sait faire sortir le mal où qu'il se trouve. Il attire à lui des cortèges de malades, toutes les maladies :

> À moins que n'arrivent des boiteux, des pustuleux, des femmes grosses avec des yeux de vache suppliante, des enfants couverts de croûtes tendant leurs petites mains sales : « Docteur Nelson, je suis malade, sauvez-moi » [*K*, p. 143].

---

[9] Anne HÉBERT, *le Temps sauvage, la Mercière assassinée, les Invités au procès*, Montréal, Éditions HMH, coll. L'arbre, 1967, p. 171.

[10] ROMI, *Métamorphoses du diable*, Paris, Librairie Hachette, 1968, p. 57.

> Chair vive, cadavre putréfié, sang, pus, urine, toute ordure, pourriture et gangrène, odeur pestilentielle, os broyés, beaux noyés yeux ouverts et ventre gonflé, nouveau-né monstrueux, femme violée, phtisie galopante, diphtérie, dysenterie. Le docteur Nelson a tant combattu la maladie et la mort [*K*, p. 201s.].

Ces passages nous rappellent certaines scènes des *Invités au procès* où des gens de partout et de toutes conditions se mettent en route vers l'auberge du vieux Salin, répondant à un appel mystérieux et irrésistible. Toutes les haines secrètes, les désirs inavoués jaillissent au grand jour [*IP*, p. 171s.]. Le mal est extirpé du cœur de chacun. Le diable lui-même prend la parole : « Des carrosses, des diligences, des cavaliers et toute une masse malodorante de pouilleux se mettent en route vers toi [*IP*, p. 165]. »

Élisabeth ne se trompe pas, elle qui, en rêve, épouse George métamorphosé en diable : « Quelqu'un, que je ne vois pas, ajuste mon voile de tulle qui pend jusqu'à terre. Me cloue à même le front une couronne de fleurs d'oranger, à l'odeur musquée. Je dois passer sous un arceau de pierre, le diable à mon bras. Un bouquet d'abeilles endormies entre mes doigts [*K*, p. 243]. » Douée de pouvoirs occultes, elle endort enfin les voix des témoins qui bourdonnaient et la harcelaient, « pareilles à un essaim d'abeilles sauvages [*K*, p. 203] ».

Fille du diable, épouse du diable, Élisabeth est encore un succube qui s'échappe de la maison de la rue Augusta, en pleine nuit, pour venir tourmenter George et s'unir à lui [*K*, p. 156]. Le fils qui naîtra de leurs amours ne peut être qu'un démon : « C'est à l'amour qu'il ressemble, mon troisième fils, noir et mince. Ce petit homme. Ce petit démon qui étudie au collège [*K*, p. 10]. »

Élisabeth se lance dans son aventure malfaisante avec une légèreté et une irrévérence qui ne devraient plus nous étonner, elle qui semble avoir fait un pacte avec le diable. Lui a-t-elle vendu son âme en échange de la mort de son mari ? « C'est si facile d'oublier son âme, tante Adélaïde, si vous saviez comme c'est facile [*K*, p. 161]. »

Les Enfants du sabbat

Si dans *Kamouraska* les protagonistes tentent malgré tout de sauver les apparences, de ne pas coïncider absolument avec le double noir qu'ils portent en eux, ceux des *Enfants du sabbat* ne cherchent même plus à conserver le masque et affichent sans scrupules leur véritable nature.

L'abbé Migneault est un homme fatigué et insignifiant qui reconnaîtra « sa parfaite nullité [*ES*, p. 53] ». Moqué par sœur Julie, il est « réduit à sa plus stricte vérité de prêcheur ridicule et d'homme très ordinaire, aumônier d'un couvent très ordinaire [*ES*, p. 53] ». Il ira se confesser à sœur Julie elle-même qui le confirmera dans sa médiocrité : « Vous n'êtes qu'un petit niaiseux. Vous n'avez toujours été qu'un tout petit niaiseux [*ES*, p. 54]. » Il abandonnera son ministère au couvent sans offrir la moindre résistance et se pendra.

Il est remplacé par Léo-Z. Flageole, soixante-treize ans, « le teint gris, l'œil torve, les cheveux rares séparés par une raie médiane, coiffés en vieux Sacré-Cœur fatigué [*ES*, p. 92] ». L'abbé, obsédé par l'omniprésence du démon, jeûne et veille pour se complaire « dans un état d'épuisement physique et nerveux propice aux prodiges de la sainteté ou de l'enfer [*ES*, p. 101] ». Impuissant contre le mal, malgré ses pénitences, ses ordonnances aux religieuses, ses enquêtes et ses exorcismes, il est presque étranglé par sœur Julie. Finalement, avec la complicité de la mère supérieure, il étouffe l'enfant nouveau-né de sœur Julie en le couvrant de neige, croyant qu'il s'agit là du fils du démon. L'aumônier et la mère supérieure sont donc intégrés au monde de sœur Julie et donnent libre cours aux forces diaboliques qui les habitent.

Le grand exorciste lui-même, dépêché par l'évêque pour pratiquer un exorcisme en grande pompe, devient le complice de sœur Julie en cachant aux autorités le fait qu'elle est enceinte. Surtout, il révèle ses propres mesquineries secrètes, son goût des vêtements riches et somptueux[11].

Un autre homme a accès auprès des religieuses : le docteur Jean Painchaud. Au contact de sœur Julie, il montre à son tour sa vulnérabilité et ses faiblesses. Son sommeil est troublé par des rêves qui éveillent sa concupiscence endormie. Sa fatigue excessive lui fait perdre la rondeur de ses traits poupins, lui durcit le visage. Il abandonne toute pratique religieuse et va chercher auprès de prostituées la preuve d'une virilité qui lui échappe toujours. À bout de résistance, il avoue son amour à sœur Julie, la caresse avec avidité, panse ses plaies et « glisse [...] dans son enfer à elle [*ES*, p. 163] ». Subitement « les mains du docteur sont pleines de vésicules suppurantes, pareilles à celles produites par une herbe vénéneuse [*ES*, p. 163] ». Il est marqué dans sa chair par le mal qui le ronge.

À côté de ces hommes aussi médiocres dans la vertu que dans le vice, Adélard prend des allures de surhomme, de personnage noir par excellence, de diable incarné choisi entre tous pour sa dépravation, son absence totale de scrupules, son énergie indomptable et sa science du mal :

> Toute une lignée de femmes aux yeux vipérins [...] s'accouplant avec le diable, de génération en génération, du moins choisissant avec soin l'homme qui lui ressemble le plus, de barbe rousse ou noire, d'esprit maléfique et de corps lubrique, le reconnaissant, le moment venu, entre tous les hommes, à des lieues à la ronde [*ES*, p. 92].

Depuis « le Torrent », un homme complice du diable n'est jamais bien loin, mais c'est avec Adélard que cette présence prend toute son importance. François avait rencontré lors de sa fugue un homme sale et répugnant, à la peau et aux vêtements couverts de boue, aux cheveux longs se confondant avec sa barbe, à la moustache et aux

---

[11] *Cf. ES*, p. 173. Tous ces hommes font bien piètre figure, comme s'ils avaient abandonné leur virilité en même temps que leur pantalon; jusqu'au pape lui-même, « chef suprême et mâle certifié, sous sa robe blanche [*ES*, p. 55] ».

énormes sourcils qui lui tombaient sur les yeux et à la bouche gluante aux dents jaunes [*LT*, p. 15s.]. C'est déjà là l'image médiévale et dantesque du démon bestial qui surgit du fond des enfers. Pat Grogan, dans la nouvelle « Shannon », annonçait également, tant au physique qu'au moral, le personnage d'Adélard. Il est « grand, tout vêtu de sombre, un feutre noir sur les yeux[12] »; sa femme l'accuse d'être un menteur, un paresseux, un bon-à-rien, un ivrogne[13]. Le père de Michel dans *les Chambres de bois* appartient à la même lignée. Il a un goût semblable de l'aventure et de la débauche, pervertissant sans scrupules les « filles pures rendues mauvaises en une seule nuit [*CB*, p. 30] », tel Antoine, le seigneur de Kamouraska. À son tour, George Nelson est le diable noir au service d'Élisabeth. Mais Adélard les dépasse tous. Il est l'homme immortel, l'éternel Adam chassé du paradis terrestre, l'homme maudit au service du mal, un Caïn réincarné.

Les femmes, comme les hommes, révèlent subitement leur double ténébreux, incapables de se satisfaire dorénavant d'un blanc trompeur. Les religieuses réunies en conseil oublient leur vœu de pauvreté et se livrent à l'appât du gain sans arrière-pensée. La sœur économe, jadis si sage en affaires, se met à fumer et dilapide avec allégresse les biens de la communauté. Privées de leurs calmants habituels, les religieuses de l'infirmerie crient leur impiété et leur désespoir. Les vieilles passions endormies se réveillent, songes et fantasmes sont livrés au grand jour, le mal en chacune d'elles ose s'affirmer. Toutes les religieuses du couvent sont perturbées par la présence de sœur Julie qu'elles invoquent en secret, séduites à leur tour par l'attrait d'un surnaturel diabolique. La sœur supérieure elle-même, qui croit que l'esprit du mal est entré dans son couvent et qu'il se cache sous son propre lit, exerce une vigilance maladive, multiplie les punitions, les jeûnes et les prières, ira jusqu'à tuer l'enfant de sœur Julie avec la complicité de l'aumônier.

---

[12] Anne HÉBERT, « Shannon », *Châtelaine*, vol. 1, nº 1 (oct. 1960), p. 78.

[13] *Ibid.*, p. 83.

Devant sœur Julie et son pouvoir maléfique se dresse sœur Gemma, la blanche, « sa figure ingrate, couleur d'ivoire [*ES*, p. 16] », son âme innocente et fade. Elle qui désire mourir « dans une apothéose de roses blanches, sans épines, à l'odeur suave [*ES*, p. 137] », et qui rêve de sainteté, souffre de toutes les humiliations imposées par sœur Julie et des crimes commis dans le couvent.

Pourtant, sœur Gemma frôle le désespoir : « Son dégoût est extrême, comme si on l'avait précipitée dans un tas de fumier pour y vivre et pour y mourir [*ES*, p. 137]. » La blancheur de son âme apparaît « à présent semblable à une hostie émiettée, posée sur une nappe sale [*ES*, p. 137] ». La sœur supérieure prétendra même que l'âme de sœur Gemma « est devenue aussi sale que ses claques, à l'époque de la slush, au printemps [*ES*, p. 46] ».

Mais tant d'innocence, de fadeur et de blancheur ne peuvent rien contre les forces ténébreuses de sœur Julie qui a pourtant tenté, elle-même, de devenir blanche et pure. N'a-t-elle pas accepté de renier le diable afin qu'il n'arrive rien à son frère Joseph parti à la guerre [*ES*, p. 154] ? N'a-t-elle pas été baptisée par ce même Joseph qui croyait que sa sœur, avec un peu de bonne volonté, aurait pu devenir une sainte [*ES*, p. 152] ? N'est-elle pas entrée au couvent pour se transformer en « la femme intégrale, la victime totale, l'ange gardien, la sœur tutélaire [*ES*, p. 154] » ? Sœur Julie a voulu devenir une religieuse comme les autres, « une petite nonne interchangeable [*ES*, p. 18] ». À la chapelle, « extatique et blanche [elle] semble dormir sur un banc [*ES*, p. 37] ». Mais sa « chair éclatante [*ES*, p. 134] » rayonne de beauté et d'énergie.

Derrière cette blancheur se cache justement Julie, la noire, la petite fille de la cabane, cheveux défaits, crasseuse, « hirsute, pouilleuse et barbouillée de mûres [*ES*, p. 58] », la « fille du viol et de l'inceste [*ES*, p. 68] », celle qui a appris de sa mère et de son père la perversité la plus complète. Elle cache au plus noir de son cœur sa vocation secrète, celle du mal. Fille de Satan, elle en porte la marque, le « *stigma diaboli* [*ES*, p. 179] ». Sa peau blanche et lisse se couvre de plaies [*ES*, p. 161] ou devient noire comme du charbon [*ES*, p. 165]. Elle tombe enceinte d'un « fœtus sacrilège. Homme ou diable, c'est une abomination. Elle, dans le blasphème et l'ordure. Elle, jour et nuit, dans ce couvent, agissant comme un levain pourri dans l'âme de ses compagnes sans défense. Elle ! Toujours elle ! Sorcière [*ES*, p. 180] ! » Comme l'était sa mère Philomène, « maîtresse du bien et du mal, la fleur vénéneuse absolue de la nuit [*ES*, p. 107] ». Comme l'était sa grand-mère. « Et son arrière-grand-mère. Et son arrière-arrière-grand-mère [*ES*, p. 180]. » Sorcière de mère en fille depuis des siècles :

> Moi, Léo-Z. Flageole, prêtre aumônier des dames du Précieux-Sang, fais serment à Québec et déclare, le 3 janvier 1944, que sœur Julie de la Trinité est sorcière, portant la marque du diable sur son corps, à deux endroits différents. [...] Sœur Julie tient cet état lamentable de sa mère, qui le tenait de sa grand-mère, et ainsi de suite jusqu'à Barbe Hallé, née à La Coudray, en Beauce, France, en 1645 [*ES*, p. 180].

Tous les désirs refoulés de la femme dominée par un univers d'hommes, de prêtres surtout, se déchaînent. Cette révolte va puiser son énergie libératrice aux sources mêmes de l'inconscient collectif. L'image de la sorcière est puissance féminine, puissance magique, puissance du mal et anti-pouvoir. C'est la soumission aux forces occultes de la nature et de l'instinct.

Les pouvoirs de sœur Julie sont considérables : « envoûtements, nouage de l'aiguillette, mauvais œil, prunelles de louve, plaies et stigmates, sorts jetés dans tout le couvent[14] ». Elle est douée de claire audience et de divination, pouvant surprendre le « cri le plus profond [...] dans sa langue originelle [*ES*, p. 68] ». Sa clairvoyance lui permet de voir à distance, de connaître la mort de l'enfant et de la

[14] *ES*, p. 170. Le nouement de l'aiguillette prétend rendre impuissant par maléfice et empêcher la consommation du mariage. *Cf.* Robert MANDROU, *Magistrats et Sorciers en France au XVIIIe siècle; une analyse de psychologie historique*, Paris, Plon, coll. Civilisations et mentalités, 1968, p. 81.

femme de Joseph, celle de madame Talbot [*ES*, p. 79, 32, 168, 17]; elle peut quitter son corps en esprit et pratiquer le « vol magique »; elle a le don d'ubiquité. Elle peut faire apparaître auprès d'elle personnes, animaux ou choses. Elle suscite visions et hallucinations. Elle possède tous les secrets de sa mère, Philomène : « La recette de la bagosse, des herbes et de l'onguent, l'art de dire le temps qu'il fera, celui de brasser l'eau pour faire la grêle, le pouvoir de faire virer le vent de bord, la possibilité de changer la colère en foudre et en tempête [*ES*, p. 111]. » En plein mois de janvier sœur Julie déclenche un orage qui dévaste le couvent et la ville. Elle exauce les vœux les plus secrets et guérit les malades [*ES*, p. 125, 131, 135, 137]. Comme Élisabeth, elle peut faire sortir le mal de chacun. Elle a même le pouvoir de tomber enceinte : « Mon enfant n'a pas de père. Il est à moi, à moi seule. J'ai ce pouvoir. Adélard et Philomène me l'ont conféré en me sacrant sorcière et toute-puissante dans la montagne de B... [*ES*, p. 176]. »

La « Mère terrible »

Cette figure de sorcière a toujours été présente, plus ou moins voilée selon les écrits, dans l'œuvre d'Anne Hébert sous les traits de la « Mère terrible », selon l'expression de Durand[15], de la vieille fille acariâtre, ou sous l'apparence d'une jeune femme éclatante de beauté, femme fatale à qui rien ne résiste.

L'image de la « Mère terrible » est « le modèle inconscient de toutes les sorcières, vieilles hideuses et borgnes, fées carabosses qui peuplent le folklore et l'iconographie[16] ». Elle se confond à cette très vieille femme qu'Anne Hébert appelle la sagesse : « La sagesse m'a rompu les bras, brisé les os / C'était une très vieille femme envieuse / Pleine d'onction, de fiel et d'eau verte [*P*, p. 92]. » Cette figure maternelle incarne les anciens inter-

---

[15] DURAND, *les Structures* [...], p. 113.
[16] *Ibid.*

dits, les valeurs aliénantes des Claudine, Agnès, Aline, madame Tassy mère, ou Felicity Jones[17].

Les vieilles filles sont représentées par Géraldine, la femme de chambre de Stéphanie de Bichette dans « la Maison de l'esplanade », ou Stéphanie elle-même : « Dans quel « *no man's land* » la vieille sorcière avait-elle fait un pacte avec monsieur de Bichette et Satan lui-même [*LT*, p. 164] ? » Ou encore par Adélaïde Menthe dans *la Mercière assassinée* qui a juré au risque de perdre son âme, « (et perdant cette âme volontairement, par résolution consciente et réfléchie) [*MA*, p. 152] », de détruire un par un les témoins de son humiliation au château de Beau-Bassin; par les tantes d'Élisabeth dans *Kamouraska*; par les vieilles religieuses des *Enfants du sabbat* qui se détournent de Dieu pour implorer sœur Julie d'assouvir leurs désirs refoulés; et par Pam et Pat Brown dans *les Fous de Bassan*. Depuis Claudine jusqu'à Philomène, la filiation est évidente, comme s'il s'agissait d'une même femme empruntant mille visages. Cette femme immortelle, c'est la sorcière, la goule, la prêtresse à vocation diabolique, la femme noire déterrée vive, le double ténébreux que chacune porte en elle et qui naît au grand jour avec Philomène.

Mais la sorcière se cache également sous les traits de la femme jeune et séduisante. Nous songeons à Amica au rire facile, aux dents éblouissantes, aux longs cheveux noirs qui tombent librement sur ses épaules. François est envoûté par la beauté diabolique de cette femme, à tel point qu'il croit avoir convié chez lui une sorcière ou le diable lui-même [*LT*, p. 52, 46]. Nous songeons à Délia dans « Un grand mariage ». Sa passion pour Augustin est telle qu'elle vaincra tous les obstacles pour l'assouvir, « abandonnant ainsi toute prière, tout recours à la grâce de Dieu, entrant d'un coup dans sa vie d'amoureuse honteuse à qui nul pouvoir du Ciel ou de la terre, croyait-elle, ne pourrait jamais rendre la fierté perdue [*LT*, p. 209s.] ». Nous pensons également à Marie dans « l'Arche de midi », une « fille sauvage, sans baptême et sans communion »,

---

[17] Anne HÉBERT, *les Fous de Bassan*, Paris, Éditions du Seuil, 1982.

jeune et belle, vêtue de noir et accusée de complicité avec le diable, d'être une « créature du diable qui prend toutes les formes pour tromper les honnêtes gens [...] Toi, tu es l'image d'un autre. Le Malin t'anime et te meut, depuis ton premier souffle[18]. » De même Isabelle dans *le Temps sauvage* semble rassembler en elle toutes les forces mauvaises : « Dès qu'elle m'a aperçue, ma tante Agnès m'a regardée comme une sorcière appelant de toutes ses forces une seule image sur mon visage. Malgré moi, tout ce qui en moi ressemblait à ma mère s'est noué dans mon cœur comme un bouquet mauvais [*TS*, p. 59]. » Il faut aussi mentionner Lia, la noire, Élisabeth, sa servante Aurélie, sœur Catherine des Anges, la sœur de George, Héloïse[19] ou Nora et Olivia Atkins. Toutes ces femmes se continuent et trouvent en sœur Julie de la Trinité leur plus éclatante vérité. Julie et Philomène assument leur rôle de sorcières en toute lucidité, avec l'énergie d'une révolte trop longtemps étouffée. La sorcière enfin libérée rayonne dans sa splendeur originelle, toute hypocrisie démasquée.

---

[18] Anne HÉBERT, « l'Arche de midi; poème dramatique en trois actes », manuscrit daté de 1944-1945 et déposé à la bibliothèque de l'université de Montréal, f. 17.

[19] Anne HÉBERT, *Héloïse*, Paris, Éditions du Seuil, 1980.

La Nuit et le Jour

Le dualisme du noir et du blanc se double d'une opposition de la nuit et du jour. L'affrontement des forces de vie et de mort trouve dans l'antithèse de la nuit et du jour une illustration privilégiée. Ce sont là des images vivantes du temps. Si le noir fait apparaître des figures d'angoisse, c'est qu'il s'associe aux ténèbres. La nuit propose des visions de cauchemars, des figures bestiales, des cris et des gémissements, tout un monde infernal. Durand constate que « les ténèbres sont toujours chaos et grincements de dents[1] ». En quelques pages, trop brèves, Bachelard nous montre que pour une imagination qui sait entrer dans l'intimité des choses et rêver leur noirceur secrète, une simple tache noire, un « coin d'ombre[2] » suffit à éveiller les terreurs de la nuit.

Au début des *Chambres de bois* le père de Catherine crie à travers son cauchemar, d'une voix d'outre-tombe, « contre une terrible girouette rouillée grinçant dans la ville pour appeler les morts [*CB*, p. 49] », tous ces morts silencieux qui viennent hanter les vivants : la mère de Catherine, la femme d'un camarade de travail du père, une tante, la mère et le père de Michel et, finalement, Aline. La nuit inspire la frayeur, tant au pays de Catherine que dans l'appartement de Michel où Catherine éprouve « la

---

[1] DURAND, *les Structures* [...], p. 99.

[2] BACHELARD, *la Terre et les Rêveries du repos*, p. 76.

longue attente de la nuit, l'angoisse de la nuit qui va venir [*CB*, p. 67] ». Seule dans le noir, elle fait des cauchemars qui la réveillent en sursaut [*CB*, p. 71, 128]. Michel lui-même ne s'endort qu'à l'aube par peur des affres de la nuit.

Dans *Kamouraska*, les « coins d'ombre » se multiplient : secrets des cœurs, maisons fermées, mauvais rêves de Jérôme Rolland, délires d'Antoine, cauchemars de George Nelson et, surtout, terreurs nocturnes d'Élisabeth. Tout le roman, finalement, est un long délire, une suite de visions cauchemardesques et d'hallucinations.

Épuisée par la longue agonie de son mari, Élisabeth s'endort pour être aussitôt entraînée vers les recoins les plus cachés de son cœur, livrée au « pouvoir occulte de [ses] nerfs [*K*, p. 25] ». Les bruits de la maison, la lumière de la fenêtre, les odeurs et les personnes qui parviennent encore jusqu'à elle sont déformés par le songe et revêtent des caractéristiques inquiétantes : « Le cauchemar tenace me colle à la peau, me poursuit et m'empoisonne. Dès que je ferme les yeux [*K*, p. 180]. » Élisabeth a toujours craint le noir et les ténèbres. Il lui fallait une présence, celle d'Antoine ou de Jérôme, pour tromper la nuit. Elle doit maintenant dormir seule, dans le lit de Léontine Mélançon, et « supporter l'horreur des rêves. [...] Mon petit Jérôme je puis bien te l'avouer maintenant, sans toi je serais morte de terreur. Dévorée, déchiquetée par les cauchemars [*K*, p. 30]. »

Alors les morts ressuscitent et tourmentent Élisabeth dans les ténèbres. La nuit se peuple de fantômes inquiétants. Elle aperçoit subitement le bras d'Antoine, « gelé dur, levé, tendu vers le ciel [*K*, p. 30] »; elle l'imagine quittant sa tombe sous l'église et cheminant vers elle dans les couloirs souterrains, durant les nuits de tempête. Il apparaît devant elle, la tête recouverte d'un bandeau : « Deux balles dans la tête. La cervelle lui sort par les oreilles [*K*, p. 80]. » Elle le voit encore se relevant de son trou dans la neige et la glace. Il s'avance vers elle, couvert de neige, et s'approche toujours, en grandissant jusqu'à devenir un géant qui risque de s'abattre sur elle et de la terrasser. De même madame Tassy renaît des ruines calcinées du manoir, « dressée de toute sa filiforme et frétillante petite personne [*K*, p. 77] ».

C'est également la nuit que se déroulent les scènes diaboliques de la montagne de B..., avec leur cortège de visions et d'hallucinations provoquées par l'alcool d'Adélard et la boisson magique de Philomène. Souvent, la nuit, derrière les murs sans fenêtre des chambres à coucher, le père viole sa fille. C'est à nouveau la nuit lorsque des hommes et des femmes du village sont attirés dans la montagne de B... pour assister à l'initiation de Joseph.

Au couvent, l'on célèbre également la nuit pour tenter de l'exorciser. « Malgré la terreur et l'angoisse, l'envie de crier [*ES*, p. 82] », les religieuses se réunissent à la chapelle pour l'office des ténèbres du Vendredi saint : nuit qui évoque la trahison à Gethsémani, nuit de la mort du Christ, nuit de la veillée auprès du sépulcre. Les religieuses se barricadent derrière les murs de leur couvent sans réussir à se protéger de leurs hantises : « La nuit, des fantômes franchissent le mur du jardin, passent à travers les lourdes portes fermées à double tour. [...] Nous sommes hantées, mes sœurs [*ES*, p. 51]. » Le couvent n'est plus un lieu rassurant. Les religieuses font des cauchemars. La sœur supérieure elle-même s'enferme à clef dans sa cellule, terrorisée par « la certitude quasi absolue que le diable se trouve caché sous son lit et que, d'un moment à l'autre, il va la tirer par les pieds pour la dévorer [*ES*, p. 61] ». Elle en vient à perdre tout à fait le sommeil et à errer toute la nuit dans le couvent. Celles de ses compagnes qui surveillent sœur Julie ont des visions qui les terrifient et les ravissent à la fois. La sœur économe devient folle. Le couvent, la nuit, se transforme en lieu de terreurs aux scènes les plus fantastiques. Du grenier à la cave, des figures mystérieuses font leur apparition et guettent dans l'ombre.

À son tour l'abbé Migneault a « des insomnies, des sueurs nocturnes et des cauchemars [*ES*, p. 53] ». L'abbé Flageole « se prépare insidieusement à toute apparition et terreur nocturne [*ES*, p. 101] », qui ne manquent pas de se produire. Il consacre de longues nuits à défaire les nœuds de la ceinture de sœur Julie pour empêcher le maléfice de l'aiguillette de se produire. Durant toute une nuit il cherche avec mère Marie-Clotilde les marques du diable sur le corps de sœur Julie. Le docteur Painchaud lui-même en vient à passer ses nuits assis sur une chaise par crainte de visions cauchemardesques.

Figures bestiales

Les ténèbres s'animent de figures bestiales. De nombreuses formes thériomorphes habitent *les Chambres de bois*. Des oiseaux nocturnes associés à l'univers de Michel viennent accentuer le caractère négatif de la nuit. La mère de Michel apparaît avec « sa figure de hibou immobile [*CB*, p. 31] », lequel s'apparente à une image démoniaque[3] qui vient confirmer l'aspect ténébreux et quelque peu inquiétant de cette femme vivant jadis « en un désœuvrement infini, s'entour[ant] souvent de faste et de cruauté [*CB*, p. 31] ». Michel lui-même a un « œil de hibou [*CB*, p. 88] » qui fixe Catherine dans la pénombre des chambres. Lia est comparée à un corbeau calciné qui arrive tel un mauvais présage. Par ailleurs, le frère et la sœur ressemblent à « deux longues bêtes de race, efflanquées et suffisantes [*CB*, p. 99] ». Dans un tel univers l'on comprend mieux qu'un Michel devienne « une bête aux aguets [*CB*, p. 58] », qu'une Catherine soit « prise au piège comme une souris [*CB*, p. 62] », « comme un animal traqué [*CB*, p. 133] », qu'elle ait des ongles « qui s'allong[ent] comme des griffes de bête captive [*CB*, p. 72] » et que Lia elle-même apparaisse « telle une bête prise au piège [*CB*, p. 126] ». Dans les ténèbres les personnages se transforment en figures bestiales.

Bientôt la nuit menaçante se fait dévorante : elle « lâchait l'angoisse sur Michel comme une chienne mauvaise qu'on a enchaînée tout le jour [*CB*, p. 70] ». C'est « dans la gueule animale, note Durand, que viennent se

[3] DURAND, *les Structures* [...], p. 89.

concentrer tous les fantasmes terrifiants de l'animalité : agitation, manducation agressive, grognements et rugissements sinistres[4] ». Des bêtes se tapissent dans le noir prêtes à bondir et à dévorer. Il ne s'agit pas ici de la bouche qui avale ou qui suce mais de la gueule aux dents acérées qui mord et déchiquette. Élisabeth craint « une bête sauvage qu'on a enfermée et qui guette dans l'ombre pour [lui] sauter dessus [*K*, p. 51] ». Son cri attire les bêtes les plus féroces, de la plaine et de la forêt. Hommes et femmes se métamorphosent en bêtes sauvages, même George : « La lèvre supérieure se retrousse. Un sourire équivoque pareil à celui des morts. Ses dents ! Je n'avais jamais remarqué comme les canines de chaque côté sont fortes et longues. Lui donnent un air de bête sauvage [*K*, p. 205]. » Loup-garou, homme-vampire à la morsure fatale, sorcier se transformant en loup, George n'est plus dans la nuit qu'une gueule menaçante à la recherche de sa proie.

D'autres formes thériomorphes sèment la terreur nocturne dans cet univers de cauchemar. Élisabeth a la vision d'un homme immense ressuscitant d'entre les morts et s'avançant vers elle pour se briser contre elle et se métamorphoser en fourmis : « Une ronde dans mes os, une multitude d'Antoines assassinés circule dans mes os. Des fourmis noires, avec des yeux énormes. Bleus. Ah ! mon Dieu ! Je vais mourir. Puisque je vous dis que je vais mourir [*K*, p. 92]. » Transformée en fourmilière, elle est dévorée vive par Antoine devenu ces milliers de bouches. Image première de l'animalisation; fourmillement qui évoque l'agitation et le grouillement de larves[5]. Ailleurs, ce seront des insectes qui dévorent son lit et qui rongent sa chambre [*K*, p. 104].

Dans ces deux derniers cas, la terreur d'Élisabeth est associée à la fuite du temps, ou plutôt au changement trop

---

[4] *Ibid.*, p. 91.

[5] DURAND souligne que « Dali, dans de nombreuses œuvres, a relié directement le fourmillement de la fourmi au grouillement de la larve [*les Structures* [...], p. 76] ».

brusque d'un temps à l'autre, du temps présent à un temps passé d'il y a près de vingt ans. D'autant plus que ce temps passé est lié au meurtre d'Antoine et à la complicité d'Élisabeth. Ce sont là des exemples éloquents de ce phénomène signalé par Durand : « le schème de l'animation accélérée qu'est l'agitation fourmillante, grouillante ou chaotique, semble être une projection assimilatrice de l'angoisse devant le changement[6] ». Kronos devient un monstre dévorant aux mille visages.

Élisabeth voit encore une petite vipère surgir entre les cils d'Aurélie puis disparaître [*K*, p. 63]. Elle en imagine le venin qui coule dans le sang des dévotes [*K*, p. 75). Ses maris eux-mêmes se métamorphosent en un long serpent : « Non pas deux maris se remplaçant l'un l'autre, se suivant l'un l'autre, sur les registres de mariage, mais un seul homme renaissant sans cesse de ses cendres. Un long serpent unique se reformant sans fin, dans ses anneaux. L'homme éternel qui me prend et m'abandonne à mesure [*K*, p. 31]. » Comme la fourmi, le serpent est un animal terrestre. « Il est le plus « terrestre » des animaux [...] Le serpent dort sous terre, dans l'ombre, dans le monde noir. Il sort de terre par la moindre fissure, entre deux pierres. Il rentre dans la terre avec une rapidité qui stupéfie[7]. » Et Bachelard ajoute que le folklore de l'Inde associe souvent la fourmilière au serpent[8]. Rien d'étonnant donc à ce qu'Antoine se change en fourmis dévorantes ou en un long serpent dont Élisabeth ne peut se défaire. « Le serpent c'est en somme le souterrain en relief, le complément vivant du labyrinthe[9]. » Et justement Antoine, après sa mort, emprunte des « couloirs sous terre », des « chemins noirs là où passent les eaux souterraines [*K*, p. 80] », pour s'évader de son trou sous le plancher de l'église, retrouver le manoir calciné et sa femme. Nous n'insistons pas sur les résonances sexuelles du serpent-phallus qui « prend » et

---

[6] DURAND, *les Structures* [...], p. 77.
[7] BACHELARD, *la Terre et les Rêveries du repos*, p. 262s.
[8] *Ibid.*, p. 289.
[9] *Ibid.*, p. 287.

« abandonne » Élisabeth sans fin. Il suffit de rappeler les exigences de Jérôme qui « réclame son dû presque tous les soirs, avant de s'endormir, jusqu'à ce qu'il en devienne cardiaque [*K*, p. 10] », de même que celles d'Antoine qui, malgré les tantes et leurs obstacles, rejoint Élisabeth dans sa chambre « une nuit sur trois [*K*, p. 100] », lorsqu'il n'est pas trop soûl. Mais, comme le note Bachelard à la suite d'Otto Rank, la « « signification phallique » du serpent [est] secondaire et non pas primaire[10] ». Le serpent a toute l'ambivalence de la vie et de la mort, de la fécondité et de la morsure néfaste.

Antoine se retrouve encore en dragon féroce que George devra abattre [*K*, p. 164], tandis que les enfants de Jérôme sont « huit petits dragons [*K*, p. 19] ». L'imagination délirante d'Élisabeth trouve dans sa nuit toutes les créations de la peur.

Une autre image de cauchemar, plus persistante et bouleversante, vient la hanter : le souvenir du cheval noir de George, bête infernale surgie des profondeurs ténébreuses pour donner la mort, comme Perceval dans « le Torrent ». L'angoisse d'Élisabeth devant la mort prochaine de son mari et la solitude de la nuit transforment les bruits nocturnes et ses souvenirs en monstres terrifiants. La couleur noire du cheval associée au bruit effarant de son galop et de son hennissement et à ses vertus surnaturelles sème la peur dans son esprit[11]. Il suffit du bruit des sabots pesants et fatigués d'un cheval traînant une charrette dans la nuit [*K*, p. 12] pour que surgisse le spectre d'une mort

---

[10] *Ibid.*, p. 265.

[11] « Une croyance, qui paraît ancrée dans la mémoire de tous les peuples, associe originellement le cheval aux ténèbres du monde chtonien, qu'il surgisse, galopant comme le sang dans les veines, des entrailles de la terre ou des abysses de la mer. Fils de la nuit et du mystère, ce cheval archétypal est porteur à la fois de mort et de vie, lié au feu, destructeur et triomphateur, et à l'eau, nourricière et asphyxiante [CHEVALIER et GHEERBRANT, *Dictionnaire des symboles* [...], t. 1, p. 350]. »

passée ou future[12]. Qu'Élisabeth se tourne vers le passé ou l'avenir, elle va à la rencontre de la mort, celle d'Antoine ou celle de Jérôme comme la sienne propre, morale et physique. Cette femme « enterrée vive » a déjà connu la mort de ses sens et de son cœur et voit venir celle de son corps. Les angoisses de la fuite du temps se doublent de celles d'une fuite dans le temps.

Elle entend alors le galop de chevaux qui la poursuivent : « On me prend en chasse avec ma tante Adelaïde. Le galop lourd des chevaux, attelés en paire. On espère me rattraper à la course. Aïe ! Les chevaux énormes, le traîneau lancé à ma poursuite. Je crois que je crie [*K*, p. 12]. » Puis, dans la nuit, c'est le cheval noir de George Nelson qui passe sous ses fenêtres [*K*, p. 116], les poursuites extravagantes d'Antoine et de George [*K*, p. 131]. La cavalcade devient de plus en plus hallucinante : « Un tel bruit de sabots couvre tout [*K*, p. 168]. » Le rêve transforme le cheval en bête meurtrière : « Un galop de cheval se lève, comme la poudrerie dans l'anse de Kamouraska, balaye tout de son train d'enfer. Me poursuit ! Va me renverser ! Me tuer ! Je suis hantée [*K*, p. 239] ! » Chevauchée infernale du cheval noir de la mort qui sort de la nuit des temps et traverse les frontières humaines pour venir épouvanter Élisabeth[13]. Ce n'est pas tant la vue du cheval que le bruit de son galop qui éveille ces visions cauchemardesques. La nuit est encore plus menaçante lorsqu'elle laisse deviner des gueules dévorantes et fait entendre la chevauchée de la mort.

Surgissent dans les ténèbres des *Enfants du sabbat* de nouvelles figures bestiales qui se cachent dans l'ombre

[12] DURAND consacre plusieurs pages fort éclairantes au cheval chtonien et infernal associé à « l'effroi devant la fuite du temps symbolisée par le changement et par le bruit [*les Structures* [...], p. 78s.] ».

[13] « La plupart des chevaux de la mort sont noirs, tel Charos, dieu de la mort des Grecs modernes. Noirs sont aussi le plus souvent des coursiers de la mort, dont la chevauchée infernale poursuivit longtemps les voyageurs égarés, en France comme dans toute la chrétienté [CHEVALIER et GHEERBRANT, *Dictionnaire des symboles* [...], t. 1, p. 354]. »

pour mieux surprendre leur proie. Les parents de Julie ressemblent à « deux ogres [*ES*, p. 29] ». Philomène se métamorphose, la nuit, en rapace capable de dévorer son fils, « quitte à rejeter ensuite en tas les os, les ongles, les cheveux et les dents de l'enfant [*ES*, p. 108] ». Mille bêtes guettent dans l'ombre. La jeune Pierrette voit son patron se changer en arbre et se faire manger par des fourmis [*ES*, p. 41]. L'abbé Migneault, en rêve, est « rongé par des insectes, broyé par des machines de fer et d'acier, déchiqueté, émietté, traité de raté par son père et de minable par sa mère (tous deux avaient des mâchoires et des écailles de crocodile) [*ES*, p. 53] ». Les malades à l'infirmerie passent des nuits d'horreur, « semblables à de petits enfants déchirés par des chiens errants [*ES*, p. 77] ». Sœur Julie a des « dents blanches et fortes [qui] se retroussent [*ES*, p. 135] », telle la gueule d'une bête sauvage. Elle dévorera l'enveloppe de son enfant après avoir grugé le cordon pour le couper. « La pupille de son œil est horizontalement fendue, comme celle des loups [*ES*, p. 91]. » La nuit, elle et sœur Gemma rôdent dans les caves froides du couvent, métamorphosées en lycanthropes à la recherche de viande crue et de sang : « L'angoisse millénaire des bêtes nocturnes, efflanquées, en quête de proie et de sang. Leur ruse, leurs pas élastiques, leur feulement sourd. Deux religieuses se glissent à l'instant même dans la chambre froide [*ES*, p. 145]. » Le reste de la scène est digne des meilleurs récits d'horreurs. Le lendemain matin, l'on découvre sœur Gemma dégoulinante de sang, mastiquant un reste de viande crue, « comme une bête féroce [*ES*, p. 147] ». Ces femmes annoncent déjà la « jeune » Héloïse, vampire qui erre la nuit et se repaît du sang de ses victimes.

La peur des ténèbres conduit toujours à cette image multipliée à l'infini de la gueule dévorante aux dents acérées. Toutes ces bêtes nocturnes ont les mêmes caractéristiques. Mais, pour l'imagination occidentale, c'est le loup qui demeure l'animal féroce par excellence, le « symbole enfantin de peur panique, de menace, de punition[14] ».

---

[14] DURAND, *les Structures* [...], p. 91.

Ainsi, dans *les Enfants du sabbat*, la présence d'un loup mystérieux qui réunit toutes les terreurs du couvent et contre lequel les religieuses veulent se protéger en faisant quarante heures d'adoration perpétuelle. Le passage qui suit résume bien le fantasme d'une animalité agressive, aux hurlements sinistres et à la gueule dévorante :

> Prions, mes sœurs ! Prions afin que le couvent échappe au danger qui le menace. Un loup ravisseur, invisible et pourtant présent dans l'ombre, rôde autour du couvent. Peut-être même est-il déjà entré, gémissant, féroce et blessé par Dieu, hurlant, implorant, en quête de nos âmes pour les dévorer, condamné au désir éternel [*ES*, p. 106].

Bruits, cris et rires

La nuit n'est pas seulement habitée de figures inquiétantes, elle résonne de bruits terrifiants. Les gueules dévorantes deviennent des « monstres sonores ». Un même isomorphisme relie les animaux, les ténèbres et le bruit[15]. Durand écrit : « Toute obscurité est peuplée de bruits, toute ténèbre est peuplée de gémissements et de grincements de dents. Il n'y a rien de tel que la nuit noire pour garnir de crissements et de frôlements inquiétants la plus lointaine solitude[16]. » Bachelard a retenu cette phrase de D. H. Lawrence concernant l'importance de l'oreille comme sens de la nuit :

> « *The ears can hear deeper than eyes can see.* — L'oreille peut entendre plus profondément que les yeux ne peuvent voir. » L'oreille est alors le sens de la nuit, et surtout le sens de la plus sensible des nuits : la nuit souterraine, nuit enclose, nuit de la profondeur, nuit de la mort[17].

---

[15] DURAND, *les Structures* [...], p. 96. Un peu plus loin il ajoute : « Le thème du mugissement, du cri, de la « bouche d'ombre » est isomorphe des ténèbres [p. 99]. »

[16] Gilbert DURAND, « Psychanalyse de la neige », *Mercure de France*, août 1953, p. 619.

[17] BACHELARD, *la Terre et les Rêveries du repos*, p. 194.

C'est dire que l'oreille entend le galop infernal du cheval noir avant que l'œil ne le perçoive. D'ailleurs, le voit-on vraiment ? N'est-ce pas plutôt l'imagination qui donne une forme au galop de la mort ?

Dans le silence de la nuit, le timbre d'une sonnette qui se répercute aux quatre coins de la maison s'amplifie démesurément jusqu'à résonner telles des cloches ensorcelées réveillant toute la ville [*K*, p. 20]. Les ténèbres se remplissent de geignements et de cris de toutes sortes. Les gémissements des malades de George, morts ou vivants; le cri d'agonie de la sœur de George; les cris d'Aurélie qu'Élisabeth imagine « suppliciée, pendue, décapitée, la tête séparée de son corps [*K*, p. 189] » et hurlant dans l'éternité. Elle entend dans un bruit de tambour étourdissant les cris affolés de ses tantes craignant la damnation éternelle [*K*, p. 48]. Elle aimerait « couvrir toutes les voix humaines qui pourraient monter et [l]'attaquer en foule. [...] Aïe ! les voix du bas du fleuve montent à l'assaut. Parlent toutes à la fois ! Les abeilles ! Toujours les abeilles [*K*, p. 206] ! »

Il y a surtout les cris d'Élisabeth elle-même. Poursuivie par des chevaux énormes, elle crie, blottie contre l'épaule de sa tante. Elle crie devant la vision d'un Antoine démesurément grand s'abattant sur elle, rappel de cette nuit où il avait tenté de l'approcher : « J'ai tant crié. Une espèce de crécelle stridente dans ma gorge. Une mécanique terrible déclenchée. Incontrôlable. Cela n'a plus rien d'humain, m'étouffe et m'épouvante [*K*, p. 118]. » Quand, du vivant d'Antoine, elle craignait son retour subit de Kamouraska, elle s'imaginait crucifiée, la tête en bas, violée et précipitée aux enfers dans un « cri d'agonie étrange [*K*, p. 167] ». Cris encore lorsqu'elle voit en rêve une énorme vague entraîner George au loin [*K*, p. 141], ou lorsqu'elle assiste à sa métamorphose en arbre [*K*, p. 150s.]. Plus puissant et plus terrifiant encore, le cri d'Élisabeth la sorcière :

> Le cri qui s'échappe de moi (que je ne puis m'empêcher de pousser, conformément à ce pouvoir qui m'a été donné), est si rauque et si terrible qu'il m'écorche la poitrine et me cloue de terreur.

> Longtemps mon cri retentit dans la campagne. Sans que je puisse ni l'arrêter, ni en diminuer l'intensité grandissante. Irrépressible. Les bêtes les plus féroces, de la plaine et de la forêt, se mettent en marche. Montent à l'assaut de la cabane. Pas une seule qui ne soit mise en mouvement par mon cri. Les hommes et les femmes les plus cruels sont attirés aussi. Fascinés, débusqués de leurs repaires de fausse bonté. Le docteur Nelson est avec eux. Ses dents blanches sont pointues comme des crocs [*K*, p. 130].

C'est autour de ce cri inhumain et infernal que se rassemblent toutes les figures bestiales aux gueules dévorantes, comme si le cri les faisait naître. Les terreurs nocturnes trouvent dans le cri leur sommet d'épouvante.

On entend, dans la montagne de B..., le tintamarre dément des célébrations sataniques, le hurlement des assistants, les cris du cochon que l'on égorge et ceux de Philomène qui « gémit, halète, crie, en parfaite symbiose avec le petit cochon égorgé, attaché sur son dos [*ES*, p. 43] ». Au couvent, des gémissements et des cris sortent des ténèbres. Les malades privées de calmants se plaignent, hurlent, jurent et blasphèment dans un vacarme d'enfer. « Mais le plus dur à supporter, c'est sans doute le cri de sœur Constance de la Paix, qui est aveugle et à demi paralysée, rauque, inhumain, un grognement plutôt, répété jusqu'au matin, rythmé, saccadé, comme frappé sur une enclume [*ES*, p. 77]. » Ajoutons les cris de rage et de désespoir, les « rugissements », les imprécations, les « exclamations sauvages » et les blasphèmes de sœur Julie qui apprend le mariage de son frère, qui revit la mort de sa mère, brûlée vive, qui doit subir l'épreuve des aiguilles sur tout son corps[18]. L'abbé Flageole lui-même, après un mauvais rêve, « poussa un tel cri, que tout le couvent, ce matin-là, fut réveillé en sursaut, bien avant que ne sonnent matines [*ES*, p. 132] ».

La nuit avec ses ténèbres fourmille donc de gueules dévorantes, de frôlements, de plaintes et de cris terrifiants. Mais l'oreille entend encore des rires sardoniques. Alors l'effroi est à son comble. Un tel rire, [qui n'est pas celui,

---

[18] *ES*, p. 90. *Cf.* également p. 91, 93, 122, 129, 159, 160, 161.

bienveillant et tonifiant, de qui plaisante ou se moque gentiment, mais plutôt celui, inquiétant, d'un tortionnaire], annonce le triomphe d'un ennemi sans scrupules qui se réjouit d'avance de la vulnérabilité de sa victime. Au fourmillement d'un monde animalisé s'ajoute une conscience témoin qui attend son heure.

Déjà dans « le Torrent » ce rire diabolique tourmente François. Le rire d'Amica, qu'il ne peut entendre, devient un rictus inhumain : « Elle rit. Qu'est-ce que je donnerais pour entendre le son de son rire ! Je n'en connais que cette grimace de plus en plus sauvage[19]. » De même, le rire d'Aurélie tourmente Élisabeth : « Immédiatement le rire d'Aurélie me glace. Cela vient de quelque part dans la maison. Perce les murs. On doit l'entendre de dehors. Cette voix en vrille, un ton au-dessus de la voix humaine [*K*, p. 107]. » Le rire de sœur Julie durant le sermon de l'abbé Migneault, trois dimanches de suite, conduit l'aumônier au comble du désespoir; il quitte le couvent et se pend[20]. Rire insolent, impertinent, que sœur Julie utilisera encore contre l'abbé Flageole qui la cherche durant toute une nuit à la chapelle, contre le docteur qu'elle tourmente dans ses cauchemars [*ES*, p. 163]. Quand ce même docteur veut connaître le père de l'enfant qu'elle porte, il n'obtient pour toute réponse qu'un rire « si guttural et violent qu['il] recule [*ES*, p. 178] ». La nuit, dans la cave froide du couvent, « le rire de sœur Julie éclate et résonne, fauve et sonore, dans l'air glacé [*ES*, p. 146] ». Il semble répondre à l'angoisse des bêtes nocturnes et à leur feulement sourd que l'auteure venait d'évoquer. Les cris et hurlements de Julie deviennent des ricanements de possédée. Les sœurs, terrorisées, prient et se signent pour écarter un danger im-

---

[19] *LT*, p. 60. *Cf.* également p. 42, 46, 58.

[20] *ES*, p. 53. Denis Bouchard, dans son livre *Une lecture d'Anne Hébert; la recherche d'une mythologie*, Montréal, Éditions Hurtubise HMH, Cahiers du Québec, coll. Littérature, n° 34, 1977, p. 167-175, consacre un bref chapitre à l'étude du rire dans *les Enfants du sabbat*, rire au sens de complicité entre l'auteure et le lecteur, de « comique inattendu, ingénieux, qui nous prend par surprise [p. 167] ».

minent. Ce rire de la sorcière est satanique, rire surnaturel qui vient du diable lui-même tel qu'il est apparu à l'abbé Flageole : « Son rire, auquel se mêle celui de sœur Julie, déferle, tel un ouragan [*ES*, p. 104] »; semblable au rire d'Adélard qui se mêle aux cris de sa fille qu'il viole. Toute la montagne est secouée par les rires de Philomène et d'Adélard qui « rient si fort que la terre autour de la cabane semble vouloir se fendre et se soulever en tourbillons de poussière [*ES*, p. 34] ». Si tous ces rires sont si inquiétants, c'est qu'ils semblent provenir des enfers; ils évoquent les souffrances éternelles des damnés.

Lumière du jour et lumière onirique

Face à la nuit se dresse le jour qui oppose la lumière aux ténèbres. Il est victoire sur les monstres de la nuit. Surgissent alors dans une rêverie qui connaît l'exaltation triomphante des images lumineuses et héroïques.

Les hommes et les femmes du pays de Catherine luttent sans relâche contre la nuit et ses ténèbres, les hommes en alimentant les fourneaux et les femmes en maintenant la transparence et la propreté. L'image des « hauts fourneaux flambant sur le ciel, jour et nuit, comme de noirs palais d'Apocalypse [*CB*, p. 27] » nous propose, dès la première phrase des *Chambres de bois*, un combat héroïque contre les forces obscures de la nuit. Les hauts fourneaux ont une fonction herculéenne. Ils ne connaissent guère de répit. Nous entrons brutalement dans un univers menacé de toute part par la nuit et qui lutte désespérément pour le règne du jour et de la transparence. Les hauts fourneaux incarnent le travail des hommes dans une ville ouvrière où le chômage est synonyme de mort. La petite sœur de Catherine verra « à travers les carreaux de sa maison un homme sans travail, couché en plein jour, en travers du lit, comme un enfant puni, sa face mauvaise regardant le plafond [*CB*, p. 36] ». La nuit doit être menaçante pour que l'ardeur des hommes s'acharne à ce point contre elle. L'on peut mesurer l'épaisseur des ténèbres à l'éclat des hauts fourneaux. Hommes et femmes s'acharnent contre le désordre, la saleté et la nuit envahissante sans pouvoir s'assurer d'un triomphe définitif. Il faut quitter la ville de Catherine et la nuit des chambres de Michel pour connaître l'éclatante luminosité du jour méditerranéen.

La première page de la troisième partie du roman nous décrit le matin rayonnant d'un jour nouveau qui invite au bonheur : « La servante ouvrit les rideaux, se pencha dehors, dit qu'il faisait toujours beau temps [*CB*, p. 145]. » Au pays du père, la luminosité des fourneaux mettait en échec la lumière même du jour en couvrant tout de suie. Chaque matin les femmes devaient laver les fenêtres. Ici, la servante et Catherine découvrent un matin ensoleillé; la lumière est don du ciel. La seule lutte possible se ferait contre la lumière du jour dans un refus de celle-ci. La servante annonce « « que c'en serait bientôt fait; tout le plafond de la terrasse serait allumé et plein de lueurs, comme Madame les aime » [*CB*, p. 145] ». Dans sa maison natale, Catherine faisait briller fenêtres et planchers au prix d'efforts surhumains. Son carrelage luisant reflétait tout son acharnement contre l'envahissement du noir et sa difficile participation à la lumière. Ici, elle n'a qu'à attendre et accueillir les lueurs du plafond sur le point de flamber sous l'éclat d'un jour qui promet la victoire sur les ombres de la nuit.

À sa façon, Élisabeth fait appel à la lumière du jour pour chasser ses cauchemars : « S'ébrouer bien vite dans la lumière. Secouer les fantasmes. Le salut consiste à ne pas manquer sa sortie au grand jour, à ne pas se laisser terrasser par le rêve [*K*, p. 23]. » La lumière du jour voile les ténèbres en proposant les images rassurantes des personnes et des objets quotidiens. Elle éclaire Élisabeth d'une fausse paix en lui donnant ce profil de femme sage et rangée. Dans la lumière du jour elle peut oublier son double ténébreux. Mais, dans *Kamouraska*, le jour n'a pas raison de la nuit. Endormie dans la chambre de Léontine Mélançon, Élisabeth doit affronter les unes après les autres les figures terrifiantes de ses rêves.

Les religieuses des *Enfants du sabbat* cherchent aussi la sécurité du jour après les cauchemars de la nuit. À peine éveillées, elles chantent la naissance du jour : « Une voix de femme, tout d'abord voilée, monte, de plus en plus claire et aiguë, à la limite du cri, annonce la victoire de la lumière sur les ténèbres. Des répons embrouillés de sommeil surgissent, de-ci, de-là, derrière les rideaux tirés des cellules [*ES*, p. 51s.]. » À la chapelle, après l'office des ténèbres, il y a la cérémonie de la célébration de la lumière. Mais, enfermées dans leur couvent, elles jouissent bien peu de l'éclat du jour ou du ciel bleu de l'été. Aussi, quand la voiture des religieuses quitte l'hôpital pour le couvent, sœur Julie et sœur Gemma découvrent-elles une ville vivante sous un soleil rayonnant :

> Les rues sont ouvertes, les gens sont dehors. Des hommes, des femmes et des enfants. Du soleil par larges étendues. Des taches d'ombre, bien dessinées. Le monde est clair et net. Le ciel incroyablement bleu. [...] C'est l'été. [...] Le jour est là, mouvant et coloré. Éclat. Flashes rapides. Des fragments de vie tourbillonnent autour de la voiture des sœurs [*ES*, p. 15s.].

Cette échappée dans la lumière oblige sœur Julie à serrer les poings et à éviter de regarder dehors pour résister à l'appel de la vie; cette vie qu'elle a connue, enfant, lorsqu'elle courait librement dans la montagne et la forêt, se gavant de mûres sauvages sous le soleil d'été, « dans la chaleur moite des fardoches à midi [*ES*, p. 59] ». Elle doit oublier les souvenirs liés à un soleil trop éclatant pour ne connaître que la fadeur d'un jour apprivoisé, à la lumière tamisée; un jour rassurant, sans excès, à la mesure de la vie du couvent. Comme Élisabeth, chercher la paix illusoire d'un quotidien ordonné qui effacera peut-être les images trop exaltantes du passé.

Il existe pourtant une autre lumière, irréelle en quelque sorte, véritable lumière onirique qui éclaire les paysages du rêve. Élisabeth revoit en rêve, baignant dans une lumière bienfaisante, ses paysages d'enfance : le fleuve coulant entre ses rives plates, les longues îles vertes où paissent vaches, chevaux, moutons et chèvres. Image paradisiaque de sa jeunesse libre et heureuse. Les animaux ne sont plus menaçants mais broutent calmement et les figures inquiétantes du passé ont disparu.

Cependant, cette lumière rassurante ne peut avoir raison des ténèbres; elle ne fait que les tromper. Pour affronter les monstres de la nuit, il faut s'armer d'une lumière plus crue, plus éclatante, qui puisse percer les ténèbres, déchirer les voiles de la nuit, extirper du noir les visages enfouis et les révéler, enfin démasqués, au grand jour. Et la lumière est d'autant plus vive que les ténèbres sont épaisses. Comme si l'intensité du jour et de la lumière dépendait de celle de la nuit. Comme si la lumière jaillissait des ténèbres mêmes.

Élisabeth hésite à entrer dans cette lumière éclatante qui l'oblige à affronter les lieux et les personnes qu'elle veut garder secrets, à jamais enfouis dans la nuit. Elle aimerait « choisir [ses] propres divagations [*K*, p. 40] », conduire le songe à sa guise, ne pas être exposée à cette « lumière extraordinaire [qui] entre à flots, déferle jusque sur le lit. [...] Lumière [...] intolérable, plus claire que le soleil [*K*, p. 103]. » Car cette lumière exige le courage. Elle est révélation, dépouillement et lucidité. Elle est celle de la conscience personnelle et collective; elle est aveu et accusation. Laisser défiler les rêves et faire la lumière sur le passé, c'est mettre au grand jour le meurtre d'Antoine, les amours adultères d'Élisabeth et sa complicité dans le crime. Lucidité angoissante qui prend la forme d'une lumière implacable qui violente la conscience. La lumière douce et rassurante des paysages d'enfance est remplacée par l'éclat brutal d'une lumière trop vive :

> Depuis un instant il y a quelque chose qui se passe du côté de la lumière. Une sorte d'éclat qui monte peu à peu et s'intensifie à mesure. Cela devient trop fort, presque brutal. J'ai envie de mettre mon bras replié sur mes yeux, pour les protéger contre l'éblouissement.
>
> [...] Un éclairage terrible et fort, dur, vif, jaune. Un soleil fixe au-dessus de la maison un peu à gauche.

> En vain, je tente de m'écarter de ce centre lumineux. [...] Il n'y a que ma maison de la rue Augusta [...] qui émerge étincelante, comme un éclat de verre [*K*, p. 50s.].

C'est dans cette maison qu'Élisabeth et George se rencontrent, se visitent, et achètent la complicité d'Aurélie, qu'Élisabeth brode la fleur de sang sur fond jaune et imagine la chevauchée de son amant vers Kamouraska, lieu du meurtre. Le rêve d'Élisabeth sous une lumière aussi intense ne lui procure pas l'état de bien-être et d'euphorie qu'éprouvent ceux qui pratiquent l'élévation imaginaire dans des conditions normales[21]. Son angoisse ressemble à celle de certains psychosés chez qui, rappelle Durand, « les processus de gigantisation imaginaire s'accompagnent toujours de « lumière implacable... éclatante... aveuglante... impitoyable »[22] ». Elle ne peut échapper au faisceau lumineux, telle une prisonnière torturée à qui on veut arracher un aveu. La lumière s'intensifie au fil des pages jusqu'à provoquer un véritable cauchemar. Élisabeth s'imagine sur une table d'opération, exposée au supplice d'une lumière « de plus en plus violente [qui] tombe maintenant en faisceaux du plafond, au-dessus de [son] lit[23] ». Comme certaines schizophrènes, elle éprouve un état de tension extrême sous une lumière froide, irréelle en quelque sorte.

Sœur Julie connaît une expérience semblable. Elle doit revivre, dans la crudité d'une lumière impitoyable, les moments importants d'un passé qu'elle s'était pourtant promis d'oublier. Lieux, objets et scènes lui sont restitués intégralement « sous un éclairage [...] cru [*ES*, p. 10] » qui détaille avec une netteté remarquable.

---

[21] *Cf.* DURAND, *les Structures* [...], p. 163, note 2.

[22] *Ibid.*

[23] *K*, p. 107. DURAND décrit le rêve d'une schizophrène, lequel ressemble étrangement à celui d'Élisabeth : « Une fois, raconte la schizophrène traitée par Séchehaye, je me trouvais au patronage et je vis subitement la salle devenir immense et comme éclairée d'une lumière terrible, électrique et qui ne donnait pas de vraies ombres [*les Structures* [...], p. 163]. »

Contrairement aux *Chambres de bois*, ni la lumière du jour, ni l'éclat brutal d'une lumière onirique n'ont raison des ténèbres de la nuit dans les deux romans suivants. Élisabeth ne découvre pas au terme de sa longue nuit cette lumière qui serait don du ciel, transparence bienfaisante, volupté enivrante. Et il faudra dans *les Enfants du sabbat* une transmutation des valeurs symboliques pour que la nuit elle-même annonce l'aurore et la renaissance.

La Chute et la Montée

Le noir et les ténèbres proposent à l'imagination l'expérience d'une chute. Rêver le noir, c'est finalement rêver l'abîme. L'angoisse a couleur de gouffre et de nuit. Le noir est vertige. Son devenir vertical nous conduit à des abysses souterrains insondables. La chute ne connaît pas de limites, le gouffre noir est sans fin. C'est l'angoisse seule qui établit son intensité et sa profondeur. Et comme si la chute n'était pas suffisante, le rêveur ajoute un poids supplémentaire au vertige : la punition, la faute. La moralisation de la chute lui donne un caractère néfaste qui la lie au mal, au péché, à la femme fatale, à une sexualité condamnable, à des nourritures et des parfums interdits.

Tout le prestige et l'attrait du blanc réside dans sa victoire sur les profondeurs ténébreuses. Il est chute inversée. Il est donc ascension, montée, vol. À l'angoisse vertigineuse du noir l'imagination oppose l'enthousiasme ailé du blanc. Étudier la dialectique de la chute et de la montée, c'est donner, précise Bachelard, un sens vertical au noir et au blanc, à la nuit et au jour : « *De toutes les métaphores, les métaphores de la hauteur, de l'élévation, de la profondeur, de l'abaissement, de la chute sont par excellence des métaphores axiomatiques*[1]. »

Dans *le Tombeau des rois*, Anne Hébert a vécu le poids des profondeurs, a connu les dédales sourds où

---

[1] BACHELARD, *l'Air* [...], p. 18.

« l'écho des pas s'y mange à mesure [*P*, p. 59] »; elle est tombée dans des ravins de fatigue :

> Rouler dans des ravins de fatigue
> Sans fin
> Sans reprendre haleine
> Prise dans ses cheveux
> Comme dans des bouquets de fièvre
> Le cœur à découvert
> Tout nu dans son cou
> Agrafé comme un oiseau fou [*P*, p. 55].

À son tour Catherine est entraînée progressivement vers un monde souterrain, vers le tombeau des chambres de bois où elle rencontre la mort. Elle doit lutter longtemps avant de se délester des fardeaux multiples qui l'écrasent. C'est à une psychologie de la pesanteur qu'il faut faire appel pour mieux comprendre le destin de Catherine :

> Catherine, la première, selon la gravité de son droit d'aînesse, rangea la maison des seigneurs, très loin en son cœur, là où dormaient les objets *lourds* et sacrés[2].

La mort de sa mère fait basculer son enfance qui devient un poids secret menaçant son équilibre quotidien. Le silence du père, le noir du pays, les tâches familiales écrasent la jeune fille qui cherche un refuge dans le rêve. Elle vacille sous le poids du monde : « Comme cette maison lestée de sommeil est lourde [*CB*, p. 47] », dit-elle. Elle cherche à retrouver en son cœur ces objets lourds et sacrés qu'elle avait rangés et qui exercent sur elle une étrange fascination, un « sombre enchantement auquel, au plus profond d'elle-même, elle se trouvait livrée [*CB*, p. 52] ». C'est ce « sombre enchantement », qui a déjà partie liée avec le noir et les profondeurs, qui la conduit jusqu'à Michel et la maison réelle des seigneurs :

> Catherine ne pouvait détacher ses yeux de cette singulière, lourde demeure reprise par la nuit. Elle songeait que là reposait peut-être

[2] *CB*, p. 33. C'est nous qui soulignons.

> le cœur obscur de la terre, avec le piano de Michel, sa palette de couleurs, son amer loisir et toute la vie de château. Elle évoquait ces femmes de grande race, cruelles et oisives, maintenant couchées en leurs moelles crayeuses [*CB*, p. 59].

À la fois inquiète et fascinée, Catherine suit l'axe vertical d'une rêverie qui descend vers les profondeurs secrètes d'une « lourde demeure » complice de la nuit et de la mort. Cette chute imaginaire trouve toute sa force dans l'évocation de l'image du « cœur obscur de la terre ». La terre, affirme Bachelard, est la matière même des ténèbres et de l'abîme : « La chute profonde, la chute dans les gouffres noirs, la chute dans l'abîme, sont presque fatalement les chutes imaginaires en rapport avec une imagination des eaux ou, surtout, avec une imagination de la terre ténébreuse[3]. » La chute au cœur de la terre est lourde de toutes les nuits de cauchemars :

> De toutes les peines d'un *terrestre* qui lutte, en ses nuits dramatiques, avec le gouffre, qui creuse activement son gouffre, qui travaille de la pelle et de la pioche, des mains et des dents au fond de cette mine imaginaire où tant d'hommes souffrent durant les cauchemars infernaux[4].

Comment ne pas songer aux hommes du pays de Catherine dont le travail consiste justement à s'enfoncer sous terre, au fond des mines, en creusant des labyrinthes sans fin. Catherine elle-même, fille de mineur, s'échappera des couloirs souterrains « comme une taupe aveugle creusant sa galerie vers la lumière [*CB*, p. 179] ». Belle image d'une lutte acharnée contre l'abîme et la pesanteur de la terre ténébreuse.

Après avoir éprouvé durant de longues années le tombeau des chambres closes, Catherine est devenue, comme ces « femmes de grande race » qu'elle évoquait devant la maison de Michel, une morte couchée en sa moelle crayeuse, au « cœur obscur de la terre ». Et c'est du fond de cet

---

[3] BACHELARD, *l'Air* [...], p. 23.

[4] *Ibid.*

abîme que s'élève sa voix contre la séduction de la mort : « Michel dut se pencher au-dessus du lit, chercher avec son oreille cette réponse quasi souterraine s'échappant de la poitrine oppressée [*CB*, p. 152]. »

Les images d'abîme sont nombreuses dans *Kamouraska*. Élisabeth n'arrive pas à se maintenir sur « l'étroite margelle de ce monde [*K*, p. 25] », malgré son mari qui tente de la retenir pour ne pas être seul : « Vous ne pouvez rester seul ainsi, c'est intolérable, cette angoisse, cette mince passerelle. Vous n'avez que juste l'espace d'y hisser de force une personne vivante qui vous accompagnera encore un petit bout de chemin [*K*, p. 25]. » Elle voit le précipice au bout de la passerelle. Elle imagine George en route vers Kamouraska par des chemins qui débouchent sur le vide, comme ces premiers navigateurs qui craignaient de rencontrer un gouffre au bout des océans : « Là où l'horizon bascule sur le vide. Tuer un homme à la limite de ce vide. Se maintenir en équilibre au bord du gouffre [*K*, p. 190]. »

Le rêve et la mémoire prennent racine dans ce vide, attirent Élisabeth. Extirper ses souvenirs du fond de la mémoire, c'est risquer d'être entraîné dans le vide par leur poids : « On dirait que je tire vers le jour avec effort un mot, un seul, lourd, lointain. Indispensable. Une sorte de poids enfoui sous terre. Une ancre rouillée. Au bout d'une longue corde souterraine. Une espèce de racine profonde, perdue [*K*, p. 62]. » Belle image du poids des profondeurs qui prépare la chute : « Tout mon corps est lesté de centaines de plombs, semblables à ceux que l'on coud dans les ourlets des casaques et des jupes, pour qu'elles tombent bien. Parée comme une noyée que l'on va balancer par-dessus bord [*K*, p. 80]. »

Il ne lui reste plus qu'à éprouver la sensation de chute dans les gouffres aux formes multiples : « Impression de chute dans le vide. Vertige [*K*, p. 116]. » Elle va « chercher, au plus creux des ténèbres, les fantômes de [sa] jeunesse [*K*, p. 76] ». Elle « plonge dans le noir [*K*, p. 167] », est basculée « en enfer [*K*, p. 167] », roulée « dans des fondrières énormes [*K*, p. 174] »; elle imagine des « couloirs sous terre [*K*, p. 80] » et tente désespérément de remonter à la surface pour ne pas atteindre « sa lourdeur muette, définitive [*K*, p. 104] » qui est la mort elle-même.

Il n'est guère facile pour les personnages d'Anne Hébert de se maintenir en équilibre sur l'étroite margelle du quotidien. Ils ont vite le vertige des profondeurs. Une rêverie angoissée les conduit à nouveau, dans *les Enfants du sabbat*, vers des images de chute.

Sœur Gemma, congédiée de son poste de sacristaine et affectée à la cuisine, a l'impression de déchoir, tel Job sur son fumier. À sœur Julie qui ne la quitte pas d'une semelle elle crie, excédée : « Laissez-moi tranquille, je vous en prie. On dirait que vous voulez me pousser dans un trou [*ES*, p. 48]. » Quand le docteur Painchaud sombre « au plus profond de son sommeil [*ES*, p. 72] », rêvant que sœur Julie l'écrase de tout son poids, il est entraîné à son tour au fond de son délire. Julie elle-même, endormie de force, a la sensation d'être « jetée dans un trou noir. [...] Le lieu profond des rêves. [...] Endormie, couchée là sur ce lit, à l'infirmerie, lancée par-dessus bord, dans la nuit d'un sommeil pesant [*ES*, p. 92s.]. » Elle appelle son frère Joseph du « fond d'un puits vide, aux parois de pierre moussue, verte et rouillée [*ES*, p. 93] ». La voix « caverneuse et glacée [*ES*, p. 93] » de sœur Julie résonne à l'infini.

Mais ces images des profondeurs évoquent des abîmes symboliques. Il en existe pourtant de bien concrets dans le roman, autant au couvent que dans la montagne de B... Il s'agit d'abord de la grande cuisine, de « l'ombre étrange de ses recoins pleins d'ustensiles bizarres et bruyants [... du] corridor étroit qui y conduit, coupé de marches et d'embûches de toutes sortes [*ES*, p. 145] »; de la cave froide et des saloirs habités d'êtres inquiétants qui semblent renaître à la vie :

> Les jambons fumés pendus aux poutres, les poulets gelés, jaunes et grenus, les quartiers de bœuf, immenses, accrochés, les lapins éventrés, aux rognons pourpres, s'animent et rougeoient, comme

> des plaies fraîches, à chaque rayon projeté par une lampe de poche. La cave est pleine de lueurs sanguinolentes et jaunes qui vont et viennent, pareilles à des tisons [*ES*, p. 145s.].

La cave est, selon l'expression de Bachelard, « l'*être obscur* de la maison, l'être qui participe aux puissances souterraines. En y rêvant, on s'accorde à l'irrationalité des profondeurs[5]. » Ces lieux éveillent angoisses et peurs enfouies dans l'inconscient. Ils sont ici particulièrement révélateurs de drames atroces, ils évoquent des scènes d'une violence sadique, font surgir des animaux torturés dont les plaies, encore fraîches, semblent crier vengeance. Aucune chaleur possible malgré l'image des tisons, mais la présence physique d'une mort glacée qui étreint déjà ses victimes. « La cave est alors de la folie enterrée, des drames murés[6]. »

C'est cependant dans la montagne de B... que l'on trouve l'illustration la plus significative du gouffre physique. Comme dans *les Chambres de bois* Anne Hébert fait appel à une imagination de la terre pour évoquer la chute profonde, au « fond du ravin [*ES*, p. 37] » :

> Nous voici enfermés dans ce ravin, dans l'intimité de la terre. Expérience profonde que nous n'aurons plus à envier aux défunts. En pleine possession de nos privilèges de vivants, nous pénétrons le domaine des morts et le lieu sacré de leur refuge. Ce froid dans nos veines et cette odeur poignante de la terre dans nos bouches. Nous absorbons, avec une facilité étonnante, la nuit des morts, leur froid excessif, toutes ténèbres, terreur et horreur cachées [*ES*, p. 43s.].

Catherine, telle une taupe, avait creusé sa galerie sous terre comme le faisaient les hommes de son pays minier. La dernière page de *Kamouraska* nous montre une femme noire, déterrée vive, qui n'est autre qu'Élisabeth elle-même émergeant des profondeurs de son cauchemar et de son passé. Voici que Julie refait un cheminement semblable. Elle retrouve au plus profond de ses rêves l'image du ravin

---

[5] BACHELARD, *la Poétique de l'espace*, p. 35.

[6] *Ibid.*, p. 37.

de son pays d'enfance. Le ravin est une fissure qui lui permet de pénétrer au cœur de la terre et de rejoindre ainsi sa propre intimité et les profondeurs de son psychisme. Ce ravin est habité de fantômes. Elle y retrouve les participants à la fête du sabbat, dont la sorcière Philomène, morte depuis. Elle revit cette nuit de son enfance peuplée de figures diaboliques, dont celle de son père qui la viole pour la première fois. Elle retrouve ses terreurs de petite fille et rejoint son enfer personnel dans l'évocation d'une imagerie mythologique. Bachelard affirme qu'« il n'est point rare que le sujet, dans son rêve de descente, retrouve les puissances infernales, le diable, Pluton, Proserpine[7] ». Il suffit de remplacer les noms de Pluton et Proserpine par ceux d'Adélard et Philomène, et le ravin de la montagne de B... où se déroulent les cérémonies diaboliques fait figure d'enfer. Ce B... énigmatique n'évoque-t-il pas justement d'autres figures chtoniennes : Belzébuth, Ba'al-Bélit, Béhémoth, Belphégor, voire les Bacchantes ?

Chute et sexualité

La chute s'exprime encore dans des images d'une sexualité condamnable. Elle se féminise alors et illustre une inquiétude morale devant la femme de chair et l'amour sexuel qui deviennent des images d'abîme moral, de péché. La chute, à la fois vertige physique et moral, est punition et expression d'une culpabilité lourde du poids de toutes les fautes. Les personnages hébertiens sont marqués par la notion de faute originelle, traumatisés par la crainte du châtiment suprême. Ils sont moins préoccupés du ciel que de l'enfer qui en vient à exercer sur eux une véritable fascination.

La première page des *Chambres de bois* nous révèle ce refus de la chair dans l'attitude des hommes et des fem-

---

[7] BACHELARD, *la Terre et les Rêveries de la volonté*, p. 395.

mes du pays de Catherine, dans les images de suie et de « patines des feux trop vifs de la nuit [*CB*, p. 27] ». Tous semblent condamnés au travail comme à une punition après la chute. Leur sexualité est une salissure première.

Nous découvrons ainsi un autre sens à l'ardeur des hommes. Car il s'agit bien, dans cette image des hauts fourneaux où dominent les lignes verticales, d'un combat des forces mâles contre une trop féminine temporalité. Il y a là un désir de puissance agressive, de force libératrice, « la verticalité définitive et mâle contredisant et maîtrisant la noire et temporelle féminité[8] ».

Au pays de Catherine, pays des valeurs mâles, pays du père, il n'y a pas de place pour la femme et ses valeurs. Ainsi, la mort de la mère ne semble pas une mort naturelle mais nécessaire, liée de façon évidente à l'ardeur des hauts fourneaux d'un été trop chaud, comme si les hommes eux-mêmes et donc le père en étaient responsables [*CB*, p. 27s.]. L'on songe aussi à la mort de la femme d'un compagnon de travail du père [*CB*, p. 57]. D'autres femmes, à leur tour menacées, « se plaign[ent] doucement contre la face noire des hommes au désir avide [*CB*, p. 28] ». L'expression « désir avide » vient donner toute sa signification à l'ardeur des hauts fourneaux. Quand les femmes, le matin venu, viennent essuyer sur leurs vitres les patines des feux trop vifs de la nuit, il s'agit autant des patines de l'amour que de celles des hauts fourneaux. À son tour la femme va lutter contre le noir, pour la transparence du jour. Les gestes des femmes, leurs plaintes, leur mort même expriment un refus de ce monde mâle et de la sexualité imposée par lui. La suie et la patine existent surtout dans l'esprit des hommes et des femmes qui voient en l'amour une salissure, un mal, une contagion progressive qui se « gliss[e] par tous les pores de la peau [*CB*, p. 28] ». C'est cette même sexualité condamnable et impure qu'avait connue Claudine Perreault avant de fuir son village pour s'enfer-

---

[8] DURAND, *les Structures* [...], p. 203.

mer dans une ferme, sorte de suicide moral avant sa mort réelle provoquée par François et réalisée grâce à Perceval[9].

La femme, son rôle de procréatrice achevé, doit disparaître d'un univers construit à la mesure de l'homme. Elle ne peut vivre qu'une sexualité honteuse que le vocabulaire janséniste d'une Claudine reflète bien : « châtiment », « justice de Dieu », « damnation », « enfer », « discipline », « péché originel » et, surtout, cette espèce de leitmotiv : « Il faut se dompter jusqu'aux os. On n'a pas idée de la force mauvaise qui est en nous [*LT*, p. 11] ! » Seule la maternité peut lui procurer une valorisation temporaire qu'elle tente de perpétuer. Déjà Claudine dans « le Torrent », puis Agnès dans *le Temps sauvage*, Aline dans *les Chambres de bois* — comme plus tard Élisabeth dans *Kamouraska* ou sœur Julie de la Trinité dans *les Enfants du sabbat* — veulent rivaliser avec l'homme grâce à une maternité idéalisée. « Car, s'écrie Agnès, que vous le vouliez ou non, le culte de la mère fait pendant au culte du prêtre [*TS*, p. 26]. » Aussi Claudine consacre-t-elle toute son énergie à préparer son fils François à une prêtrise qui viendrait la laver de sa faute, de sa chute sexuelle, afin qu'un jour elle puisse retourner au village, la tête haute, purifiée. Ces femmes ne semblent accepter la souillure de l'homme que le temps de devenir mère.

Comme Claudine, Aline, la servante de Michel et de Catherine, est fille-mère et a ainsi accédé à la maternité, même coupable. Comme les femmes du pays de Catherine, elle a passé sa vie à laver, nettoyer, ranger et cuisiner. Elle a lutté sans espoir contre l'adversité, contre le noir et le mal. Pour elle aussi l'amour physique est condamnable et elle se plaint à son tour de l'ardeur de l'homme, du premier seigneur, le père de Michel : « Il m'a mise

---

[9] Également du recueil *le Torrent*, songeons à « l'Ange de Dominique » où, la mère étant morte, Dominique vit avec son père, avant de mourir à son tour. Dans « la Mort de Stella » la mère meurt après avoir donné naissance à dix enfants. La mort de la mère semble inévitable.

à travailler tout le jour sous sa femme qui me hait. Toutes les nuits, il m'éveille et me prend [*CB*, p. 175]. » Privée de sa fille, elle considère Michel et Lia comme ses propres enfants : « Michel et Lia, petits, petits, mes pauvres agneaux, dormez en paix [*CB*, p. 176]. » Puis elle les abandonne pour se mettre au service de Catherine qui devient à la fois sa maîtresse et sa fille adoptive. Aline remplace la mère défunte auprès de Catherine qui cherche un peu de tendresse et d'attention : « Souvent, le soir, l'envie d'être bercée prenait Catherine, en son grand lit calme. Elle retenait la servante sous toutes sortes de prétextes [*CB*, p. 150]. » Aline aimerait faire de Catherine une grande dame pure et digne qui saurait la venger de l'humiliation du premier seigneur. Comme Claudine qui voulait faire de François un prêtre qui la rachèterait, Aline, en arrachant Catherine des appartements de Paris, espère récupérer en quelque sorte son intégrité en même temps que sa fille Marie : « La femme regarda Catherine, murmura encore « Marie », son visage s'illumina un instant comme si on lui eût rendu sa fille, et elle mourut [*CB*, p. 176]. »

Catherine aussi connaît les salissures de l'amour, celles de son pays et des chambres de Michel. En remplaçant sa mère défunte elle doit abandonner son enfance et prendre en charge les lourds travaux domestiques. Mais, comme les autres femmes, elle n'accepte de sa condition féminine que la fonction la plus noble, la moins dégradante, une maternité toute désincarnée. Ce rôle de mère, auquel voudra également accéder sa sœur Lucie, le plus valorisant, une sorte de planche de salut dans un monde déchu, elle l'assume tout en rejetant les hommes trop frustes de son pays.

Quand Catherine épouse Michel, elle est sans doute fascinée par des images de château, de femmes oisives, de saisons de concerts et de richesses. Mais en Michel c'est aussi l'image de son enfance et de sa mère qu'elle retrouve puisqu'elle avait gardé le souvenir de leur première rencontre, l'année de la mort de la mère, et l'avait rangé « très loin en son cœur [*CB*, p. 33] ». Elle veut ainsi s'éloigner d'un univers aux valeurs masculines pour aller à la rencontre d'un monde où règne la femme : Lia, bien sûr, mais surtout l'image de femmes oisives et le souvenir de la châtelaine défunte que Catherine rêve de remplacer. Elle accueille l'homme-enfant qu'est Michel comme si elle le portait en son sein, perpétuant ainsi son rôle de mère : « Je suis tout près de toi, Michel, si près que je t'entends respirer dans mon ventre comme un tout petit enfant que je porterais [*CB*, p. 83]. » Mais en acceptant de retourner vers son enfance, de retrouver la mère, de la remplacer même tant pour ses sœurs que pour Michel, Catherine refuse la vie et fuit vers la mort; désir d'un refuge dans une mort symbolique, dans une auto-destruction qu'elle recherche inconsciemment en acceptant les exigences de Michel; dépossession d'elle-même, sorte de mutilation[10]. C'est sa chair de femme, avec ses désirs, sa sensualité et ses passions qu'elle rejette pour devenir morte-vivante, idole d'un temps révolu. Catherine fuit la virilité des hommes de son pays pour vivre le rêve d'une pureté inaccessible entre les bras d'un mari impuissant.

Ce sont toutefois les rares expériences sexuelles de Michel et de Catherine qui illustrent avec le plus de force cette inquiétude morale devant une sexualité condamnable. Parfois Michel

> caressait volontiers Catherine, tout contre sa peau, à la limite du linge. Il demeurait un instant immobile, les traits tirés, ses larges paupières fermées, et elle pensait : « Je lui suis soumise, mais faites, ô mon Dieu, qu'il me prenne sans me faire de mal ! » Mais bientôt toute chaleur se retirait de Michel. Catherine entre ses bras, désertée, devenait pareille à une jeune offrande sur la table de pierre [*CB*, p. 70s.].

[10] Gérard BESSETTE a montré comment dans certains poèmes du *Tombeau des rois* « on ne saurait pousser plus loin le macabre, le désir de se débarrasser de son corps, de la charnalité [« la Dislocation dans la poésie d'Anne Hébert », *Une littérature en ébullition*, Montréal, Éditions du jour, 1968, p. 20] ».

Il faut remarquer d'abord l'impuissance de Michel et la pudeur de ses gestes. Il caresse Catherine « à la limite du linge », comme si franchir cette frontière signifiait outrepasser un interdit et s'attirer la punition des dieux. L'interdit est l'acte sexuel et la punition des dieux, la chute dans le péché, abîme moral par excellence. Incapable de véritable passion, il refuse la femme de chair qu'il condamne à l'aridité de la pierre d'autel. Catherine subit les faibles tentatives de son mari en femme soumise et consentante, mais tout en suppliant le ciel de lui épargner tout mal. Ce n'est pas là simple réserve ou réticence innocente. Le mal qu'elle craint est autant moral que physique, l'amour lui apparaissant une blessure ou, mieux encore, une salissure de l'âme en même temps que du corps.

Il se passera bien du temps encore avant que Michel n'ose posséder Catherine une première fois. Il ressemble alors davantage à un exorciseur qu'à un amant. La femme, à ses yeux, est possédée du diable; la chair évoque des images d'enfer :

> — Tu es chaude, Catherine, si chaude et douce...
>
> Il promenait sur elle des mains glacées qui tremblaient. Il rêvait d'exorciser cette chair tendre. Il répétait d'une voix à peine perceptible :
>
> — Ce n'est rien, rien...
>
> Ses mains redevinrent calmes, lissant lentement le corps de Catherine comme s'il se fût agi d'endormir un enfant, d'apaiser un malade.
>
> Lorsque Catherine fut au lit, les draps tirés jusqu'au menton, elle pleura à voix haute. Michel l'entendit qui disait à travers ses larmes : « Je suis iiée à un homme qui ne m'aime pas... » C'est alors que le long corps s'est abattu sur elle, lourdement comme un arbre. Michel demandait pardon, et il embrassait Catherine au visage et aux seins.
>
> Vers le matin, Catherine était devenue femme. Michel s'écroula à ses côtés comme un noyé et il répétait : « Tu es le diable, Catherine, tu es le diable. » [*CB*, p. 75s.].

L'on comprend mieux la nature des caresses de Michel. Toute sa crainte est déjà extériorisée dans ses mains glacées et tremblantes, si différentes des mains sûres et chaleureuses d'un Bruno qui saura aimer le corps de Catherine en « dépistant la joie avec soin sous les espaces dorés par le soleil et les tendres places de neige ou de mousse à l'odeur secrète [*CB*, p. 183] ». Les mains de Michel au contraire veulent endormir. Il tente de déjouer les ardeurs naissantes, d'exorciser les forces du mal en cette chair de femme. Il aimerait extirper toute passion du corps de Catherine ou de celui de Lia, déchirée et détruite par les ravages de l'amour, comme par une maladie honteuse : « De la boue, voilà ce qu'elle est devenue, cette fille sacrée entre toutes. La faute est entrée chez nous avec elle [*CB*, p. 60]. » Plus tard, il se plaindra de ce que « l'amour était pourri [*CB*, p. 119] ».

Quand enfin Michel prend Catherine, c'est en implorant son pardon, tel un homme perdu, tel un arbre abattu, lourdement, sous le poids de la culpabilité. Tous les éléments sont réunis pour faire de la sexualité la chute par excellence. Michel s'écroule aux côtés de Catherine « comme un noyé », ou comme un damné, voyant en elle le diable même. C'était aussi les paroles utilisées par François devant la séduction d'Amica : « Amica est le diable. Je convie le diable chez moi [*LT*, p. 46]. »

Catherine se soumet patiemment durant de longs mois aux amours fades de Michel avant de se révolter dans tous ses sens exacerbés et de fuir loin des chambres de bois pour redécouvrir progressivement son appartenance au monde, telle une convalescente trop longtemps isolée des hommes et de la vie. Elle s'étonnera, en voyant des amoureux dans une crique, de ce « que l'amour fût donné si gratuitement [*CB*, p. 158] ». Avec Bruno, elle évite au début tout frôlement, tout contact des corps, par crainte d'être projetée dans l'abîme : « Tous leurs soins dans la nuit consistaient à éviter de se frôler, comme deux somnambules que le moindre choc peut précipiter dans le vide [*CB*, p. 170]. » Peu à peu Catherine apprend à dépasser cette conception janséniste du monde et s'ouvre à l'amour.

Même crainte d'une sexualité coupable dans *Kamouraska*. D'abord en la mère d'Élisabeth qui n'accepte de l'homme que la maternité pour le rejeter ensuite à jamais. Elle sera veuve toute sa vie, comme ses sœurs qui rêvent parfois à de tendres maris qui viendraient les féconder poliment : « Chaque ovule perdu de sa vie stérile va-t-il incessamment être fécondé ? Galamment [*K*, p. 55]. » À défaut d'une maternité véritable, elles assumeront le rôle collectif de mère d'Élisabeth, avec leurs lois, leurs tabous et leurs peurs de vieilles filles; pour mieux l'isoler du monde et surtout des hommes et lui éviter, le plus longtemps possible, la corruption et l'humiliation. Avec quel empressement elles accueilleront Élisabeth, devenue mère, et rejetteront Antoine ! Son rôle est terminé; il peut mourir. Quant à George, il doit fuir aux États-Unis, sa paternité ignorée. Seul Jérôme Rolland peut épouser Élisabeth puisqu'il accepte ainsi de la confirmer dans son rôle de mère et de femme innocente. Mais il en mourra à son tour.

Élisabeth elle-même n'a été « qu'un ventre fidèle, une matrice à faire des enfants. [...] Onze maternités en vingt-deux ans. Terre aveugle, tant de sang et de lait, de placenta en galettes brisées [*K*, p. 10s.]. » Un « sale ventre plein de sales tripes [*K*, p. 32] ». Elle est la mère avaleuse qui engloutit l'homme dans ses entrailles tel un monstre marin : « Élisabeth ! Ton corps s'ouvre et se referme sur moi pour m'engloutir à jamais. Ce goût de varech et d'iode [*K*, p. 223]. » Le ventre n'est pas toujours un bonheur[11]. Cette maternité cache une sexualité honteuse[12]. Élisabeth abandonne son amant pour assumer son rôle de mère tels un rachat, une purification. L'homme n'est pour elle qu'une victime, un « mauvais gibier [*K*, p. 67] ». Aussi George

---

[11] DURAND, *les Structures* [...], p. 131 et *passim*.

[12] Albert LE GRAND, dans un article intitulé : « *Kamouraska* ou l'Ange et la Bête », *Études françaises*, vol. 7, nº 2 (mai 1971), p. 133, a décrit avec beaucoup de perspicacité cette peur de la chair : « Il faut haïr, combattre, refouler, ignorer l'instinct de la chair devenu l'instinct du mal. Tout ce petit monde féminin ment et prie avec une égale facilité. Toujours le même péché. À croire qu'elles ont toutes fréquenté les mêmes écoles que la mère de François Perreault dans « le Torrent », la grande Claudine. »

la condamne-t-il en ces mots : « *It is that damned woman that has ruined me* [*K*, p. 248]. » Malfaisante Élisabeth, femme maudite, sorcière, comme le sont aussi Aurélie et Florida. La femme se transforme en sorcière maléfique faisant sortir le mal du cœur de chacun. Le mal est en elle, telle une tare, une faute originelle, une « tumeur cachée [*K*, p. 107] » : « Quelque tache de naissance sur notre peau ? Le secret de nos entrailles ? Une petite bête captive, sans doute ? Une tique minuscule entre chair et cuir. Le péché [*K*, p. 195] ? »

Le mot est lâché. Toute l'éducation morale d'Élisabeth a été faite autour des notions de péché, de culpabilité, de pénitence et de menace de l'enfer. Ses tantes ne cessent de dire : « C'est un bien grand péché [*K*, p. 13, 48, 161]. » Et l'on peut se demander lequel est le plus grand à leurs yeux, le meurtre ou l'adultère ? Élisabeth voit en rêve ses tantes, chapelet au poignet. L'une d'entre elles se met à hurler : « La Petite se damne ! Et nous nous damnons avec elle [*K*, p. 48] ! » La phrase, notée par un huissier, est recommencée à l'infini.

Elle entend encore les prières des agonisants qui résument admirablement le mal et le péché liés à la sexualité, depuis Ève, la femme responsable de la faute originelle :

> *Miserere nobis*
> *Vois, dans le mal je suis né*
> *Pécheur ma mère m'a conçu* [*K*, p. 238].

Le mal vient des origines; c'est la femme qui, après avoir pactisé avec le diable, engendre le mal dans le monde. Lourd héritage de la femme maléfique qui porte sur elle et en elle les traces du mal qu'elle propage. « J'ai si honte ! Si tu savais comme j'ai honte [*K*, p. 105] », s'écrie Élisabeth. Honte de ses amours avec Antoine, avec George et avec Jérôme. Honte de porter ce mal en elle, malgré elle : « Seigneur, je me damne [*K*, p. 244] ! »

Au couvent des dames du Précieux-Sang, durant la Semaine sainte et l'office des ténèbres, les religieuses « doivent descendre aux enfers. Le plus creux de leur âme et de leurs péchés doit être atteint et dénoncé [*ES*, p. 81]. » Les gémissements et les cris des malades transforment le couvent, la nuit, en un lieu infernal. Les habitants du village près de la montagne de B... sont tenus par la crainte du péché et de l'enfer.

Une telle peur de l'enfer est étroitement liée à la hantise du péché. Tous sondent leur cœur pour y déceler la moindre faute et se confesser bien vite afin d'obtenir le sacrement du pardon et se libérer d'un poids insupportable. La mère supérieure dépêche chez l'aumônier les sœurs fautives : « Courez bien vite vous confesser toutes les deux, et priez saint Michel *qu'il vous défende dans les combats afin que vous ne périssiez pas au jour terrible du Jugement* [*ES*, p. 156]. » À la chapelle, les religieuses « psalmodient de leurs voix suaves et fraîches : *Mea culpa, mea maxima culpa* [*ES*, p. 33] ». À la moindre inquiétude elles font leur acte de contrition. L'abbé Migneault ne peut résister à la tâche, « écrasé sous le poids des péchés du couvent et du monde entier [*ES*, p. 25] ». Il est remplacé par l'abbé Léo-Z. Flageole qui n'a pas son pareil pour dépister le mal : « Une habileté quasi infaillible pour déceler l'œuvre du Malin dans l'âme de tout pénitent ou pénitente, agenouillé devant lui, au confessionnal. On dit de lui qu'il a le flair d'un bon chien de chasse pour suivre l'ombre même du péché dans ses pistes les plus embrouillées [*ES*, p. 101]. » À son tour, en même temps que mère Marie-Clotilde, il fera l'expérience du péché et du besoin d'expier sans fin.

Le mal trouve sa figure suprême en Satan lui-même qui apparaît dans toute sa splendeur. Omniprésent à la cabane, il pénètre jusqu'au couvent, s'insinue dans la pensée et les gestes de chacun, impose sa loi. L'abbé Flageole a la certitude de « soutenir tout seul (avec l'aide fragile de mère Marie-Clotilde et du Dr Painchaud) l'état de siège contre le démon... [*ES*, p. 131]. » Il n'y a pas que sœur Julie qui soit possédée; mère Marie-Clotilde « éprouve, non sans une douceur surprenante, la certitude absolue de l'état de possession du couvent [*ES*, p. 157] ». Cette « possession » par le diable devient l'illustration par excellence de la chute. D'après Durand, « s'introduit dans le contexte physique de la chute une moralisation et même une psychopathologie de la chute : dans certaines apocalypses apocryphes la chute est confondue avec la « possession » par le mal[13] ».

Être « possédé », c'est d'abord donner libre cours à ses instincts; c'est commettre le péché de la chair. La chute s'alourdit des fautes sexuelles : « L'union de l'homme et de la femme a été élevée au rang de sacrement par Dieu lui-même, Dieu sans qui tout cela ne serait que fornication d'enfer [*ES*, p. 90]. » Tout acte de procréation est entaché de péché : « « Des baisers lascifs » sur la bouche, n'est-ce pas ainsi qu'on fait les enfants, les fruits du péché [*ES*, p. 143] ? » Péché originel, héréditaire !

Le ventre sexuel est alors engramme du gouffre de la chute première. Tel apparaît aux yeux de Joseph le corps de Philomène, « le gouffre noir caché [*ES*, p. 98] ». Julie, violée par son père, a l'impression qu'il « a creusé en [elle] un trou si profond que toutes les bêtes de la forêt vont pouvoir s'y engouffrer, comme dans un terrier [*ES*, p. 64] ». Puisque les religieuses font vœu de chasteté, rejetant toute sexualité et la maternité elle-même, leur ventre sexuel, inutile et indécent, mériterait, aux yeux du docteur Painchaud, d'être opéré et jeté aux ordures : « *Le mal des cloîtres* [...] Il faut [...] ouvrir le ventre et le recoudre à volonté, jeter aux ordures tout ce bataclan obscène (ovaires et matrice) qui ne peut servir à rien [*ES*, p. 72]. »

La souillure est à son comble lorsque l'acte s'accomplit avec le diable lui-même. Or sœur Julie appartient à Satan qui l'a prise quand elle était encore enfant; elle a découvert la volupté dans l'inceste même : « Cher Satan, mon père et mon époux. [...] Enseigne-moi tout ! La perversité [*ES*, p. 110]. » Elle est sa fille et sa fiancée. Elle renouvelle alors la faute originelle et redevient l'Ève fau-

[13] DURAND, *les Structures* [...], p. 125.

tive qui engendre le mal. Sa mère l'avait prévenue : « Tu es grande et, à présent, tu pourrais accoucher d'un crapaud si tu fais pas attention [*ES*, p. 65]. » L'enfant qu'elle met au monde ressemble d'ailleurs à un crapaud :

> Rouge et fripé, grimaçant, oreilles volumineuses, tête énorme, déformée et sans cou, mains violettes, abdomen saillant, membres grêles, sexe géant, il ramène ses petits bras vers sa poitrine et ses petites cuisses vers son ventre. [...]
>
> « Il a l'air d'un crapaud », pense mère Marie-Clotilde.
>
> « C'est le fils du démon », pense Léo-Z. Flageole [*ES*, p. 186].

Sœur Julie a conclu un pacte avec le diable. Elle lui appartient, corps et âme. Elle s'est donnée à lui, à jamais. Elle est « possédée » par Satan, son maître, et perpétue le mal dans le monde : « Je leur ai donné le démon à communier. Le mal est en eux maintenant. [...] Mission accomplie. Mon maître sera content. Il m'attend dehors [*ES*, p. 187]. » Elle est l'exemple même du maléfice féminin lié à une sexualité honteuse. Elle est la femme qu'on tente en vain d'exorciser, la vierge noire fécondée par l'esprit du mal, la mère de l'antéchrist. La chute semble complète.

Nourritures et odeurs interdites

Ces images d'une sexualité condamnable se doublent de nourritures et de parfums maudits. L'expérience de la chute, signale Durand, relie la chair sexuelle à la chair digestive : « Le ventre sous son double aspect, digestif et sexuel, est donc un microcosme du gouffre, est symbole d'une chute en miniature, est aussi indicatif d'un double dégoût et d'une double morale : celle de l'abstinence et celle de la chasteté[14]. » Nourritures et parfums viennent renforcer l'engramme de la faute.

Lors de la première rencontre avec Michel enfant, Catherine l'entend se plaindre « que son père l'obligeait à porter la gibecière lourde d'oiseaux blessés », et elle perçoit

---

[14] DURAND, *les Structures* [...], p. 131.

« une âcre senteur de gibier souillé [qui] mont[e] de l'enfant comme la propre odeur de sa détresse [*CB*, p. 30] ». Le soir, l'oncle décrit la campagne « ravagée par un seul seigneur, des bêtes blessées pourrissant dans les fourrés [*CB*, p. 30] ». Nous savons que le père de Michel ne se contentait pas de chasser et de faire bonne chair mais encore aimait-il séduire les jeunes filles des environs, « des filles pures rendues mauvaises en une seule nuit [*CB*, p. 30] ». Son gibier est multiple et ses ravages pèsent lourd aux épaules de l'enfant. Tous les oiseaux blessés ne sont pas dans la gibecière et les plaintes de Michel, ses larmes, son odeur de détresse, associés au gibier souillé, sont autant de reproches adressés à son père et expriment déjà son dégoût des plaisirs de la chair.

Quand, plus tard, Catherine visite le domaine de Michel, elle est frappée par l'abandon du jardin et son odeur âcre : « L'haleine violente de la terre d'automne et des feuilles macérées lui mont[e] au visage : « C'est comme si je mangeais de l'herbe pourrie ! » [*CB*, p. 59]. » Même dans sa ville Catherine n'est pas à l'abri de ces odeurs sauvages. Michel surgit à ses côtés transportant avec lui les parfums de la forêt et des marais, cette odeur sauvagine qui la bouleverse et l'empêche de dormir. Toute la ville est en quelque sorte encerclée et menacée par cette « brume et cette odeur de terre montant tout alentour [...] à l'assaut des longues soirées d'automne [*CB*, p. 51] ».

Dans l'appartement de Michel, à Paris, règne l'« odeur fade des pièces fermées [*CB*, p. 67] », une odeur qui parfois « s'empar[e] de tout l'espace, comme une bête familière qui n'en finit pas de manifester bruyamment sa présence [*CB*, p. 94] ». L'été, à cause des « volets tirés sur l'appartement, il y règn[e] une fraîcheur de cave [*CB*, p. 102] ». Catherine se révolte contre toutes les émanations âcres : « vieux mégots mal éteints, boiseries sèches, peinture et térébenthine [...] poisson bouilli, bière rance [*CB*, p. 131] ». Elle passe des « jour[s] mauvais allongée sur son lit, à souffrir des sons et des odeurs, de tout ce qui se voit, se touche et se goûte [*CB*, p. 135] ». L'odeur de l'appartement lui devient intolérable. Elle ouvre les fenêtres et se penche dehors « pour saisir au passage n'importe quelle odeur sur terre qui ne [soit] pas maudite [*CB*, p. 130] ». Elle aimerait mourir au monde de Michel et appelle « la surdité comme un baume, tandis que ses narines se pinc[ent], refusant toute odeur [*CB*, p. 139] ».

De son côté, Michel « s'irrit[e] contre toute odeur de cuisine [*CB*, p. 87] » et se plaint « de la fatigue intolérable que lui apport[ent] [*CB*, p. 105] » ces odeurs trop fortes. Il en vient à ne « plus rien manger de vif et de coloré [*CB*, p. 105] ». Il s'associe au jeûne de Lia qui a rompu avec son amant et refuse « le vin, la viande, le café et tous les condiments [*CB*, p. 104] » pour ne manger deux fois par jour qu'un peu de riz et de poisson blanc [*CB*, p. 129]. Sa chasteté s'accompagne donc d'une continence rigoureuse. « Non seulement l'ascétisme est chaste, écrit Durand, mais également sobre et végétarien. La manducation de la chair animale est toujours reliée à l'idée de péché ou tout au moins d'interdit[15]. »

Le lard salé et la mélasse qu'Élisabeth doit manger dans les auberges lors de son voyage de noces lui donnent la nausée. Au manoir de Kamouraska, madame Tassy soumet la maison à un régime sévère qui exclut viandes rouges, épices et tout excès lié à la gourmandise : « Pommes de terre à l'eau, anguille saumurée, galette de sarrasin composent presque tous nos repas [*K*, p. 90]. » Cette austérité n'est rompue que pour fêter une naissance ou une mort. Élisabeth, comme Catherine, voudra fuir cet ascétisme imposé.

Mais ce sont surtout les odeurs, dans *Kamouraska*, qui éveillent le dégoût. L'on songe tout de suite à l'odeur nauséabonde des chairs malades rongées par le mal : « Chair vive, cadavre putréfié, sang, pus, urine, toute ordure, pourriture et gangrène, odeur pestilentielle [*K*, p. 201s.]. » Il y a également des odeurs moins violentes mais tout aussi tenaces et irritantes : l'odeur « aigre de

---

[15] DURAND, *les Structures* [...], p. 129.

vierge mal lavée [*K*, p. 31] »; la chambre de Léontine Mélançon qui sent « l'encre et la vieille fille [*K*, p. 30] »; l'« odeur suffocante de roses fanées [*K*, p. 97] » de ses tantes mortes : « Un relent de souris empoisonnées, sous la plinthe du vestibule [*K*, p. 97]. » Élisabeth évoque aussi « l'odeur fade et puissante des maisons fermées [*K*, p. 58] », « cette odeur de renfermé [*K*, p. 133] », qui lui donne la nausée, du cabinet de toilette de sa mère. Il y a encore cette « odeur de tanière [*K*, p. 150] », qui prend à la gorge, du dortoir de collège : son « parfum indélébile de choux aigres [*K*, p. 125] ». Le souvenir d'autres odeurs pénètre son rêve : « Ah ! tous ces canayens-habitants-chiens-blancs ! Ils sentent la sueur et la crasse. [...] Mon mari aime les filles pas lavées, à l'odeur musquée [*K*, p. 72]. » Telle cette Horse Marine au « giron malodorant et irlandais [*K*, p. 118] ». Antoine lui-même a une « haleine empestée d'ivrogne [*K*, p. 166] ».

Mais l'odeur la plus coupable et la plus insupportable est celle du sang : « L'odorat part en flèche, trouve sa proie. La découvre et la reconnaît. Lui fait fête. Accueille l'odeur de l'assassin. La sueur et l'angoisse, le goût fade du sang. Ton odeur, mon amour, ce relent fauve. Une chienne en moi se couche. Gémit doucement. Longtemps hurle à la mort [*K*, p. 215]. » Élisabeth se sent obligée de « respirer à pleine gorge, sur [les] vêtements [de George] et sa peau, l'odeur de la mort et du sang [*K*, p. 239] ». Odeur du sang, odeur de la mort elle-même, cette mort coupable dont Élisabeth est l'instigatrice et la complice.

De la même manière, dans *les Enfants du sabbat*, nourritures et odeurs interdites sont autant de péchés de la chair qu'il faut expier ou prévenir par l'abstinence. Julie décide d'entrer au couvent et de se priver de toute nourriture ou boisson pour sauver son frère Joseph parti à la guerre. Au couvent, la nourriture est gardée sous clef. Les sœurs jeûnent et font pénitence, l'abbé Flageole mange à peine, se contentant parfois d'un peu d'eau. Le régime de sœur Julie, « prescrit par le docteur et suggéré par la supérieure, ne comporte que des laitages très blancs, sans sel et sans sucre [*ES*, p. 125] ». Sœur Gemma désire mourir de faim : « Ni nourriture, ni eucharistie. Ah ! [qui] me délivrera de ce corps de mort [*ES*, p. 143] ! » Surprise à manger de la viande crue, elle est persuadée d'avoir péché gravement et supplie « qu'on l'attache sur son lit de mort afin qu'elle ne commette plus de péché mortel en rêve et ne se réveille plus au matin, la bouche pleine de viande crue et de vie nouvelle [*ES*, p. 147] ». Ses compagnes décident de la gaver « de gruau, de bouillon de légumes et de blanc-manger [*ES*, p. 147] ». La continence garde sa rigueur, même pour le petit déjeuner pascal qui n'a rien d'excessif : « Voici le café d'orge qui fume et le gruau raboteux, couleur de tweed, sous des ruisseaux de lait frais. Les toasts beurrés embaument [*ES*, p. 89]. » Dans tous les villages le jeûne est obligatoire et la boisson défendue, pour mieux se protéger contre les beuveries et les ripailles de la montagne de B..., lieu d'orgies sexuelles et gastronomiques.

Viennent s'ajouter des odeurs nauséabondes comme si le couvent pourrissait : « L'air qu'on frôle dans le couvent est empoisonné. Pour peu qu'on s'y arrête, on respire une odeur croupie d'iris sauvages, pareille à celle qui s'échappe des marécages au printemps [*ES*, p. 136]. » Les aliments à la cuisine se gâtent répandant « des relents d'ammoniaque. [...] Nausées, vomissements, évanouissements [...] Sœur Gemma prétend que l'odeur qui infecte tout le couvent [...] vient de la chambre où est enfermée sœur Julie [*ES*, p. 136s.]. » C'est le démon lui-même qu'elle croit flairer.

Images d'envol

Si le noir est lié à la chute et à l'impureté, le blanc évoque l'élan vers le haut et la pureté. Le blanc éloigne du gouffre, allège, donne des ailes, permet de voler. Envers du noir, sa légèreté dépend du poids des ombres. L'ascension se fait contre les ténèbres; à la culpabilité de la chute s'oppose l'euphorie du vol. « La nuit et le jour, en nous, ont un devenir vertical. Ce sont des atmosphères d'inégales densités où monte et descend le rêveur suivant le poids de ses péchés ou l'allégement de sa béatitude[16]. »

Les hauts fourneaux du pays de Catherine proposent justement ce désir de verticalité, cet élan vers le haut. Pour mieux comprendre cet acharnement à vaincre le poids des profondeurs, il faut imaginer la profondeur du gouffre d'une ville minière, les labyrinthes creusés dans les mines par les hommes. Les hauts fourneaux prennent racine sous terre et sont l'envers des puits souterrains. Au travail obstiné des hommes qui creusent toujours plus profondément s'oppose l'élan aérien des hautes cheminées qui tentent de rejoindre le ciel. À l'abîme souterrain répond l'abîme des cieux. Axe vertical où se reflètent l'enfer et le ciel. Véritable *axis mundi* qui permet le passage d'une région cosmique à l'autre. Mircea Eliade décrit ainsi cette topographie cosmique :

> Cette communication entre les zones cosmiques est rendue possible par la structure même de l'Univers. Celui-ci en effet [...] est conçu, en gros, comme ayant trois étages — Ciel, Terre, Enfers — reliés entre eux par un axe central [...] Il existe trois grandes régions cosmiques, qu'on peut traverser successivement parce qu'elles sont reliées par un axe central. Cet axe passe, bien entendu, par une « ouverture », par un « trou »[17].

Les hauts fourneaux, situés au centre du monde, permettent l'ouverture vers le haut, creusent une brèche dans le ciel et rétablissent la communication avec les cieux. Après le voyage vers le bas, la descente aux enfers, les cheminées du pays de Catherine proposent une aventure verticalisante et annoncent déjà l'accession possible au bonheur.

Ces hauts fourneaux sont en même temps de « noirs palais d'Apocalypse ». Ils semblent incapables de se délester du poids des profondeurs; ils ne peuvent se débar-

---

[16] BACHELARD, *l'Air* [...], p. 69.

[17] Mircea ELIADE, *le Chamanisme et les Techniques archaïques de l'extase*, Paris, Payot, coll. Bibliothèque scientifique, 1968, p. 211.

rasser de leurs doubles souterrains. Visions célestes et infernales s'entremêlent; scènes apocalyptiques qui annoncent cependant le triomphe final sur les forces du mal. Les hauts fourneaux pourraient un jour être transformés en palais, en temples du « monde apocalyptique[18] », selon l'expression de Northrop Frye, et la ville en cité de Dieu. Ces noirs palais évoquent en un saisissant contraste leur double céleste, la Jérusalem de l'Apocalypse.

Chaque maison de la ville pourra également devenir à l'image des hauts fourneaux un palais ou un temple. Tous les matins les femmes essuient leurs fenêtres en un véritable rite de consécration et, comme Catherine, font briller l'intérieur d'un même éclat. Les maisons se transforment en fourneaux flambants sur le ciel. L'évasion vers le haut redevient possible. Chaque maison propose une victoire sur le noir des profondeurs que crachent les fourneaux et que les femmes aussi rejettent. C'est ainsi que Lucie, remplaçant Catherine, reprend « la *haute* main sur la maison[19] ». Ces gestes trahissent le désir de verticalité.

Toutes ces images convergent naturellement vers celle du soleil et en particulier du soleil montant, de l'aube qui annonce l'arrivée du jour. « *Le soleil ascendant*, ou levant, sera donc par les multitudes surdéterminations, de l'élévation et de la lumière, du rayon et du doré, l'hypostase par excellence des puissances ouraniennes[20]. » Au pays de Catherine, les femmes se préparent, chaque matin, à accueillir l'arrivée du jour. La première page de la troisième partie du roman nous situe de nouveau au matin, alors que le soleil illumine tout le plafond de la terrasse. Quelques pages plus loin l'image du soleil ascendant propose l'espoir d'un jour nouveau : « Le matin était *haut* depuis longtemps déjà, le plafond de la terrasse s'humectait de clarté[21]. »

---

[18] Northrop FRYE, *Anatomie de la critique*, traduit de l'anglais par Guy Durand, Paris, Gallimard, coll. Bibliothèque des sciences humaines, 1969, p. 143.

[19] *CB*, p. 52. C'est nous qui soulignons.

[20] DURAND, *les Structures* [...], p. 167.

[21] *CB*, p. 154. C'est nous qui soulignons.

Le soleil est bien le haut fourneau par excellence. Ainsi Catherine parle « du soleil qui donne mal à la tête et de la *hauteur* impitoyable du ciel[22] ». La luminosité du ciel d'azur est intimement associée à la hauteur, à l'ascension. Fuir la pénombre des chambres de bois pour aller vers un pays de soleil et de lumière, c'est, pour Catherine, aller vers le haut, c'est creuser sa galerie vers la lumière. Une même rêverie porte à la fois vers la lumière et la hauteur.

Un autre passage, qui décrit l'enterrement de la servante, nous livre des images ascensionnelles d'une grande intensité :

> La vieille ville portant ainsi ses morts, sous le feu, à travers le dédale des rues étroites et montantes, au-delà des murs, au sommet de la montagne. Et les morts plantés à la pointe de la terre, contre le cœur vif du soleil, debout comme des lances, en cet espace étroit et rocailleux évoquant la pierre d'autel, conjuraient la foudre du ciel en faveur des vivants [*CB*, p. 177].

C'est l'image inversée du *Tombeau des rois* qui proposait la descente des vivants vers les chambres secrètes des morts au cœur de la pyramide. Cette fois les morts accompagnent les vivants au sommet de la pyramide, de la « montagne sacrée », « à la pointe de la terre », au « cœur vif du soleil ». Dans un tel pays de soleil, voué au culte du ciel, la montagne devient un symbole ascensionnel particulièrement efficace. Elle propose le voyage par excellence, l'ascension des morts et des vivants vers le ciel, le dépassement de la condition humaine et l'accession à l'immortalité. Contre les visages mortels de Kronos, le soleil et l'ascension proposent l'éternité. La « symbolisation verticalisante [est] avant tout échelle dressée contre le temps et la mort[23] », précise Durand.

Les gens qui accompagnent le corps d'Aline marchent vers un lieu privilégié, vers ce sommet de la terre qui permet la rencontre avec le ciel. La montagne à son

---

[22] *CB*, p. 162. C'est nous qui soulignons.

[23] DURAND, *les Structures* [...], p. 140.

tour devient l'*axis mundi*, l'axe central, la porte ouverte sur un au-delà maintenant accessible. Cet espace sacré est le lieu possible d'une hiérophanie, d'une irruption du sacré, et en même temps incorpore la réalité absolue, l'immortalité. Le temps mortel est enfin vaincu.

C'est donc au sommet de la montagne, autant dire au point le plus haut du monde, que l'on transporte les morts. Mais il ne s'agit pas d'un voyage horizontal au pays des morts; les corps sont « plantés à la pointe de la terre, contre le cœur vif du soleil, debout comme des lances ». C'est à un voyage vers le haut qu'ils nous invitent. Ils servent de liaison entre la terre et le ciel, deviennent lieu de passage. Ils ne touchent à la terre que pour mieux s'élancer vers les cieux et atteindre le soleil lui-même. Ces corps, « debout comme des lances », font une brèche, percent le ciel, créent une ouverture par où rejoindre le sacré ou mieux encore permettent une irruption du sacré en conjurant ainsi « la foudre du ciel en faveur des vivants ». Piliers du monde, *axis mundi*, ils permettent la rupture des niveaux et le passage au ciel et à l'immortalité.

Sur cette montagne cosmique, sur cette « pierre d'autel », en ce lieu sacré, centre du monde et sommet de la terre, les vivants et les morts transcendent la condition humaine et découvrent l'au-delà. La longue procession dans la vieille ville « à travers le dédale des rues étroites et montantes, au-delà des murs », indique la difficile accession au lieu sacré. « La route est ardue, rappelle Eliade, semée de périls parce qu'il s'agit, en fait, d'un rite de passage du profane au sacré, de l'éphémère et de l'illusoire à la réalité et à l'éternité, de la mort à la vie, de l'homme à la divinité[24]. » Ces morts « plantés à la pointe de la terre » ressemblent par leur verticalité, leur agressivité, leur fulgurance même à ces hauts fourneaux du pays de Catherine qui livraient une lutte désespérée à la mort. À leur tour ces corps qui s'élancent vers le ciel dans un vol symbolique

[24] Mircea ELIADE, *Traité d'histoire des religions*, Paris, Payot, coll. Bibliothèque scientifique, 1970, p. 321.

témoignent du désir exacerbé d'ascension et de victoire sur le poids des profondeurs et les visages mortels du temps. La ville « aux noirs palais d'Apocalypse » du pays de Catherine devient la cité sainte de ce pays de lumière.

Si le blanc est légèreté, envol et voyage céleste, il nous conduit tout naturellement à l'image de l'ange qui associe pureté et vol. « Si bien que l'on peut dire, affirme Durand, que l'archétype profond de la rêverie du vol n'est pas l'oiseau animal mais l'ange, et que toute élévation est isomorphe d'une purification parce qu'essentiellement angélique[25]. » Et c'est bien ce qu'aimerait Élisabeth, devenir une sainte, une vierge ou mieux encore un ange; s'établir dans une chasteté parfaite, une innocence virginale, une blancheur immaculée. L'on se souvient d'Élisabeth la blanche, en robe de communiante ou de mariée, aux longs voiles blancs, légers comme des ailes : « Votre fin visage, Élisabeth d'Aulnières. Mince pelure d'ange sur la haine [*K*, p. 91]. » Mauvais ange, en réalité, démon déguisé. Comme sœur Catherine des Anges, la sœur de George, qui n'a d'angélique que le nom. Faux ange aussi que la mère d'Élisabeth qui ressemble à un ange d'église avec ses fausses ailes : « Sa fausse manche plissée, transparente, déployée comme une aile. Digne, auguste, tel un ange de bénitier [*K*, p. 111]. » Fausse pureté et faux envol[26].

C'est encore l'image de l'ange qui évoque le mieux les rêves de virginité, de pureté et d'élévation des religieuses du Précieux-Sang dans *les Enfants du sabbat*. À commencer par sœur Gemma qui semble exempte de péché originel [*ES*, p. 46] et capable de s'envoler directement vers les cieux. N'est-elle pas « une plume d'oiseau dans un corps diaphane [...] pareille à un ange joyeux [*ES*, p. 46s.] » ? Ainsi montent vers le ciel les voix angéliques des religieuses. La beauté des cérémonies religieuses favorise ce « départ léger de soi-même, [l']envolée vers les délices

[25] Durand, *les Structures* [...], p. 148.

[26] Le Grand a intitulé fort justement son étude sur ce roman : « *Kamouraska* ou l'Ange et la Bête ».

étrangères. L'au-delà touché, dans la douceur et la bonté [*ES*, p. 152]. » Même leur costume de religieuse leur donne un air angélique : « Coiffe, voile, cornette, guimpe, barbette, scapulaire [...] les vêtements [...] du grand apparat [*ES*, p. 169]. » De là à leur imaginer des ailes, le pas est vite franchi par l'abbé Flageole qui croit apercevoir sœur Julie s'envolant par le clocher de la chapelle :

> Il perçoit tout un branle-bas étrange, une agitation effrénée de jupons pressés et chiffonnés. On dirait des froissements et des lissages d'ailes lourdes. L'aumônier ne peut s'empêcher de croire que sœur Julie est en train de s'envoler par le clocher. Il aperçoit bientôt distinctement un pied de nonne [...] qui se balance dans le vide avant de disparaître tout à fait [*ES*, p. 123].

L'abbé est-il victime d'une illusion ou assiste-t-il à un véritable « vol magique », celui qu'on attribue aux sorcières, sorciers, chamans et autres spécialistes de l'extase ? Le rêve extatique, « la sortie du corps », le « vol magique » ou la *Magische Flucht* sont des expériences privilégiées qui illustrent un dépassement de la sensibilité profane, un changement de régime sensoriel et l'accession à une sensibilité magico-religieuse qui permet à l'individu de quitter son corps et de voyager « en esprit » dans d'autres régions cosmiques. Eliade précise encore :

> Le « vol » traduit plastiquement la capacité de certains individus privilégiés d'abandonner à volonté leurs corps et de voyager « en esprit » dans les trois régions cosmiques [...] Il est évident que le « vol chamanique » équivaut à une « mort » rituelle : l'âme abandonne le corps et s'envole dans des régions inaccessibles aux vivants. Par son extase, le chaman se rend l'égal des dieux, des morts et des esprits : la capacité de « mourir » et de « ressusciter », c'est-à-dire d'abandonner et de réintégrer volontairement le corps, dénote qu'il a dépassé la condition humaine[27].

Déjà, dans *Kamouraska*, Élisabeth connaît l'expérience d'une désintégration psychique lui permettant de

[27] Mircea ELIADE, *Mythes, Rêves et Mystères*, Paris, Gallimard, coll. Idées, nº 271, 1972, p. 129s.

dépasser les conditions ordinaires de la vie et d'accéder au rêve extatique. D'entrée de jeu, elle est devant une situation apparemment sans issue, comme la femme noire déterrée vive de la fin du roman, toutes deux condamnées à mourir de faim et de solitude[28]. Le rêve prend alors une importance capitale. Il offre l'évasion et le dépassement de cette condition inacceptable. Quand Élisabeth veille au chevet de son mari, le bruit des pas d'un cheval ou de la sonnette, l'évocation du nom d'Aurélie Caron la plongent dans une rêverie profonde. Elle en a l'habitude. Depuis qu'elle est sous la garde de ses tantes et qu'elle ne peut plus s'évader vers les îles pour jouer avec les garçons, elle utilise le rêve pour fuir le quotidien et donner libre cours à son imagination débridée. La plupart du temps absente au monde qui l'entoure, elle imagine amours passionnées et malheurs inespérés. Que l'on songe à ses longues soirées de broderie où elle rêve la mort de son mari en brodant une rose rouge sur fond jaune. De même elle imagine le voyage de George à Québec, celui d'Aurélie et de George jusqu'à Kamouraska et le meurtre même d'Antoine. Elle a tout reconstitué au fil des ans; elle porte en elle depuis plus de dix-huit ans les délires de son imagination :

> Oui, oui, je suis folle. C'est cela la folie, se laisser emporter par un rêve; le laisser croître en toute liberté, exubérant, envahissant. [...] Rêver au risque de se détruire, à tout instant, comme si on mimait sa mort [*K*, p. 23].

> J'ai une idée fixe. Comme les vrais fous dans les asiles. Les vrais fous qui paraissent avoir perdu la raison. Enfermés, enchaînés, ils conservent en secret le délirant génie de leur idée fixe [*K*, p. 117].

Josime disait de la folie de Menaud : « C'est pas une folie comme une autre ! Ça me dit à moi, que c'est un aver-

---

[28] Anne Hébert disait elle-même d'Élisabeth lors d'une entrevue : « C'est une femme détruite, profondément détruite [...] c'est sans issue [Gisèle TREMBLAY, « Une entrevue exclusive avec Anne Hébert : *Kamouraska* ou la fureur de vivre », *le Devoir*, 12 juin 1971, p. 13]. »

tissement[29]. » Comme celle de Menaud, la folie d'Élisabeth ressemble à la désintégration de la personnalité, au « chaos psychique[30] » que décrit Eliade à propos des futurs chamans ou sorciers : « Si l'on ne peut pas identifier le chamanisme à la psychopathologie, il reste que la vocation mystique [du chaman comme du sorcier ou de la sorcière] implique assez souvent une crise profonde qui touche parfois aux confins de la « folie »[31]. » C'est cette « folie », et non celle des « vrais fous dans les asiles », que semble connaître Élisabeth. Elle a l'impression « de se détruire », de « mimer sa mort ». Mort rituelle, sous forme de descente aux enfers et de mise en pièces. C'est, on l'a vu, l'expérience de la chute et de la rencontre de monstres dévorants. Isolée dans une chambre étrangère, Élisabeth vit sa désintégration psychique, son morcellement symbolique qui lui permettront de se révéler autre. Le rêve n'est plus alors simple évasion du quotidien ou rappel des événements passés; il est expérience psychique dynamique qui permet de naître « *à une autre existence* qui, tout en paraissant se poursuivre dans ce monde-ci, est fondée sur d'autres dimensions existentielles[32] ».

Maintenant s'éclairent l'angoisse d'Élisabeth au seuil de son expérience onirique et le sens de certaines expressions utilisées pour traduire les modifications profondes qu'elle subit. L'« étroite margelle de ce monde [*K*, p. 25] », la « passerelle étroite qui mène à la mort [*K*, p. 93] », l'endroit « où l'horizon bascule sur le vide [*K*, p. 190] », la « clôture invisible [*K*, p. 96] » évoquent le « symbolisme de la « porte étroite » et du « pont dangereux » [...] solidaire du symbolisme de ce [qu'il convient d'appeler] le « passage paradoxal » parce qu'il se montre parfois comme une

---

[29] Félix-Antoine SAVARD, *Menaud, maître-draveur*, présentation, notice biographique et bibliographie par André Renaud, Montréal, Fides, coll. Bibliothèque canadienne-française, 1965, p. 213.

[30] ELIADE, *Mythes* [...], p. 103.

[31] *Ibid.*, p. 102.

[32] *Ibid.*, p. 105.

impossibilité ou une situation sans issue[33] ». Élisabeth doit affronter la mort, réelle ou rêvée, celle des autres comme la sienne propre. Mais au lieu de se suicider, comme François dans « le Torrent », elle choisit de vivre une mort initiatique suivie d'une renaissance rituelle. Il lui faut donc traverser, en rêve, dans une sorte de « transe » ou d'extase, le « passage difficile », franchir la condition quotidienne et accéder à d'autres zones cosmiques.

Élisabeth, comme nous le montrent de nombreux passages, semble en mesure de pratiquer à volonté l'extase, c'est-à-dire de quitter et de réintégrer son corps. Le rêve devient une expérience privilégiée de « vol ». Quand Élisabeth sombre dans un lourd sommeil, elle « éprouve une attraction étrange qui [la] soulève de son lit [*K*, p. 116] ». Ailleurs, elle a l'impression que son lit est « plus haut que d'habitude [...] qu'il se trouve placé sur une sorte d'estrade [*K*, p. 107] ». Impression qui se précise plus loin, dans un passage qui illustre bien notre propos :

> La hauteur exagérée de mon lit me gêne aussi. Je me suis juré de garder les yeux fermés et de *faire en quelque sorte que je quitte mon corps*. Une absence des sens et du cœur incroyable, difficile à supporter sans mourir. J'ai la vie dure. Une autre femme, à ma place, serait déjà cadavre sous terre, depuis longtemps. [...] Je ne serai pas plus là qu'*une âme chassée de son corps et qui erre dans des greniers étrangers*, en compagnie des chauves-souris[34].

Élisabeth veut rompre avec la monotonie d'une vie quotidienne. Ce qu'elle craint par-dessus tout, c'est l'ennui : « Émotions, fièvres, cris, grincements de dents. Je ne crains rien. Sauf l'ennui. J'irai jusqu'au bout de ma folie [*K*, p. 78]. » Elle veut dépasser la sensibilité profane et accéder à un niveau sensoriel exaltant. Voilà pourquoi depuis des années elle pratique la technique du rêve éveillé ou de la transe extatique. Elle semble présente au monde qui l'entoure alors que son esprit voyage au loin : « Se dédoubler fran-

---

[33] ELIADE, *le Chamanisme* [...], p. 377.

[34] *K*, p. 109. C'est nous qui soulignons.

chement. Accepter cette division définitive de tout mon être [*K*, p. 196]. » Les longues nuits de veille, l'évocation, telle une formule magique, des noms des villages, son désir de dépasser sa condition quotidienne provoquent chez elle un état second : elle est agitée; « elle a la fièvre et marmonne des prières sans fin [*K*, p. 199] »; elle semble malade : « Voyez comme elle tremble en dormant [*K*, p. 206] ». Surtout, elle connaît l'extase :

> Me répéter que je suis morte (que rien ne peut plus m'atteindre). Non point blessée, ni même mourante, mais morte tout à fait. Invisible aux yeux de tous. [...] Puisque je vous dis que je suis invisible. Insensible aussi. Cachée dans cette auberge. Transparente comme une goutte d'eau. Inexistante en quelque sorte. Sans nom ni visage. Détruite. Niée. Et pourtant quelque chose d'irréductible en moi s'élance, hors de moi, lors même que je n'existe plus. Ni le pouvoir de souffrir, ni celui d'aimer. Seulement... Pas même les cinq sens d'une personne vivante. Un seul sens libéré, agissant. Les quatre autres retenus, entravés [*K*, p. 214s.].

On ne peut mieux exprimer la mort d'Élisabeth à une sensibilité profane et son changement de régime sensoriel, son accession à une sensibilité magico-religieuse qui « se manifeste aussi bien par une expansion considérable des capacités sensorielles que par l'obtention des facultés extrasensorielles paranormales[35] ». Elle peut quitter son corps en esprit, elle semble douée de clairvoyance : « Moi, Élisabeth d'Aulnières, non pas témoin, mais voyante et complice [*K*, p. 210] »; de claire audience également : « Mon oreille à l'affût, plus fine que celle d'un trappeur [*K*, p. 192]. » Elle entend toutes les conversations, tous les bruits. Elle communique à distance : « Je te parle tout bas, si bas [...] Je t'encourage si bas que cela forme une espèce de parole sourde, étouffante, à la racine de ma vie [*K*, p. 204s.]. » Elle entre en communication avec les morts, dont Antoine et madame Tassy; elle a le pouvoir, grâce à son cri de sorcière, de commander le rassemblement des bêtes sauvages et des hommes. Élisabeth découvre des

[35] ELIADE, *Mythes* [...], p. 111.

dimensions inaccessibles aux non-initiés et fait appel au démoniaque comme aux vertus sanctifiantes pour tromper son ennui.

Différentes images viennent illustrer le « vol magique » d'Élisabeth lors de ses rêves extatiques. D'abord celle de l'escalier, l'une des plus représentatives du passage d'un mode d'être à un autre[36]. En rêve, Élisabeth tente désespérément d'échapper à la mort : « Dans le noir cherche éperdument l'issue cachée pour sortir de ce cirque. Réussit à remonter un escalier dans l'obscurité [*K*, p. 49]. » La « longue racine sonore [*K*, p. 34] » qu'elle arrache des profondeurs de la mémoire, la « longue corde souterraine [...] espèce de racine profonde [*K*, p. 62] » qu'elle tire vers le jour, le « fil fragile qui la rattache encore à la vie [*K*, p. 250] » sont autant de moyens d'ascension ou de descente, autant de possibilités de passage d'un niveau à l'autre, d'un monde à l'autre.

Elle imagine Aurélie, sorcière elle aussi, capable de traverser les murs, « légère et transparente [*K*, p. 133] », et de pratiquer le « vol magique ». Celle-ci surgit d'ailleurs devant George, lors de son voyage à Québec, « telle une apparition [*K*, p. 171] ». Eliade nous rappelle cette « croyance universelle amplement attestée en Europe [qui] attribue aux sorciers et aux sorcières la faculté de voler dans les airs[37] ».

Une image d'un symbolisme ascendant particulièrement significatif est celle de l'arbre auquel rêve Élisabeth en l'associant à George Nelson :

> Je regarde tout là-haut le ciel clair à travers le feuillage noir. Mon regard monte au-delà de toi (tout le long de l'arbre contre lequel tu es appuyé) jusqu'à l'éclatement bleu du ciel. Par terre, les aiguilles rudes, rousses, odorantes. Tu répètes que la pitié est pourrie. Puis le silence te prend à nouveau. Appuyé contre ton arbre. C'est comme si tu t'enfermais au cœur de cet arbre avec ton mystère étranger. Une écorce rugueuse pousse sur tes mains, va recou-

---

[36] *Ibid.*, p. 146.

[37] ELIADE, *le Chamanisme* [...], p. 372.

> vrir ton visage, gagner ton cœur, te changer en arbre. Je crie... [*K*, p. 150s.].

Il faut tout de suite rappeler une phrase de la page précédente qui précise la nature de cet arbre : « À quoi penses-tu donc, là, à mes côtés ? Assis par terre sous les pins. Le torse cloué à un arbre. Comme un crucifié [*K*, p. 149]. » Ainsi il s'agit d'un pin, d'un arbre droit, haut, s'élançant vers le ciel. Aux yeux de Bachelard, « le *pin* est pour l'imagination un véritable axe de rêverie dynamique. Tout grand rêveur dynamisé reçoit le bénéfice de cette *image verticale*, de cette *image verticalisante*. L'arbre droit est une force évidente qui porte une vie terrestre au ciel bleu[38]. » C'est en progressant le long du tronc, en commençant par le corps de son amant, que le regard d'Élisabeth monte jusqu'à « l'éclatement bleu du ciel ». On saisira aisément les implications sexuelles et phalliques évidentes de la verticalité de l'arbre et de la virilité de George. D'autant plus que cette valeur est liée à d'autres significations qui la surdéterminent. L'imagination d'Élisabeth trahit une volonté farouche d'ascension, la « volonté-puissance » dont parle Bachelard à propos de Nietzsche. L'arbre devient le symbole d'une force ascendante. Élisabeth vient de remettre à George sur une feuille de calepin une note lapidaire : « Il faut tuer Antoine [*K*, p. 149] ! » Son visage est marqué d'une résolution calme. En regardant George se métamorphoser en arbre, en poussée verticale, c'est comme si elle lui donnait la « volonté-puissance », lui qui hésite encore. Elle veut lui insuffler l'énergie végétale, les forces vives de l'arbre; le corps de son amant se dresse dans une verticalité assurée, démesurée, agressive. Nous verrons dans les images diaïrétiques le complément naturel de la transcendance qui est toujours armée. La sexualité de George, le corps de George deviendront une puissance meurtrière, une « force surhumaine [*K*, p. 234] ».

---

[38] BACHELARD, *l'Air* [...], p. 232.

L'arbre est cependant une image fort complexe qui rassemble de nombreux symboles. Carrefour et point de départ de rêveries ambivalentes, c'est une image privilégiée, « première[39] », dirait Bachelard. « L'homme, comme l'arbre, est un être où des forces confuses viennent se tenir debout[40]. » Si la tête de l'arbre touche au ciel, son tronc s'enracine dans la terre. Le sol à ses pieds est jonché d'« aiguilles rudes, rousses, odorantes ». C'est l'expression même des couleurs, des odeurs et des forces sauvages de la terre; le lieu des ardeurs et des désirs passionnés qui naissent dans les régions ténébreuses de l'être. Il faut imaginer les racines de l'arbre qui plongent sous terre, dans le monde chtonien. « L'arbre nietzschéen, plus dynamique que matériel, est le lien tout-puissant du mal et du bien, de la terre et du ciel [...] Une légende [...] rapporte que l'*arbre d'Adam* atteint l'enfer par ses racines et le ciel par ses branches[41]. » Le symbolisme de la croix (« Le torse cloué à un arbre. Comme un crucifié ») vient renforcer cette ambivalence puisqu'il est, affirme Durand, « une union des contraires, signe de totalisation [...] Lieu de la synthèse, ce centre présente un visage ambigu : un aspect néfaste et un aspect favorable[42]. » L'arbre permet la montée vers le ciel comme la descente aux enfers. Il est *axis mundi*, « arbre cosmologique[43] », arbre de vie et de mort. Il renvoie à l'image des hauts fourneaux, dans *les Chambres de bois*, qui prenaient racine sous terre et s'élançaient vers le ciel. Comme le fait d'ailleurs la cheminée de pierre de George qui « fume sur le ciel d'un bleu dur [*K*, p. 185] », en signe précurseur d'une agressivité montante.

La rêverie de l'arbre pouvait être l'occasion d'une métamorphose de la symbolique du noir et du blanc. L'arbre, lieu de rencontre du bien et du mal, de la vie et de la mort, du haut et du bas, surdéterminé par le symbolisme de la

---

[39] *Ibid.*, p. 247.
[40] *Ibid.*, p. 237.
[41] *Ibid.*, p. 171s., 252.
[42] DURAND, *les Structures* [...], p. 379.
[43] BACHELARD, *l'Air* [...], p. 248.

croix, aurait pu devenir le lieu sacré d'une possible synthèse et d'un dépassement d'une rêverie angoissée qui fait constamment appel à des images antithétiques. Mais les valeurs végétales et cycliques du symbolisme de l'arbre sont, dans l'exemple qui nous occupe, contaminées par les valeurs ascensionnelles. L'angoisse d'Élisabeth devant la métamorphose du corps de George en écorce rugueuse, son désir d'échapper au feuillage noir pour s'envoler vers le bleu du ciel étouffent les valeurs euphémisantes qui auraient pu naître d'une rêverie des valeurs végétales cycliques et progressistes. La transcendance armée l'emporte sur la transcendance incarnée.

Une autre image vient illustrer le désir de fuir les limites charnelles et de s'envoler vers les régions sublimes. Si Élisabeth ne peut prendre les ailes de l'ange, elle prendra, en même temps que George, celles de Pégase :

> Une image, particulièrement, me poursuit. Tu te souviens de ce coq, dans l'écurie, qui avait pris l'habitude de passer la nuit sur le dos de ton cheval ? Un matin, le coq s'est pris les ergots dans la crinière du cheval. Ton cheval se cabre. Se dresse sur ses pattes de derrière. Le coq entravé déploie toute son envergure. Tente de se dégager. À grands coups d'ailes exaspérées. Se débat en vain. Coq et cheval ne forment plus qu'un seul corps fabuleux. Un seul battement, un seul écart d'ailes et de fers. Un seul tumulte, hennissements, et cocoricos, emplissant l'écurie de sa clameur, abattant les cloisons de la stalle. Dans un arrachement de plumes et de crins, de planches cassées et de clous tordus [*K*, p. 191].

Le cheval se découvre des ailes et tente de voler tel Pégase, le cheval ailé, « symbole de l'imagination sublimée... l'imagination objectivée, qui élève l'homme dans les régions sublimes[44] ». Le cheval et le coq forment « un seul corps fabuleux ». Associé au coq et au lever du jour, le cheval acquiert des vertus aériennes et mythologiques : le soleil levant est comparé à un oiseau et le coq qui annonce le lever du jour est souvent juché au sommet des clochers[45], symboles mêmes de verticalité et d'élévation spirituelle.

[44] CHEVALIER et GHEERBRANT, *Dictionnaire des symboles* [...], t. 3, p. 370.
[45] DURAND, *les Structures* [...], p. 167.

Il faut souligner la beauté agressive du cheval se cabrant sur ses pattes arrière. Un cheval qui se dresse ainsi est déjà un cheval qui s'envole. Il ne lui manque que les ailes, que lui fournit souvent une crinière flottante, comme l'ont imaginé tant de poètes dont Shakespeare : « Le vent chante à travers sa crinière et sa queue, agitant les crins, qui ondulent comme des ailes emplumées[46]. » C'est l'image même du cheval noir de George : « Ce merveilleux cheval noir [...] Ses longues pattes si fines. De loin on dirait des allumettes supportant une étrange chimère, à la crinière flottante [*K*, p. 154]. » Comme s'il ne touchait plus terre tant il est rapide, aussi rapide que le vent [*K*, p. 136]. Tous ont vanté les qualités de ce cheval extraordinaire [*K*, p. 169]. Plusieurs « ne sont pas loin de croire aux vertus surnaturelles du grand cheval noir [*K*, p. 238] » qui a justement permis à George de franchir « toutes les frontières humaines [*K*, p. 197] ». George, tel Bellérophon aidé de Pégase, rêve de puissance et, se moquant des lois humaines, terrasse le monstre Antoine.

Mais le cheval est un symbole ambivalent, à l'image même de George et d'Élisabeth. À la fois chtonien et solaire, il participe des ombres et de la lumière, du noir et du blanc, du bas et du haut. Son « vol magique » nous conduit aux enfers comme au ciel. Il est tout autant le centaure que Pégase.

De même que la chute physique se doublait d'une chute morale, les symboles ascensionnels sont liés à une tentative de purification par l'abolition du temps profane, du temps d'après la « chute » originelle, et la réintégration des origines, de l'âge d'or, de l'innocence paradisiaque. Le « vol magique » permet la traversée de la « porte étroite », du pont dangereux, le rétablissement de la communication entre la terre et le ciel et « l'abolition de la rupture des niveaux qui caractérise la condition humaine après la « chute »[47] ».

[46] William Shakespeare, cité par Robert Vavra, *le Cheval nu*, adaptation française de Gérard Turrettini, Lausanne, Edita SA, 1977, p. 40.

[47] Eliade, *le Chamanisme* [...], p. 376.

Mais le « vol magique » d'Élisabeth ne lui permet pas de retrouver le paradis perdu, ni la pureté originelle que découvre Catherine à la fin des *Chambres de bois*. Le vol d'Élisabeth ressemble davantage à une fuite éperdue liée à l'angoisse et à la mort. Il offre les apparences du vol véritable sans en procurer les effets, c'est-à-dire une libération, un dépassement de sa condition et la découverte du bonheur. Là aussi quelque chose semble faussé au départ; ses gestes et techniques d'évasion sont des simulacres de vol, des efforts désespérés de libération.

Si Élisabeth se sent étouffée par le mariage, prisonnière d'une situation sans issue, sœur Julie de la Trinité éprouve la même sensation dans la vie religieuse d'un couvent des dames du Précieux-Sang. Ses maux de tête constants, sa nervosité, ses visions, ses crises de rage et son étrange comportement en témoignent. On la croirait hallucinée ou hystérique. Mais sa « folie », comme celle d'Élisabeth, correspond davantage à la confirmation de sa « vocation » de sorcière, « élection surnaturelle » qui se traduit à nouveau par une crise psychique et la désintégration de la personnalité qu'elle tentait en vain d'assumer. Sœur Julie de la Trinité vit une épreuve décisive, descend dans son enfer intérieur, subit les souffrances (brûlures, écorchures, plaies, stigmates, tortures), « mille morts et mille vies [*ES*, p. 162] » qui marquent les étapes de sa mort et de sa résurrection symboliques, tout comme les religieuses tentent de mourir et de ressusciter avec le Christ en revivant les différentes phases rituelles : carême, jeûne, pénitence, Semaine sainte, office des ténèbres, célébrations de Pâques. La vie du couvent, les règles et les cérémonies religieuses, tout cet arrière-plan mystique donne à l'expérience de sœur Julie un relief et une portée insoupçonnés. Univers religieux et magique s'entremêlent comme pour mieux marquer la dérision de l'un, devenu artificiel et insignifiant, et la puissance de l'autre qui, finalement, triomphe. Julie quittera le couvent, transformée, libérée de sa coiffe de religieuse et en pleine possession de ses pouvoirs magiques.

Comme Élisabeth, elle connaît dès le début du roman l'expérience du rêve extatique. Ses « visions » la transportent en esprit à la montagne de B... : « Non pas comme si elle avait dormi et rêvé, mais comme si quelque chose de réel et d'extrêmement précis venait soudain de s'effacer devant elle [*ES*, p. 11]. » Ses « extases » sont de véritables « vols magiques » qu'elle pratique de plus en plus. Élisabeth s'entraînait au rêve extatique pour intensifier l'exaltation de sa sensibilité. À son tour sœur Julie découvre les techniques de l'extase dans les exercices de pénitence, les récitations monotones et répétées des *Pater* et des *Avé*, et provoque le « vol magique », la « sortie du corps », le voyage « en esprit » jusqu'à la montagne. Une longue citation s'impose, tant le texte illustre avec précision les différentes étapes de cette expérience privilégiée :

> Que je forme une croix, bien droite, avec tout mon corps endolori ! Que pas une jointure ne flanche et ne craque ! [...] Une comptabilité stricte s'est installée dans ma tête. Bien compter les *Pater* et les *Avé*. Surtout ne pas baisser les bras. [...] Toutes mes forces ramassées en un seul point. Rester en croix le temps prescrit. [...]
>
> Elle commence par ne plus sentir la tension douloureuse de ses deux bras en croix. L'épuisement de son corps crucifié se transforme en une douceur étrange. Muscles, nerfs, articulations se détendent. Le cœur bat au ralenti, pareil à celui d'un dormeur. Sœur Julie ne tient plus à la vie que par l'acuité prodigieuse de tous ses sens décuplés.
>
> Elle entend clairement, malgré la distance, palpiter la flamme dans la lampe du sanctuaire. Cette musique secrète qui lui est révélée la remplit de joie. Mais son allégresse n'a plus de bornes lorsqu'elle perçoit, avec ses yeux, ses mains, son oreille, sa bouche entrouverte, toute sa peau sensible à l'extrême, comme si elle était nue, passer un vent très fort, semblable à un courant d'air brusque, venant de l'autre bout de la chapelle, du côté de la porte d'entrée. [...]
>
> La violence du vent diminue en approchant de l'autel, s'achève en un murmure, comme une respiration humaine, et souffle d'un seul coup la lampe du sanctuaire.
>
> Sœur Julie de la Trinité est transportée en esprit dans la montagne, tandis que son corps reste, debout en croix, tel un calvaire de pierre [*ES*, p. 26s.].

De plus en plus souvent ses compagnes remarquent ses « absences » prolongées. Elle participe mécaniquement aux gestes et aux chants rituels mais son esprit est ailleurs. Elle semble dormir profondément, son corps d'automate insensible à ce qui se passe autour d'elle. On dirait même qu'elle flotte dans l'air : « Sœur Julie continue de dormir, debout dans la vapeur du lavoir. Sa respiration est profonde et large. Parfaitement béate, sœur Julie ne s'appuie à rien [*ES*, p. 59]. » À un autre moment les deux religieuses qui la surveillent voient son corps étendu se soulever et se maintenir dans les airs : « Sœur Julie est devenue raide comme une barre. Ses chevilles et ses poignets avaient l'air attachés par des cordes. Tout son corps tendu s'est soulevé au-dessus du lit, sans s'appuyer à rien. On aurait dit qu'il flottait dans l'air [*ES*, p. 177]. » La lévitation est décrite par Eliade comme étant semblable « à une consécration et à une divinisation [...] La capacité de s'élever dans l'air indique l'accès aux réalités ultimes[48]. » Ainsi, graduellement, sœur Julie atteint à volonté l'état d'extase qui lui permet de voyager dans le temps et dans l'espace :

> Aller et venir librement, du couvent à la montagne de B..., et de la montagne de B... au couvent. Faire la navette dans le temps [...] Sœur Julie accomplit ce voyage, de plus en plus facilement, sans que personne s'en doute, durant l'heure de méditation quotidienne, agenouillée à la chapelle, parmi ses compagnes [*ES*, p. 71].

Plus rien ne peut l'arrêter maintenant. Elle renoue avec son passé, assume son rôle de sorcière et exerce ses pouvoirs impunément, dont celui de se transporter à volonté là où elle le désire. « Elle qu'on emprisonne et qui file, à travers les murs, comme l'eau, comme l'air. Elle est partout à la fois [*ES*, p. 180] » : dans la pharmacie où elle est prisonnière, dans la côte de la Canoterie, auprès de sa belle-sœur en Angleterre [*ES*, p. 180]. Elle va, la nuit, dans la cave du couvent, dans les rues de la ville; elle fait son apparition dans la chambre de l'abbé Flageole, on la retrouve dans celle

[48] ELIADE, *Traité d'histoire* [...], p. 99.

du grand exorciste ou du docteur Painchaud, au chevet de madame Talbot qui se meurt [*ES*, p. 146, 102, 173, 72s., 17].

Contrairement à celui d'Élisabeth, le « vol magique » de sœur Julie ne ressemble pas à une fuite éperdue associée à l'angoisse. Il est bien davantage l'affirmation d'une puissance qui attendait son heure pour se manifester. Il lui permet de passer d'une zone cosmique à l'autre, de remonter le temps jusqu'aux origines. Et même si les divinités qu'elle rejoint sont celles de l'enfer, sœur Julie, grâce à sa maîtrise du temps, dépasse l'éternel conflit du bien et du mal, du blanc et du noir, dans lequel s'est maintenu Élisabeth.

Les Liens et les Armes

La symbolique du noir et du blanc invite à une opposition constante. Plus le noir est menaçant et les liens étouffants, plus le blanc est éclatant et les armes tranchantes. Pendant que l'imagination « projette l'hyperbole effrayante des monstres de la mort, en secret elle aiguise les armes qui terrasseront le Dragon. *L'hyperbole négative n'est qu'un prétexte à antithèse*[1]. » Finalement, nous assistons toujours à un combat guerrier contre les forces de l'ombre.

Le noir et les puissances de la mort tissent mille liens qui se renouvellent sans cesse pour mieux retenir et emprisonner. Catherine veut fuir le noir de son pays, la suie et la saleté, le travail quotidien, l'atmosphère de silence et de mort qui l'empoisonne. Elle trouvera pourtant au cœur des chambres de bois un silence plus lourd et plus obsédant. L'on songe à ces longues heures de silence occupées de broderies ou de lectures; à ces repas du soir « en face du silence de Michel [*CB*, p. 87] ». Ni lumière, ni couleurs, ni odeurs, ni paroles ne doivent pénétrer cet univers feutré. « Le silence enfermait Michel [*CB*, p. 104]. » Le silence devient une présence physique qui s'installe irrémédiablement dans les chambres closes :

> — Comme c'est tranquille, ici ! Dis quelque chose, Michel, je t'en prie, parle, fais quelque chose ! Ça y est, le tic-tac de l'horloge va prendre encore toute la place !

---

[1] DURAND, *les Structures* [...], p. 135s.

> — Comme un cœur monstrueux, Catherine, comme le cœur énorme de cette douce place minuscule où je t'ai menée [*CB*, p. 79].

Le temps qui passe est un cœur qui bat. Tel un être vivant, le tic-tac de l'horloge est l'appel même de la mort. Il n'y a guère de place pour les vivants. Dans le silence des chambres, c'est la mort que l'on entend venir. Quand Catherine revient une dernière fois visiter Michel, elle remarque que « le silence [est] dans le chêne de la porte comme un insecte perdu [*CB*, p. 186] ». Même les bruits de la ville sont étouffés par les volets fermés. Catherine doit taire en elle tout désir et toute revendication afin de participer à ce monde du silence. Elle doit plier son cœur, ses sens, son corps aux exigences d'un univers aliénant où seule la mort peut triompher.

Élisabeth elle-même, malgré sa révolte, demeure prisonnière du temps et des multiples liens que tissent autour d'elle sa mère, ses tantes et toute la société : « Le temps, le temps, dure, s'étire, m'enveloppe, me traîne avec lui. Le silence double le temps, lui donne sa mesure impitoyable. [...] Dans la chambre de la rue Augusta, je vis, à nouveau, comme une prisonnière [*K*, p. 247]. » Elle porte le deuil et se promène dans Sorel avec ses voiles noirs. Apprendre son rôle de veuve, comme elle le dit elle-même, c'est finalement se soumettre aux exigences sociales, se faire la prisonnière d'une société qui préfère oublier le scandale pourvu que l'ordre soit sauf. Ces voiles noirs rappellent le filet noir qu'on lui jette sur la tête dans le salon du manoir de Saint-Ours après sa folle équipée en traîneau avec George [*K*, p. 138s.]. Elle est prise au piège dans les mailles de la toile qu'une araignée marâtre et revêche tisse inlassablement autour d'elle depuis sa naissance. Chaque tentative de libération semble la ramener plus sûrement sous l'emprise de ses tantes et d'une société aux règles rigides : « Je suis encombrée. Surchargée. Ligotée. Prisonnière de la rue Augusta et de la ville de Sorel. Me libérer. Retrouver l'enfance libre et forte en moi. La petite fille aux cheveux tondus s'échappant de la maison par une fenêtre [*K*, p. 123]. » Et la voilà, maintenant, prisonnière au chevet d'un mari mourant !

Les liens sont parfois bien physiques : « Les lacets, les cordes, les nœuds caractérisent les divinités de la mort[2] », écrit Eliade. Antoine, rongé par le désespoir et la folie, est fasciné par la pendaison. Il faut « dissimuler toutes les cordes, les lanières, les licous. Donner des ordres sévères aux domestiques. Empêcher cet homme de se pendre [*K*, p. 89]. » Il aimerait entraîner Élisabeth avec lui. Les liens du mariage et la pendaison se retrouvent en une saisissante association :

> Tu viens, Élisabeth ? J'agrandis le nœud coulant et tu viens avec moi. Te balancer au bout de la corde. Deux époux pendus ensemble, dans un même nœud de corde. [...] Cette corde est assez grande pour deux, Élisabeth, ma femme. Les liens du mariage, c'est ça. Une grosse corde bien attachée pour s'étouffer ensemble. Tu as promis pour le meilleur et pour le pire. Viens donc [*K*, p. 87].

En tentant de se libérer, en envoyant Aurélie empoisonner son mari, Élisabeth rêve qu'elle sera quand même pendue : « La corde au cou, transportée de force, dans ma chambre de la rue Augusta [*K*, p. 180]. » Elle est « enchaînée » à son lit, « ligotée [*K*, p. 203s.] », forcée d'entendre les témoignages accablants, obligée de garder son cœur « maintenu dans un étau [*K*, p. 204] ». Elle doit étouffer sa passion, ses élans, toute complicité avec George. La voilà qui pactise à son tour avec les forces de la mort. La couronne blanche de fleurs d'oranger qu'elle portait à son mariage est remplacée par une couronne de fer, à l'image de son angoisse et de sa culpabilité : « Ah ! on dirait que j'ai une couronne de fer sur mon front ! Un étau qui ferait le tour de ma tête [*K*, p. 40]. »

Sœur Julie utilise la même image pour décrire l'étouffement ressenti dans ses habits de religieuse et sous sa

---

[2] Mircea ELIADE, *Images et Symboles; essais sur le symbolisme magico-religieux*, Paris, Gallimard, 1976, p. 134.

coiffe : « Cela me serre comme un étau. Des tenailles de fer terribles... [*ES*, p. 13]. » À peine sortie de l'hôpital, elle sent de nouveau sa coiffe le long de ses joues, « comme si elle était dessinée sur [sa] peau avec un canif très fin, à peine appuyé [*ES*, p. 15] ». Quand elle se révolte en apprenant le mariage de son frère, les religieuses l'attachent à son lit et l'endorment de force [*ES*, p. 92]. Elle garde, « sur ses poignets, la marque des sangles qui l'ont tenue attachée [*ES*, p. 97] ». On la ligote de nouveau à son lit durant son sommeil pour chercher la marque du diable [*ES*, p. 179]. Afin de mortifier sa chair elle doit porter le cilice ou le bracelet à pointes. Comme les autres religieuses elle doit sans cesse se remémorer la Passion du Christ et se modeler à son exemple. La discipline, les règles et les contraintes de la vie en communauté sont autant de liens qui visent à effacer toute personnalité et à imposer une obéissance et une soumission totales.

Le silence, en particulier, est de rigueur : « S'exprimer par gestes. Tel est le règlement au réfectoire. Ne pas toucher au silence, le moins possible. Les sourds-muets ont un vocabulaire plus complexe que le nôtre. Espérer atteindre, un jour, la non-parole absolue, tendre à cette perfection [*ES*, p. 50]. » Silence annihilant, abêtissant, qui débouche sur l'ennui et le vide même de l'âme : « Seule l'absence de Dieu peut expliquer cela, ce manque, cet ennui tangible dans tout le couvent [*ES*, p. 60]. » Pour que règne un silence absolu durant la Semaine sainte, la mère supérieure fait doubler les doses de calmants prescrits aux malades à l'infirmerie. Le courrier, déjà censuré, est confisqué, et toute correspondance interdite. Lorsque la sœur infirmière, sous l'influence néfaste de sœur Julie, semble confondre rêve et réalité, « une retraite de trois jours lui est prescrite, sans aucune communication avec qui que ce soit. L'in pace. Le silence intégral [*ES*, p. 130]. » La consigne du silence doit être scrupuleusement respectée, pour que prédomine un silence total qui n'est pas loin de la mort de l'âme et du corps.

Affrontements et arsenal diaïrétique

Dans un tel monde aliénant la rêverie se complaît dans l'évocation d'images guerrières préparant le combat contre les monstres nocturnes, contre tous les liens menaçants. L'image de l'échiquier noir et blanc du carrelage de la cuisine de Catherine, lequel illustre si bien les forces en opposition, est reprise dans *Kamouraska* et développée jusqu'à former la toile de fond des différents affrontements. Nous assistons au combat des pions noirs et blancs, à la mise en échec et à la mort véritable du seigneur de Kamouraska.

Déjà, au collège, George et Antoine jouaient sans cesse aux échecs : « Le vainqueur et le vaincu désignés au préalable. Qui peut prétendre conjurer le sort ? Récréation après récréation. Année après année. Le même silence obstiné. La même complicité obscure. Durant d'interminables parties d'échecs. — Échec et mat [*K*, p. 126] ! » George est le cavalier noir se lançant à la poursuite du roi. Aurélie, partie la première contre Antoine, n'était qu'un pion parmi tant d'autres. George a été choisi par la reine, désigné par elle pour combattre le roi. Il s'est préparé au combat depuis toujours et n'a jamais perdu une seule partie contre Antoine. Élisabeth lui appartient. Il doit abattre Antoine : « Je lui prendrai sa tour. Je lui prendrai sa reine. Je lui prendrai sa femme, il le faut. [...] Je rétablirai la justice initiale du vainqueur et du vaincu [*K*, p. 129]. » Le jeu a été faussé. Il doit retrouver l'équilibre originel, s'affirmer le vainqueur définitivement : « Échec et mat, mon vieux Tassy. Le plus rapide joue et gagne [*K*, p. 234]. » George triomphe : « À la racine du cœur, cette trépidation légère, cette euphorie en sourdine, au niveau même de la circulation du sang. La jubilation profonde du vainqueur, enfouie sous la fatigue. Aller son chemin de retour allégrement, vers la femme blonde et rousse qui flambe, rue Augusta, à Sorel [*K*, p. 223]. » Mais la reine le répudie. George est exilé, rejeté et condamné. Double trahison de celle qui ne pense qu'à sauver son honneur.

Une autre scène met en relief ce climat d'affrontement selon des règles préétablies. George et Élisabeth imaginent un duel en bonne et due forme :

> nous choisissons avec soin un pré, en bordure de la forêt. Imaginons à loisir le petit matin. La lumière tremblante sur la rosée. Les chemises blanches. Les témoins à mine patibulaire. La boîte noire du chirurgien. Le choix des armes. Les lourds pistolets brillants. Les quinze pas réglementaires. La détonation brutale dans l'air sonore. La brève célébration de la mort. La fumée dissipée, on découvre le vainqueur, tête découverte. Debout en plein champ. L'arme fumante au poing. Il contemple d'un œil ahuri son adversaire, étendu sur le pré. Justice est faite [*K*, p. 148].

Élisabeth excite l'ardeur et la détermination de son amant. George fourbit ses armes. La scène préfigure l'affrontement à venir et la mort inévitable de l'adversaire.

Antoine de son côté a toujours pratiqué la chasse. C'est là qu'Élisabeth fait sa connaissance, découvre son amour pour cette vie exaltante et s'enivre de l'odeur de la poudre, de la boue et du sang [*K*, p. 66]. Là aussi Antoine est perdant. C'est Élisabeth qui abat le gibier : « C'est moi qui tire. C'est moi qui tue. Un gros paquet de plumes blanches et grises qui tournoie sur le ciel gris et retombe dans les joncs. [...] Le beau setter roux rapporte l'oiseau pantelant, une étoile rouge sur la gorge [*K*, p. 67]. » C'est déjà l'image du sang d'Antoine sur la neige blanche. Élisabeth a choisi sa première victime.

Les jeux sont faits. Dans un tel univers, il n'y a pas de place pour la résignation ou la soumission. Tous font appel aux armes et aux affrontements héroïques. Il faut sortir tout l'arsenal diaïrétique et tenter de rompre tous les liens par la force : « Le héros solaire, affirme Durand, est toujours un guerrier violent et s'oppose en cela au héros lunaire qui [...] est un résigné. Chez le héros solaire, ce sont les exploits qui comptent plus que sa soumission à l'ordre d'un destin[3]. »

---

[3] DURAND, *les Structures* [...], p. 179.

Les mains

Ce sont d'abord les mains qui entreprennent la lutte contre le noir et la mort. Dans *les Chambres de bois*, les mains des femmes et de Catherine elle-même s'acharnent contre la saleté, la suie, le désordre et font appel à l'éclat triomphant du blanc et de la lumière : « Tout se passait fort simplement comme si deux servantes puissantes au bout de ses bras d'enfant eussent à lutter seules, interminablement, en leur vie rêche, contre le noir du pays [*CB*, p. 33s.]. » Les mains de Catherine sont rugueuses et colorées [*CB*, p. 42], comme celles des hommes et des femmes de son pays, comme celles de la servante et de Bruno. Ce sont des mains agissantes et combatives qui font obstacle à l'envahissement du noir, contrairement aux mains passives et impuissantes de Michel : « On aurait dit qu'il voulait protéger ses doigts de tout contact. Catherine méprisa des mains aussi précieuses [*CB*, p. 39]. »

Pourtant, Catherine se laisse attirer par Michel et se réveille, dans les chambres de bois, avec « l'anneau lisse et fin qu'un homme en rêve lui [a] passé au doigt [*CB*, p. 68] ». Cet anneau est une juste représentation symbolique de l'univers étouffant, étroit, enveloppant et maternel qui encercle Catherine et la retient prisonnière. Ses mains subissent alors la lente mort de Michel. Catherine « regardait ses mains qui devenaient blanches et ses ongles qui s'allongeaient comme des griffes de bête captive [*CB*, p. 72] ». Pour briser les liens, les ongles se transforment en griffes, l'aiguille devient poignard : « Un jour, il lui arriva de faire exprès de se piquer le doigt et de lancer un long cri de fille poignardée [*CB*, p. 82]. » Catherine aimerait que ses mains retrouvent leur ancien pouvoir, telles celles de la servante : « Quelques gestes vifs et justes lui suffisaient chaque après-midi pour remettre en place tous les objets, meubles et bibelots contrariés en tous sens, pris d'ébriété sur le passage du jeune homme [*CB*, p. 86s.]. » Elle renvoie donc la servante et se remet à faire la cuisine et à ranger : « Ses mains tremblaient. Elle s'appliqua à ne rien laisser tomber, à ne rien renverser, à ne rien briser, comme si le salut de sa vie eût dépendu de la justesse de chacun de ses gestes [*CB*, p. 128s.]. » Cependant, ses mains, encore liées, la trahissent : « Les premières, ses mains vinrent à manquer, refusant tout contact avec les choses et les gens de cette maison [*CB*, p. 129s.]. » Une seule issue, la révolte; et ses mains nues sont ses seules armes : « Elle repoussa son mari, en le frappant de ses deux mains, en pleine poitrine. Le jeune homme recula, affolé par la violence de Catherine [*CB*, p. 141]. » Elle reviendra, après son séjour loin de Michel, lui remettre l'anneau conjugal en disant : « Une toute petite bague pour le songe, Michel, rien qu'une toute petite bague [*CB*, p. 190]. » C'est le refus de Michel et de son monde de rêves illusoires et d'amours impossibles.

C'est dans *les Enfants du sabbat* que les mains découvrent une puissance magique. Lorsque Philomène impose ses mains par tout le corps des invités au sabbat, elle libère leur esprit de toute contrainte et permet les hallucinations les plus folles [*ES*, p. 38]. Les mains de sœur Julie ne sont pas blanches et faibles comme celles des autres religieuses, mais rudes, énergiques et puissantes. Elle épluche les légumes à la cuisine et débite la viande avec une dextérité redoutable [*ES*, p. 48]. Elle veut soulager et guérir avec ses mains magiques son frère Joseph blessé sur le champ de bataille. Elle souhaite que ses mains, « jointes en prière, le protègent des balles et des obus [*ES*, p. 79] ». Durant la Semaine sainte, des cloques apparaissent miraculeusement dans les paumes de ses deux mains, comme si elle partageait les blessures du Christ ou celles de Joseph [*ES*, p. 80]. Et, « sur le dessus de ses mains, écarlates et très nets, [apparaissent] deux J majuscules [*ES*, p. 97] ». J pour Jésus, Joseph, Julie ou même Jean, prénom du docteur Painchaud. Stigmates miraculeux qui consacrent le pouvoir de ses mains. L'abbé Flageole, souffrant de crises d'asthme, est guéri par sœur Julie qui étend ses mains « onctueuses et mielleuses [*ES*, p. 132] » sur la poitrine de l'abbé reconnaissant. Elle fait apparaître devant les yeux médusés des deux sœurs de garde le corps nu de Joseph, puis le fait disparaître « d'un seul signe de la main [*ES*, p. 155] ». Elle utilise parfois son pouvoir pour écraser ses adversaires. Elle impose les mains sur la tête de l'abbé Migneault qui, le soir même, quitte le couvent à jamais. Elle pratique en secret le nouage de l'aiguillette pour empêcher son frère de consommer son mariage. Il a fallu toute la patience de l'abbé Flageole pour « défaire, un à un, les nombreux nœuds [*ES*, p. 160] ».

Le cri et la parole

Le cri, à son tour, devient une arme contre le silence et la mort. Au pays des hauts fourneaux, « le jour criait après Catherine. Il y avait des matins pleins d'odeur de filles-enfants, des voix aiguës s'affilant les unes les autres comme des griffes et toute la vannerie des tresses d'or et de jais [*CB*, p. 33]. » Les voix se transforment en griffes pour mieux déchirer le silence de la maison du père. Et, dans les chambres de Paris, les appels de Catherine atteignent Michel « comme une fronde [*CB*, p. 68] ». Parfois, pour faire éclater le dur silence, elle fait le tour de l'appartement en criant « comme si elle eût joué de la trompette pour réveiller le monde endormi sous l'hiver et la pluie [*CB*, p. 78] ». L'on entend encore la plainte que lance Catherine après s'être piqué le doigt intentionnellement, comme s'il s'agissait du cri originel et désespéré d'une vie menacée : « Michel accourut et s'alarma d'un cri aussi perçant. Il but le sang qui perlait au doigt blessé [*CB*, p. 82]. » Le sang affleure, comme un sursaut de vie. Plus tard, quand elle est malade et que Michel admire la beauté de la mort sur son visage, elle lance un dernier cri pour repousser son mari et la tentation même de la mort [*CB*, p. 141].

La parole lui est interdite dans cet univers étrange au langage et aux gestes occultes : « Le frère et la sœur étaient livrés aux prestiges de la parole, une parole légère, elliptique, dont Catherine se trouvait exclue, mais qui s'inscrivait dans son cœur comme les signes farouches et sacrés du mystère de Michel [*CB*, p. 101]. » Elle oppose à ce langage secret les mots clairs et parfumés qu'elle apprend de la servante. Telle une incantation, Catherine entonne un chant de vie :

> Catherine nota soigneusement les noms des herbes que lui avait appris la servante. Et parfois, le soir, lorsque le temps durait trop, elle les appelait, un par un, comme des compagnies vivantes. Les noms surgissaient tour à tour, se rompant presque aussitôt sur la langue, descellant leur parfum intact : marjolaine, basilic, romarin, laurier, sauge...
>
> — Que chantes-tu là, Catherine, à mi-voix, gravement, comme si tu appelais des esprits [*CB*, p. 105] ?

Ces mots appellent la lumière et les parfums capiteux. Ils se dressent contre le silence, la pénombre et la fadeur des chambres de bois. Le chant de Catherine rejoint celui des cigales qui annonce le plein été et le grand éclat du jour méditerranéen. Il trouve enfin dans le chant du coq le cri triomphant des forces originelles :

> Soudain un grand chant de coqs éclata comme une sonnerie de cuivre, et il sembla à Catherine et à Bruno qu'ils étaient traversés par le cri même du monde à sa naissance.
>
> Le chant reprit plus près d'eux à une seule voix, aiguë, si proche qu'elle parut vouloir se percher à leur épaule. « Je tremble ! » pensait Catherine, et cela se passait comme si le cœur de la terre l'eût sommée de se rendre [*CB*, p. 184s.].

Déjà, dans les chambres de Paris, Catherine, comparée à un petit coq acéré [*CB*, p. 62], s'était dressée sur son lit, à l'aube, pour crier sa révolte [*CB*, p. 131]. Ainsi viennent s'associer ces images d'aube, du cri, et du coq[4]. L'isomorphisme de la parole et de la lumière est primitif et universel et souvent la parole préside à la création de l'univers[5]. Bachelard parle même d'une « cosmologie du cri,

[4] Carl G. JUNG montre comment de nombreux textes anciens et modernes relient bouche, feu et parole [*Métamorphoses de l'âme et ses symboles. Analyse des prodromes d'une schizophrénie*, préface et traduction de Yves Le Lay, Genève, Librairie de l'université, 1967, p. 270s.].

[5] DURAND, *les Structures* [...], p. 173.

c'est-à-dire d'une cosmologie qui assemble l'être autour d'un cri. Le cri est à la fois la première réalité verbale et la première réalité cosmogonique[6]. » L'aube annonce la victoire et le « chant de coqs » vient renforcer cette symbolique. C'est, par la voix des coqs, le cosmos tout entier qui crie la puissance de son renouveau. Mais c'est aussi Catherine et Bruno, traversés à leur tour par « le cri même du monde à sa naissance », qui se rendent à l'évidence de leur amour, découvrant ainsi une vie nouvelle.

Cette renaissance finale vient illustrer un renversement des images et de leur symbolisme que nous pourrons approfondir plus loin. Ce cri originel exprime un triomphe sur le silence et les ténèbres, mais il propose en même temps un renouveau qui est une réincarnation et une réconciliation possible avec « le cœur de la terre », le noir, la nuit et la sexualité. Le tremblement de Catherine est celui-là même du monde à sa naissance; c'est son identification, par le cri et la parole, au geste créateur des dieux, que les derniers vers du recueil qui a justement pour nom *Mystère de la parole* viennent confirmer :

> Incarnation, nos dieux tremblent avec nous ! La terre se fonde à nouveau, voici l'image habitable comme une ville et l'honneur du poète lui faisant face, sans aucune magie : dure passion [*P*, p. 105].

Dans *Kamouraska*, les mots eux-mêmes sont des armes. Le nom d'Aurélie surgit entre les deux époux « comme une arme rouillée [...] telle une épée à deux tranchants [*K*, p. 27s.] ». Les mots échangés entre mari et femme ressemblent à « une passe d'armes [*K*, p. 36] ». Élisabeth entend « des milliers de « Je vous salue Marie » sournois, aiguilles empoisonnées [*K*, p. 99] ». Elle voit venir depuis Sainte-Anne les témoignages incriminants qui l'atteignent « comme des flèches [*K*, p. 203] ». Il lui faudra à son tour s'emparer des mots pour s'en faire à la fois un bouclier et une fronde : « Je joue avec les syllabes. Je les frappe très fort, les unes contre les autres.

[6] BACHELARD, *l'Air* [...], p. 259.

Couvrir toutes les voix humaines qui pourraient monter et m'attaquer en foule. Dresser un fracas de syllabes rudes et sonores. M'en faire un bouclier de pierre. Une fronde élastique et dure [*K*, p. 206]. »

Dans *les Enfants du sabbat* les religieuses n'interrompent leur silence que pour réciter prières, litanies ou oraisons. Sœur Julie se souvient alors des incantations des assistants lors de son initiation dans la montagne de B... Les mots, devenus visibles, parvenaient jusqu'à elle tels des projectiles meurtriers : « Je suppose que ce sont des blasphèmes, des ordures et des blessures mortelles que l'on lance sur moi pour soulager son cœur [*ES*, p. 68]. » Quand, à son tour, enragée par la nouvelle du mariage de son frère, elle lui hurle des injures, ses paroles de reproche lui retombent dessus pour la tuer [*ES*, p. 93]. Formules latines, prières, invocations, incantations mystérieuses, blasphèmes et injures sont autant d'armes contre l'ennui, le silence mortel et les périls de la nuit.

Les armes

Contre toutes les menaces de l'ombre la rêverie oppose encore ses armes lumineuses, foudroyantes, tranchantes ou pointues. Il faut séparer le mal du bien, le noir du blanc, sans ambages. Contre le mal et les ténèbres, le geste doit être rapide, décisif, sans appel. L'idéal, c'est d'utiliser les « armes nettes et pures, éclatantes. Défensives et offensives. Nettoyées, fourbies après la bataille [*K*, p. 211]. »

Évoquons tout de suite, dans *les Chambres de bois*, l'image des morts « plantés à la pointe de la terre, contre le cœur vif du soleil, debout comme des lances [...] conjur[ant] la foudre du ciel en faveur des vivants [*CB*, p. 177] ». Les corps deviennent des armes transcendantes, des lances qui appellent la fulgurance des foudres du ciel. C'est la mort elle-même qui est vaincue par ces corps-lances qui ouvrent une brèche vers l'éternité.

Retenons encore l'image des hauts fourneaux s'élançant vers le ciel, « rivalis[ant] d'ardeur avec le feu de l'été

[*CB*, p. 28] ». Combat héroïque des cheminées agressives appelant à leur tour la fulgurance du ciel. Les fourneaux luttent contre le noir à l'image des mineurs du pays enfoncés sous terre et combattant avec le pic et la pioche la terre ténébreuse.

Dans *Kamouraska*, la lumière qui va jeter un éclairage vif sur les souvenirs enfouis d'Élisabeth devient « des rayons bardés de feu [... des] rayons pointus qui déchirent [les] yeux [*K*, p. 41] ». Pour mieux exorciser le mal caché, la lumière blesse, telles des « aiguilles rouges brûlantes, sous [les] paupières fermées [*K*, p. 109] ». Élisabeth voudrait ne pas subir l'éclat de cette lumière qui ne peut que lui « percer le cœur [*K*, p. 85]. » Elle est exposée au supplice de la lumière, prise au piège d'un « long rayon [qui] traverse la pièce, [l']atteint de plein fouet [*K*, p. 147] ». Rayon guerrier qui affronte le passé ténébreux d'Élisabeth à la façon de « la figure héroïque du lutteur arc-bouté contre les ténèbres ou contre le gouffre[7] » décrite par Durand. Élisabeth aimerait qu'on arrache ses mauvais souvenirs « à coups de hache. À grands cisaillements de scie [*K*, p. 108]. » Seuls de tels instruments pourraient, semble-t-il, avoir raison d'eux.

Le passé surgit. Élisabeth semble d'abord l'innocente victime de l'agressivité d'Antoine : « Madame a reçu le coup de poing de Monsieur dans le côté. Je l'ai vue toute pliée en deux de douleur [*K*, p. 135]. » Elle rêve qu'Antoine, ressuscité, « lève le bras et brandit le poing au-dessus de [sa] tête [*K*, p. 85] » pour la maudire; qu'il s'échappe sur la grand-route pour punir ses assassins : « Immense, massif, effrayant. Les poings énormes. Il cherche mon amant pour le tuer. Il nous cherche tous les deux [*K*, p. 194]. » Elle revoit Antoine lui lancer un couteau de cuisine par la tête. Elle se souvient encore des tentatives de son mari pour lui trancher la gorge avec une lame de rasoir lorsqu'elle refuse de coucher avec lui [*K*, p. 118, 236].

---

[7] DURAND, *les Structures* [...], p. 178.

L'agressivité d'Antoine s'exprime encore sous la forme d'assauts sexuels. Dès la première nuit, le sexe d'Antoine, telle une arme tranchante, s'est enfoncé en Élisabeth, laissant « cette fraîche entaille entre ses cuisses [*K*, p. 73] ». Même mort, Élisabeth rêve qu'il la bat, la crucifie et la viole sauvagement : « Il me rouera de coups, m'humiliera devant les domestiques. « C'est ma femme crucifiée, la tête en bas, que je vous présente. » [...] Me prendra de force, ne me lâchera que morte, dans une flaque de sang, comme une accouchée crevée. Mon enfant écrasé entre deux meules [*K*, p. 166s.]. » Et quand George lui fait l'amour avec « son sexe dur comme une arme [*K*, p. 159] », elle se sent agressée et blessée : « Vêtements lourds brusquement ouverts sur la tendresse du ventre. Comme une bête que l'on écorche [*K*, p. 143]. » Jérôme lui-même sur son lit de mort aimerait « avoir la santé de violer cette femme [*K*, p. 26] ». L'homme est bien, aux yeux d'Élisabeth, un même serpent renaissant sans cesse et le ventre de la femme, un « microcosme » du gouffre.

La psychanalyse nous a appris à ne pas nous étonner de la signification phallique de l'arme. Comme le souligne Durand, l'allusion sexuelle est accentuée par le symbolisme diaïrétique : « Car la sexualité mâle [...] est [...] symbole du sentiment de puissance[8]. » Élisabeth saura détourner d'elle cette agressivité virile et l'utiliser à ses propres fins. Après l'amour, profitant de l'intimité complice du moment, elle incite George au meurtre, comme si l'amour trouvait son accomplissement dans la violence du meurtre :

> L'apaisement qui suit l'amour. Son épuisement. [...] Dans un chuchotement d'alcôve nous discutons de la mort d'Antoine. Nous en arrivons là tout naturellement. Nos deux corps à peine reposés après l'amour fou. Tout comme si cet instant paisible, cette trêve ne nous était accordée que pour déboucher sur une frénésie plus violente encore. Tout comme si le meurtre d'Antoine n'était pour nous que le prolongement suprême de l'amour [*K*, p. 163].

[8] DURAND, *les Structures* [...], p. 179.

George rêve de tuer Antoine : « Le mettre en joue. L'abattre comme une perdrix. Antoine Tassy est né perdant [*K*, p. 129]. » Devra-t-il dormir, « comme un soldat, prêt à sauter sur ses pieds, à la moindre alerte. Le fusil à portée de la main [*K*, p. 153]. » Il polit ses armes, se prépare au meurtre et « cherche l'apaisement dans la contemplation de son pistolet qu'il sort de l'étui de drap gris. Le décharge et le charge à nouveau. S'enchante sourdement du claquement clair dans le silence de la maison [*K*, p. 165]. » Et c'est armé de ce pistolet aux connotations phalliques à peine déguisées qu'il met à l'épreuve sa puissance de mâle en frappant à coups de crosse le corps étendu d'Antoine. Sa violence même excite ses désirs et il aimerait posséder sur le champ Élisabeth :

> Un homme s'acharne, à coups de crosse de pistolet, sur un mort couché, la face dans la neige. Il frappe jusqu'à l'usure de la force surhumaine en lui déchaînée. Maître de la vie et de la mort. [...] Cherche dans son cœur la femme pour laquelle... Désire s'accoupler immédiatement avec elle. Triomphalement. Avant que ne déclinent sa puissance et sa folie. Avant que ne s'apaise son ivresse [*K*, p. 234].

Durand nous rappelle que « la puissance microcosmique est indifféremment représentée par la tête dressée ou le pénis en érection [...] Par conséquent il y a transfert normal et réciprocité symbolique du membre viril en érection à la tête[9]. » Si George frappe avec une telle violence la tête d'Antoine, ce n'est pas pour le tuer puisque celui-ci est déjà mort, étendu sur la neige avec deux balles dans la tête. Se souvient-il d'avoir été battu sauvagement avec un bâton de hockey, au collège, par un abbé Foucas « exaspéré par l'air arrogant et méprisant du garçon [*K*, p. 125] » ? Son geste barbare ressemble en effet à une vengeance ou, mieux encore, à une mutilation guerrière, à l'affirmation d'une puissance virile triomphante[10]. Encore un peu et il

[9] *Ibid.*, p. 158s.

[10] « La possession du trophée de l'ennemi, écrit Durand, de son scalp, de son phallus, de sa main ou de sa tête, confère au guerrier un surplus de puissance [*les Structures* [...], p. 160]. »

offrait la tête d'Antoine en trophée à Élisabeth, comme la preuve ultime de la mort de son mari et de sa propre puissance de mâle. Mais il n'apporte « sur ses vêtements et sa peau [que] l'odeur de la mort et du sang [*K*, p. 239] », ce qui est déjà suffisant pour détourner Élisabeth de lui. Elle a deviné la métamorphose de son amant après le meurtre : « L'échange subtil entre bourreau et victime. L'étrange alchimie du meurtre entre les deux partenaires. Le sombre travail de la mort, donnée et reçue. Son inimaginable envoûtement. Et si, par une mystérieuse opération, le masque de mon mari allait se retrouver sur les traits du vainqueur [*K*, p. 240] ? »

Après toute cette violence déchaînée, George éprouve un épuisement « comparable à celui des fous après leur crise, à celui des femmes après leur accouchement, à celui des amants après l'amour [*K*, p. 235] ». Tout est consommé. Sa passion jalouse et possessive devait connaître son apaisement final dans son geste meurtrier. Tout retour à Élisabeth et à l'amour est illusoire. Le héros ne peut habiter le quotidien et doit disparaître ou mourir à son tour. L'amour même est exorcisé, le guerrier désarmé.

Dorénavant Élisabeth ne songe qu'à retrouver son innocence perdue, se laver du crime, comme elle s'était purifiée d'Antoine. Elle a toujours savouré « avec une joie étrange [son] rôle de femme martyre et de princesse offensée [*K*, p. 90] ». Aussi se prépare-t-elle à être la victime consentante d'un rite de purification par les armes. Elle s'imagine sur une table d'opération alors qu'on s'apprête à trancher le mal en elle [*K*, p. 107]. Elle rêve que Florida invite les gens à lui ouvrir le ventre : « Nous passerons Madame à la casserole comme un lapin qu'on fend au couteau dans toute sa longueur. Cric son sale ventre plein de sales tripes [*K*, p. 32]. » Il n'y a plus d'évasion possible pour Élisabeth : « Le refuge de ma jeunesse est ouvert, éventré comme une poupée de son [*K*, p. 197]. » Elle se voit, dans une scène particulièrement précise et violente, les mains liées, la poitrine nue, exposée à la foule et à un justicier invisible qui lui lance des poignards :

> Une femme, poitrine découverte, s'appuie de dos à une planche. Ses mains sont liées derrière son dos. La foule qui a cessé de rire, retient son souffle. Les trois juges, en perruque de ficelle blanche, se penchent et regardent concentrés, attentifs, comme si le sort du monde allait se jouer à l'instant. Quelqu'un d'invisible lance des poignards à la femme, clouée à la planche. Vise son cœur.
>
> Mme Rolland [...] voit venir l'éclair métallique du couteau s'abattant en plein cœur de la femme condamnée [*K*, p. 49].

Élisabeth s'inflige ces condamnations à mort, cette auto-punition masochiste sous l'œil satisfait de la justice représentée par les juges ou par Florida elle-même qui porte une hallebarde, symbole même de la justice tranchante qui sépare le bien et le mal. Elle rêve encore qu'elle et George sont traînés sur la place publique et livrés enchaînés : « Un juge en perruque nous séparera l'un de l'autre. D'un seul coup d'épée [*K*, p. 143]. » C'est depuis toujours qu'elle a cette impression d'être menacée par une justice invisible qui est peut-être cette « main de Dieu » qu'elle aimerait surprendre [*K*, p. 35] et qui prend la forme d'une épée de Damoclès : « La lame de rasoir aurait fort bien pu se trouver là, dans la chambre. Suspendue par un fil, au-dessus de mon lit, de toute éternité [*K*, p. 118]. » « L'épée, confirme Durand, est donc l'archétype vers lequel semble s'orienter la signification profonde de toutes les armes[11]. »

Si l'arsenal est varié, c'est que les liens sont nombreux et tenaces. La rêverie d'Anne Hébert n'en finit plus de fourbir ses armes. De la cuisine aux champs de bataille, elle propose un éventail impressionnant d'armes de toutes sortes : couteaux, tailloirs, hachettes, scies, tranchoirs, poignards, rasoirs, hallebardes, épées, lances, fusils, bombes...

La nuit, armées d'instruments de boucherie, sœur Julie et sœur Gemma s'aventurent dans les caves froides du couvent en quête de chair et de sang. Marilda Sansfaçon est poignardée mystérieusement, une nuit, après avoir promis de livrer des renseignements sur les parents de

---

[11] DURAND, *les Structures* [...], p. 185.

sœur Julie. On retrouve sous le lit de sœur Julie le couteau de cuisine bien effilé qui avait disparu [*ES*, p. 166]. Adélard plante un couteau dans la gorge d'un cochon de lait sacrifié sur le dos de Philomène, puis l'écorche, l'éventre et l'étripe pour le faire cuire. La nuit même, portant son couteau attaché par une ficelle autour du cou, il menace de tuer sa fille si elle crie et la viole brutalement. Son sexe, telle une arme, la blesse profondément et Julie saigne comme si elle venait d'être sacrifiée à son tour.

Plus meurtrières encore sont les armes de la guerre. Joseph reçoit une balle en plein cœur, des milliers d'hommes meurent sur les champs de bataille sous les bombes et les obus. Anne Hébert évoque, en particulier, le bombardement de l'Angleterre, les batailles de Dieppe et de Cassino [*ES*, p. 50, 79, 168].

Nous trouvons cependant dans *les Enfants du sabbat* une arme plus sournoise qui allie la cruauté et le sadisme au désir meurtrier et qui ressemble à une flèche minimisée : l'aiguille, l'épingle, l'épine ou tout objet pointu.

La vie feutrée du couvent est faite de « piqûres d'épingle quotidiennes, [de] coups de couteau, en plein cœur, le tout noyé dans un silence incomparable [*ES*, p. 50] ». L'abbé Flageole voit « son cœur sorti d'entre ses côtes [...] piqué de flèches rayonnantes et de longues aiguilles d'or [*ES*, p. 131]. » Les religieuses évoquent le Christ transpercé de clous, d'épines et d'un coup de lance, ou saint Sébastien percé de flèches [*ES*, p. 31, 155]. Sœur Gemma s'offre en victime au Divin Époux et « il lui semblait que Jésus-Christ acceptait son offrande et lui transperçait le cœur d'un coup de lance terrible et doux [*ES*, p. 47] ».

Mais il existe d'autres piqûres, plus immédiates et souffrantes : piqûres intraveineuses pour endormir de force sœur Julie et, surtout, l'épreuve des aiguilles sur tout le corps pour découvrir la marque du diable. Sur l'ordre de l'abbé Flageole, mère Marie-Clotilde achète chez Woolworth « une douzaine de paquets d'aiguilles *Milwards needles nickel plated* [*ES*, p. 178] ». Il faut combattre le diable par la ruse, à coups d'aiguille dans la chair. Faire souffrir la victime sans la tuer. Trouver l'endroit insensible qui sera la preuve que le mal a été dépisté. Sœur Julie est ligotée et rasée. Toute une nuit durant, l'abbé Flageole assisté de mère Marie-Clotilde cherchent le *stigma diaboli* à l'aide d'aiguilles plantées dans tout le corps de sœur Julie.

Sœur Julie elle-même pratique des sortilèges à l'aide d'épingles : « Elle a piqué au mur la photo du mariage de son frère. Elle a enfoncé quantité d'épingles dans le bas-ventre de la mariée, souriante et longiligne »; « Le ventre de la mariée est criblé d'épingles [*ES*, p. 138, 166]. » Plus tard, un télégramme envoyé par Joseph annoncera la mort de Piggy-Wiggy et de son enfant.

Voilà qui illustre bien l'inévitable appel aux armes, même minimisées en couteaux ou aiguilles, d'une imagination qui rêve l'opposition du noir et du blanc. Le combat est sans fin. Seule une transformation radicale de la rêverie, un renversement des valeurs symboliques, peut permettre la découverte d'une intimité bienheureuse ou l'espoir d'un jour nouveau au-delà des tortures nocturnes.

Vers un renversement des valeurs symboliques

Malgré l'attrait d'un mode de représentation symbolique qui se fonde sur le jeu des contrastes et des oppositions, la rêverie d'Anne Hébert échappe parfois à l'emprise par trop séduisante du *régime diurne* de l'image et découvre les vertus euphémisantes du *régime nocturne*. La rêverie trouve alors, au cœur même du noir et de la nuit, un bien-être insoupçonné. Nous assistons à la déchéance du grand souverain mâle et à une valorisation de la femme, déesse ou sorcière. Le ventre sexuel et digestif s'euphémise; le noir et le blanc, les nourritures et les parfums interdits sont remplacés par des couleurs, des nourritures et des parfums généreux.

C'est ce renversement des valeurs symboliques qui se manifeste à la fin des *Chambres de bois* pour éclater dans *les Enfants du sabbat*. Si Anne Hébert se complaît encore, dans la dernière partie de son premier roman, à opposer l'éclatante luminosité d'un pays de soleil aux souvenirs ténébreux des appartements de Paris, s'y manifeste en même temps une transformation radicale de certaines images. Les ténèbres perdent peu à peu leurs traits angoissants, s'euphémisent et proposent une réconciliation avec le noir et la terre.

De la nuit de Michel à celle de Bruno nous passons d'un temps hanté par l'angoisse et la mort à un temps de vie et d'amour. Les images du pays du père et des chambres de bois ne sont pas oubliées mais transfigurées. Cette

« conversion » s'exprime par un renversement des images de mort en images de vie, tout en préservant, comme une marque indélébile qui donne plus d'authenticité à l'expérience vécue, les traces du passé.

Cette difficile réconciliation de l'esprit et de la chair, du blanc et du noir, du jour et de la nuit, est exprimée dès le début de la troisième partie du roman dans l'image des « mains hâlées sur le drap blanc [*CB*, p. 145] ». Voilà déjà quelques jours, voire quelques semaines, que Catherine habite ce pays de soleil. Elle en est déjà marquée dans sa chair. Peu à peu ses mains renaissent à la vie et retrouvent une ancienne appartenance. Chez son père, ses mains étaient actives et luttaient sans espoir contre l'omniprésence du noir et de la saleté. Ici, Catherine se mettra à travailler la terre, cherchant le noir de la terre comme un retour à la vie. Bel exemple d'un renversement des valeurs où le travail trouve un sens et le noir se fait complice du soleil pour donner vie :

> Tout le jour, Catherine se promena pieds nus, se réjouissant également du doux et du rude, comme si toute la terre sous ses pieds devenait savoureuse. Elle s'occupa longtemps au jardin, sous l'œil hautain d'Aline :
>
> — Madame patauge pieds nus dans les plates-bandes et elle s'abîme les ongles à sarcler !
>
> Catherine regarda ses mains et ses pieds maculés de terre. « Me voilà noire comme mon père à la fin de sa journée de travail ! » pensait-elle. Et elle pria pour que l'honneur de vivre lui soit ainsi rendu, humblement, petit à petit, par l'animation de tout son corps patient [*CB*, p. 156].

Auparavant, la terre était l'image des profondeurs ténébreuses et invitait à une chute profonde, une chute d'abîme. Ici, l'image s'euphémise, évoque une descente bienfaisante, une incarnation savoureuse. Ce désir d'un contact intime avec la terre, Catherine l'exprimait déjà dans les chambres de bois. Si Michel lui reprochait de courir pieds nus dans l'appartement, elle criait exaspérée : « Je veux courir à perdre haleine, pieds nus dans les flaques, pieds nus, tu entends, Michel [*CB*, p. 73] ? » Elle réalise enfin son amour des joies terrestres les plus élémentaires. Elle écrit à sa sœur pour vanter les soins de la terre et des plantes. Elle dira plus tard à Bruno « qu'elle avait constamment besoin de sentir la terre exister auprès d'elle et par elle [*CB*, p. 180s.] ». À la fin, elle cesse de lutter contre l'appel de tous ses sens et accepte l'amour « comme si le cœur de la terre l'eût sommée de se rendre [*CB*, p. 185] ». Le cœur de la terre évoquait au début du roman les galeries souterraines et ténébreuses des mines de la ville de Catherine. L'image, dans une remarquable inversion des valeurs, propose maintenant un lieu de sensualité, de fécondité et de vie.

Il n'en va pas de même dans *Kamouraska* où la rêverie se complaît dans l'ambivalence du noir et du blanc sans connaître de conversion significative. Les images, telles celles du serpent, du ventre sexuel et digestif ou de l'arbre, au lieu de permettre un bonheur intime ou une heureuse synthèse des valeurs en présence, proposent généralement une chute angoissée et ténébreuse ou une fuite éperdue vers le haut. Contrairement aux *Chambres de bois*, la fin du roman n'apporte pas de solution au conflit du noir et du blanc. On retrouve Élisabeth au chevet de son mari agonisant; la dernière page nous renvoie à la première et à la mort prochaine, celle de Jérôme comme celle d'Élisabeth, condamnée à mourir de faim et de solitude. Une telle rêverie aiguise toujours ses armes sans vivre l'expérience d'une bienheureuse incarnation ou d'une réconciliation des contraires.

Avec *les Enfants du sabbat*, c'est tout au long du roman que se fait le renversement des valeurs symboliques. Dès la première page, nous nous éloignons des valeurs mâles agressives des hauts fourneaux des *Chambres de bois* ou de l'angoisse morbide d'une Élisabeth qui, au chevet de son mari agonisant, se croit observée et traquée. Déjà nous devinons le crépuscule du Grand Souverain Mâle dans l'image d'un soleil couchant qui n'a plus l'éclat guerrier de celui, conquérant, du midi. Nous assistons à la fin d'un règne que le geste de Joseph vient confirmer : « Un petit garçon ouvre sa culotte déchirée, pisse très haut, atteint le tronc d'un pin, dont la tête se perd dans le ciel, visant en réalité le soleil qui va mourir. La petite sœur l'admire pour cela [*ES*, p. 7]. » Bachelard, commentant les interdits d'Hésiode, dont celui d'uriner debout tourné vers le soleil, comme le fait Joseph, a déjà signalé l'irrévérence du geste[1]. Mais c'est un « soleil qui va mourir » que vise le petit garçon, un soleil qui ne peut plus prendre ombrage d'une telle provocation. C'est peut-être sa propre virilité que veut signifier Joseph, mais il indique en même temps la disparition d'anciennes valeurs. Le crépuscule annonce la nuit et la valorisation de la femme.

Julie tentera de s'approprier toutes les vertus du soleil; violée par son père, elle devient elle-même roue solaire :

> Adélard se tient devant Philomène qui lui attache sur le front les cornes et la couronne de feuilles. [...] Une fierté infinie rayonne par tous les pores de sa peau. Sa gloire lui vient du mal qu'il m'a fait. Sa gloire rejaillit sur moi, au centre de mon ventre crevé. Sa gloire m'envahit soudain, comme une lumière furieuse. Je veux faire la roue devant le soleil, jambes ouvertes pour que l'on voie ma blessure et que l'on m'honore pour cela. Que l'atroce se change en bien. Telle est la loi : l'envers du monde [*ES*, p. 65].

C'est d'abord le père qui rayonne, tel un soleil. Quelques pages plus haut, Julie évoquait le soleil d'été en ces termes : « Midi éclate partout, jaune et vert, strident. Rumeur confuse d'un angélus au loin, du côté du village. Adélard est debout dans le soleil d'été [*ES*, p. 58]. » Le soleil est ici intimement associé au père. « Or, affirme Jung, le père visible du monde, c'est le soleil, le feu céleste; aussi père, dieu, soleil, feu sont-ils des synonymes mythologiques[2]. » Le soleil est force génératrice, puissance de renouvellement et de vie, éternelle jeunesse. Rien d'étonnant à ce que le souvenir d'un soleil d'été à son point culminant, dans

---

[1] Bachelard, *l'Eau* [...], p. 185s.

[2] Jung, *Métamorphoses* [...], p. 173.

toute sa puissance, soit lié dans la rêverie de Julie à l'image du père. D'autant plus que son père fait figure de géant, de Satan, d'une divinité, même infernale, qu'elle vénère. Adélard, avec ses cornes et sa couronne, est revêtu des attributs de la souveraineté.

C'est cependant une femme, la mère de Julie, qui le couronne. La cérémonie se déroule à l'intérieur de la cabane, sous la direction de Philomène. Et c'est finalement Julie qui rayonne à son tour, véritable roue solaire, comme si elle avait dérobé la puissance du père-soleil. Elle est envahie d'une « lumière furieuse », de la même façon qu'elle avait été agressée physiquement par cet homme à la fois son père, son amant et son dieu. Elle a rejoint son « soleil intérieur », l'« image du dieu » en elle, « autrement dit [...] l'archétype de la totalité transcendante, le soi[3] ». Initiée et possédée par une divinité, Julie a la certitude d'être élevée elle-même au rang de déesse : « Désormais, tous pouvoirs et privilèges doivent m'être conférés. Ayant été à la peine, je réclame d'être à l'honneur. L'infamie du père partagée, je désire être couronnée de feu et de fer, avec lui et par lui [*ES*, p. 66]. » Julie est couronnée à son tour, revêtue du manteau de pourpre de la souveraineté [*ES*, p. 69]. Philomène et Julie, déesses et sorcières, incarnent la revanche de la femme sur l'hégémonie mâle.

Cette réhabilitation de la femme est liée à une rêverie qui trouve dans le bien-être et la fécondité du ventre maternel un bonheur oublié. Ainsi Julie retrouve avec un plaisir non dissimulé les paroles, les gestes, toute la présence enveloppante de sa mère : « Les merveilleuses paroles de la mère. La merveilleuse odeur de la mère. La petite fille se blottit dans le giron maternel. La merveilleuse robe rose, déjà fanée, salie, ses petites fleurs mauves à moitié effacées. Les grosses cuisses là-dessous, moelleuses, confortables. Béatitude [*ES*, p. 58]. » Comme Claudine, Agnès, Aline ou Élisabeth, Philomène est une femme féconde. Non seulement a-t-elle donné naissance

[3] *Ibid.*, p. 534.

à Julie et à Joseph, mais sa progéniture, enterrée un peu partout au fil des déménagements, semble innombrable. Même les jupes des religieuses ont longtemps offert au docteur Painchaud « une douce odeur de lait sûr et d'encens fané [*ES*, p. 133] ». L'abbé Migneault lui-même vient s'effondrer dans les jupes de sœur Julie, comme s'il retombait en enfance : « Il se jeta à ses pieds, lui serra les genoux dans ses mains, enfouit sa tête dans les larges plis de la jupe noire et pleura comme un enfant, dépossédé de sa propre vie [*ES*, p. 54]. » Sœur Julie deviendra mère à son tour et donnera naissance à un fils.

Ainsi le ventre, après avoir été pour une rêverie diurne gouffre et chute, est maintenant une cavité valorisée. Il offre une douceur et une chaleur bienfaisantes qui atténuent l'angoisse de la chute. Il devient « le symbole hédonique de la descente heureuse, libidineusement sexuelle et digestive à la fois[4] ».

Une telle rêverie se laisse vite séduire par la richesse des couleurs, des nourritures et des odeurs qu'offre cette lente pénétration des matières intimes. Catherine, à la fin des *Chambres de bois*, refuse la nourriture préparée par Aline pour manger du pain noir, elle qui ne préparait que du poisson blanc et du riz pour Michel et Lia. Progressivement, la nuit lui paraît moins menaçante et lui rend la couleur des choses : « Elle retrouv[e] avec plaisir la commode luisante à ferrure cuivrée et le petit tapis crémeux bien à plat sur les dalles rouges [*CB*, p. 153] »; elle lui propose, surtout, « la couleur poivrée des géraniums [*CB*, p. 145] ». Dans la nuit de Michel, il fallait éviter soigneusement toute couleur vive. Il n'y avait de rouge que les « grandes toiles chaotiques, sanglantes et charbonneuses [*CB*, p. 113] » de Lia. À ce rouge ténébreux succède maintenant le rouge parfumé et vibrant des fleurs. Couleurs et parfums sont ici donnés dans tout leur éclat. Catherine aime les « effluves marins forts comme des paquets

---

[4] DURAND, *les Structures* [...], p. 229.

d'algues [*CB*, p. 149] ». En marchant au bord de la mer, sur la jetée, sous les oliviers ou dans les rues de la ville, tous ses sens s'éveillent aux parfums, aux couleurs, à la beauté du monde.

Déjà lorsque Michel la voulait blanche et fade, Catherine avait lutté contre cette mort graduelle de tous ses sens : « Les crèmes et les parfums la ravissaient sans fin [*CB*, p. 77]. » Elle « allait jusqu'à essuyer ses pieds avec sa chevelure outrageusement parfumée [*CB*, p. 77] ». Elle « s'ennuyait des marchés de légumes, de fleurs et de fruits [*CB*, p. 78] », des marchés « criards d'odeurs [*CB*, p. 81] », et, surtout, des fraises de son pays. Elle appelait à son secours le nom des herbes odorantes que lui avait appris la servante : marjolaine, basilic, romarin, laurier, sauge...

Ces odeurs que Catherine évoquait dans sa détresse étaient intimement associées aux aliments et aux couleurs. C'est dire combien elle souffrait dans tout son corps et sa sensibilité de cet ascétisme imposé par Michel qui refusait toute nourriture odorante ou colorée. Catherine désirait « régner sur les arrivées de sucre et la consommation du café, sur les toiles que l'on lave, repasse et plie. Elle demande des balais de couleur et du savon noir [*CB*, p. 76]. » Elle avait même renvoyé quelque temps la servante pour s'occuper elle-même de la cuisine, lavant la salade, épluchant les carottes et les poireaux, comme si son salut dépendait de ces gestes quotidiens qu'elle avait connus durant toute son enfance. Quand, au milieu de l'hiver, Catherine tomba malade, c'est encore à des rêves de nourritures et de chaude intimité qu'elle avait fait appel pour ne pas mourir tout à fait : « La jeune femme, dans sa faiblesse, rêva qu'elle mangeait des pêches mûres, seule, en un immense verger où les arbres ronds faisaient des ombres profondes comme des trous sur l'herbe chaude [*CB*, p. 140]. » Ce rêve exprime avec force son désir d'intimité bienfaisante dans un lieu nourricier qui lui assure la survie, une renaissance même. La pêche, comme les fraises et les légumes, tous aliments naturels, deviennent symboliquement des aliments purs, sacrés[5]. Ce rêve évoque le paradis premier, l'arbre de vie d'une éternelle jeunesse, et annonce déjà le dépassement de l'univers stérile des appartements parisiens et la découverte d'un espace paradisiaque, celui-là même qui sera offert à Catherine à la fin du roman.

C'est en effet en compagnie de Bruno que Catherine apprend à mordre avidement dans cette nourriture de vie, promise en rêve [*CB*, p. 170]. C'est encore Bruno qui remplace les odeurs de mort par des parfums de vie en faisant brûler du thym dans la chambre de la servante ou en emmenant Catherine faire le marché; véritable exorcisme de la mort à travers les gestes quotidiens les plus fondamentaux. Dans ce pays où l'été assure une fécondité sans cesse renouvelée, l'opposition du noir et du blanc est dépassée au profit d'une euphémisation graduelle des visages inquiétants de la nuit. Couleurs, parfums, nourritures remplacent la blancheur, la fadeur et la frugalité des deux premières parties du roman.

Dans *les Enfants du sabbat*, c'est loin du couvent aux couleurs ternes que l'on trouve une cacophonie de couleurs. Dans la montagne de B..., la porte et les fenêtres de la cabane, autrefois rouges, sont maintenant violettes et roses. À l'intérieur, sur le lit des parents, règne la courtepointe rouge et violette. Philomène porte « un étrange chapeau de femme, en paille bleue, avec un oiseau et une fleur emmêlant leurs fils de laiton rouges et dorés [*ES*, p. 9] », ou un passe-montagne de laine rouge et son éternelle robe rose à petites fleurs mauves. Ses cheveux sont teints en jaune. Avant les cérémonies, elle se maquille de couleurs vives : « Aréoles violettes, tétins rouges, beaux seins énormes, bleus. Sur tout le corps des caractères fins, en pluie de couleurs [*ES*, p. 65]. » Durant le sabbat, Adélard « tient un parasol de papier multicolore au-dessus du

---

[5] DURAND décrit les multiples significations de la boisson et de l'aliment sacrés reliés « aux schèmes cycliques du renouvellement, au symbolisme de l'arbre, comme aux schèmes de l'avalage et de l'intimité [*les Structures* [...], p. 297] ».

corps de sa femme allongée sur le ventre [*ES*, p. 39] ». Plus tard, avant de l'abandonner dans la cabane pour le sacrifice ultime, il lui peindra « minutieusement tout le corps des couleurs rituelles [*ES*, p. 116] ». Drogués par la tisane magique de Philomène, tous ont des rêves aux couleurs extravagantes [*ES*, p. 40, 67].

À la frugalité du régime des dames du Précieux-Sang succède la bombance des fêtes dans la montagne de B... : jarres de fèves au lard, blé d'Inde sucré, petit cochon de lait... Philomène et Adélard « dévorent [...] à belles dents, durant des journées entières, des viandes graillonneuses et luisantes et des patates au lard [*ES*, p. 86] ». Julie et Joseph se gavent de mûres et de fruits sauvages. Après la cérémonie de son initiation, Julie sombre dans un profond sommeil et rêve d'« un arbre immense, couvert de fruits rouges et noirs, très attirants, semblables à d'énormes mûres [*ES*, p. 69] ». Comme Catherine, elle se trouve à son tour au paradis premier où l'arbre de vie est recouvert de mûres sacrées.

Au couvent, sœur Julie, enfermée dans la pharmacie, désire « des pois au lard ! Des fèves au lard ! Des choux au lard ! Des patates au lard ! De la mélasse et du ketchup ! Du beurre de peanut aussi [*ES*, p. 125]. » Une fois enceinte, « elle réclame du blé d'Inde, des gadelles, du pimbina et de la gelée d'atoca; toutes sortes de nourritures qu'on ne trouve pas au couvent [*ES*, p. 175] ».

La chaude et moelleuse intimité redécouverte propose encore des odeurs généreuses. L'on ne cherche plus les parfums purificateurs qui vont nous débarrasser des odeurs trop incarnées. Un Joseph lavé et désinfecté dégage « une odeur suffocante de savon Life-Buoy [*ES*, p. 153] ». Les valeurs sont inversées. C'est la propreté qui devient insoutenable. Julie préfère « l'odeur de vieux vêtements, le parfum rude d'un garçon jamais lavé, le musc de ses cheveux [*ES*, p. 127] ». Elle retrouve la merveilleuse odeur de sa mère, l'air parfumé de l'été, l'odeur poignante de l'automne dans la montagne et, surtout, les odeurs fortes de la cabane : porc frit, lard bouilli, fumées de tabac, senteur fauve du père et de la mère... Julie et son frère aiment « retrouver chaque soir leur propre odeur mêlée à cette vieille paille piquante et crasseuse. Ils se pelotonnent dedans comme dans le ventre d'une bête familière et rude [*ES*, p. 9s.]. » Toutes ces odeurs de la cabane ajoutent à l'intimité des lieux. « Ce sont les odeurs de la maison, se souvient Durand, qui constituent la coenesthésie de l'intimité : fumets de cuisine, parfums d'alcôve, relents de couloirs, senteurs de benjoin ou de patchouli des armoires maternelles[6]. » La cabane, isolée dans la forêt de la montagne de B..., offre l'attrait de la demeure intime, du ventre maternel :

> Pour peu que l'on ait le courage de regarder à l'intérieur de la cabane, attentif à tous les détails, respirant à pleines bouffées le remugle d'écurie chaude et d'algues pourries qui s'échappe du sac de couchage placé au centre de la pièce, on se rend très bien compte qu'il s'agit ici du lieu d'origine.
>
> Deux géants paisibles dorment, enfermant avec eux, dans leur double chaleur, leurs petits tremblant de froid.
>
> On pourrait se croire à nouveau dans le ventre de la mère, gardé par la force du père [*ES*, p. 85].

Ces derniers exemples voient l'intimité se redoubler, se surdéterminer. Le lit, le sac de couchage sont une petite maison dans la grande qui est elle-même entourée par la forêt. C'est le « complexe de Jonas[7] » qui inspire toute rêverie de l'intimité habitée.

Dramatisation et devenir cyclique

Le renversement des valeurs symboliques se fait encore dans une rêverie du devenir cyclique à travers différents rites, initiations, cérémonies religieuses, fêtes sabbatiques ou sacrifices, dans une tentative de maîtriser le temps et de vaincre la mort elle-même. Dans cette nouvelle

---

[6] DURAND, *les Structures* [...], p. 278.

[7] *Ibid.*, p. 233; *cf.* également BACHELARD, *la Terre et les Rêveries du repos*, p. 129-182.

phase du *régime nocturne*, la rêverie cherche à concilier les contraires, à trouver une constance dans la mouvance temporelle. La nuit elle-même est alors promesse d'un jour nouveau.

C'est ainsi que la mort de la servante Aline dans *les Chambres de bois*, contrairement aux autres morts, permet un recommencement et une renaissance. Michel avait été le faux grand prêtre initiateur d'un rite de mort et de ténèbres. Aline est prêtresse d'un rite de vie et de lumière : Catherine « aimait suivre les allées et venues de cette grande femme célébrant avec ses mains fortes des offices autour de son lit [*CB*, p. 150] ». C'est elle qui a fait don à Catherine des noms des herbes parfumées et porteuses d'espoir, qui opposait des vertus d'ordre et de clarté au désordre de Michel, qui a arraché Catherine des chambres de bois pour la conduire vers le soleil et qui, chaque matin, lui faisait don de la lumière. La dernière offrande de la servante, qui est aussi celle des autres morts « plantés à la pointe de la terre, contre le cœur vif du soleil, debout comme des lances [*CB*, p. 177] », est d'implorer le ciel en faveur des vivants. Sa mort vient parachever le rituel de la lumière. Aline est l'intermédiaire qui permet le passage des ténèbres à la clarté; elle prépare la réconciliation des contraires en joignant le ciel et la terre en une heureuse synthèse. Ces morts, plantés de la sorte au sommet de la montagne, sont, à l'image de la croix, symbole d'une « union des contraires, signe de totalisation[8] ». Ils deviennent des médiateurs en offrant le salut aux vivants. Le rite de l'enterrement, répété à chaque mort, permet une victoire sur le temps. La mort n'est pas éliminée mais dépassée. Le temps n'est pas vaincu mais récupéré. Il est à son tour recommencement et renaissance. En accompagnant les morts jusqu'à la montagne sainte, en participant aux cérémonies funèbres, les vivants retrouvent le temps sacré, c'est-à-dire, selon Eliade, un « temps circulaire, réver-

---

[8] DURAND, *les Structures* [...], p. 379.

sible et récupérable, sorte d'éternel présent mythique que l'on réintègre périodiquement par le truchement des rites[9] ».

Aline assume ainsi son rôle de bouc émissaire, est victime sacrificielle. L'image de la « Mère terrible » s'euphémise en celle de la Mère originelle. Aline devient une sorte d'Ève, comme l'évoque le poème « Ève » :

> Reine et maîtresse certaine crucifiée aux portes de la ville la plus lointaine
> Effraie rousse aux ailes clouées, toute jointure disjointe, toute envergure fixée
>
> [...]
>
> Contre la mort, contre la rage, nous te porterons scapulaires de plumes et d'os broyés
>
> [...]
>
> Nous t'invoquons, ventre premier, fin visage d'aube passant entre les côtes de l'homme la dure barrière du jour[10].

Comme Ève, Aline fut la femme humiliée et sacrifiée. Mais son sacrifice même propose le renouveau, la rédemption finale de Catherine qui, en acceptant de devenir la femme de Bruno, renaît à la vie.

C'est peut-être aussi le sens du sacrifice de Catherine qui avait été « pareille à une jeune offrande sur la table de pierre [*CB*, p. 71] » entre les bras de Michel. L'épreuve des chambres de bois, la dépossession et les humiliations de Catherine ressemblent à un rite initiatique qui permet le passage de la mort à la vie, d'une nuit tragique à l'aube d'un jour nouveau. C'est un trajet semblable qu'a connu, dans *le Tombeau des rois*, la poétesse elle-même :

---

9 Mircea ELIADE, *le Sacré et le Profane*, Paris, Gallimard, coll. Idées, n° 76, 1971, p. 61.

10 *P*, p. 100. PAGÉ, dans « la Poésie d'Anne Hébert », *la Poésie canadienne-française*, p. 371, commentant ce poème, montre comment « par le recours à la mère universelle, le poète rend possible l'inversion de toute mort en naissance. Il réunit symboliquement le futur au passé le plus reculé et ainsi donne son sens à l'aventure poétique elle-même, qui tire de l'essence même des choses une figure neuve ».

Quel reflet d'aube s'égare ici ?
D'où vient donc que cet oiseau frémit
Et tourne vers le matin
Ses prunelles crevées [*P*, p. 61] ?

Nous assistons dans *les Enfants du sabbat* à de nombreuses cérémonies, rituels initiatiques, sabbats, messes, sacrifices; autant de liturgies qui tentent de maîtriser le temps par la répétition de gestes exemplaires. Cette démarche cyclique met en évidence des valorisations négatives. Les rites comportent toujours des mutilations, des sacrifices, des morts, symboliques ou réelles, avant le triomphe final de la renaissance ou de la résurrection.

C'est dans la cabane de la montagne de B... que se déroule l'initiation de Julie et de Joseph. La cabane, maison natale et souvenir heureux du sein maternel, est un lieu sacré des commencements et des recommencements au-delà des saisons et des contingences temporelles : « Peut-être même est-ce la première cabane de la série de toutes les cabanes habitées ? Cabane à sucre abandonnée ? Camp de chasseur oublié ? La cabane originelle [*ES*, p. 85]. »

Située à la fois dans la forêt et sur une montagne, elle participe doublement du sacré, prend une importance mythique. Elle est un lieu de rassemblement, le centre du monde, « un *point d'appui* absolu[11] », dirait Eliade. La cabane n'a rien d'un lieu banal, profane. Elle est au contraire l'*axis mundi* qui permet le dépassement des conditions ordinaires, la rupture dans l'espace et une ouverture sur un au-delà.

Cependant, cette « ouverture » ne se fait pas vers le haut mais vers le bas. Elle ne permet pas la communication avec le ciel mais avec l'enfer et ses démons. Les forces et les figures qui se manifestent sont diaboliques. Les puissances que l'on invoque sont infernales. Rites et cérémonies ont pour but de faire appel aux divinités d'en bas. Une même soif d'absolu nourrirait les aspirations vers le mal comme vers le bien. Si la communication ne peut plus

11 ELIADE, *le Sacré et le Profane*, p. 27.

se faire avec Dieu, l'être assoiffé d'absolu, refusant la monotonie et la banalité d'un quotidien sans signification, chercherait par tous les moyens à dépasser sa condition, même s'il doit pactiser avec le diable.

Il ne faut pas s'étonner si le sacré prend ainsi une signification néfaste, s'associe à l'étrange, à l'insolite, aux pratiques inhabituelles et tabous. Les historiens des religions nous signalent cette double appartenance du sacré : « L'ambivalence du sacré n'est pas exclusivement d'ordre psychologique (dans la mesure où il attire ou repousse) mais aussi d'ordre axiologique; le sacré est en même temps « sacré » et « souillé »[12]. » Lieux « maudits » comme lieux « saints » participent du sacré. Ce qui est « maudit » est aussi consacré, se distingue du profane, indique une rupture ontologique, pactise avec des forces magico-religieuses. On voit alors la cabane permettre un retour aux lieux primordiaux de la naissance du monde et participer des forces vives de ce temps fort par excellence. C'est là qu'ont lieu les rites d'initiation de Julie et de Joseph.

C'est d'abord l'inceste entre le père et la fille qui est élevé au rang de rite. L'initiation est célébrée en suivant des règles précises qui en assurent la bonne marche. La mère elle-même prépare la cérémonie et la préside : elle invite les fidèles, fait la tisane magique et maquille avec soin aux couleurs vives son corps et celui d'Adélard. Elle lui attache au front cornes et couronne de feuilles. Le père se métamorphose en Satan, la mère en sorcière et prêtresse. Julie, possédée par son père, est possédée par le diable lui-même. Les invités, envoûtés et ivres, se tiennent à l'extérieur du cercle de craie blanche dessiné sur le plancher, aire sacrée par excellence, tel le chœur de la chapelle du couvent. Ils sont les témoins et les participants du cérémonial, chantant, battant des mains, lançant des incantations de toutes sortes, communiant au corps et au sang de Julie tandis que Philomène et Adélard invoquent « les Puissances de l'Ombre, les Dieux du Nord, de l'Est, du Sud

[12] ELIADE, *Traité d'histoire* [...], p. 26.

et de l'Ouest [*ES*, p. 69] ». Là, dans la cabane, au centre du monde, dans ce lieu de rupture de l'homogénéité de l'espace profane, le sacré se manifeste et fait subitement irruption : « Le vent se met à siffler autour de la cabane. De grands fouets claquent dans la nuit, sur notre maison [*ES*, p. 69]. » Tous veulent communier au sacré et réintégrer les lieux et les temps mythiques.

Le rite initiatique de Julie comprend une série d'épreuves qui vont opérer chez elle une véritable transformation. Les agressions sexuelles de son père provoquent une mutilation de sa chair. Julie saigne abondamment : « Philomène assure qu'il faut que je sois vidée de tout mon sang, saignée à blanc, comme un poulet. Le sang d'enfance est pourri et doit disparaître, être remplacé par de la semence magique [*ES*, p. 67]. » Il lui faut mourir à son enfance pour naître à une existence nouvelle. Elle doit encore endurer la brûlure d'un petit poêle allumé qu'on installe sur ses reins et qui laissera une cicatrice, la marque physique de son appartenance au diable, c'est-à-dire à un nouveau mode existentiel. « L'initiation comprend presque toujours une épreuve mutilante ou sacrificielle qui symbolise au deuxième degré une passion divine[13] », ou démoniaque, pouvons-nous ajouter ici à l'affirmation de Durand. L'initiation est vraiment une « transmutation d'un destin[14] ». Eliade complète en disant : « Philosophiquement parlant, l'initiation équivaut à une mutation ontologique du régime existentiel[15]. » Julie ne sera plus jamais la même. Sa mutilation et sa mort rituelle sont les gages d'une modification radicale de son être :

> Bientôt j'aurai des sens si fins que je surprendrai du premier coup le cœur ouvert de l'homme, à travers l'épaisseur de ses vêtements et de sa chair. Son cri le plus profond, je l'entendrai dans sa langue

---

[13] DURAND, *les Structures* [...], p. 351.

[14] *Ibid.*

[15] Mircea ELIADE, *Initiation, Rites, Sociétés secrètes. Naissances mystiques. Essai sur quelques types d'initiation*, Paris, Gallimard, coll. Idées, nº 332, 1976, p. 12.

> originelle. Son désir le plus secret, je le lui ferai sortir d'entre les côtes [*ES*, p. 68].

> La voix de Philomène, métamorphosée, appliquée, pédante, s'insinue, tout contre mon oreille.
>
> — C'est l'Arbre de Science, l'Arbre de Vie, le serpent qui a vaincu Dieu qui se trouve à présent planté dans ton corps, ma crottinette à moi. Tu es ma fille et tu me continues. Le diable, ton père, t'a engendrée, une seconde fois [*ES*, p. 69].

Julie meurt à une sensibilité profane et en acquiert les vertus d'une autre, magico-religieuse. Cette expansion étonnante de sa sensibilité, manifestée par tous ses pouvoirs magiques, montre qu'elle communie directement avec un « centre » producteur de sacralité; elle puise sa force aux sources mêmes de « l'Arbre de Science, l'Arbre de Vie », de l'Arbre de la connaissance du bien et du mal, qui se trouve au « Centre du monde », au milieu du paradis.

La rêverie de l'arbre dans *Kamouraska* privilégiait une verticalité ascendante, une volonté de puissance qui allait trouver dans les armes, sexuelles et autres, un prolongement spectaculaire. La transcendance armée avait raison des valeurs cycliques et de réconciliation. Avec *les Enfants du sabbat*, l'image de l'arbre cosmique, immense, couvert de fruits rouges et noirs semblables à d'énormes mûres, propose les fruits d'immortalité, comme ceux dont rêvait Catherine. Il y a cette fois une valorisation des rythmes cycliques de la nature, des forces de renouvellement et de régénération qui vainquent la mort. Manger les fruits de cet Arbre de Vie, c'est acquérir l'éternelle jeunesse et toutes les connaissances, c'est avoir accès à la divinité elle-même.

Il faut également souligner l'importance du rôle du serpent intimement associé à cet Arbre de vie. L'on rencontre dans de nombreux documents iconographiques et textes anciens l'ensemble arbre cosmique et animal mythique lunaire[16]. Dans *les Enfants du sabbat* Anne Hébert

[16] ELIADE, *Traité d'histoire* [...], p. 238s.

réunit les symboles de la Grande Déesse, de l'Arbre de Vie et du serpent héraldique, reproduisant ainsi les archétypes fondamentaux de la sacralité, de la fécondité et de l'immortalité. Dans son sommeil profond, Julie entend la voix métamorphosée et insinuante, tel un serpent, de Philomène-Grande Déesse qui identifie l'Arbre de Vie au « serpent qui a vaincu Dieu ». Ce serpent mythique est également associé au père. Il est le serpent-phallus « qui se trouve à présent planté dans [le] corps » de Julie. Déjà, dans *Kamouraska*, l'homme était représenté par l'image d'un long serpent se reformant sans cesse pour prendre Élisabeth et l'abandonner à mesure. Mais, là encore, la rêverie d'Élisabeth suivait l'axe d'une agressivité sexuelle débouchant sur la mort. Cette fois, avec *les Enfants du sabbat*, le serpent, associé en même temps à la mère, à l'arbre et au père, devient le symbole de la fécondité totale : « Le serpent est en effet, affirme Durand, symbole de [...] fécondité totalisante et hybride puisqu'il est à la fois animal féminin car lunaire, et aussi parce que sa forme oblongue et son cheminement suggèrent la virilité du pénis[17]. » Le serpent est alors le premier amant et le premier époux. « C'est ce complexe de sexualité et de fécondité qui explique le rôle de premier mari que le serpent joue en de nombreuses cultures [...] Une union mystique avec le serpent était au centre du rite des mystères d'Éleusis et de la Grande Mère[18] », comme il est au centre du rite initiatique de Julie. « Tu es ma fille et tu me continues. Le diable, ton père, t'a engendrée, une seconde fois. » La fécondité totalisante du serpent-*ouroboros* jointe à celle de la roue solaire, de l'Arbre de Vie et de la Grande Déesse-Mère assurent l'immortalité. L'*ouroboros* symbolise la transformation temporelle, l'éternel retour, l'autofécondation, la continuité, l'union du noir et du blanc, du jour et de la nuit, du ciel et de la terre, du bien et du mal : « L'*ouroboros* ophidien apparaît donc comme le grand symbole de la totalisation

[17] DURAND, *les Structures* [...], p. 366.
[18] *Ibid.*, p. 367.

des contraires, du rythme perpétuel des phases alternativement négatives et positives du devenir cosmique[19]. »

La femme sorcière peut ainsi se régénérer de siècle en siècle : « Elle, toujours elle, renaissant sans cesse de ses cendres, de génération en génération, de bûcher en bûcher, elle-même mortelle et palpable, et pourtant surnaturelle et maléfique [*ES*, p. 179]. » L'abbé Flageole voit « toute une lignée de femmes se reproduis[ant] devant lui, à l'infini, de plus en plus petites et démodées [*ES*, p. 104] ». Quand sœur Julie se déshabille devant l'aumônier pétrifié, elle est subitement remplacée par Philomène qui, à son tour,

> retrousse aussitôt sa robe courte, la glisse par-dessus sa tête. [...] Voici que surgit une autre femme, plus petite, en jupe longue et col baleiné, tout comme si elle se fût trouvée à l'intérieur de la femme en rose, la femme en rose étant vide et creuse, en abat-jour, faite exprès pour contenir une autre femme plus petite, plus ancienne dans le temps, qui, elle aussi, accouche d'une autre femme. Des femmes gigognes. Des poupées russes s'emboîtant les unes dans les autres [*ES*, p. 103].

Peut-on trouver plus bel exemple de « *l'archétype du contenant et du contenu*[20] » ? Ces emboîtements et redoublements sont l'illustration de l'éternelle jeunesse, de la renaissance perpétuelle, de la fécondité surdéterminée, en un mot de l'immortalité.

L'initiation de Joseph doit se faire à son tour selon les règles. Joseph devra boire le même breuvage magique dans la même tasse rouge. Il devra coucher avec sa mère étendue dans le grand lit de fer au centre du cercle de craie. Les invités, envoûtés et drogués, attendent « la consommation de la mère par le fils, le passage de la ligne interdite [*ES*, p. 99] ».

Mais Joseph vomit le breuvage d'herbes et de « bagosse ». Malgré les caresses de Philomène et les incantations des assistants, il demeure impuissant : « La sorcière [est] prise en flagrant délit d'échec et de scandale [*ES*,

[19] DURAND, *les Structures* [...], p. 366.
[20] *Ibid.*, p. 243.

p. 108]. » Joseph n'a pas su traverser avec succès les épreuves initiatiques. Il mourra à la guerre, maudit de tous, par Julie elle-même.

L'on assiste encore dans la montagne de B... à la célébration du sabbat, la fête par excellence, double noir de la messe célébrée dans la chapelle du couvent. Les invités arrivent du village et de la ville pour participer à la cérémonie. Adélard et Philomène ont préparé l'alcool, le breuvage aux herbes et les onguents magiques. Le fond du ravin a été déboisé. On a érigé, au centre, un autel de grosses pierres entouré de trois cercles magiques. Tout est prêt pour le sacrifice de la sorcière célébré au moment de la pleine lune [*ES*, p. 37].

Les dieux ouraniens sont remplacés par les divinités lunaires, le culte solaire par la mystique lunaire. La lune se fait complice des répétitions cycliques. Elle est mesure du temps. Eliade nous la décrit comme étant « vivante, et par suite en éternel devenir rythmique[21] ». Sa capacité de renaître périodiquement fait d'elle une source de vie, de fertilité et de régénération. Elle est manifestation du sacré, d'une force et d'une vitalité inépuisables : « Elle renaît de sa propre substance, ajoute-t-il, en vertu de son propre destin. Cet éternel retour à ses formes initiales, cette périodicité sans fin, font que la lune est par excellence l'astre des rythmes de la vie[22]. » Il n'est donc pas étonnant qu'elle soit élevée au rang de divinité puisqu'à travers elle se manifeste le sacré : « Je lève les yeux vers le visage blanc de lune de Philomène. Je regarde aussi Adélard, tout resplendissant de lumière nocturne. Je crois que mes parents adorent la lune et les rayons de la lune passant à travers eux pour illuminer la nuit [*ES*, p. 38]. »

La lune est étroitement associée à la femme dont les cycles menstruels de fécondité semblent liés aux phases mêmes de l'astre. Les grandes déesses de la lune sont à la fois divinités funéraires et de vie. Philomène est « Mère

---

[21] ELIADE, *Traité d'histoire* [...], p. 156.
[22] *Ibid.*, p. 139.

terrible » mais également promesse de fécondité. Elle a un « visage blanc de lune », une « face de lune blanche [*ES*, p. 107] ». Durant l'initiation de Julie à l'intérieur de la cabane pourtant hermétiquement close, l'on retrouve l'image de la lune associée à la fécondité du ventre maternel : « La lune blanche au mur (là où Philomène habituellement accroche son chapeau bleu) prend l'ampleur et l'épaisseur rassurante du ventre puissant de ma mère [*ES*, p. 65]. » Les deux cornes de vache qu'Adélard porte au front pour le sabbat comme pour l'initiation de Julie sont, malgré leurs connotations phalliques et diaboliques, des symboles lunaires de fécondité, ainsi que le souligne Eliade : « Les cornes de bovidés [...] qui caractérisent les grandes divinités de la fécondité, sont un emblème de la Magna Mater divine. Partout où elles apparaissent [...] elles marquent la présence de la Grande Déesse de la fertilité [...] Or la corne n'est autre chose que l'image de la nouvelle lune[23]. » Les deux cornes représentent donc les deux croissants de la lune, « c'est-à-dire l'évolution astrale totale[24] ».

L'on peut constater dans ces manifestations du thème lunaire non seulement une vision rythmique du monde, mais une union des contraires, une synthèse des vertus de vie et de mort. Les phases tragiques, avec leurs mutilations, sacrifices et morts, ne sont pas masquées mais pleinement vécues avec, cependant, la certitude qu'elles ne sont que temporaires et qu'elles annoncent les phases triomphantes du renouvellement, de la régénération et de la résurrection. Le sabbat dans la montagne est une illustration éloquente de la phase tragique du cycle lunaire. Le rituel du sacrifice comme celui de l'initiation préparent le renouveau.

L'originalité d'Anne Hébert ne réside pas dans l'évocation du sabbat. La description qu'en ont faite différents

[23] Eliade, *Traité d'histoire*, p. 146s.

[24] G. Hentze, *Mythes et Symboles lunaires*, Anvers, 1932, p. 96, cité par Eliade, *Traité d'histoire* [...], p. 147.

auteurs et en particulier les témoignages de nombreux accusés lors de célèbres procès de sorcellerie nous renseignent bien davantage sur les horreurs, les crimes et les orgies qui ont pu y être commis[25]. Au lieu de se complaire dans un sensationnalisme facile, elle a choisi d'intégrer son récit du sabbat, comme toutes les scènes de la cabane, à l'ensemble du roman. Elle passe du couvent à la cabane au rythme de la rêverie de Julie. Ce va-et-vient dans le temps et l'espace, cette juxtaposition de deux univers opposés donnent aux différentes séquences une intensité et un relief qu'aucune description, aussi chargée soit-elle, ne saurait proposer. En même temps, cette technique narrative propose à son tour l'union des contraires et s'inscrit dans le prolongement même du symbolisme nocturne et cyclique.

Au moment où les religieuses du Précieux-Sang assistent à la messe dans leur chapelle, l'auteure nous ramène à la montagne de B... et à la fête sabbatique. Le texte latin de l'ordinaire de la messe qui jalonne le récit nous rappelle l'office célébré dans la chapelle tout en marquant la progression des deux cérémonies. Les locutions latines servent de formules rituelles communes aux deux célébrations. Placées en retrait dans le texte et en italique, elles révèlent ainsi leur appartenance à un tout autre univers spatio-temporel. Elles traduisent une ouverture au « surnaturel », permettent la réintégration d'un espace et d'un temps sacrés primordiaux. Elles sont une porte ouverte sur le Grand Temps, celui de la Révélation. La répétition des paroles et des gestes rituels n'est pas une simple imitation mais une continuation de toutes les liturgies, une récupération du temps mythique réactualisé.

Surtout, il se produit au fil des pages une importante transmutation, comme si la cérémonie du sabbat dans la

[25] Il suffit de lire, entre autres, les différents ouvrages qu'Anne Hébert a consultés et dont la liste se trouve à la fin des *Enfants du sabbat*. Jules MICHELET, *la Sorcière*, chronologie et préface par Paul Viallaneix, Paris, Garnier-Flammarion, 1966, p. 123-131, consacre un chapitre fort intéressant aux sabbats et messes noires.

montagne de B... se chargeait de toutes les valeurs véhiculées par les incantations latines de la messe qui, elle, se vide de sens; les religieuses escamotent le nom de Dieu sans s'en rendre compte, le célébrant lui-même inverse l'ordre des paroles de la consécration et le pain sacré de la communion vient à manquer. Dès le début de la messe, la lampe du sanctuaire s'était éteinte sans raison et sœur Julie avait senti la présence d'Adélard et de Philomène dans la chapelle. Les gestes et les prières dans la chapelle semblent mécaniques, dénués de signification. Et c'est dans un style bref, saccadé, brisé qu'Anne Hébert nous fait sentir cet automatisme qui s'empare des religieuses : « Le mouvement et la voix nous sont rendus. Coups de claquoir. Debout. Assises. À genoux. Génuflexion. Un grand signe de croix. Une petite croix sur le front, la bouche et la poitrine. Inclinons la tête. Relevons la tête. Ballet solennel de la messe [*ES*, p. 31]. »

Paradoxalement, dans la montagne de B... les gestes prennent une valeur exemplaire. Participants et célébrants ont conscience de vivre un moment extraordinaire. Le sabbat, explique Robert Mandrou, est une messe noire qui tire profit des cérémonies religieuses pour en inverser le sens :

> Le sabbat est une messe à rebours, où les cérémonies de l'Église sont moins tournées en dérision que prises à contresens [...] L'utilisation d'hosties [...] la récitation *in petto* de prières particulières au moment de l'élévation représentent le répertoire ordinaire de cette récupération du rite pour des fins démoniaques : une part des pouvoirs surnaturels que l'Église déploie au cours de la messe se trouve ainsi accaparée, détournée de ses fins, au profit de l'œuvre satanique[26].

Au lieu d'adorer Dieu l'on vénère le diable; on le croit présent tout autant que les fidèles chrétiens croient en la présence réelle du Christ. Jules Michelet a bien montré en quoi la messe noire est un culte à Satan et traduit la révolte

[26] MANDROU, *Magistrats et Sorciers* [...], p. 82.

contre Dieu[27]. La chute, le mal, le héros ténébreux sont réhabilités dans ce que Durand appelle « cet effort syncrétique pour réintégrer au Bien le Mal et les ténèbres sous la forme mythique de Satan, l'ange rebelle[28] ».

Surtout, et c'est là la thèse centrale de Michelet, la messe noire confirme la puissance de la femme, de la sorcière : « La *Messe noire*, dans son premier aspect, semblerait être cette rédemption d'Ève, maudite par le christianisme. La Femme au sabbat remplit tout. Elle est le sacerdoce, elle est l'autel, elle est l'hostie, dont tout le peuple communie[29]. » Philomène impose ses « mains saintes et sans pudeur [*ES*, p. 38] » à tous ceux qui s'approchent de l'autel. Elle reçoit « l'hommage de ses sujets. Chacun défile à son tour et embrasse le derrière doux, légèrement fumé, de Philomène [*ES*, p. 39]. » Puis, toujours couchée sur l'autel de pierre, un petit cochon de lait attaché solidement sur ses reins, elle est symboliquement sacrifiée, inondée du sang de la bête qu'Adélard vient d'égorger sur son dos. La femme est l'autel et l'hostie. Elle se substitue au Christ et devient elle-même le pain et le sang offerts en communion à l'assemblée. Dans la montagne de B... tous communient sous les deux espèces à satiété. La sorcière est l'initiatrice et la prêtresse.

> Elle trempe ses mains dans les bassines de sang que lui tendent les enfants, offre à boire à toute l'assemblée à même ses deux paumes aux doigts joints.
>
> *Hic est enim calix sanguinis mei* [...]
>
> Tandis qu'Adélard écorche, éventre, étripe le cochon de lait pour le faire cuire.
>
> *Hoc est enim corpus meum.*
>
> [...]
>
> Cette nuit-là [...] les chômeurs amis connurent le banquet et la fête de leur vie. Ils communièrent sous les deux espèces, rendirent hommage à la sorcière, dansèrent et forniquèrent jusqu'à l'aube [*ES*, p. 43s.].

---

27 MICHELET, *la Sorcière*, p. 127.

28 DURAND, *les Structures* [...], p. 335s.

29 MICHELET, *la Sorcière*, p. 126.

Cette fois, ce n'est pas le Fils qui propose la rédemption finale, mais la femme, elle-même déesse. Son sacrifice propitiatoire annonce la victoire finale sur la mort et la maîtrise du temps. Les excès de toutes sortes, alcool, tisanes et onguents magiques, musiques et danses hallucinatoires, agapes, fornications et inceste, permettent à chacun d'abolir le temps profane et de vivre une sorte de fin du monde, de rétablir le chaos originel, qui a précédé la cosmogonie et d'où naîtra l'être régénéré.

UNE DIALECTIQUE DE L’EAU ET DU FEU

Les Eaux funestes

L'eau n'a jamais cessé de nourrir l'imaginaire d'Anne Hébert qui trouve dans cet élément une matière privilégiée, une véritable plénitude substantielle. Eaux calmes et dormantes, eaux coulantes et torrentielles, eaux marines, eaux funestes ou eaux lustrales, l'eau sous toutes ses formes prolonge la symbolique du noir et du blanc.

La rêverie d'Anne Hébert se complaît volontiers dans l'évocation des eaux noires et funestes. L'eau se fait insidieuse et envahissante, s'infiltre partout, décompose et liquéfie. Elle enveloppe et contamine, propose un devenir hydrique à la fois séduisant et menaçant. Le destin d'une eau qui a partie liée avec le noir, la nuit, le sang et la mort trouve dans les larmes la matière même des eaux tristes et s'illustre de façon privilégiée dans le « complexe d'Ophélie » et le « complexe de Caron ».

La deuxième page des *Chambres de bois* nous introduit d'emblée dans une atmosphère mystérieuse où l'eau est omniprésente, s'infiltre partout et noie le paysage. Catherine et ses sœurs se perdent dans le brouillard de cette campagne qui « fumait comme un vieil étang [*CB*, p. 28] ». Malgré la pluie continuelle et les pleurs de sa petite sœur, Catherine s'entête à chercher un marchand dans la campagne mouillée. Mais bientôt la pluie les oblige à s'immobiliser sous un arbre. Longtemps ce « paysage noyé de pluie et de brume [*CB*, p. 32] » vient visiter les petites filles, alors que tombe sur la ville de Catherine, sans répit, « ainsi qu'une rosée mauvaise [*CB*, p. 34] », le noir du pays, la suie des hauts fourneaux.

À leur tour, les appartements de Paris se transforment en « pays calme et mouillé [*CB*, p. 73] », reproduisant en pleine ville un « monde captif sous la pluie [*CB*, p. 76] », comme si Michel transportait avec lui son pays d'enfance. Il pleut à longueur de journée « contre les carreaux délavés [*CB*, p. 73] » et Catherine se trouve prisonnière d'un « monde endormi sous l'hiver et la pluie [*CB*, p. 78] ». Cet arrière-fond constant de pluie et de brume, cette présence envahissante de l'eau contaminent subrepticement et nous font pénétrer dans un univers qui pactise avec les forces de l'ombre.

Déjà le titre *Kamouraska* nous révèle l'importance de l'eau dans le roman : ce vieux nom algonquin signifie « jonc au bord de l'eau [*K*, p. 206] ». Une eau d'abord présente sous forme de pluies, d'orages et de tempêtes liés aux grandes marées d'automne; une eau envahissante qui s'infiltre partout, liquéfiant le paysage, les êtres et les choses. Au début du roman, alors qu'Élisabeth veille, la nuit, son mari Jérôme, il pleut abondamment, « des cataractes d'eau débordant de la gouttière [*K*, p. 13] ». Il pleut également quand elle voyage vers Kamouraska avec son premier mari. Elle connaît au manoir les tempêtes des grandes marées d'automne qui durent des jours et des nuits. Il pleut encore à Sorel où elle s'est réfugiée après son séjour à Kamouraska : « De grandes gifles de pluie s'écrasent sur la vitre. La rue est pleine de flaques [*K*, p. 152]. » Ce sera en fait un « été de chaleur et d'orages ! Lorsque le soleil implacable se montre, on croirait voir la campagne dans un prisme d'eau [*K*, p. 162]. » C'est sous la pluie qu'Élisabeth va rejoindre George chez lui, en pleine nuit. C'est également sous la pluie que celui-ci visite ses malades [*K*, p. 154] et qu'il se rend à Québec au chevet de sa sœur.

Comme dans *les Chambres de bois*, toute cette pluie contamine sournoisement, annonce un monde en décomposition, crée un univers de boue, de souillure et de pourriture. L'on songe aux grèves vaseuses, aux caches de vase où s'enfoncent les chasseurs, aux ornières profondes des routes de campagne que sillonne le docteur Nelson et en particulier à toute la boue que connaît George lors de son voyage à Québec : « Dans le bourbier de l'automne. Avec le croupissement de l'automne, son odeur prenante, la pluie qui cingle, le vent qui gronde par rafales. [...] Tu respires la pourriture de l'automne jusqu'à la nausée [*K*, p. 171]. » George est « mêlé et confondu à la boue des chemins, un soir d'automne [*K*, p. 187] ». Lourd de la boue qui colle à son cheval, sa voiture, ses habits et ses bottes, il devient pour Élisabeth le roi de la vase : « Dans une si horrible nuit quelqu'un me souffle que le roi de la vase vient vers moi. Me traînera par les cheveux, me roulera avec lui dans des fondrières énormes, pour me noyer [*K*, p. 174]. » Déjà, avec Antoine, elle chassait ou s'amusait sur les grèves vaseuses, les « jupes [...] pleines de boue [*K*, p. 85] ». Adolescente, elle aimait aller retrouver Aurélie qui courait pieds nus dans la boue. Elle ira encore rejoindre George, la nuit, « mouillée de pluie, souillée de boue [*K*, p. 156] ».

Tant de salissures reflètent une contamination et une souillure morales. Élisabeth dira : « Mon âme moisie est ailleurs [*K*, p. 14]. » Le cœur noir, l'âme ténébreuse et coupable des personnages trouvent un support matériel dans ces images de vase, de boue et de saleté. Finalement, tout l'espace physique et moral est ravagé intérieurement. « La campagne de Sorel chavire sous la pluie [*K*, p. 153] » en même temps que le cœur de ses habitants :

> Un infime glissement de terrain, à l'origine, quelque part dans un paysage noyé de pluie, entraînant éboulis, inondations, torrents qui se déchaînent. Un pan de monde connu cède et s'écroule. [...] Vous voici directement concerné, lié au sort de cette terre. À l'effondrement de cette terre. (Avant d'y retourner pourrir, en chair et en os.) [*K*, p. 173].

L'eau perfide travaille sournoisement et prépare la dissolution totale. De telles eaux s'infiltrent par tous les interstices et empruntent des couloirs cachés, « des chemins noirs là où passent les eaux souterraines [*K*, p. 80] », pour éroder de l'intérieur.

Toutes ces eaux de surface ou souterraines aboutissent au fleuve qui lui-même s'achemine jusqu'à la mer, devient mer. Le fleuve est le lieu de convergence des eaux et des personnages. L'on trouve le long de ses rives les lieux privilégiés que sont les îles, celles de Sorel comme celles de Kamouraska, mais aussi le chemin de halage où Élisabeth rencontre Aurélie en cachette, les canaux, les marais d'algues, de joncs, de boue et d'eau. C'est là, à la chasse, qu'Élisabeth fait la connaissance d'Antoine. Catherine avait rencontré Michel enfant dans sa campagne de brume, de pluie et de gibier souillé alors qu'il chassait avec son père. Elle avait gardé le souvenir d'un Michel éploré et, plus tard, avait tenté de le rejoindre dans sa détresse et son univers d'eau. Voici qu'Élisabeth rencontre un Antoine aux yeux embués de larmes, à la « lippe d'enfant boudeur [*K*, p. 67] », aux « joues d'enfant [*K*, p. 82] », et accepte à son tour d'épouser un être de l'eau. Elle arrive à la cabane du garde-chasse, « sortant du marais, les joues rouges de froid, les boucles en désordre, toute crottée, tenant par la main un beau, grand, gros garçon [*K*, p. 68] », comme si elle était allée le trouver au fond des marécages et le ramenait à la surface après un dur combat. Elle le suivra jusqu'à Kamouraska pour vivre dans son manoir construit sur un rocher qui s'avance dans le fleuve. Sur la grève, dans les flaques d'eau, les joncs et les algues, Antoine et Élisabeth courent et font l'amour. C'est là qu'Antoine donne rendez-vous à ses maîtresses, c'est « sur le sable mouillé [*K*, p. 84] » qu'on le retrouve, ivre mort, après la naissance de son fils. Et c'est finalement au bord du fleuve qu'il trouvera la mort.

Stymphalisation de l'eau

Nous voilà bien éloignés des eaux gaies, cascades, ruisseaux ou fontaines ! Nous sommes au contraire en présence d'une eau sombre et profonde, complice de la nuit et de la mort. L'eau, dans une telle rêverie, fait place « à une inquiétante stymphalisation[1] », selon l'expression de Durand. L'eau sombre devient la substance même des ténèbres. Bachelard nous rappelle que pour l'imagination matérielle la nuit ne demeure pas une idée abstraite ou une personnification : « La Nuit est *de la nuit*, la nuit est une substance, la nuit est la matière nocturne [...] Et comme l'eau est la substance qui s'offre le mieux aux mélanges, la nuit va pénétrer les eaux, elle va ternir le lac dans ses profondeurs, elle va imprégner l'étang[2]. »

Dans *les Chambres de bois*, les étangs, les marais, la campagne mouillée, la ville sous la pluie gardent le souvenir des formes thériomorphes qui peuplent leurs nuits et se « stymphalisent ». Les oiseaux monstrueux qui hantent leurs rives ne sont pas les stymphalides qui lancent leurs plumes comme des flèches et se repaissent de chair humaine, mais « ces femmes de grande race, cruelles et oisives, maintenant couchées en leurs moelles crayeuses [*CB*, p. 59] », à la « figure de hibou immobile [*CB*, p. 31] ». Il y a surtout la présence mystérieuse de Lia qui leur succède et qui pour un peu se transformerait en stymphalide. Elle a tout d'une grue au bec de fer : « cet œil de profil, long, très noir et étroit, ce nez de fin rapace, ce petit derrière haut perché sur de longues jambes sèches; toute cette allure noble et bizarre d'oiseau sacré [*CB*, p. 95s.] ». « Son bel œil étrange, mince trait noir d'encre humide [*CB*, p. 105] », garde la trace du noir marais où vivent les oiseaux légendaires. Lia veille sur le domaine et en refuse l'accès à Catherine. Elle viendra même la chasser des chambres de bois. Quand, à la fin du roman, Catherine se rend une dernière fois à l'appartement, elle croit qu'une « bête hargneuse la flair[e] à travers la porte [*CB*, p. 186] ».

Les eaux dans *Kamouraska* se « stymphalisent » à leur tour. À la profondeur mortelle des eaux du fleuve ou

---

[1] DURAND, *les Structures* [...], p. 103.

[2] BACHELARD, *l'Eau* [...], p. 137.

des eaux souterraines s'ajoute leur aspect ténébreux. La pluie qui tombe s'assombrit du noir de la nuit : c'est sous la pluie nocturne qu'Élisabeth veille Jérôme à Sorel, qu'elle attend Antoine à Kamouraska, qu'elle rêve de rejoindre George puis va jusqu'à lui. L'eau revêt les attributs de la nuit. Élisabeth imagine sous la pluie formes et bruits inquiétants. « L'eau mêlée de nuit est un remords ancien qui ne veut pas dormir[3] », écrit Bachelard. C'est justement ce vieux remords qui refait surface dès le début du roman, dans une nuit de pluie.

Une telle rêverie trouve réunies les horreurs de la nuit et des eaux noires. Élisabeth se métamorphose alors en méduse : « Mme Rolland montre une tête de méduse, émergeant de la robe de chambre en bataille. Anne-Marie contemple sa mère d'un air grave et effrayé [*K*, p. 93]. » Elle semble surgir des eaux ténébreuses de son rêve tel un animal mythique. Ailleurs, George se plaint de ce corps de femme qui « s'ouvre et se referme sur [lui] pour [l]'engloutir à jamais. Ce goût de varech et d'iode [*K*, p. 223]. » Vient-elle des profondeurs aquatiques ? L'image de la « Mère terrible » se double de celle du monstre marin né de la mer elle-même : « La gorge se serre, les traits se convulsent, se gèlent dans une horreur indicible. Quelque chose de froid comme l'eau s'applique sur le visage. Le monstre, dans la nuit, est une méduse qui rit[4]. »

La rêverie des eaux noires fait naître l'image d'un autre monstre marin qui résume tous les aspects inquiétants de l'eau : le dragon. Et c'est justement un être de l'eau, Antoine, qui lui est comparé : « Délivrer la princesse suppliciée, terrasser le dragon féroce qui la tient captive [*K*, p. 164]. » Comme si Élisabeth, dans le manoir isolé sur un rocher et s'avançant sur les eaux profondes et si souvent menaçantes du fleuve-mer, était la prisonnière d'un être effarant issu des eaux noires. Et, pour s'en délivrer, elle fait appel à George dont le prénom le désigne tout naturellement à combattre le dragon.

[3] BACHELARD, *l'Eau* [...], p. 139.

[4] *Ibid.*, p. 141.

Le sang

Mais l'eau noire par excellence, c'est le sang. Celui-ci évoque, dans une rêverie angoissée, le mystère, la terreur, la souffrance, la mort et la fuite du temps, en d'autres mots la profondeur et la noirceur. Présence obsédante du sang dans *Kamouraska* : sang des règles d'Élisabeth, sang de la première nuit d'amour, sang de tous les accouchements réels ou imaginaires et, surtout, sang du meurtre d'Antoine. Voilà les eaux noires qui continuent de couler dans les veines comme hors de celles-ci par des blessures de toutes sortes. Les eaux noires trouvent leur prolongement naturel dans ce « liquide organique », selon l'expression de Bachelard. « Il y a donc une poétique du sang. C'est une poétique du drame et de la douleur, car le sang n'est jamais heureux[5]. »

La peur du sang hante Élisabeth. La lumière qui filtre à travers les rideaux de toile rouge de la chambre de Léontine Mélançon se liquéfie et se transforme en sang : « Il y a du soleil qui passe à travers les rideaux. Cela fait une lueur étrange, couleur jus de framboise, jusque sur le lit. Mes mains dans la lueur, comme dans une eau rouge [*K*, p. 40]. » Cette « eau rouge » ne peut être que le sang d'Antoine dans lequel ses mains ont trempé par la complicité qui la lie à l'assassin. Le sang répandu de son mari la rejoint jusque dans sa chambre, des années plus tard, défiant le temps et l'espace. Elle se voit, en rêve, marchant péniblement dans une eau visqueuse : « Je mets un pas devant l'autre, avec peine. Comme si j'avançais dans une eau épaisse, étrangement résistante [*K*, p. 96]. » Une telle eau, si fortement valorisée, a la consistance et la résistance d'une matière vivante, d'un « liquide organique », du sang. « Tout ce qui, dans la nature, coule lourdement, douloureusement, mystérieusement [est] comme un sang maudit, comme un sang qui charrie la mort[6] », affirme Bachelard.

---

[5] *Ibid.*, p. 84.

[6] *Ibid.*, p. 84.

Par le rêve, les frontières du temps sont abolies, le temps passé éclate comme une veine crevée : « Le temps retrouvé s'ouvre les veines. Ma folle jeunesse s'ajuste sur mes os. Mes pas dans les siens. Comme on pose ses pieds dans ses propres pistes sur la grève mouillée. Le meurtre et la mort retraversés [*K*, p. 115]. » Le temps s'écoule comme le sang; les deux, ajoute Durand, sont intimement liés : « Le sang est redoutable à la fois parce qu'il est maître de la vie et de la mort, mais aussi parce qu'en sa féminité il est la première horloge humaine[7]. » La peur de retrouver le temps passé est bien sûr liée à la peur de revivre la mort d'Antoine.

Comme la pluie, le sang coule, se répand partout, envahit tout l'espace, parsème l'anse de Kamouraska : « Il y a du sang sur la neige, tout le long du chemin de la batture. De place en place, sur le chemin du Roi aussi, non loin de la petite maison de M. Tassy, du côté de Paincourt [*K*, p. 226]. » George, pourtant médecin, est étonné de voir autant de sang dans un corps d'homme. Le sang d'Antoine couvre la victime et le bourreau. Il éclabousse les peaux de fourrure et les attelages et se répand au fond du traîneau. Tellement que George doit inventer une histoire de boucherie monstre pour écarter les soupçons. Il y a du sang sur ses vêtements, dans son eau de toilette, sur son lit dans l'auberge, sur le plancher. Il se mêle à l'eau utilisée pour nettoyer le traîneau et s'étend sur la neige. Il progresse de place en place en même temps que George qui s'arrête pour tenter à chaque fois de s'en débarrasser. Jusqu'à Sorel où Élisabeth peut encore « respirer à pleine gorge, sur ses vêtements et sa peau, l'odeur de la mort et du sang [*K*, p. 239] ». Et l'on peut imaginer qu'au printemps tout ce sang se mêlera à l'eau des fontes pour se rendre au fleuve. Finalement le sang habite le songe lui-même : « Les taches rouges nous poursuivent jusque dans notre sommeil [*K*, p. 226]. »

---

[7] DURAND, *les Structures* [...], p. 122.

Ainsi le sang gagne tout l'espace extérieur et intérieur. S'il se répand tellement, s'il tache de la sorte tout ce qu'il touche, c'est qu'il est le rappel d'une faute, d'une souillure morale. « L'imagination, écrit Durand, va s'acheminer insensiblement par le concept de *la tache* sanglante et de la souillure vers la nuance morale de la faute qui précipitera [...] l'archétype de la chute[8]. » L'on comprend mieux maintenant la profondeur et la noirceur de ces eaux sombres dont le sang. Temps, mort, faute, saleté, impureté, obscurité et chute convergent pour retracer « en raccourci la constellation qui joint les ténèbres au sang[9] ». L'on retrouve dans la multiplicité et la complexité des images isolées le dynamisme toujours agissant des grands axes de l'imaginaire.

Larmes, dépérissement mélancolique et noyades

De telles eaux noires où le nocturne se mêle intimement au liquide deviennent lourdes des ombres de la nuit et proposent aux êtres qui s'en approchent une mort profonde. « La mort est alors une longue et douloureuse histoire, ce n'est pas seulement le drame d'une heure fatale, c'est « une espèce de dépérissement mélancolique »[10]. » Et Bachelard ajoute : « L'eau est ainsi une invitation à mourir; elle est une invitation à une mort spéciale qui nous permet de rejoindre un des refuges matériels élémentaires[11]. » Ce « dépérissement mélancolique », cette tristesse des eaux sombres trouvent dans les larmes leur appui « substantiel ». « L'eau, écrit Durand, serait liée aux larmes par un caractère intime, elles seraient l'une et les autres « la matière du désespoir[12]. »

Dans *les Chambres de bois*, les larmes sont la matière même de cet univers de deuil, de mélancolie, de tristesse

[8] *Ibid.*, p. 120.
[9] *Ibid.*, p. 121.
[10] BACHELARD, *l'Eau* [...], p. 76.
[11] *Ibid.*, p. 77.
[12] DURAND, *les Structures* [...], p. 106.

et de désespoir. Le début du roman nous montre la solitude du père depuis la mort de sa femme, qui ne sort que pour aller veiller d'autres morts et rafraîchir son deuil ancien. Nous entendons les plaintes des femmes et des hommes dans un pays au travail rude et ingrat. Quand les quatre sœurs se perdent dans la campagne, la petite se met à pleurer sous la pluie, mêlant son chagrin à la mélancolie d'un paysage de brouillard et d'eau. C'est alors qu'elles rencontrent Michel, « son visage effrayé, baigné de larmes [...] Catherine était si près du petit garçon qu'elle aurait pu suivre avec son doigt les traces de larmes sur les joues aux pommettes dures [*CB*, p. 30]. » Cette détresse de Michel enfant se transformera en nostalgie d'une enfance perdue. La peine de l'enfant deviendra la tristesse morbide d'un névrosé qui pleure avec Lia la trahison de leur pacte de fidélité et leurs amours malheureuses. On les verra pleurant, le frère et la sœur, « appuyés l'un sur l'autre [*CB*, p. 127] », faisant revivre les souvenirs d'une enfance bouleversée par la mort de leur mère, l'abandon de la servante et l'absence du père. Comme le pays d'eau de leur enfance, les larmes sont la matière même de leur désespoir et de cette réclusion volontaire qui masque un refus de vivre et un goût maladif d'une mort lente et graduelle.

Catherine, d'abord attirée par les larmes de Michel qui lui rappellent « l'enfant douloureux qu'un jour elle s'était promis de consoler [*CB*, p. 151] », apprend à se méfier de cette « douceur équivoque des larmes [*CB*, p. 178] » et lutte contre leur séduction néfaste. Dans sa détresse elle s'efforce de contenir ses propres larmes comme si leur donner libre cours, c'était déjà sombrer dans la mort : « En cet état sauvage qui occupait tout l'espace de son corps, Catherine scellait ses larmes, comme la dernière mort possible qu'il ne fallait pas lâcher [*CB*, p. 138]. » Voilà qui montre bien l'étroite parenté des larmes et de la mort. Et il ne s'agit pas de n'importe quelle mort, mais bien d'une mort qui est dissolution intégrale, nous dit Bachelard : « L'eau dissout plus complètement. Elle nous aide à mourir totalement [...] L'eau rend la mort élémentaire. L'eau meurt avec la mort dans sa substance. L'eau est alors un *néant substantiel*. On ne peut aller plus loin dans le désespoir[13]. » L'étrange amour de Michel pour Catherine ne peut la conduire qu'à la noyade. De même Michel ne sait trouver dans l'attrait sexuel pour Catherine qu'une mort par noyade. Après sa première nuit d'amour, il s'écroule aux côtés de Catherine, « comme un noyé [*CB*, p. 76] ». La sexualité, liée à la chute, trouve son gouffre et sa mort dans l'élément aquatique.

Que de pleurs dans *Kamouraska* ! La tristesse semble sans fin, comme si toute joie était à jamais perdue, condamnée d'avance. La vie n'est qu'ennui et dépérissement mélancolique. Élisabeth n'est pas encore née quand son père meurt et que sa mère est en grand deuil, « les yeux rougis de larmes [*K*, p. 51] ». Cette femme va pleurer toute sa vie. Ses tantes aussi pleurent continuellement, que ce soit la mort d'une connaissance, les malheurs d'Élisabeth, le déshonneur de la famille ou leur propre détresse. La nourrice du second fils d'Élisabeth se tarit subitement, « pleure et se lamente [*K*, p. 114] ». L'on entend les gémissements et les pleurs des malades de George. Les témoins à la barre ne peuvent s'empêcher de pleurer. Il n'y a bien que madame Tassy pour qui « les larmes n'entrent pas dans son ordre. [...] larmes et crises de nerfs font partie de ce monde excessif, inconvenant et douteux que, faute d'un autre mot, elle appelle le théâtre [*K*, p. 78]. »

Il y a aussi Antoine qui pleure depuis son enfance. Enfant pleurnichard au collège, il a toujours les yeux embués, « la larme trop facile [*K*, p. 70] », même s'il s'agit de « larmes de crocodile [*K*, p. 108] ». Souvent il s'amuse à pleurer dans le nombril d'Élisabeth « qu'il emplit de larmes. Il dit que c'est un bénitier [*K*, p. 83]. » Ou bien « il va pleurer dans le giron malodorant et irlandais de Horse Marine [*K*, p. 118] ». Et ses fils sont aussi braillards que lui.

Nous connaissons déjà la face cachée d'Antoine, sa folie, ses dépressions et son goût de la mort. Il y a en

---

[13] BACHELARD, *l'Eau* [...], p. 125.

lui « une muette, précoce expérience du désespoir [*K*, p. 126] ». Ses larmes ne sont pas que comédie. Elles révèlent un être en détresse et le conduisent « à une sorte de *suicide permanent*, en une sorte de dipsomanie de la mort[14] », dirait Bachelard.

Mais celle qui pleure le plus, c'est encore Élisabeth. Elle ressemble à « une pietà sauvage, défigurée par les larmes [*K*, p. 38] ». Elle pleure au début du roman et encore à la toute fin, d'un désespoir causé par sa propre détresse bien plus que par la mort de son mari : « Voyez donc comme Madame aime Monsieur ! Voyez comme elle pleure... [*K*, p. 250]. »

Florida décide de soigner Jérôme Rolland de telle sorte que « Madame pourra pleurer en paix [*K*, p. 29] ». Et c'est ce que fait Élisabeth qui s'enferme dans la chambre de Léontine Mélançon et « pleure à gros sanglots [*K*, p. 31] » : « Ne pas céder au désespoir. Qui est-ce qui pleure ainsi convulsivement ? Des sanglots m'emplissent la gorge, me déchirent la poitrine [*K*, p. 38]. » Plus loin, elle se met la tête dans l'oreiller et sanglote à s'« arracher la poitrine [*K*, p. 96] ».

Élisabeth a l'habitude des larmes. Elle a vu sa mère et ses tantes pleurer depuis toujours. Son mariage avec Antoine est un échec. À Kamouraska, elle passe ses nuits à pleurer, dans l'attente d'un mari qui la trompe [*K*, p. 79]. De retour à Sorel avec ses tantes, elle leur raconte sa vie à Kamouraska en pleurant à chaudes larmes, comme si elle se liquéfiait : « Je pleure. Je sanglote. Je fonds en eau [*K*, p. 98]. » Et, quand le docteur George Nelson se présente à son chevet, elle met ses bras autour de son cou et pleure sans retenue : « Mes larmes éclatent en un torrent irrépressible [*K*, p. 112] »; « Mes larmes dans son cou. Docteur Nelson, je suis si malheureuse. Docteur Nelson, docteur Nelson... [*K*, p. 115]. » Elle pleure en son absence, elle pleure avec lui quand il revient de Kamouraska, elle

14 BACHELARD, *l'Eau* [...], p. 77.

pleure en prison quand elle comprend qu'elle ne le reverra plus et qu'elle se voit accusée de complicité de meurtre.

George aurait dû se méfier de tant de larmes. Il sera finalement « cerné par les larmes [*K*, p. 234s.] » et s'abandonnera à elles dans un désespoir infini : « Il s'est appuyé contre le mur. La tête dans les mains. Il s'est mis à pleurer, dans une grande agitation de tous ses membres, de tout son corps. Je n'ai jamais vu, de ma vie, un homme dans un tel désespoir [*K*, p. 248]. »

Tant de tristesse, de désespoir et de larmes invitent à nouveau à la noyade, au suicide par l'eau. S'il n'y a pas de noyade réelle dans *Kamouraska*, que de noyades imaginaires ! La mort rêvée est souvent plus significative que la mort réelle. La réalité impose un carcan trop rigide; le rêve, tant celui de l'auteure que des personnages, permet toutes les morts, n'impose aucune barrière. Même la mort véritable peut, en rêve, se métamorphoser ou se doubler d'autres morts. Ce sont ces morts rêvées, toutes ces noyades qu'une rêverie de l'eau vient privilégier.

Il semble bien que tous les personnages, à un moment ou l'autre, soient menacés des eaux. Ils le sont parfois tous en même temps, justement par tant de larmes : « Et ma belle-sœur, Églantine, éplorée depuis sa naissance. Quel surcroît de larmes pour cette fontaine. Ses larmes vont emplir la maison, noyer tout le monde dans une eau sale, pleine de poudre de riz [*K*, p. 38]. »

La mort réelle qui attend Jérôme Rolland après tant de fatigue et d'insomnie se métamorphose en noyade sous la pluie et les larmes : « Monsieur Rolland, ce n'est pas encore la mort. Et voyez pourtant quelle noyade. La fatigue vous recouvre d'une longue lame, épaisse, lourde, roule sur vous son large, lourd mouvement. Vous couche sur le sable, sans force, épuisé, goûtant le sel et la vase, quasi sonore de douleurs [*K*, p. 25]. » Une vague semblable vient mutiler et noyer George : « Soudain une vague extraordinaire monte, roule et disparaît. Entraînant mon amour loin de moi. Sa tête décapitée ! Ses membres disloqués [*K*, p. 141] ! » Voilà qui illustre toute la justesse de cette remarque de Durand : « Cerbère est, nous le voyons, le voisin immédiat du Cocyte et du Styx, et le « champ des pleurs » est contigu au fleuve du trépas[15]. »

Quant à Antoine, sa mort brutale par les armes est doublement accidentelle tant cet être de l'eau semblait prédestiné à la noyade. Déjà, la nuit de ses noces, il sombre dans le sommeil, « noyé de fatigue et d'alcool [*K*, p. 73] ». Cet alcool qui, au lieu de l'enflammer, consomme en quelque sorte sa noyade. Il boit pour mieux se perdre, pour mieux se détruire. Son « alcoolisme » est bien différent de celui de Hoffmann et fait davantage songer à celui d'Edgar Poe. « L'alcool de Hoffmann, précise Bachelard, c'est l'alcool qui flambe; il est marqué du signe tout qualitatif, tout masculin du feu. L'alcool de Poe, c'est l'alcool qui submerge et qui donne l'oubli et la mort; il est marqué du signe tout quantitatif, tout féminin, de l'eau[16]. »

D'ailleurs, Antoine menace de se noyer véritablement et écrit une note en ce sens à sa femme : « Inutile de m'attendre, je vais me noyer. C'est très facile de faire un trou dans la glace et de s'y laisser tomber comme dans un puits. Tu verras qui l'on va trouver dans le fleuve au printemps [*K*, p. 140]. » En contrepartie, Élisabeth imagine qu'elle noie l'adolescent pleurnichard qu'il était au collège : « Il n'y a qu'à maintenir, sous l'eau, la tête blonde de ce trop gros garçon, penché au-dessus d'une cuvette glacée. Serrer les doigts et attendre que la mort fasse son effet. [...] Il aurait suffi d'un geste pour noyer le chiot nouveau-né [*K*, p. 155s.]. »

Élisabeth craint que le mariage avec Antoine ne la conduise à la noyade (comme Catherine dans *les Chambres de bois*) : « Je vais me marier. Ma mère a dit oui. Et moi aussi j'ai dit oui, dans la nuit de ma chair. [...] Je crois que je vais me noyer [*K*, p. 69]. » Mais la noyade la menace tout autant lorsqu'elle va vers George. Elle rêve qu'il la « traînera par les cheveux, [la] roulera avec lui dans des

[15] DURAND, *les Structures* [...], p. 107.

[16] BACHELARD, *la Psychanalyse du feu*, p. 149.

fondrières énormes, pour [la] noyer [*K*, p. 174] ». Et quand les deux amants se retrouvent après le meurtre, ils s'embrassent « pareils à des noyés [*K*, p. 241] ».

L'eau n'est pas aussi envahissante dans *les Enfants du sabbat*. Il n'y a plus cette présence obsédante des eaux néfastes. L'on trouve bien un ruisseau dans la montagne, une rivière près du village et des chalets d'été, mais ce sont là des eaux estivales qui n'exercent aucune séduction maléfique. Les eaux funestes s'y limitent aux larmes et à la présence occasionnelle d'une eau imaginaire qui a perdu ses attraits.

Pourtant, que de larmes ! Les personnages des *Enfants du sabbat*, à l'exception de Julie, sont voués à leur tour à un dépérissement mélancolique, à une noyade sans fin dans la matière même de leur désespoir. Dans la montagne de B..., la nuit du sabbat, une femme pleure la misère des années de la « grande dépression » avec le désespoir de ceux qui vivent dans la faim et les privations de toutes sortes. Une autre rit et pleure en même temps, espérant être libérée des douleurs d'accouchements trop nombreux. Hommes et femmes fuient une vie terne, misérable et espèrent trouver dans la montagne de B... l'évasion et l'oubli. Leurs excès sont à la mesure de leur désespoir.

Un étudiant maigre et pâle, envoûté par la fête et les onguents magiques de Philomène, ivre de musique et de rêves étranges, « ruisselle de larmes [*ES*, p. 40] ». Joseph pleure sans cesse, s'apitoyant sur sa sœur ou sur lui-même. Quand les caresses de sa mère ou de Julie se font trop pressantes, il s'abandonne aux sanglots. L'abbé Migneault vient pleurer comme un enfant dans les larges jupes de sœur Julie. Humilié et dépossédé de tout, il ne souhaite que la mort. Tous trois ressemblent au jeune François dans « le Torrent », à Michel ou à Antoine. Ils appartiennent tous à la même race d'hommes éplorés et mélancoliques, vaincus d'avance, cherchant une mort douce et tranquille dans une éternelle tristesse. Ils meurent petit à petit, se complaisant dans une détresse sans fin, dans l'épuisement de leur être qui se perd goutte à goutte.

Le même sort attend toutes les femmes larmoyantes, depuis Marie dans « l'Arche de midi », Stella, la mère et les tantes d'Élisabeth, jusqu'aux dames du Précieux-Sang. Il y a « la novice qui pleure dans son oreiller [*ES*, p. 180s.] », sœur Angèle qui « pleure doucement, presque tendrement, d'une voix nasillarde, lancinante, sans jamais s'arrêter [*ES*, p. 77] ». Même la sœur supérieure est souvent au bord des larmes et de l'évanouissement [*ES*, p. 75], « son regard tout à fait noyé [*ES*, p. 130] ». Et sœur Gemma qui se meurt dans un désespoir infini, selon le désir de sœur Julie qui souhaite « que sœur Gemma, confite dans sa joie mielleuse, soit confondue et ruisselle de larmes, une bonne fois pour toutes [*ES*, p. 45] ». Elle « accumule les maladresses, récolte réprimande sur réprimande, punition sur punition. Elle renifle, de plus en plus souvent, et pleure dans son grand mouchoir d'homme [*ES*, p. 47s.]. » Elle dépérit de jour en jour dans un désespoir sans fin :

> Sœur Gemma souffre mille morts quotidiennes. Son dégoût est extrême [...] Je suis à bout de larmes et d'effroi. Mon Dieu ! Mon Dieu, pourquoi m'avez-Vous abandonnée ? Une si longue nuit obscure. Faut-il donc que je meure dans le désespoir ? [...] L'image de sœur Gemma ruisselante de larmes [*ES*, p. 137].

Elle désire mourir, sans révolte ni colère, dans le dépérissement mélancolique de tout son être, jusqu'à la dernière larme qui sera essuyée avec un linge blanc pour en faire une relique.

Julie, qui connaît la « mortelle douceur des larmes [*ES*, p. 152] », s'en méfie, encore plus que Catherine dans *les Chambres de bois*. Déjà, petite fille perdue en forêt, elle s'efforçait de dominer sa détresse. Quand elle « pleure [...] toute seule dans le grand lit aux draps roses [*ES*, p. 153] », c'est de dépit, parce qu'elle n'a pas réussi à gagner la confiance de son frère qui l'abandonne de peur d'être « initié » par sa sœur, là où sa mère avait échoué. Au couvent, sœur Julie ne pleure qu'à deux occasions, chaque fois en présence du docteur Painchaud. Lorsqu'elle est examinée à la suite d'une hémorragie subite, elle détourne subitement « la tête du côté du mur et se met à pleurer [*ES*, p. 72] », feignant une docilité factice. Plus tard, sachant qu'on va lui enlever l'enfant qu'elle vient de mettre au monde, elle « pleure à gros sanglots [*ES*, p. 185] »; mais bien plus d'épuisement que de chagrin ou de désespoir.

L'orgueil de sœur Julie, sa révolte et son désir de liberté et de vengeance lui interdisent les larmes. Elle refuse de se soumettre à l'ordre et au silence du couvent pour ne pas sombrer dans la profondeur d'une eau tranquille : « La vie du couvent se refermerait autour de moi, pareille à l'eau morte d'un étang. Peut-être ai-je trop peur de me noyer dans un étang [*ES*, p. 32] ? » Crainte justifiée puisque le couvent, la nuit, lui semble « comme une mer étale, sans fond ni lueur [*ES*, p. 61] ». La mort trouve dans les eaux noires et calmes d'une mer insondable un abîme sans fin. C'est dans de telles eaux que mère Marie-Clotilde aimerait maintenir toutes les religieuses du couvent, loin des « eaux troubles de l'imaginaire [*ES*, p. 131] ». Ne leur ordonne-t-elle pas de chanter bien haut : « *Le Seigneur est mon berger.* [...] *Il me fait reposer. Vers les eaux du repos, il me mène* [*ES*, p. 186] » ? Elle leur offre la paix éternelle d'une eau morte.

Le complexe d'Ophélie

Le destin tragique lié aux eaux funestes est manifeste. Il est cependant un aspect des eaux maléfiques qui est particulièrement valorisé par Anne Hébert et qui mérite plus ample considération : leur séduction. « Attirance de l'eau, / Éternelle attirance de l'eau, / Ennemie dont on se méfie, / Et pourtant à qui l'on se confie », écrit-elle dès son premier recueil [*SÉ*, p. 56]. L'eau exerce souvent un attrait irrésistible et propose alors une mort désirée, un suicide préparé avec soin. « En effet, signale Bachelard, l'appel des éléments matériels est parfois si fort qu'il peut nous servir à déterminer des types de suicides bien distinctifs[17]. »

[17] Bachelard, *l'Eau* [...], p. 109.

Les images d'une eau mortelle qui exerce pourtant une fascination étrange et qui devient « la patrie des nymphes mortes[18] » trouvent leur unité et leur plus juste expression dans ce que Bachelard a appelé le « complexe d'Ophélie », en souvenir de la belle jeune noyée dans *Hamlet* de Shakespeare :

> Ophélie pourra donc être pour nous le symbole du suicide féminin. Elle est vraiment une créature née pour mourir dans l'eau, elle y retrouve, comme dit Shakespeare, « son propre élément ». L'eau est l'*élément* de la mort jeune et belle, de la mort fleurie, et, dans les drames de la vie et de la littérature, elle est l'*élément* de la mort sans orgueil ni vengeance, du suicide masochiste. L'eau est le symbole profond, organique de la femme qui ne sait que *pleurer* ses peines et dont les yeux sont si facilement « noyés de larmes »[19].

L'importance du complexe d'Ophélie dans l'œuvre d'Anne Hébert est soulignée par sa fréquence et sa constance depuis les premières publications. Retenons d'abord l'image de cette enfant triste qui rêve de se perdre au fond d'une eau verte pour y noyer son ennui et son chagrin :

> Je voudrais que l'eau fût verte,
> Habitée d'une verte lumière,
> Étrange lumière d'un soleil mort
> Qu'un naufrage a enseveli là,
> Parmi les coraux et les longues herbes en éventail.
>
> Je voudrais me perdre dans cette eau,
> Verte comme les pelouses incandescentes
> À l'heure du couchant.
>
> J'y plongerais avec moi
> Cet essaim de petits bateaux
> Qui ont des noms faciles et courants :
> Douleur, Ennui, Colère,
> Tristesse, Tristesse, Tristesse.
>
> L'eau m'envahirait, comme la musique,
> Peu à peu;

---

[18] Bachelard, *l'Eau* [...], p. 111.
[19] *Ibid.*, p. 112s.

Lucidité dans l'enchantement.
Effroi du plus profond engagement,
Don total au sommeil[20].

Et cet autre enfant solitaire qui erre le long des rues muettes d'une ville morte et succombe à l'attrait de l'eau fatale qui saura endormir ses appels perdus :

Je n'ai jamais vu le visage de la Mort.
Ah ! que la mer est caressante;
Elle baise mes pieds
En larmes douces.

Elle monte vers moi
En me caressant.
J'ai pris sur moi son odeur amère.

Je suis en elle,
Mêlée à elle
Comme le sel.

Je marche au fond de la mer
Je respire l'eau,
Calmement, comme de l'air.
Tout est vert et translucide;
J'habite un palais vert.

J'ai tendu un hamac
Aux lâches mailles liquides,
Entre deux branches marines.
Je dors[21].

Le poème « Marine », tout en proposant le bien-être d'un sommeil sous l'eau, nous met en garde contre la perfidie de celle-ci :

Gare aux courants du fond,
Au sel, aux algues,
Et aux beaux noyés
Qui dorment les yeux ouverts,
En attente de la tempête
Qui les ramènera

[20] Anne HÉBERT, « Je voudrais un havre de grâce », *Gants du ciel*, nº 4 (juin 1944), p. 14.

[21] Anne HÉBERT, « Ballade d'un enfant qui va mourir », *Gants du ciel*, nº 4 (juin 1944), p. 19.

> À la surface de l'eau
> Entre les cils[22].

Les morts font semblant de dormir. Ils pourraient renaître d'un moment à l'autre. Dans leur sommeil même, les yeux ouverts, « il semble, dit Bachelard, que les noyés flottant continuent à rêver[23] ».

Cette image des « beaux noyés » illustre des caractéristiques importantes du complexe d'Ophélie : la mort jeune et belle, la mort qui ne paraît qu'un sommeil passager. C'est elle que l'on retrouve dans ce vers du poème « Paysage » : « Algues, ô mes belles mortes [*P*, p. 56] »; dans le poème dramatique « l'Arche de midi » : « Dorment les noyés dans les algues[24] »; un peu plus loin l'image se complète : « Marie, depuis le temps que tu nous regardes du fond de la mer, le désir de l'homme te ramène sur le rivage [AM, f. 25]. » Et, surtout, dans cet autre poème dramatique *les Invités au procès*. La sœur d'Aude, la vilaine petite Ba, se suicide dans l'étang et rejoint sa mère qui gît au fond de l'eau, « des racines fines, vertes, lisses, laiteuses, entrecroisées sur [son] grand corps couché [...] Le cou de la morte émerge flexible, si fin et blanc ! Ô la dure guirlande pourpre et bleue qu'on lui a mise autour du cou, un jour de fête violente [*IP*, p. 183] ! » Cette femme, qui se nomme justement Saule, a été conservée par l'eau. Comme Ophélie, elle a encore autour du cou les guirlandes de la fête. Mais la transformation de Ba est plus impressionnante. Elle, jadis si laide, est « si belle que l'on n'ose l'approcher pour écouter son cœur [*IP*, p. 175]. » En une se-

---

22 *SÉ*, p. 83. Jacques BLAIS a bien saisi les implications de cette atmosphère de tristesse, de « mélancolie, soulignée par la fréquence du terme *triste*, qui est le ton d'une grande partie du livre et qui explique l'attrait du destin d'Ophélie [« l'Univers magique d'Anne Hébert », *De l'Ordre et de l'Aventure. La poésie au Québec de 1934 à 1944*, Québec, PUL, 1975, p. 258] ».

23 BACHELARD, *l'Eau* [...], p. 113.

24 Anne HÉBERT, « l'Arche de midi; poème dramatique en trois actes », manuscrit écrit en 1944-1945 et déposé à la bibliothèque de l'université de Montréal, f. 24.

conde naissance plus glorieuse que la première, voici qu'[elle] émerge de la profondeur de cette femme ténébreuse possédée du désir insatiable de fleurir au soleil [*IP*, p. 183]. » Tous les éléments sont présents : la mort fleurie, la jeunesse et la beauté de Ba, sa tristesse, son suicide masochiste dans l'étang irrésistible avec son immense fleur noire et lisse au cœur de sang qui attire les gens de tous les coins du pays[25].

L'image d'une Ophélie qui ne fait que sommeiller sous l'eau, qui ferme les yeux, volontairement, alors que son cœur continue de battre, comme celui de Ba, se retrouve dans le poème « Nuit » :

> Je repose au fond de l'eau muette et glauque
> J'entends mon cœur
> Qui s'illumine et s'éteint
> Comme un phare.
>
> [...]
>
> À chaque éclat de lumière
> Je ferme les yeux
> Pour la continuité de la nuit
> La perpétuité du silence
> Où je sombre[26].

[25] Richard GIGUÈRE souligne avec raison l'importance chez Anne Hébert d'une Ophélie qui ne meurt jamais : « Dans tous ces textes où il est question du mythe d'Ophélie, cette dernière n'est jamais morte [...] Le fait étonnant est donc qu'Ophélie est vivante sous l'eau [...] C'est sans doute ce qui amène [la poétesse] à considérer le séjour sous l'eau comme un sommeil : non pas une mort, mais une attente [« D'un « équilibre impondérable » à une « violence élémentaire »; évolution thématique de la poésie québécoise (1935-1965) : Saint-Denys Garneau, Anne Hébert, Roland Giguère et Paul Chamberland », *Voix et Images du pays VII*, 1973, p. 85]. »

[26] *P*, p. 24. Guy ROBERT, commentant ce poème, écrit que « cette subite et nouvelle Ophélie se transforme en déesse de l'eau, donc en reine du monde fluide, en maîtresse du cosmos transparent [« Anne Hébert et sa poétique du songe », thèse de maîtrise, université de Montréal, 1962, f. 64] ». L'on peut se demander cependant si cette nouvelle Ophélie se transforme véritablement en maîtresse des eaux ou si elle n'est pas plutôt l'innocente victime séduite par l'attrait d'une mort jeune et belle qui ressemble à un simple sommeil.

On peut maintenant mieux saisir les manifestations du complexe d'Ophélie dans *les Chambres de bois*. En épousant Michel, Catherine va, comme on l'a dit, à la rencontre de son enfance et de l'image de la mère. Ce retour à un temps dur, sauvage masque un refus de vivre, le désir secret d'une mort belle et tranquille, celle-là même qu'offre le pays d'eau de Michel.

Sa première visite de la campagne noyée sous la pluie et le brouillard et la première rencontre de Michel l'avaient fortement impressionnée. Elle avait gardé ce souvenir enfoui en son cœur comme un objet sacré :

> « Sur la plus haute tablette de l'armoire [...] la maison des seigneurs était posée au creux d'une boule de verre, comme un vaisseau dans une bouteille. Le parfum des arbres y demeurait captif et la peine d'un petit garçon durait à l'abri de toute compassion. Lorsque Catherine eut saisi la boule de verre entre ses mains, la pluie et le brouillard descendirent, peu à peu, sur la maison, les arbres et la peine de l'enfant. L'image entière fut noyée dans un sablier renversé. » [*CB*, p. 33].

Le rêve de Catherine indique la tristesse et la menace de ce pays d'eau. La maison de Michel doit se métamorphoser en vaisseau pour ne pas sombrer. L'eau sournoise a tout son temps et l'image entière « noyée dans un sablier renversé » annonce déjà le devenir hydrique de tous ceux qui s'approchent d'elle. Catherine désire justement fuir la réalité de sa ville et « donner asile au rêve [...], pleine de défi et de mystère comme celle que flaire un prince barbare en secret [*CB*, p. 37] ».

Mais vivre dans l'univers de Michel, c'est progressivement se liquéfier et trouver dans la noyade une mort inévitable. Peu à peu Catherine se transforme. Lorsqu'il pleut les jours d'hiver elle se penche à la fenêtre donnant sur la cour mouillée et « gard[e] un instant sur son visage et ses mains de pâles reflets de nacre et d'huître, ainsi qu'un miroir d'eau [*CB*, p. 72] ». Michel tente alors de fixer sur sa palette les nouvelles couleurs délavées de Catherine : « Michel se mit à enlever la peinture séchée à grands coups de spatule et refit une palette fraîche telle une grève mouillée : ciel, eau, sable, perle et coquillage [*CB*, p. 73]. » Souvent, Catherine trouve refuge dans le petit cabinet de toilette tout en glaces où elle aime s'enfermer :

> L'eau chaude, les savons parfumés, la baignoire verte comme un creux de feuillage, les crèmes et les parfums la ravissaient sans fin. Elle passait des heures dans l'eau tiède sous des neiges de savon. Elle essayait de retenir sa respiration le plus longtemps possible sous l'eau, pensant aux pêcheurs d'éponges et aux poissons aveugles [*CB*, p. 77].

Ce passage illustre bien toute la séduction qu'exerce l'eau sur Catherine-Ophélie. L'eau devient attirante, colorée « comme un creux de feuillage », tiède et parfumée. Non plus l'image d'une eau sombre, nocturne et menaçante, mais l'eau claire d'une source abritée d'un vert feuillage; c'est dans de telles eaux que vivent les nymphes et que se baignent les dames des fontaines aux longs cheveux blonds[27] comme ceux de Catherine qui, « au sortir du bain, allait jusqu'à essuyer ses pieds avec sa chevelure outrageusement parfumée, tordue comme un linge [*CB*, p. 77] ». Cette eau invitante devient un lait maternel, car elle en a tous les attributs : chaleur, couleur et odeur, bien-être et richesse. Cette eau tiède et blanche sous des « neiges de savon » offre un bain de lait, dirait Bachelard : « Toute boisson heureuse est un lait maternel [...] L'image matérielle du lait soutient les images, plus conscientes, des eaux[28]. » Elle propose le bien-être et le repos nourricier du sein maternel. « Quelle est donc au fond cette image d'une eau laiteuse ? C'est l'image d'une nuit tiède et heureuse, l'image d'une matière claire et enveloppante[29]. » Catherine peut se blottir en de telles eaux, dans cette baignoire-coquille, comme l'enfant dans les eaux maternelles. Ce retour à la substance originelle lui permet de remonter le temps jusqu'à sa

---

27 BACHELARD, *l'Eau* [...], p. 114.

28 *Ibid.*, p. 158s.

29 *Ibid.*, p. 163.

naissance et par-delà jusqu'aux temps immémoriaux des mystères de la vie et de la mort[30]. Comme les pêcheurs d'éponges Catherine plonge en retenant sa respiration et en songeant aux poissons aveugles. Nous retrouvons, intacte, l'image des « beaux noyés » qui reposent au fond de l'eau, qui ne font que dormir, qui feignent la mort, qui peuvent se réveiller d'un moment à l'autre et qui rêvent, telle Catherine, les yeux ouverts mais aveugles au monde des vivants.

Catherine se soumet au rituel des chambres de bois et se laisse modeler par Michel qui la lave et « la poli[t] sans cesse, comme un galet d'eau douce [*CB*, p. 126] ». Parfois, brusquement, Michel lui commande : « Appuie ta tête au dossier, laisse tes cheveux tomber sur tes épaules. Je ne veux pas que tu pleures, ni que tu ries [*CB*, p. 83]. » Comme s'il la préparait à une mort spéciale, il lui ordonne encore de mettre sa plus belle robe de fête. Et Catherine reste ainsi, dans la nuit, « les cheveux défaits, les pieds et les mains enfouis dans les plis de sa jupe somptueuse [*CB*, p. 93] ». C'est alors que Michel se penche sur elle pour « écarter les cheveux de son visage, les ramener en gerbe au sommet de sa tête, pareils à des feuillages gênants. [...] Il [tient] la tête de Catherine doucement par les longs fils de ses cheveux [... en disant] : — Elle est si belle, cette femme, que je voudrais la noyer [*CB*, p. 93]. » Il n'en fallait guère plus pour qu'il l'imaginât à la dérive au fil de l'eau, les cheveux épars, sa large jupe la soutenant, belle comme Ophélie. Seule l'eau, nous enseigne Bachelard, peut proposer une telle mort : « L'eau est la matière de la mort belle et fidèle. L'eau seule peut dormir, en gardant la beauté; l'eau seule peut mourir, immobile, en gardant ses reflets[31]. » En voulant noyer Catherine à cause de sa sé-

---

[30] Ulric AYLWIN, dans « Au pays de la fille maigre : *les Chambres de bois* d'Anne Hébert », *les Cahiers de Sainte-Marie. Voix et Images du pays*, nº 4 (avril 1967), p. 49, mentionne l'importance de l'eau en tant que substance originelle et maternelle dans la recherche de l'enfance.

[31] BACHELARD, *l'Eau* [...], p. 92.

duction même, Michel imagine la seule mort qui puisse conserver pour toujours ces instants fugitifs d'une beauté qu'il est impuissant à peindre. Catherine ressemble à ces « beaux noyés », toujours vivants sous l'eau, intacts dans leur beauté.

On aura noter, dans chacune de ces séquences, le rôle et l'importance des cheveux. Les longs cheveux blonds de Catherine sont défaits; ils lui recouvrent le visage, lui tombent sur les épaules; ils ressemblent à des feuillages, à de longs fils. Bachelard nous invite à retenir « cette vision d'une chevelure flottante [qui] anime à elle seule tout un symbole de la psychologie des eaux, [qui] explique presque, à elle seule, tout le complexe d'Ophélie[32] ». Il parle des nombreuses légendes où les dames des fontaines peignent de longs cheveux blonds. Catherine, qui a les mêmes longs cheveux blonds et qui désire devenir une grande dame, défaisait le matin ses cheveux et « s'interrogeait dans la glace au sujet de la ressemblance que Michel désirait qu'elle eût avec un portrait d'infante, une pure fille de roi [*CB*, p. 85] ». Elle qui, avant la rencontre de Michel, gardait ses cheveux en natte dans son dos, se laisse aller à la séduction des cheveux flottants qui est l'appel même des eaux : « Il suffit qu'une chevelure dénouée tombe — coule — sur des épaules nues pour que se réanime tout le symbole des eaux[33]. »Fascinée par les longs cheveux noirs et luisants de Lia, elle assiste avec un étrange plaisir au rituel de sa coiffure :

> Catherine était particulièrement heureuse, paisible, contentée, lorsque Lia, sans sourire, ni parler, déroulait gravement ses longs cheveux noirs et luisants. Catherine apportait les peignes et les épingles. Elle tenait le miroir, sans broncher, tout le temps que durait la longue coiffure [*CB*, p. 108].

C'est dans cette même attitude grave, sans rires ni pleurs, que Michel aimait voir Catherine dénouer ses cheveux. Lia

[32] *Ibid.*, p. 114.
[33] *Ibid.*, p. 115.

est de la race des seigneurs. N'est-elle pas la « fille sacrée entre toutes [*CB*, p. 60] » ? Et quand elle revient à Michel après ses échecs amoureux, quand elle aussi se laisse façonner par l'univers de son frère, elle devient à son tour un être de l'eau : « Lia, tu es lavée comme l'eau, ma sœur eau, c'est toi, Lia [*CB*, p. 119]. » Son nom n'a-t-il pas été peint sur la coque du bateau de son amant ? Lia, nouvelle nymphe ou déesse ?

Mais, contrairement à Ophélie, Catherine réagit à temps et refuse la mort. Elle se méfie des séductions de l'eau sous l'image des cheveux flottants. Quand, « ses longs cheveux glissant sur ses reins », Lia passe près d'elle, « Catherine [a] envie de barbouiller de suie les miroirs de la salle d'eau, afin qu'aucune image maigre et cuivrée n'y [soit] reçue, ce matin-là [*CB*, p. 132] ». Elle surveille ses propres cheveux, les tord « sur sa tête en un chignon dur comme une noix, afin qu'aucune mèche ne traîne en ce lieu de malheur [*CB*, p. 139] ». Elle tente, désespérément, de résister à la douceur de la mort que lui propose Michel :

> — Catherine, est-ce donc que tu vas mourir, que tu as si mal aujourd'hui ? Comme tu es belle, tu n'as jamais été aussi belle, Catherine.
>
> Catherine pensait : « Comme ma mort te charme, Michel », et elle avait envie de la douceur de mourir. Michel parla de faire sur-le-champ le masque de Catherine. [...] elle retrouva en elle le ton de l'adoration de Michel qui montait, montait comme une vague pour la submerger. Bientôt c'en serait fait de sa vie. Elle se débattit contre de belles longues mains sans poids effleurant son visage, comme des feuilles sensibles remuées par le vent. Une voix lointaine répétait avec lassitude, convoquant d'obscurs pouvoirs en déroute : « Ne bouge pas, ne bouge pas, sois immobile, là, là, voyez comme elle repose... Ne bouge pas... Ne bouge pas... »
>
> La jeune femme devenait molle, lente, usée, sans force; elle allait se fondre, céder à l'envahissement des larmes, lorsque la voix de son délire s'éleva de nouveau, nette et précise, montant du fond de son cœur alerté : « Elle est si belle, cette femme, que je voudrais la noyer. » [*CB*, p. 140s.].

Cette page réunit à nouveau les éléments importants qui évoquent la figure d'Ophélie. Catherine doit lutter contre la tentation d'une mort belle et jeune. Elle se croirait submergée par une vague. Les « belles longues mains » de Michel contre lesquelles elle se débat, ressemblent aux « doigts d'hommes morts[34] » qui formaient avec d'autres fleurs la couronne qu'Ophélie voulait accrocher aux branches retombantes d'un saule, ce qui aurait causé sa perte. La voix de Michel l'invite justement à cette mort immobile des « beaux noyés » qui n'est qu'un repos. Elle se sent envahie par les larmes, a l'impression de fondre, de devenir molle et lente, est sur le point de se laisser noyer, de se laisser mourir dans les pleurs, sans orgueil ni désir de vengeance. Telle est la séduction de l'eau.

Il faudra l'appui de la servante, l'éloignement des chambres de bois et de Michel, la découverte d'un autre pays et de l'amour pour que Catherine renaisse à la vie. Elle sera véritablement une « sauvée des eaux ».

Çà et là, dans *Kamouraska*, se profile la figure d'Ophélie, mais de façon moins évidente que dans les écrits antérieurs. L'image d'une mort jeune et belle, d'une mort fleurie, sans orgueil ni vengeance, convient mal à cet univers de violence, de mutilations et de haine. Néanmoins, quand le rêve s'empare d'Élisabeth, elle s'imagine flottant à la dérive sur les eaux silencieuses d'une rivière inconnue : « Je m'éloigne vertigineusement d'Aurélie. Sans parvenir à faire un pas de moi-même d'ailleurs. C'est comme si je filais sur la rivière. Une sorte de radeau plat sous mes pieds. La rivière silencieuse. Aucune résistance de l'eau. Aucun bruit de vague ou de rames [*K*, p. 64]. » Malgré la présence d'une eau silencieuse, le courant est trop rapide, la présence du radeau trop évidente, le désir de mort trop ténu pour que naisse Ophélie.

Plus loin, Élisabeth sombre à nouveau dans le rêve, telle une noyée :

> Impossible de faire un mouvement, de remuer le petit doigt. Tout mon corps est lesté de centaines de plombs, semblables à ceux que

[34] C'est ainsi que le langage populaire désigne le lycope vulgaire, cette fleur qu'on appelle encore « patte de loup », « pied-de-loup » ou « marrube d'eau ». *Cf.* BACHELARD, *l'Eau* [...], p. 112, note 14.

> l'on coud dans les ourlets des casaques et des jupes, pour qu'elles tombent bien. Parée comme une noyée que l'on va balancer par-dessus bord. Immergée dans le rêve saumâtre [*K*, p. 80].

Mais pour que flotte Ophélie, il faudrait moins de plombs, une jupe qui, au contraire, se gonfle pour mieux supporter; il faudrait surtout le désir d'une mort belle et jeune. Nous avons davantage ici l'image d'une mort verticale contre laquelle Élisabeth aimerait bien lutter si elle ne lui était pas imposée.

Nous voyons également Élisabeth courir sur la grève le long du fleuve et tomber dans les joncs et les flaques d'eau : « Mes jupes sont pleines de boue. Mon corsage est décousu. Nous courons tous les deux. À perdre haleine. Sur la grève mouillée. Tombons dans les joncs. Les petites flaques d'eau vertes qui éclatent sous notre poids. Les algues visqueuses rouges, jaunes. Des fougères de mer, dessinées sur notre peau [*K*, p. 85]. » Malgré, cette fois, la complicité d'Élisabeth, de l'eau et des fougères de mer, il faudrait à Ophélie une eau plus invitante, une tristesse et une mélancolie plus évidente ainsi qu'une solitude plus grande.

De même, l'image des « beaux noyés » surgit à nouveau dans *Kamouraska* : « beaux noyés yeux ouverts et ventre gonflé, nouveau-né monstrueux, femme violée [*K*, p. 202] », pour évoquer, un instant, la figure d'Ophélie et une mort qui ne semble qu'un sommeil passager pour ces noyés aux « yeux ouverts » qui continuent de rêver. Mais tant d'images de la laideur accompagnent celle des « beaux noyés », eux-mêmes déformés par leur « ventre gonflé », qu'ils perdent aussitôt toute séduction.

Le complexe de Caron

L'eau, dans *Kamouraska*, ne ressemble guère aux eaux dormantes ou silencieuses des *Chambres de bois*. Elle ravine, s'infiltre sous terre, trace des ornières, creuse des rigoles, des torrents, des rivières, un fleuve même, avant de rejoindre la mer. Ce sont des eaux bruyantes, et surtout des eaux qui coulent, qui invitent au voyage sans fin sur le fleuve des morts : « La Mort est un voyage, conclut Bachelard, et le voyage est une mort [...] Tous les fleuves rejoignent le Fleuve des morts [...] Il n'y a que ce départ qui soit une aventure[35]. » Les eaux de Kamouraska coulent vers la mer et la mort.

Quand Élisabeth s'aventure sur le fleuve du côté des îles avec les gamins de Sorel ou, plus tard, avec Antoine, dans un bateau à fond plat, elle répond déjà à l'invitation du voyage au fil de l'eau. En épousant Antoine, elle ira vivre au manoir de Kamouraska construit sur un cap isolé et comparé à un vaisseau : « Le manoir est illuminé dans la nuit. Comme un vaisseau retiré de la mer. Hissé sur un cap. En radoub. Conservant toutes ses lumières. Sa vie fourmillante à l'intérieur [*K*, p. 84]. »

Derrière le bateau à fond plat et le vaisseau de mer se profile l'image de la barque de Caron. « Tous les bateaux mystérieux, si abondants dans les romans de la mer, *participent* au *bateau des morts*[36] », écrit Bachelard. Le voyage réel ou rêvé de Sorel à Kamouraska est un voyage vers la mort. Qu'il s'effectue en voiture le long du fleuve, alors qu'il aurait dû se faire en bateau à vapeur, ou qu'il se fasse en traîneau, il s'agit toujours d'un même voyage et d'une même barque.

Tel est le voyage qu'effectue George pour aller en traîneau assassiner Antoine :

> Depuis longtemps déjà, George, emporté dans son traîneau, a franchi toutes les frontières humaines. Il s'enfonce dans une désolation infinie. Comme un navigateur solitaire qui se dirige vers la haute mer. [...] Mon amour se débat-il dans un tourbillon de neige, perfide comme l'eau des torrents ? [...] Un désert de neige, chaste, asexué comme l'enfer [*K*, p. 197].

[35] BACHELARD, *l'Eau* [...], p. 102.
[36] *Ibid.*, p. 107.

George est comparé à un « navigateur solitaire »; l'étendue neigeuse ressemble à la mer et la neige est aussi perfide que « l'eau des torrents ». Le traîneau devient une barque de Caron lourde déjà du crime projeté puisque, en même temps que son maître, « il s'enfonce dans une désolation infinie ». Il faut se souvenir, avec Bachelard, que « la mort est un voyage qui ne finit jamais, [qu']elle est une perspective infinie de dangers. Si le poids qui surcharge la barque est si grand, c'est que les âmes sont fautives. La barque de Caron va toujours aux enfers[37]. » Et c'est bien à « l'enfer » qu'est comparé le « désert de neige ». George entreprend le dernier voyage, celui qui lui permet justement de franchir « toutes les frontières humaines ». C'est dans l'anse de Kamouraska, sur le fleuve gelé, au-delà des frontières, perdu entre terre et mer, entre ciel et enfer, qu'il donnera la mort : « Il ne savait plus s'il avançait sur le fleuve gelé ou sur la terre. Avec son cheval et son traîneau. La poudrerie partout [*K*, p. 212]. » Au retour, il s'enfonce encore davantage sous le poids de la culpabilité dans une neige qui se liquéfie, se transforme en eau qui tente d'aspirer le voyageur en ses profondeurs : « Les sabots du cheval avancent péniblement dans la neige fondante. Chaque pas, retiré avec effort de ce marécage, laisse un trou aussitôt comblé par l'eau. Comme lorsque l'on marche sur une grève rongée par la marée. Un voyageur s'enfonce dans la neige alors qu'il faudrait filer comme une flèche [*K*, p. 238]. » Le cheval de la mort accompagne son maître en route pour l'enfer. Le voyage de George, comme celui de la mort, semble ne devoir jamais finir. Il devra fuir Kamouraska, puis Sorel, pour les États-Unis, dorénavant éternel voyageur, éternel fugitif poursuivi par son crime. Comme l'est également Élisabeth qui refait, près de vingt ans plus tard, le difficile voyage à l'allure d'une descente angoissée au cœur d'elle-même. Elle semble devoir reprendre à jamais cette route le long du fleuve jusqu'à l'anse de Kamouraska où son mari a trouvé la mort.

---

[37] BACHELARD, *l'Eau* [...], p. 108.

Si, dans *les Chambres de bois*, les eaux néfastes offraient une séduction trompeuse, elles apparaissent dans *Kamouraska* comme un élément accepté bien plus que désiré. Elles ne sont plus dans *les Enfants du sabbat* qu'un élément imposé incitant à la révolte. Les eaux sombres n'ont plus raison des eaux claires et la rêverie de l'eau se tourne résolument vers les eaux purificatrices.

Les Feux néfastes

La présence obsédante des eaux sombres n'empêche pas la rêverie du feu. L'imagination matérielle d'Anne Hébert ne se contente pas de l'abîme des eaux; elle évoque encore les séductions et les terreurs de l'élément igné. Les eaux noires se doublent de feux néfastes : flammes de l'enfer, soleil noir, feu sexualisé, fièvre. À son tour le feu exerce une fascination étonnante. L'appel de l'eau a sa contrepartie dans celui du feu, le « complexe d'Ophélie » dans celui d'Empédocle.

Les hauts fourneaux des *Chambres de bois* ressemblent à une fournaise infernale à laquelle seraient condamnés les hommes « frustes et mauvais [*CB*, p. 37] » du pays de Catherine. Le feu qui y brûle est, comme eux, mauvais; il se nourrit des matières impures des hommes. Les hautes cheminées crachent un feu polluant : suie et patine recouvrent toute la ville. Ces « noirs palais » ne resplendissent pas telle la Jérusalem céleste. Ils n'ont pas l'éclat du jaspe cristallin et la place de la ville n'est pas d'or pur. Au contraire, l'on parle « de la solitude de la ville pierreuse, du vent sur la place, de l'homme qui est sans gîte, ni recours, de la violence du sang chez les filles qui se damnent [*CB*, p. 63] ». Sous les cendres de ce feu infernal qui brûle jour et nuit, la ville de Catherine est maudite tels Sodome et Gomorrhe sur lesquels Yahvé fit pleuvoir du soufre et du feu[1]. Le feu de ces « noirs palais » ressemble bien au feu de l'enfer.

Vient s'y joindre le soleil d'un été torride : « L'année de la mort de la mère, il y eut un été si chaud et si noir que la suie se glissait par tous les pores de la peau. Les hauts fourneaux rivalisaient d'ardeur avec le feu de l'été [*CB*, p. 27s.]. » Aucune place pour une bienfaisante humidité sous ce soleil menaçant, « soleil noir[2] », au sens où l'entend Durand. L'astre est valorisé négativement, non en tant que clarté ou luminosité mais en tant que mouvement temporel, visage de la fuite du temps et donc rappel et appel de la mort. Il est « soleil noir » parce qu'il est associé à la sécheresse et à la stérilité mais surtout parce qu'il marque un temps redoutable. Il rappelle la mort de la mère et menace les vivants eux-mêmes.

De plus, le soleil est parfois, effectivement, un feu malfaisant et infernal. Jean-Pierre Bayard nous montre que l'idée de Swinden d'un enfer aux flammes réelles situé dans le soleil s'apparente à la pensée cosmologique : « Dans les mystères, l'enfer est peu souvent situé dans le monde souterrain, mais au contraire dans le monde astral[3]. Il nous rappelle encore que le Rig-Véda définit le soleil sous deux aspects : « un soleil resplendissant et un soleil noir, c'est-à-dire invisible[4] »; de même les alchimistes assurent que le « Soleil est un astre froid et que ses rayons sont obscurs[5] ». Ce caractère infernal du feu-soleil s'associe à celui des hauts fourneaux pour n'engendrer que misère et mort. Ces lieux sont « condamnés à la solitude de l'été qui roussit les arbres, lâche les ronces et les herbes dans les jardins [*CB*, p. 101] ».

---

1 « La Genèse », *la Sainte Bible*, traduite en français sous la direction de l'École biblique de Jérusalem, Paris, Éditions du cerf, 1956, chap. 19, verset 24, p. 26.

2 DURAND, *les Structures* [...], p. 81, 168.

3 Jean-Pierre BAYARD, *le Feu*, Paris, Flammarion, coll. Symboles, 1958, p. 232.

4 *Ibid.*, p. 80.

5 *Ibid.*, p. 81.

Si la chute morale trouve son gouffre dans l'image de l'enfer, le feu lui donne une profondeur substantielle. Bachelard a bien montré à quel point le feu pouvait être lié à la notion de péché ou de mal, surtout lorsque l'on songe au feu sexualisé : « Toute lutte contre les impulsions sexuelles doit donc être symbolisée par une lutte contre le feu[6]. » Le désir et la passion prennent alors l'aspect d'un feu dévorant, à l'image même de l'enfer.

Nous savons que Michel dans *les Chambres de bois* craint par-dessus tout les feux de la passion. Cet être de l'eau et de la pénombre rêve d'exorciser chez lui et chez les autres toute chaleur sensuelle, toute flamme intérieure, tous les ravages du désir.

La grande crainte d'Élisabeth, dans *Kamouraska*, est de sombrer à nouveau dans le désordre et la folie de l'amour et de n'être plus qu'un « fagot bon pour le feu éternel [*K*, p. 18] ». Elle a connu l'horreur de l'enfer mais sans en être marquée, telle une « salamandre [*K*, p. 10] ». « Elle passerait au cœur du feu, sans se brûler [*K*, p. 47] », affirment ses tantes. La salamandre nous ramène à la mémoire la nature diabolique d'Élisabeth, sorcière et femme fatale aux pouvoirs mystérieux, créature des enfers qui pactise avec le diable lui-même.

Aux yeux des religieuses du Précieux-Sang, l'amour humain est un feu maléfique qui annonce déjà celui de l'enfer. Toute vie amoureuse leur est condamnée, toute affection et toute tendresse leur sont suspectes : « Aucun amour entre religieuses, si déchirant fût-il, ne s'appelait jamais amour. Aucune caresse brûlante, fugitive et tendre, ne s'appelait jamais caresse [*ES*, p. 76]. » Toutefois, sous l'influence néfaste de sœur Julie, les passions endormies se réveillent et sœur Marie du Bon-Secours rêve de mourir d'amour, de se consumer dans le feu de la passion avec sœur Angèle de Merici : « Je suis entrée au couvent pour cela. Étendez-nous, toutes les deux, ensemble, sur la même

---

[6] Bachelard, *la Psychanalyse du feu*, p. 167.

croix. Un seul et dernier soupir, pour nous deux, dans les flammes de la consomption et de la fièvre [*ES*, p. 124s.]. »

Les êtres diaboliques des *Enfants du sabbat*, tels sœur Julie et son enfant, brûlent d'un feu qui dégage une chaleur infernale : « C'est le fils du démon, pense Léo-Z. Flageole. On étouffe ici. Cet enfant répand autour de lui une chaleur qui n'est pas naturelle [*ES*, p. 186s.]. » Et l'aumônier recouvre l'enfant de neige « comme s'il voulait éteindre le feu de l'enfer [*ES*, p. 187] ». Quand Julie adolescente prend la fuite dans la forêt, « les fougères [...] grillent à mesure sous ses pas. Un sillage roussi, en dents de scie, témoigne du pouvoir de nuire à l'herbe et aux verdures de l'été [*ES*, p. 121]. » Les fougères vertes du couvent subiront le même sort : « Les crosses cassées et roussies ont l'air d'avoir échappé de justesse à un incendie [*ES*, p. 123]. » Sœur Julie a un souffle brûlant dont sœur Gemma est la victime; elle en garde une « marque toute rouge sur [sa] joue [*ES*, p. 88] ».

Fièvres

D'autres feux se manifestent sous forme de fièvres mystérieuses, les personnages semblant se consumer de l'intérieur. Catherine, dans les chambres de Paris, tombe malade, d'une maladie imprécise, si ce n'est qu'elle avait le visage brûlé de fièvre [*CB*, p. 142], comme si un feu néfaste la ravageait de l'intérieur. De même, au pays des hauts fourneaux, sa petite sœur avait eu la fièvre [*CB*, p. 35]. Et l'on se souvient que François dans « le Torrent » était consumé par la fièvre : « Bientôt, je ne serai plus qu'une torche [*LT*, p. 62] », pensait-il. Comme Stella dans « la Mort de Stella », terrassée par une fièvre qui la « change en torche [*LT*, p. 232] » elle aussi. Mauvais sang porteur des germes de mort. Bachelard, évoquant la théorie des fièvres aux dix-septième et dix-huitième siècles, écrit : « Mais la fièvre est la marque d'une impureté dans le feu du sang; elle est la marque d'un soufre impur[7]. » Il semble pourtant que le seul virus qui ronge Catherine soit son mari Michel qui se plaint aussi d'une mauvaise fièvre qui s'abat sur lui le soir venu, le « glac[e] et le brûl[e] à la fois [*CB*, p. 114]. » D'ailleurs, il se fait du « mauvais sang », selon l'expression populaire, à mesure qu'approche la date du concert de sa sœur. Il aimerait tant qu'elle échoue. Lia elle-même, ravagée par les « feux » d'une passion malheureuse, a souvent les lèvres sèches « comme si elle avait la fièvre [*CB*, p. 108] ».

De même, Élisabeth dans *Kamouraska* est « frissonnante de fièvre [*K*, p. 156] » quand elle rejoint, la nuit, son amant. Quelque temps après, elle souffre encore d'une fièvre mystérieuse [*K*, p. 167]. Un même malaise l'agite tout au long du voyage de George [*K*, p. 199]. Mais ce ne sont là que les manifestations physiologiques d'un feu qui, finalement, la consume totalement, physiquement et moralement.

Feux de cheminée et complexe d'Empédocle

La hantise des flammes de l'enfer n'enlève pourtant rien à la séduction du feu qui brûle dans et hors les cœurs. La rêverie devant un feu de cheminée apporte détente et réconfort mais elle éveille également « le désir de changer, de brusquer le temps, de porter toute la vie à son terme, à son au-delà. Alors la rêverie est vraiment prenante et dramatique; elle amplifie le destin humain; elle relie le petit au grand, le foyer au volcan, la vie d'une bûche et la vie d'un monde. L'être fasciné entend l'*appel du bûcher*[8]. » Bachelard a rassemblé dans ce qu'il appelle le « complexe d'Empédocle » cette « rêverie très spéciale et pourtant très générale [...] où s'unissent l'amour et le respect du feu, l'instinct de vivre et l'instinct de mourir[9] ».

---

[7] BACHELARD, *la Psychanalyse du feu*, p. 171.

[8] *Ibid.*, p. 35.

[9] *Ibid.*

La tradition veut qu'Empédocle, philosophe d'Agrigente au cinquième siècle avant Jésus-Christ, se soit suicidé en se jetant dans l'Etna qui l'engloutit ne rejetant qu'une de ses sandales. Le complexe d'Empédocle rassemble donc les éléments d'un suicide qui obéit à la séduction d'un foyer, à l'appel d'une mort qui consomme sans laisser de traces; anéantissement total de l'être dans un instant d'éblouissement, d'émerveillement et de fascination. « L'amour, la mort et le feu, ajoute encore Bachelard, sont unis dans un même instant. Par son sacrifice dans le cœur de la flamme, l'éphémère nous donne une leçon d'éternité. La mort totale et sans trace est la garantie que nous partons tout entiers dans l'au-delà. Tout perdre pour tout gagner[10]. »

Ce complexe se manifeste avec éclat dans le conte « Un grand mariage ». Marie-Louise, mariée à un homme ambitieux et grossier, passe ses journées à rêver devant le feu de cheminée, « attentive au jeu de beauté et de destruction des flammes et du bois, dans l'espoir insensé de faire provision de chaleur et de courage par tous les pores de sa peau [*LT*, p. 177] ». Son mari présent, elle « se rapprochait encore du feu, comme si elle eut voulu disparaître dedans, se fondre en braises, s'échapper en fumée par la cheminée, fuir sur le toit, volatilisée, à jamais délivrée de son corps de jeune mariée [*LT*, p. 176] ». Peut-on mieux exprimer le désir d'une mort totale qui ne laisse aucune trace, l'attrait du suicide dans le feu qui brusque le temps et porte toute la vie à son terme, à une sorte de dépassement ?

Si, dans *les Chambres de bois*, la rêverie devant le feu de cheminée ne trouve guère de consistance, c'est que le feu lui-même n'arrive pas à brûler. Pas plus que les feux intérieurs, Michel ne sait allumer un feu de cheminée. Dès le premier jour dans les appartements de Paris nous rencontrons un « feu qui ne prend pas [*CB*, p. 67] ». Quand Michel s'en occupe, il ne réussit qu'à allumer « un mauvais

[10] BACHELARD, *la Psychanalyse du feu*, p. 36.

petit feu [*CB*, p. 126] », un feu qui tire mal et qui emplit la chambre de fumée. Lia le lui reproche : « Oh ! comme ce feu tire mal ! [...] Oh ! Cette fumée me brûle les yeux. Mon pauvre Michel, nous sommes sans pouvoir aucun, vois, tu ne sais même pas faire du feu[11]. »

Michel, hanté par la mort de sa mère, traumatisé par la trahison de sa sœur qui se trouve un amant, rêve à une pureté maladive et condamne Catherine à la solitude. L'attachement pour le moins excessif qu'il éprouve envers sa sœur le conduit à abandonner sa femme et à s'isoler avec Lia dans l'espoir de retrouver, intacts, leurs rêves d'enfants et leur serment de fidélité. Le frère et la sœur se blottissent devant un feu qui est à l'image des sentiments troubles de leurs cœurs, un feu impur qui ne laisse que cendres et déchets, comme au pays de Catherine : « Au coin du feu, en cet espace réduit, tour à tour poudré par les cendres et brûlé par les tisons, le frère établit une sorte de campement baroque auquel il convia sa sœur [*CB*, p. 129]. » Les chambres se remplissent d'« émanations âcres » et de la fumée « d'un petit feu qui fume et charbonne [*CB*, p. 131] ».

Parfois le souvenir de « l'immense cuisine au feu puissant [*CB*, p. 136] » de leur enfance conduit à une rêverie plus dynamique. Lorsque Michel évoque « les grands éclairs allumés sur les cuivres rouges », Lia redevient « avide et chaude [*CB*, p. 137] » en songeant non pas à son enfance perdue mais à ses amours passionnées avec son amant. Déjà, enfant, elle brûlait intentionnellement sa pèlerine pour « retrouver intacte, « en un fumet du diable », [...] toute l'essence âcre et mouillée d'une longue journée

---

[11] *CB*, p. 127. Comment ne pas songer au poème « Maison fermée » de Saint-Denys GARNEAU qui évoque la même atmosphère et qui parle d'un drame semblable [*Poésies complètes* [...], p. 68s.] ? Le personnage de Michel ressemble à bien des égards à ce cousin solitaire qu'Anne Hébert admirait. Denis BOUCHARD affirme même que Garneau « sert de modèle à tous les personnages masculins. Sa soif de sainteté devient pour eux un objet d'échec. Ils se heurtent à des femmes demeurées vierges à cause d'eux, mâles que la culpabilité épouvante [*Une lecture d'Anne Hébert* [...], p. 35]. »

de chasse [*CB*, p. 136] ». Lia, la noire, est marquée dans sa peau comme dans son cœur par les ravages d'un feu dévorant. Il a suffi de quelques « coups de pincettes et de tisonnier » dans un feu endormi et d'une « gerbe d'étincelles [*CB*, p. 136] » pour que renaisse toute la fascination du feu.

Le roman *Kamouraska* nous propose à son tour la séduction d'un feu qui invite à un suicide prometteur. Si les « belles mortes » ne semblent dormir que d'un sommeil passager, les flammes proposent l'intensité, le dépassement de l'ennui quotidien et le départ vers l'au-delà. Promesse de vie dans la mort. Mais avant une possible résurrection ou purification il faut connaître la mort. La perfidie de telles eaux et de tels feux se masque de visages rassurants.

La rêverie d'Élisabeth au coin du feu s'inquiète d'abord de l'étrangeté des flammes : « Aurélie, à croupetons, fait du feu dans la cheminée. C'est le matin. J'ai dix-neuf ans. [...] La vie semble naturelle et calme. Et pourtant... Ce silence. Cette impression amère de déjà vécu. L'aspect étrange du feu surtout. Une sorte d'éclat froid, immobile. L'apparence du feu plutôt, sans clarté, ni chaleur [*K*, p. 104]. » Double rêverie du feu puisque Élisabeth s'imagine en rêve devant un feu dont l'éclat est celui que la rêveuse veut bien lui donner. Un tel feu n'augure rien de bon. Il ressemble pour l'instant à l'âme même d'Élisabeth qui craint par-dessus tout la brûlure, la renaissance de sa passion pour George, laquelle risque de déclencher tous les événements néfastes qu'elle connaît déjà et qu'elle préfère garder dans l'oubli. C'est pourtant la seule façon de retrouver son amour et de revivre l'intensité d'une passion enfouie dans les profondeurs de sa conscience. Imaginer des flammes immobiles, sans éclat ni chaleur, en somme un feu noir, c'est vouloir exorciser le feu de toutes ses séductions; c'est en même temps montrer sa vulnérabilité face à lui. En femme avertie du danger qui la menace, elle tente d'empêcher la naissance du feu.

Mais il suffit d'un regard ardent, du souvenir des yeux de George, pour qu'elle s'abandonne à nouveau, quelques pages plus loin, aux séductions du feu : « Ses yeux. [...] Noirs. Un feu terrible. Fixé sur moi. Je détourne la tête. Je laisse ma tête battre sur l'oreiller. De gauche à droite. De droite à gauche. Comme un tout petit enfant qui se plaint. J'ai l'air de dire « non » au feu qui déjà me ravage [*K*, p. 112]. » Elle avait bien raison de se méfier d'un feu qui exerce toujours sur elle une si grande fascination. Elle obéit corps et âme à cette passion qui la dévore tel un feu dévastateur. Plus rien ne peut l'empêcher de revivre sa perte, même pas la connaissance acquise des événements dramatiques et des accusations portées contre elle. Depuis toujours Élisabeth est fascinée par les interdits. Enfant, ne s'évade-t-elle pas avec les garçons vers les îles ? Ne va-t-elle pas chercher auprès d'Aurélie, de réputation douteuse, des confidences à la fois compromettantes et alléchantes ?

C'est encore Aurélie, le double ténébreux d'Élisabeth, qui, à un autre moment, réanime le feu de la cheminée tout en admirant le beau velours cerise de la robe de bal d'Élisabeth : « Aurélie soupire. Elle rallume le feu. Range la pièce. Chacun de ses mouvements me semble étrange, inquiétant [*K*, p. 133]. » Le rouge de la robe épouse celui du feu et du cœur ardent d'Élisabeth, pourtant inquiète à nouveau mais néanmoins fascinée. Le complexe d'Empédocle rassemble l'amour et le respect du feu, l'instinct de vie et de mort. Élisabeth elle-même proclame : « Je suis la vie et la mort inextricablement liées. Vois comme je suis douce-amère [*K*, p. 164]. »

Une troisième fois Aurélie allume le feu, à la demande explicite d'Élisabeth : « C'est mon amour qui revient vers moi. Allume le feu, Aurélie. C'est l'automne, Aurélie [*K*, p. 169]. » Débute alors, en l'absence de George, une longue rêverie devant un feu d'une étrange ardeur, qui, cette fois, éclaire, réchauffe et exerce toute sa fascination, en une scène d'une importance capitale et aux résonances symboliques multiples :

> Je fais asseoir Aurélie par terre, à côté de moi. Face au feu. Après avoir soufflé toutes les bougies. Une à une, cérémonieusement. La lueur du feu seule éclaire la pièce. Nos ombres sur le mur. Nous tendons nos mains vers le feu. Celles d'Aurélie, toutes petites, écartent les doigts, pareils à des rayons. Aurélie demande la permission de fumer. Elle s'entoure de fumée. Les yeux mi-clos, elle rêve. Un rêve transparent de bonheur, en ondes sensuelles, sur son visage rosi par le feu.
>
> — Votre histoire d'amour avec Monsieur le docteur me fait mourir, Madame !
>
> [...]
>
> J'embrasse Aurélie. Je lui caresse les cheveux. N'est-il pas important plus que tout au monde qu'Aurélie se calme et s'apaise ? Atteigne, désarmée, cet état de douceur excessive, de passivité infinie où toute soumission et complaisance deviennent naturelles, comme allant de soi ? J'offre du porto à Aurélie qui boit à petites gorgées.
>
> — J'ai besoin de toi, Aurélie. Tu sais comme j'ai un méchant mari ? Il faut que tu ailles à Kamouraska empoisonner mon mari...
>
> [...] Cela ne sert à rien de forcer votre cheval. Et puis nous avons tant à nous dire, Aurélie et moi. Dans la bonne chaleur du feu. J'ai des envies de femme enceinte : envoyer Aurélie à Kamouraska [*K*, p. 171-173].

Dès le début le lecteur est saisi par l'intensité dramatique et l'atmosphère mystérieuse et envoûtante de la scène. C'est « cérémonieusement » qu'Élisabeth souffle toutes les bougies, comme si elle se préparait à célébrer un rite occulte dans la pénombre d'une pièce qu'éclaire et réchauffe le feu sacré. Les deux femmes tendent leurs mains vers ce feu dans un geste de prière, d'offrande ou de supplication. Sont-elles les gardiennes du feu sacré, vestales chargées de son entretien ? Élisabeth n'a-t-elle pas les allures d'une princesse, d'une déesse ? N'est-elle pas une « pietà sauvage » vénérée par ses tantes, une vierge blanche et innocente ? Pendant qu'à l'église les tantes et les paroissiens célèbrent les vêpres [*K*, p. 180], Élisabeth et Aurélie restent seules à invoquer le feu dans une rêverie « transparent[e] de bonheur, en ondes sensuelles ».

Mais ni Élisabeth ni Aurélie n'ont la virginité des vestales, ni le feu qui brûle dans l'âtre la pureté du feu sacré. Élisabeth, enceinte du fils de George, vit un amour adultère. Les deux femmes se complaisent dans « la bonne chaleur du feu », dans une sensualité trouble dont George prendra ombrage dès qu'il entrera dans la pièce : « Il nous considère en silence, Aurélie et moi, un long moment. Avec insistance. Comme s'il nous reprochait quelque chose [*K*, p. 175]. » Il s'adresse alors à Aurélie, comme à une rivale : « C'est contre Aurélie qu'il en a. Il ne semble pas me voir [*K*, p. 175]. » Les cajoleries et les caresses d'Élisabeth, le bonheur rayonnant et sensuel d'Aurélie en présence d'Élisabeth laissent deviner entre les deux femmes une complicité équivoque où l'homme n'a pas de place. Élisabeth avouera plus tard : « Une étrange et horrible tendresse nous lie l'une à l'autre [*K*, p. 194]. » Les feux qu'allume Aurélie ne sont pas toujours dans la cheminée. Il faut peut-être prendre à la lettre son aveu : « Votre histoire d'amour avec Monsieur le docteur me fait mourir, Madame ! » Aurélie a abandonné ses mauvaises fréquentations et ses pratiques de sorcière pour s'attacher exclusivement à sa maîtresse. Maintenant, elle meurt de jalousie tout en demeurant étonnée et fascinée par les amours d'Élisabeth : Aurélie « s'épanouit tout à fait, vibre et frémit, lorsque je lui raconte ma peine ou ma joie. Je lis sur son visage une admiration sans borne. Un étonnement sans limite. Une sorte d'envoûtement. On pourrait croire que ma propre existence tumultueuse suffit désormais à Aurélie [*K*, p. 172]. »

Si le comportement des deux femmes se nourrit d'une sensualité partagée, ce qui ajoute à l'intensité de la scène, il ne faut pas pour autant oublier le caractère cérémoniel de leurs gestes qui révèle plus qu'une intimité dévoilée; elles accomplissent en même temps un rite qui les dépasse et les achemine plus sûrement vers leur destin. L'allumage du feu, la position assise, par terre, face à lui, l'extinction des bougies, l'offrande des mains tendues, le fait de fumer la pipe, leurs caresses elles-mêmes sont autant de gestes hiératiques.

Élisabeth devient, non pas vestale et gardienne du feu sacré, mais prêtresse au service d'un feu diabolique, à l'image des passions qui l'habitent. Elle prépare le sacrifice qui devra être consommé dans l'anse de Kamouraska, « le sacrifice célébré sur la neige [*K*, p. 11] ». Elle utilise son pouvoir qui est de faire sortir le mal de chacun. Elle subjugue Aurélie; ses caresses et ses charmes exercent leur séduction perfide. Elle lui offre du porto qu'Aurélie boit « à petites gorgées ». À l'action extérieure du feu de bois qui réchauffe et rosit le visage, elle conjugue l'effet enivrant d'un feu liquide qui « réchauffe tout l'être au creux de l'estomac[12] ». Double action du feu qui l'invite à brusquer le temps et à précipiter le destin de chacun. Elle demande à Aurélie d'être son acolyte et d'aller empoisonner son mari. Mais la partie n'est pas si vite gagnée :

> Je parviens à maintenir le feu dans la cheminée au prix d'incroyables efforts. Le bois ne prend plus et emplit la chambre de fumée. Je crois que j'ai bu trop de porto.
>
> [...]
>
> Aurélie soupire, cherche son rêve dans le feu. Fouille des braises qui s'effondrent. Piège de minuscules débris de feu, avec les pincettes. Soudain pousse un cri. Se redresse. Laisse tomber les pincettes sur la dalle de la cheminée. Dans un bruit d'enfer.
>
> Quelqu'un est entré dans la pièce [*K*, p. 174].

Voilà qu'Élisabeth tente de maintenir le feu qu'Aurélie avait allumé. Pourquoi doit-elle déployer tant d'efforts ? Elle accuse le porto mais il faut deviner qu'elle lutte tout autant contre d'obscures appréhensions, contre des interdits tenaces. Dans sa rêverie quelqu'un vient de lui souffler que le roi de la vase la traînera par les cheveux pour la noyer dans des fondrières énormes. La faute est bien grave pour mériter un tel châtiment ! Son cœur semble lourd de culpabilité. En est-elle venue à oublier son amant lui-même dans la chaleur et l'enivrement d'un feu perfide qui éveille entre elle et Aurélie une sensualité trouble ? Le roi de la vase n'est autre que George lui-même à qui elle prête les

---

[12] BACHELARD, *la Psychanalyse du feu*, p. 139.

gestes déments d'un homme trompé. À moins que d'autres interdits ne contribuent également à ébranler sa résolution. Un mauvais feu emplit la chambre de fumée, comme pour mieux étouffer l'ardeur d'Élisabeth et d'Aurélie et signifier leur perte.

Et c'est à ce moment précis, dans le rêve d'Élisabeth, que George fait son apparition. L'on peut s'étonner d'une arrivée aussi propice. Le cri d'Aurélie exprime la crainte et l'affolement. Comme si elle était surprise en flagrant délit. À deux reprises George voudra connaître les trésors qu'elle cherchait dans les débris de feu [*K*, p. 175s.]. Il lui en proposera à son tour, de toutes sortes — « terre bâtie », « ménage garni », « pension », « velours rouge ou bleu », « gros de Naples [*K*, p. 180] » — d'une nature bien différente de ceux offerts par Élisabeth. Nous ne parlons pas des rubans rouges et verts qu'elle offrait à Aurélie, mais bien des trésors « de bonheur, en ondes sensuelles », d'un feu partagé : « Je te garderai avec moi, comme une sœur, toute ta vie durant, si tu le veux [*K*, p. 172]. » Aurélie peut bien laisser tomber les pincettes sur la dalle de la cheminée, dans un bruit d'enfer, comme si elle s'était subitement brûlée ! De tels trésors promettent l'enfer, comme l'évoque le dernier mot de la citation, comme le craint effectivement Aurélie : « J'aurais bien trop peur d'aller en enfer après ma mort [*K*, p. 172] ! »

Mais, en nous situant de nouveau dans la perspective d'une célébration hiératique, l'on voit que l'apparition subite de George obéit aussi à d'autres exigences. Les deux femmes, les mains tendues, semblaient invoquer l'esprit du feu et voici qu'il surgit au milieu d'elles, esprit diabolique attiré par le projet meurtrier d'Élisabeth. George est méconnaissable. Élisabeth ne l'identifie pas d'emblée : « Quelqu'un est entré dans la pièce. Quelqu'un qu'on n'attendait pas si tôt et qui est là soudain avec nous [*K*, p. 174]. » Comme si le voyage à Québec l'avait transformé, comme le transformera son voyage à Kamouraska. Comme si l'esprit du mal s'incarnait en lui. Il apparaît au milieu des deux femmes en laissant « des traces noires sur le parquet. Sa barbe de trois jours fait des ombres bleues sur ses joues [*K*, p. 175]. » Il est la représentation même du diable[13]. Aurélie s'écrie : « Le plus grand diable c'est vous, Monsieur le docteur [*K*, p. 175] ! »

Les gestes des deux femmes obéissaient donc à un rite occulte préparant la venue de Lucifer et le pacte avec lui. Formules de conjuration et gestes cérémoniels sont autant de recettes magiques, de faits de sorcellerie pour convoquer les esprits supérieurs selon les directives des *Clavicules de Salomon* : « Véritable manière de faire les pactes [...] comme aussi la manière de les faire paraître par la force de la Grande Appellation du Chapitre des Pactes de la Grande Clavicule qui les force d'obéir à quelque opération que l'on souhaite[14]. » L'esprit du feu est présent; le pacte peut être signé. Et il s'agit bien de vendre son âme au diable. En échange de bonheurs terrestres, de velours rouge et de richesses diverses, Aurélie devra sacrifier sa liberté et se mettre au service de son nouveau maître dans l'exécution de ses volontés, dont l'empoisonnement d'Antoine : « Dès à présent tu entres à mon service, à moi, George Nelson. Et je te préviens que c'est comme si tu entrais en religion [*K*, p. 178]. » Il ajoute, un peu plus tard : « Regarde-moi bien, Aurélie. Je suis ton nouveau maître. Tout ce que je te dirai de faire, il faudra que tu le fasses. Tu dois m'obéir en tout [*K*, p. 180]. »

La scène de la conjuration se termine avec l'arrivée de George et la mort du feu de cheminée qu'Aurélie avait allumé et qu'Élisabeth avait eu tant de mal à entretenir. C'est maintenant l'heure du pacte proprement dit, dans l'euphorie et l'allégresse des promesses échangées. Élisabeth rallume elle-même le feu qui brûle, cette fois, sans difficulté. Elle ressert le porto et retrouve son rôle précis dans la célébration du pacte. Cette fois complice de George, elle enveloppe Aurélie de ses paroles rassurantes et de ses

---

[13] *Cf.* p. 38s.

[14] Extrait des *Clavicules de Salomon*, cité par Romi, *Métamorphoses du diable*, p. 43.

gestes caressants afin d'éloigner chez sa servante toute appréhension. « Aurélie macère dans une douce chaleur. S'attendrit. [...] lance un regard languissant [*K*, p. 178]. » Le feu exerce si bien sa séduction qu'Aurélie s'en approche au risque de se brûler : « Tu es trop près du feu. Recule-toi un peu [*K*, p. 178]. » Envoûtée par l'atmosphère surréelle de la scène, elle se laisse débarrasser de ses vêtements noirs et habiller d'un jupon de dentelle d'Irlande et surtout de la fameuse robe de velours rouge qu'Élisabeth avait portée pour le bal de Saint-Ours et qu'elle admire tant. N'avait-elle pas même offert son âme en échange [*K*, p. 133] ? Elle ne croyait pas si bien dire. Élisabeth et George la préparent au sacrifice en la parant des couleurs de feu. Ne pourrait-elle pas s'écrier, comme le « Rêveur » de Bachelard : « Me voici ! enveloppe-moi dans des fleuves de lave ardente, presse-moi dans tes bras de feu, comme un amant presse sa fiancée. J'ai mis le manteau rouge. Je me suis paré de tes couleurs. Revêts aussi ta brûlante robe de pourpre[15] » ? Elle se tourne d'ailleurs vers George en disant, très excitée : « Je ferais bien un tour de lit, avec un vrai Monsieur, moi... [*K*, p. 179]. » Elle s'abandonne au maître du feu, corps et âme. On lui offre les amours sensuelles d'Antoine. C'est dans une ivresse physique et psychique qu'elle signe elle-même sa perte en acceptant d'aller assassiner Antoine. Conjurations, gestes cérémoniels, rite ensorceleur préparant l'offrande, pacte diabolique, telles sont les composantes d'une contemplation du feu.

Une telle rêverie n'exerce plus, dans *les Enfants du sabbat*, la même fascination. L'imagination rêve, au contraire, de purification et cherche à se rallier les vertus purificatrices du feu comme de l'eau. Si Anne Hébert se plaît tour à tour dans la rêverie d'un feu ou d'une eau funestes, elle trouve également dans les eaux lustrales et les feux purificateurs un complément indispensable. La dialectique du noir et du blanc nourrit l'imagination matérielle qui cherche alors les qualités purificatrices des éléments.

[15] BACHELARD, *la Psychanalyse du feu*, p. 37.

Les Eaux lustrales

Pour tenter de neutraliser les eaux funestes, la rêverie fait appel aux vertus d'une eau lustrale. Il suffit que l'imagination soit attirée par la propreté, la limpidité ou la fraîcheur pour qu'apparaissent les intentions purificatrices de l'eau. Alors lavages, bains, ablutions, aspersions, immersions et baptêmes se multiplient.

Dès la première page des *Chambres de bois* nous voyons Catherine et les femmes de son pays lutter contre le noir pour la transparence et la propreté. Laver chaque matin les vitres, garder les fenêtres claires et le carrelage luisant, laver le linge appartiennent à un rituel de purification lié à l'eau lustrale. Il ne s'agit pas simplement de nettoyer la suie et les déchets pour améliorer les conditions d'hygiène. Ce sont là, suggère Bachelard, des gestes rationnels qui ont bien peu à voir avec la purification : « Se purifier n'est pas purement et simplement se nettoyer[1]. » Les femmes du pays de Catherine se sentent souillées et salies dans leur âme. Elles ont bien plus besoin d'ablutions que de bains[2]. Laver devient un geste quotidien de purification

---

[1] BACHELARD, *l'Eau* [...], p. 191.

[2] Jean LE MOYNE parle d'un « rite purificatoire » et signale que « les prêtresses de la pureté n'essuient pas pour voir clair autant que pour nettoyer [« Hors les chambres d'enfance : *les Chambres de bois*, roman d'Anne Hébert », *Présence de la critique; critique et littérature contemporaine au Canada français*, textes choisis par Gilles Marcotte, Montréal, Éditions HMH, 1966, p. 39] ».

grâce aux vertus de l'eau lustrale. « Cette eau lustrale, ajoute Durand, a d'emblée une valeur morale : elle n'agit pas par lavage quantitatif mais devient la substance même de la pureté [...] L'eau lustrale est l'eau qui fait vivre par-delà le péché, la chair et la condition mortelle[3]. » Les femmes sont les prêtresses d'un rituel qui semble lié à leur condition même, comme si les hommes ne savaient que souiller toutes choses à leur contact.

Même dans les chambres de Paris, malgré les interdits de Michel et la présence de la servante, Catherine désire s'occuper des travaux ménagers. Elle aimerait retrouver l'habitude des gestes quotidiens des femmes de chez elle. La servante, qui la remplace quelque temps dans son rôle, range et rafraîchit l'appartement et chasse les saletés de Michel. Le texte est éloquent : « L'odeur du sommeil tardif de Michel a été poursuivie et chassée à l'égal de la cendre et de la poussière. On a mis des draps frais, et tout l'air de la ville est entré à pleines fenêtres, comme des paquets d'eau de mer [*CB*, p. 86]. » L'air se fait eau pour mieux purifier et rafraîchir. Michel se plaint qu'on veut le faire mourir de froid. C'est dire que la fraîcheur lutte contre la tiédeur fétide des chambres de bois. À l'arrivée de Lia, Catherine renvoie la servante et retrouve les gestes sauveurs : elle lave vaisselle et aliments à grande eau et « laiss[e] couler l'eau du robinet sur ses mains comme sur des blessures [*CB*, p. 99] ». Elle veut tout laver à l'eau vive pour mieux se purifier du monde de Michel.

Quand Catherine s'enferme dans le cabinet de toilette pour son bain, l'eau sait cacher sa perfidie « sous des neiges de savon », voilant ainsi sous cette blancheur le sombre destin qu'elle réserve en son sein. Catherine aime passer des heures entières dans l'eau parfumée de crèmes et de savons, espérant être purifiée de l'univers fade et inodore de son mari. Mais il suffit que l'eau verte se recouvre de neiges de savon pour qu'apparaisse l'ambivalence

[3] DURAND, *les Structures* [...], p. 194.

d'une eau qui offre à la fois mort et vie, dissolution et purification.

Lia a bien saisi les intentions de Michel quand elle lui reproche de laver et polir sans cesse Catherine, « comme un galet d'eau douce. [...] Bientôt tu lui ressembleras à ta petite fille blême; tu me diras qu'il fait beau temps et que l'amour est calme et limpide comme un lac de gel [*CB*, p. 126]. » La limpidité de l'eau douce se double ici de la blancheur du « lac de gel » pour exorciser à jamais les couleurs de la passion. Lia, salie par l'amour, est « couleur de cendres, rageuse, pillée, affamée, blessée à l'épaule [*CB*, p. 188] ». Il lui faut alors à elle aussi un long séjour dans les chambres de bois avant d'être purifiée à la satisfaction de Michel : « Lia, tu es lavée comme l'eau, ma sœur eau, c'est toi, Lia [*CB*, p. 119]. »

Michel est le faux grand prêtre d'un rituel de purification par l'eau qui n'offre qu'un simulacre du véritable baptême. Les fonts baptismaux sont remplacés par la baignoire d'une salle de bain et sous « les neiges de savon » et le « lac de gel » se cache une eau perfide et sombre qui rappelle l'étang pourri et les marécages du pays de Michel.

Une semblable rêverie de la pureté fait naître, dans *Kamouraska*, des images d'une eau lustrale qui lave la souillure physique et morale. Voilà que certains noms évoquent des eaux claires et limpides. À côté de Kamouraska, aux « sonorités rocailleuses et vertes [... qui] s'entrechoqu[ent], les unes contre les autres [*K*, p. 206] », on retrouve Ouelle, « ce nom liquide qui s'enroule et fuit, se perd dans la mousse, pareil à une source [*K*, p. 206] », de même que Sorel, « ce nom clair, transparent, limpide [*K*, p. 236] », à l'image de l'enfance innocente d'Élisabeth.

À son retour de Kamouraska, Élisabeth, comme le faisait Catherine, se soumet au rite purificatoire et aux vertus de l'eau lustrale afin de retrouver la clarté, la transparence et l'innocence qu'évoque le nom de sa ville natale. Elle se laisse laver de la tête aux pieds dans de grandes cuves de cuivre et redevient « une petite fille nouvelle-née [...] au sortir du ventre de sa mère [*K*, p. 47] ». Ce n'est pas, cette fois non plus, un souci de propreté hygiénique qui pousse les tantes à laver Élisabeth et à « mettre de la camomille allemande dans l'eau du rinçage [*K*, p. 97] ». Prêtresses d'un rite baptismal, elles veulent la purifier de toutes les souillures d'Antoine et lui redonner une chasteté parfaite. Et elles déplorent « que la dynastie des femmes seules ne se perpétue pas éternellement, dans la maison de la rue Augusta [*K*, p. 98] ».

S'étant lavée de la présence et des amours de son mari, Élisabeth veut, après le meurtre de celui-ci, se purifier des souillures du sang d'Antoine. Elle épouse Jérôme Rolland et se consacre à l'ordre et à la propreté : « Des provisions sûres, l'une suivant l'autre, selon les saisons, comme les phases de la lune. L'ordre impeccable. [...] Tous ces chers petits [...] gavés, lavés, repassés, amidonnés, froufroutés, vernis et bien élevés [*K*, p. 19]. » Tant de propreté extérieure cache une salissure secrète. En rêve elle fait appel à Aurélie « pour qu'elle [la] délivre du mal, [l]'absolve et [la] lave [*K*, p. 180] ». En rêve toujours, elle croit parfois tromper les juges et les témoins et retrouver son innocence : « Je crois que je m'étire d'aise, sous les draps. De la nuque aux talons. Je veux me lever. Me voici assise au bord du lit, les pieds battant l'air, au bout de ma longue chemise, comme pour tâter la fraîcheur d'une eau imaginaire. Je suis innocente [*K*, p. 110] ! » C'est bien la fraîcheur, affirme Durand, « qui double sensoriellement la limpidité de l'eau lustrale et renforce sa pureté[4] ». Nous avons ici l'exemple, non pas d'une eau lourde et sombre qui attire vers les profondeurs, mais au contraire d'une eau légère comme l'air, qui surgit comme une source fraîche. Il s'agit là d'une image dynamique qui suggère l'envol bien plus que la nage. Élisabeth bat des pieds au-dessus de cette eau imaginaire comme si des ailes lui poussaient au talon, tel Mercure. « C'est au pied, nous rappelle Bachelard, que résident pour l'homme rêvant les forces volan-

[4] DURAND, *les Structures* [...], p. 194.

tes[5]. » L'innocence rêvée d'Élisabeth a la légèreté de l'envol.

Elle n'est pas la seule à avoir recours à l'eau purificatrice. Quand Antoine quitte Horse Marine pour revenir à Élisabeth, il « réclame de l'eau chaude et du savon. Se laisse tremper une bonne heure. Déclare à son domestique que tous les relents d'Horse Marine sont à jamais effacés. — Ignace, me voici propre, comme si je sortais de confesse [*K*, p. 145]. » Véritable absolution de l'eau, baptême de l'eau qui efface tous les péchés. Le voilà purifié à son tour par l'eau lustrale.

George, après la visite d'un malade, « se lave les mains et le visage [et] s'ébroue dans un grand fracas d'eau [*K*, p. 120] » avant d'accueillir Élisabeth. Parfois, il se lève la nuit, éveillé par des cauchemars, tourmenté par ses amours avec Élisabeth, et « asperge son visage d'eau glacée [*K*, p. 156] », comme si la fraîcheur de l'eau allait confondre le songe, chasser les angoisses et soulager sa conscience. Gestes qu'il accomplissait déjà au collège, chaque matin, tel un rituel. Comme Antoine le faisait, comme Élisabeth aussi qui baigne son visage d'eau fraîche avant de se présenter en public ou à sa sortie de prison. « Chacun possède à la maison une fontaine de Jouvence en sa cuvette d'eau froide, dans un énergique matin[6] », dirait Bachelard.

George fait encore appel à l'eau pour laver la souillure du sang sur ses mains. Souillure indélébile, celle-là, et George, semble-t-il, n'aura pas assez de toute une vie pour s'en débarrasser. La quantité d'eau chaude qu'il utilise, d'auberge en auberge, n'arrive pas à laver tout le sang qui tache son traîneau, ses fourrures, ses vêtements et sa personne même. À croire que la souillure se situe au-delà de la peau, dans le cœur et dans l'âme. L'eau n'atteint pas le cœur noir de George. Le sang a raison des eaux claires.

À leur tour les personnages des *Enfants du sabbat* ont recours aux cérémonies de l'eau bien plus pour se pu-

---

[5] BACHELARD, *l'Air* [...], p. 39s.

[6] BACHELARD, *l'Eau* [...], p. 198.

rifier que pour se nettoyer. La jeune Pierrette qui travaille dans une manufacture depuis l'âge de quinze ans « n'en finit plus de se laver et de se parfumer [*ES*, p. 40] » pour se débarrasser de toute salissure physique et morale. Quand Joseph s'enrôle dans l'armée, il est « tondu, lavé, désinfecté, habillé en soldat. Une odeur suffocante de savon Life-Buoy et de magasin militaire l'enveloppe des pieds à la tête [*ES*, p. 153]. » Le voilà métamorphosé, purifié de la crasse et des impuretés de la cabane. De même lorsque Julie entre au couvent, « galeuse et pleine de poux, il a d'abord fallu la laver et la soigner [*ES*, p. 177] ». Elle sera tondue, comme son frère, comme l'avaient été la sœur de George en entrant chez les ursulines et Élisabeth elle-même qui avait attrapé des poux. Toutes les religieuses du couvent ont le crâne rasé. Il faut se débarrasser d'une chevelure inquiétante associée aux eaux noires et au « complexe d'Ophélie ». Avant l'épreuve des aiguilles, Julie aura les « cheveux tondus, [les] sourcils, aisselles et pubis rasés [*ES*, p. 179] ». Le savon, le blaireau et le rasoir s'allient à l'eau pour mieux purifier. Ainsi l'abbé Migneault a « la tête tonsurée [*ES*, p. 54] », le grand exorciste se rase soigneusement [*ES*, p. 170] et le docteur Painchaud a la peau « rasée de près et lavée d'eau bénite [*ES*, p. 73] ». On ira jusqu'à priver sœur Gemma de son dentier pour qu'elle ne puisse plus manger de viande crue [*ES*, p. 146]. « Les pratiques comme celle de l'épilation, de l'ablation des cheveux, des mutilations dentaires [...] signifient une volonté de se distinguer de l'animalité[7] », écrit Durand.

D'autres purifications sont liées aux gestes de lavage. Julie, punie pour avoir dormi pendant la messe, est condamnée à brosser et à laver, à genoux, le long corridor dallé du couvent. Frotter le plancher, c'est se purifier de ses fautes, comme le faisaient déjà Catherine et les femmes de son pays en faisant briller carrelages et fenêtres.

L'on devine l'importance du lavoir pour des religieuses avides de propreté, de blancheur et de pureté :

[7] DURAND, *les Structures* [...], p. 191.

« Pour une heure de travail, une éternité de bonheur [*ES*, p. 57] » est affiché au mur du lavoir. Avec quel soin sœur Gemma se charge des vêtements sacerdotaux : « Elle les soignait, les lavait, les empesait, les repassait, les reprisait, les brodait, les caressait doucement, les effleurant à peine de la main [*ES*, p. 47]. » Et c'est à la cuisine, sous l'eau du robinet, que sœur Julie épluche et lave les légumes tous les matins, comme le faisait Catherine. Au couvent des dames du Précieux-Sang, toute trace de saleté physique et morale doit être lavée. Aucune impureté ne doit pénétrer ces lieux voués à la sainteté.

Il existe également, associés à une eau lustrale, des gestes rituels qui proposent une purification plus complète. Ablutions, aspersions d'eau bénite et baptêmes ont un caractère sacramentel. Toutes les eaux n'ont pas les mêmes vertus. Et il suffit parfois de bien peu d'eau pour nettoyer en profondeur.

Le lavement des mains du prêtre durant la messe est de ces gestes. Par ce sacramental le célébrant se purifie les doigts et le cœur avant la consécration. Pendant que le prêtre à la chapelle du couvent se lave les mains, Philomène, dans le ravin de la montagne de B..., pratique un rite semblable et purifie ses mains magiques qu'elle a imposées par tout le corps des invités.

Plus que le lavage ou l'ablution, c'est l'aspersion qui, rappelle Durand, « est l'opération purificatrice primitive, la grande et archétypale image psychologique dont le lavage n'est que le grossier et exotérique doublet[8] ». C'est le geste même du célébrant qui, avant la messe, asperge d'eau bénite les lieux et l'assemblée pour les purifier et les rendre dignes du sacrifice : « *Asperges me Domine*... Vous m'aspergerez avec de l'hysope et je serai plus blanc que la neige [*ES*, p. 31]. » « L'hysope des Hébreux, écrit Bachelard, était la plus petite des fleurs qu'ils connussent; c'était probablement [...] une mousse qui servait d'as-

---

[8] *Ibid.*, p. 194.

persoir. Quelques gouttes d'eau donneront donc la pureté[9]. »

Quand l'imagination rêve à la pureté d'une eau lustrale, une goutte suffit à faire rayonner de pureté. Aucune souillure, aucun obstacle ne peut lui résister. C'est à l'eau bénite qu'on fait appel pour chasser les démons. Sœur Julie est « copieusement aspergée d'eau bénite et s'ébroue dans des nuages d'encens [*ES*, p. 170] ». Le grand exorciste l'asperge trop généreusement, comme s'il doutait de l'efficacité de l'eau bénite sur la personne de Julie. Pourtant, sœur Gemma assure avoir vu fuir plusieurs démons qui apparaissaient chaque fois sous la forme d'un « ange sale [*ES*, p. 172] ». À ses yeux, le démon ne peut être qu'un ange sali, un ange noir, une salissure intégrale.

L'eau bénite est encore utilisée lorsque l'aumônier administre le sacrement de l'extrême-onction à sœur Gemma. Pour extirper le mal du cœur de l'homme il faut une eau exorcisée de ses puissances maléfiques, une eau substantiellement pure. Déjà, dans *Kamouraska*, lorsque le prêtre vient donner les derniers sacrements à Jérôme, Élisabeth fait préparer de l'eau ordinaire pour que le prêtre puisse se laver les mains et de l'eau bénite pour les aspersions. L'eau bénite jointe aux huiles saintes lave en profondeur. « C'est parce que l'eau a une puissance intime, assure Bachelard, qu'elle peut purifier l'être intime, qu'elle peut redonner à l'âme pécheresse la blancheur de la neige. Est lavé moralement celui qui est aspergé physiquement[10]. »

L'on trouve encore une purification dans le sacrement du baptême ou le rite de l'immersion. L'eau dissout alors toute forme, abolit toute trace d'« histoire », propose une mort et une renaissance. L'être baptisé est lavé de tout péché et naît à une vie nouvelle. Au couvent, les religieuses fêtent cette eau baptismale et cette résurrection : « *Célébration de l'eau. Bénédiction de l'eau baptismale. Messe solennelle de la résurrection. Je suis ressuscité et désor-*

---

[9] BACHELARD, *l'Eau* [...], p. 194.

[10] *Ibid.*

mais me voici avec toi, alleluia [*ES*, p. 89]. » Avant de partir pour la guerre, Joseph baptise sa sœur dans la rivière en lui tenant la tête sous l'eau jusqu'à ce qu'elle étouffe, pour qu'elle meure et renaisse purifiée. L'eau de la rivière est une eau qui coule, une eau vivante. « Le prototype de l'eau est « l'eau vive », selon Eliade. L'Eau vive, les fontaines de jouvence, l'Eau de la Vie, etc., sont les formules mythiques d'une même réalité métaphysique et religieuse : dans l'eau réside la vie, la vigueur et l'éternité[11]. » C'est dans cette rivière que, l'été, les propriétaires des chalets viennent se baigner ou pêcher le poisson. C'est une eau de rajeunissement et de fécondité.

Nous assistons à un autre baptême, moins orthodoxe, mais dont la valeur symbolique est tout aussi significative, celui de Philomène à son retour de la ville :

> Ce que les enfants désirent, c'est la cérémonie de l'eau.
>
> [...]
>
> Après avoir placé la mère contre le mur de la cabane, à côté du tonneau plein d'eau de pluie, le père entreprend aussitôt de la laver, par-dessus ses vêtements neufs. Il lui verse quantité de seaux d'eau et de boue, joyeusement, sur la tête et sur tout le corps.
>
> En un instant, la robe et le linge collent au corps de la femme comme des algues visqueuses. Sa permanente, teinte en jaune, s'affaisse. Des mèches tire-bouchonnées dégoulinent sur son visage et dans son cou. Elle crie que tout son butin neuf va être gaspillé. Elle grelotte. Elle pleure à petits coups, tousse, à moitié étouffée [*ES*, p. 28s.].

Il ne s'agit pas du baptême tel qu'il a été institué par l'Église mais d'un rite de lustration, d'un bain cultuel tels qu'ils se pratiquent depuis l'antiquité païenne. Philomène avait abandonné son mari et ses enfants, écœurée de manger des patates pourries et révoltée par la paresse d'Adélard. Elle s'était réfugiée à la ville, chez Georgiana, dans une maison de prostitution, où elle volait tous les clients des autres prostituées. Elle doit maintenant subir la cérémonie de l'eau pour être purifiée de son séjour là-bas, lavée de toutes les

[11] ELIADE, *Traité d'histoire* [...], p. 169.

souillures accumulées avant d'être réintroduite dans la vie de la cabane. Il s'agit à la fois d'une initiation et d'une purification. L'eau de pluie, pure et céleste, et la boue qu'Adélard lui verse sur tout le corps symbolisent son retour à l'informel, à la pâte et à la vase originelle d'où est née toute vie. D'ailleurs, ses vêtements neufs se métamorphosent en « algues visqueuses », sa permanente s'affaisse et dégouline, Philomène elle-même fond en larmes, à moitié étouffée. Sa mort rituelle par l'eau est l'occasion d'une renaissance et d'une régénération. Alors seulement Adélard « l'embrasse tendrement sur le derrière et la prend dans ses bras [*ES*, p. 29] » pour la transporter dans la cabane où ils s'enfermeront durant trois jours.

Sœur Julie, isolée dans sa prison du couvent, rêve finalement à une immersion universelle dans une « eau intégrale répandue sur toute la terre [*ES*, p. 149] », au déluge même. Elle s'imagine avec Joseph, tels deux « beaux adolescents sélectionnés par Dieu, à moins que ce ne soit par l'Autre, pour garnir l'arche de Noé [*ES*, p. 150] ». Plus qu'une purification individuelle, le déluge propose une régénération cosmique. « Au lieu de la régression lente en formes sous-humaines, écrit Eliade, le déluge amène la réabsorption instantanée dans les Eaux, dans lesquelles les « péchés » sont purifiés et desquelles naîtra l'humanité nouvelle, régénérée[12]. » Julie remonte le temps jusqu'aux origines lointaines de l'humanité. Elle meurt à sa vie de religieuse pour renaître jeune, puissante et féconde, riche de tous les germes de vie.

La dernière page du roman, comme la première, nous propose une vision idyllique. Nous nous retrouvons dans la beauté, la jeunesse et la pureté d'un univers où tout ne fait que commencer : « Le ciel haut est plein d'étoiles. La neige fraîchement tombée a des reflets bleus. Une paix extraordinaire. La ville entière dort [*ES*, p. 187]. » La neige, eau lustrale par excellence, a tout recouvert d'une

[12] ELIADE, *Traité d'histoire* [...], p. 183.

blancheur virginale. La nuit rayonne de pureté. Il a neigé dans le ciel comme sur la terre.

Immersions, baptêmes et déluges trahissent une conception cyclique du monde et de l'histoire apparentée aux mythes lunaires. L'imagination matérielle d'Anne Hébert trouve dans la répétition des gestes exemplaires, dans les rites de l'eau, la purification périodique d'une eau primordiale qui assure la pureté originelle.

Les Feux purificateurs

L'eau ne lave pas aussi définitivement que le feu. Pour une purification plus radicale, il faut la brûlure du feu. Tout naturellement l'imagination voit les possibilités purificatrices de l'élément igné. Le mot pur lui-même signifie feu en sanscrit[1]. Aussi le baptême du feu complète celui de l'eau, car celle-ci « ne peut dissoudre que les malpropretés extérieures, précise Bayard, tandis que le feu s'attaque à ce qui est le plus secret; le feu va au cœur même de l'impureté[2] ».

Cependant, le feu purificateur est d'une nature particulière; il s'obtient non par frottement mais par percussion; il est l'allié de la flèche ignée et de l'éclair. Il est à son tour une arme contre les ténèbres, le mal et l'injustice. Celui qui est investi de la mission du feu devient un guerrier qui prend le monde en charge. Telle semble être la vocation de bien des personnages d'Anne Hébert et de la poétesse elle-même :

> Dans un pays tranquille nous avons reçu la passion du monde, épée nue sur nos deux mains posée
>
> Notre cœur ignorait le jour lorsque le feu nous fut ainsi remis, et sa lumière creusa l'ombre de nos traits
>
> [...]

---

[1] Durand, *les Structures* [...], p. 195.

[2] Bayard, *le Feu*, p. 122.

> En un seul éblouissement l'instant fut. Son éclair nous passa sur la face et nous reçûmes mission du feu et de la brûlure [*P*, p. 73s.].

Plus tard, dans un poème publié par René Lacôte, Anne Hébert décrit ainsi son cœur devenu torche de feu :

> Des flammes très hautes et belles
> Brûlaient en cercle
> Autour d'un point
> Lui-même feu et aliment du feu
> Mon cœur en cette aventure y passa
> Torche pure, l'Amour l'appréhenda[3].

Dans un autre poème intitulé « Éclair », publié dans la revue *Châtelaine* en 1972, elle écrit : « Le monde entier s'est allumé, / Le jour brûle / Flambe / Mon amour se fonde comme l'éclair[4]. » Le feu se fait épée, éblouissement, éclair, torche, brûlure. Et la poétesse accepte la mission d'un feu libérateur lié au feu céleste et prolongement igné de la lumière. Dans un don qui exige passion et générosité elle assume son rôle de poète dans l'éclatante justice d'une parole-feu : « Langues de feu au solstice de la terre [...] Que celui qui a reçu fonction de la parole vous prenne en charge comme un cœur ténébreux de surcroît, et n'ait de cesse que soient justifiés les vivants et les morts en un seul chant parmi l'aube et les herbes[5]. » Langue, parole, verbe, don du ciel, le feu est une nouvelle Pentecôte que célébrait déjà la poétesse, dès son premier recueil, dans le poème « Pentecôte [*SE*, p. 132] ». L'épreuve du feu, qu'il s'agisse de la brûlure, du baptême du feu ou du sacrifice sur le bûcher, propose toujours une purification radicale du corps

---

[3] René LACÔTE, *Anne Hébert*, Paris, Éditions Seghers, coll. Poètes d'aujourd'hui, n° 189, 1969, p. 93.

[4] Anne HÉBERT, « Éclair », *Châtelaine*, vol. 13, n° 12 (déc. 1972), p. 22.

[5] *P*, p. 75. GIGUÈRE écrit en ce sens : « Le feu devient ainsi, dans l'imagerie ardente d'une représentation du monde extérieur, plus qu'une recherche personnelle de chaleur, un enjeu collectif. Il est un symbole de purification, exorcisant les lieux intérieurs obscurs et fermés [« D'un « équilibre impondérable » à une « violence élémentaire » [...] », *Voix et Images du pays VII*, 1973, p. 61]. »

et de l'âme. L'initié accède alors au rayonnement du feu céleste qui est lumière, auréole, lampe indéfectible, illumination, clarté surnaturelle ou feu initiatique.

Dans *les Chambres de bois* une Catherine-Ophélie subissait l'épreuve de l'eau. Mais elle est également « fille de feu », selon l'expression d'Ulric Aylwin qui s'est peut-être souvenu de Gérard de Nerval[6]. Elle est née au pays des hauts fourneaux et des étés de feu. Devenue la maîtresse de maison depuis la mort de sa mère, elle a appris à lutter contre le désordre et la saleté, en des gestes qui permettent justement de faire « rayonner » toute chose. « La pureté n'est-elle pas dans sa quintessence rayon, éclair et éblouissement spontané[7] ? », questionne Durand.

Dans les appartements de Paris, Catherine réclame « le fer et le feu de [son] héritage [*P*, p. 92] ». Elle aimerait faire le marché, les repas et avoir la responsabilité des tâches quotidiennes. Elle souhaite « l'éclat du fourneau sur [ses] joues et l'odeur du pain dans [ses] cheveux [*CB*, p. 83] ». L'été venu, elle chassera la servante et s'occupera elle-même de la maison et de la cuisine, « la chaleur de ses joues allumées par le fourneau [*CB*, p. 99] », ses mains « s'affair[ant] de la table au fourneau [*CB*, p. 104] ».

Au cœur des chambres de bois Catherine réussit donc à retrouver les gestes coutumiers et à recréer l'image des fourneaux qui luttent contre la nuit. Mais cette fois il ne s'agit pas de « noirs palais d'Apocalypse ». Le fourneau de Catherine est plus modeste et surtout il a une fonction purificatrice puisqu'il sert justement à cuire les aliments et à éloigner l'humidité et les odeurs fétides de l'appartement : « Le feu purifie tout parce qu'il supprime les odeurs nauséabondes, reconnaît Bachelard. La viande cuite représente avant tout la putréfaction vaincue[8]. »

---

[6] Aylwin, « Au pays de la fille maigre [...] », *les Cahiers de Sainte-Marie. Voix et Images du pays*, nº 4 (avril 1967), p. 49. *Cf.* également Gérard de Nerval, *les Filles du feu*, *la Pandora, Aurélia*, texte présenté et annoté par Béatrice Didier, Paris, Gallimard, 1972.

[7] Durand, *les Structures* [...], p. 194.

[8] Bachelard, *la Psychanalyse du feu*, p. 168s.

Seule Catherine sait faire le feu. Devant l'impuissance du frère et de la sœur, elle allait vers le foyer et ranimait le feu [*CB*, p. 108, 127]. Elle apparaît comme la véritable maîtresse du feu. Aline elle-même lui reconnaît ce titre : « La servante revint et s'adressa à Catherine avec grande déférence comme à la maîtresse du feu [*CB*, p. 136]. » Telle est la grande Claudine dans « le Torrent »; de même qu'Agnès qui dit dans *le Temps sauvage* : « Personne, à part moi, ne sait faire du feu convenablement dans cette maison [*TS*, p. 10]. »

Catherine allume en rêve des feux qui se transforment en incendies dévastateurs. Elle condamne ainsi la maison de Michel et la destine à une destruction totale par le feu : « La maison des seigneurs était maudite et vouée au feu. La haute demeure flambait sur le ciel et s'écroulait avec fracas. Pendant quelque temps une écharde roussie brûla Catherine au poignet, puis disparut tout à fait lorsque la jeune femme se fut éloignée sur la route [*CB*, p. 128]. » Il s'en faut de peu qu'elle la brûle une deuxième fois, lorsque, après la mort de la servante, elle veut mettre au feu quelques lettres au milieu desquelles se trouvent deux photos de la maison des seigneurs. C'est la meilleure façon de se libérer de l'emprise de Michel et de ses propres rêves de châtelaine oisive dans une maison seigneuriale. En brûlant la maison maudite Catherine se purifie d'une image d'enfance qu'elle a rangée profondément en son cœur. Son rêve est l'équivalent d'un rituel initiatique : Catherine est brûlée au poignet, marquée du baptême du feu. C'est bien ainsi que Bayard considère l'action de cet élément qui apporte à l'être tout entier purification et rajeunissement[9].

Catherine, l'élue du feu, sent sourdre en elle une révolte qui étouffe sa patience ancienne. Elle quitte avec la servante les appartements de Paris et se rend dans le Sud, au bord de la mer, là où « le feu de midi s'établit sur toute chose [*CB*, p. 161] ». Elle connaît enfin la brûlure du feu céleste, d'un feu-soleil qui, cette fois, ne sème pas la dé-

[9] BAYARD, *le Feu*, p. 56s.

solation. Il ne s'agit plus du mauvais petit feu de Michel, qui fume et empeste, ni de celui des hauts fourneaux qui polluent la ville. Le feu du ciel ne laisse pas de déchets. Il est ici feu purificateur, « feu d'élévation, de sublimation de tout ce qui se trouve exposé à ses ardeurs[10] », ajoute Durand. Catherine a « toujours aimé le jour et l'été [*CB*, p. 97] », contrairement à Michel qui craignait justement le « grand soleil d'été [...] qui colore et brûle [*CB*, p. 92] ». Depuis sa plus tendre enfance il « se plaignait, d'une pauvre petite voix d'enfant malade, du chant acide de la cigale et de la brûlure de l'été [*CB*, p. 96] ». Catherine, au contraire, accepte le soleil comme un don du ciel et s'expose à sa brûlure. Ses mains, son corps tout entier sont marqués de ses feux. Elle devient « dorée comme le pain [*CB*, p. 156] »; elle est purifiée de la fadeur et des mauvaises fièvres des chambres de bois. Des images de feu viennent l'habiter, « image flambée d'une tête forte, aux cheveux drus, à la nuque puissante de cerf stupéfié, qui revenait devant ses yeux, comme une tache de feu, lorsqu'on a trop regardé dans le soleil [*CB*, p. 155] ». Quel contraste entre Michel à l'œil « d'or fixe comme un soleil brûlé [*CB*, p. 76] », comme un soleil noir, et Bruno qui semble naître du soleil : « Un jeune homme était assis au grand soleil, droit, immobile, têtu, voué à une longue et volontaire cuisson de céramique au four [*CB*, p. 154] » ! Il apparaît subitement dans le roman, comme s'il naissait du désir même de Catherine. Il semble l'envoyé du ciel, le fils du soleil venu à la rencontre de l'élue du feu.

Tous semblent vouer un véritable culte au soleil. Nous songeons bien sûr à tous ces hommes et femmes qui envahissent le pays et les plages pour venir s'exposer au soleil. Vacances rituelles, tribut à payer au dieu soleil après une année de travail. Mais nous pensons bien davantage au rite funéraire des gens du pays, lesquels portent leurs morts « sous le feu » pour les exposer au « cœur vif du soleil [*CB*, p. 177] »; cérémonie qui ressemble à une inci-

[10] DURAND, *les Structures* [...], p. 196.

nération et qui fait songer au feu, « celui qu'utilise l'incinération indo-européenne, feu céleste lié aux constellations ouraniennes et solaires [...], prolongement igné de la lumière[11] ».

Le symbole ascensionnel de la montagne qui permet la rencontre du ciel et de la terre et l'accession à l'immortalité nous est déjà connu[12]. Cette régénération est en quelque sorte décuplée par l'action du soleil qui vient consumer les corps. Bayard montre bien que dans le rite de l'incinération, le feu n'est pas un élément mortel mais de régénération[13]. La description que propose Anne Hébert nous permet de douter de l'ensevelissement des corps. L'espace étroit et rocailleux au sommet de la montagne ressemble bien à la pierre sacrée d'un autel. Les morts ne sont pas enfouis dans le sol mais « plantés à la pointe de la terre, contre le cœur vif du soleil, debout comme des lances, en cet espace étroit et rocailleux évoquant la pierre d'autel, conjur[ant] la foudre du ciel en faveur des vivants [*CB*, p. 177] ». Ils semblent en fait plus près du soleil que de la terre. Ces corps brûlent du feu céleste et deviennent des lances de feu. Ils ne brûlent pas d'un feu vulgaire allumé par les hommes. C'est le feu divin lui-même, c'est le soleil, c'est la foudre du ciel qui les consume. On offre le corps des morts en sacrifice sur la pierre d'autel pour que le feu divin vienne les purifier et permettre une transfiguration et une renaissance.

À son tour Élisabeth, dans *Kamouraska*, fait appel au feu pour se purifier la mémoire des mauvais souvenirs rattachés au manoir de son mari. Elle revoit en rêve le manoir brûlé : « Rasé, nu comme la main. [...] Quelques flammes, beaucoup de fumée, puis plus rien. La mémoire se cultive comme une terre. Il faut y mettre le feu parfois. Brûler les mauvaises herbes jusqu'à la racine. Y planter un champ de roses imaginaires, à la place [*K*, p. 75]. » Voilà

---

[11] Durand, *les Structures* [...], p. 195.

[12] *Cf.* p. 93s.

[13] Bayard, *le Feu*, p. 201s.

un feu purificateur à l'exemple du « feu agricole qui purifie les guérets » et dont la purification, explique Bachelard, « est vraiment conçue comme profonde. Non seulement le feu détruit l'herbe inutile, mais il enrichit la terre[14]. » Toutefois, malgré le passage du feu, la belle-mère et Antoine renaîtront des profondeurs de la mémoire et des ruines calcinées, personnages qui ressuscitent pour venir hanter Élisabeth. Le feu purificateur n'a pas raison, cette fois, des fantômes malveillants.

La tante Adélaïde avait elle aussi fait appel au feu pour détruire une lettre d'Antoine pleine de menaces : « Il y a des lettres qu'il faut brûler. Et certaines choses qu'il faut éviter de faire, sous peine de brûler soi-même dans l'autre monde [*K*, p. 160s.]. » Le feu de l'enfer, dit Bayard, « reste [...] le lieu du Feu sombre, obscur, purificateur aussi, puisqu'il brûle et anéantit le Mal, le Péché[15] ».

De même, à deux reprises, Élisabeth mentionne que George a jeté dans le feu sa ceinture de laine tachée de sang. Mais ni l'eau ni le feu n'arrivent à purifier George de la souillure du sang noir, pas plus que les lettres brûlées et les menaces du feu éternel n'effaceront du cœur d'Élisabeth ses intentions meurtrières.

Dans *les Enfants du sabbat* la rêverie d'un feu purificateur, comme celle des eaux lustrales, s'impose triomphalement. Le feu est alors l'arme par excellence contre le mal et les ténèbres.

À la suite de la poétesse dans *Mystère de la parole* et de Catherine dans *les Chambres de bois*, Julie désire « être couronnée de feu et de fer [*ES*, p. 66] ». À son tour elle est marquée du feu, offrande « consacrée et brûlée [*ES*, p. 69] ». On a installé sur ses reins une planchette et un tout petit poêle noir allumé et brûlant. Elle portera au bas du dos la brûlure du feu, cicatrice ineffaçable et preuve de son initiation.

---

[14] BACHELARD, *la Psychanalyse du feu*, p. 170.

[15] BAYARD, *le Feu*, p. 234.

Les invités au sabbat boivent l'alcool d'Adélard avant de participer au sacrifice de la sorcière. La bagosse, véritable feu liquide, brûle et purifie. Parfois fatale, la boisson rituelle devient ici purificatrice, comme le charbon ardent purifia les lèvres du prophète Isaïe : « *Munda cor meum, ac labia mea, omnipotens Deus qui labia Isaiae prophetae calculo mundasti ignito*[16]. » La « bagosse » brûle le gosier, plus que le charbon ardent d'Isaïe.

Les gens du village font appel au feu pour se débarrasser de la cabane dans la montagne de B... et de la sorcière qui l'habite. Philomène ne tente même pas de fuir et accepte de brûler vive sur ce bûcher improvisé. La cabane flambe « comme une boîte d'allumettes [...] Au petit matin, chacun s'en retourne chez soi, toute flamme éteinte, tout vent apaisé. Légers et purifiés, le sacrifice de la cabane ayant eu lieu [*ES*, p. 128]. » Le bûcher fut le sort longtemps réservé « aux impies, aux sorcières dont le corps était habité par le diable; le feu purificateur leur rendait alors leur nature première, et c'était un véritable baptême rédempteur[17] », écrit Bayard. Mais la sorcière renaît « sans cesse de ses cendres, de génération en génération, de bûcher en bûcher [*ES*, p. 179] », tels le phénix ou la salamandre. Ainsi la mort de Philomène consacre la vocation de Julie qui revivra l'épreuve du bûcher comme s'il s'agissait de sa propre mort :

> Sœur Julie est aussitôt envahie par la mort de Philomène brûlée vive.
> Elle se débat contre le feu et la fumée, pousse des cris, tousse et s'étouffe, se couvre de plaies et se tord de douleur. Une voix étrangère raille à travers son ventre brûlé.
> — Il faut que la sorcière meure dans le désespoir. C'est elle ! C'est ma mère. C'est moi. Je suis elle et elle est moi. Je brûle ! C'est mon tour à présent [*ES*, p. 161].

Le feu donne à la sorcière une éternelle jeunesse, lui permet de se consumer pour renaître allégée du poids de ses

[16] *ES*, p. 37. « Purifiez mon cœur et mes lèvres, Dieu tout-puissant qui avez purifié les lèvres du prophète Isaïe avec un charbon ardent. »
[17] BAYARD, *le Feu*, p. 209.

fautes et des ans, ses pouvoirs renouvelés. De même étaient voués au bûcher les martyrs chrétiens : « Souvenez-vous des trois jeunes gens dans la fournaise. Ils louaient le Seigneur [*ES*, p. 48]. » Transformés et purifiés par le feu, ils pouvaient alors accéder au paradis.

Finalement, qu'il s'agisse de l'initiation de Julie par le feu, de la purification des participants au sabbat, du bûcher de Philomène ou des martyrs, nous sommes toujours en présence d'un baptême du feu. Ce baptême du feu spirituel auquel aspire sœur Gemma afin d'être purifiée à jamais et de mourir à toute corruption terrestre ou charnelle : « Mourir, vide et creuse, comme une jarre, en attente du feu de Dieu, la ravageant à loisir, l'anéantissant jusqu'à la dernière parcelle de son être [*ES*, p. 143s.]. »

La lumière

Mais le feu purificateur par excellence, c'est la lumière, forme éthérée, sublime, du principe igné. Alors le feu brille sans brûler; il est toute pureté : « La véritable idéalisation du feu, dit Bachelard, se forme en suivant la dialectique phénoménologique du feu et de la lumière [...] La lumière n'est pas seulement un symbole mais un agent de pureté[18]. » Et Bayard complète en disant que la « Lumière, émanation du Feu spirituel, est le but de la véritable initiation. Rechercher la Lumière c'est aller vers le véritable aspect de la Vérité Primordiale, c'est libérer l'âme qui peut rejoindre son origine parfaite[19]. »

Catherine lutte depuis toujours contre le noir pour la clarté, la transparence, en un mot la lumière. Contrairement à Michel qui fuit la lumière, elle recherche l'éclat du jour. Une scène vient illustrer avec force l'appartenance de l'une et la non-appartenance de l'autre à la lumière :

> Catherine se retourna brusquement. Tout le rideau moussa sur elle en un vif bouillonnement de lumière argentée. Michel, ébloui, mit la

[18] BACHELARD, *la Psychanalyse du feu*, p. 173s.

[19] BAYARD, *le Feu*, p. 79.

> main sur ses yeux. Il supplia Catherine de ne point demeurer là et de tirer le rideau à cause du soleil. Catherine ne broncha pas, les yeux grands ouverts, nimbée de lumière de la tête aux pieds [*CB*, p. 89].

Si Michel est ébloui par l'éclat de la lumière qui enveloppe Catherine, celle-ci, bien qu'elle ait les yeux ouverts, demeure insensible à l'éblouissement comme à ses supplications. De la sorte, elle montre à Michel toute la distance qui la sépare de lui. Cette distance n'est pas seulement psychologique, mais en quelque sorte plastique, pour ne pas dire spatiale. Une véritable auréole entoure Catherine et l'isole de l'appartement sombre de son mari. La scène la projette hors du temps de Michel, qui est celui de la pénombre, de la nuit, du long hiver qui se termine, pour la mettre dans un temps autre qui est celui du jour, de l'été qui s'annonce; hors de l'espace de Michel aussi, qui est un lieu fermé, vers un espace ouvert qui est celui-là même de la lumière du grand jour à l'extérieur des chambres. L'éblouissement que crée le « vif bouillonnement de lumière » et l'auréole qui subsiste autour de Catherine donnent à la scène un caractère surnaturel, une transcendance mystérieuse qui s'apparente à une révélation, à l'accession à un autre niveau de conscience. Bachelard explique en ces termes cette sublimation :

> Ainsi apparaît l'auréole comme une conquête physique douce et progressive. Elle est la conquête d'un esprit qui prend peu à peu conscience de sa clarté. Dans le règne de l'imaginaire, la lutte se fait entre lueur et pénombre, elle se fait de brume à brume, de fluide à fluide. L'auréole, sous forme naissante, ne darde pas encore ses rayons. Elle se borne à dominer une « impalpable poussière ». Elle est une matière de mouvement heureux[20].

Catherine abandonnera Michel à la pénombre des chambres fermées pour aller à la découverte de la lumière. Quand elle apparaît à la fenêtre de la maison de vacances, « dans sa chemise bleue transparente qui par[e] son corps

[20] BACHELARD, *l'Air* [...], p. 67s.

mince d'un reflet de rivière [*CB*, p. 146] », elle est à nouveau auréolée de lumière. Ses vêtements, son corps lui-même est luminosité. La limpidité de l'eau lustrale et l'éblouissement de la lumière se joignent pour la faire rayonner. Il y avait un contraste frappant entre l'auréole qui illuminait Catherine et la pénombre des chambres de bois. Cette fois, l'auréole même est magnifiée par le rayonnement de tout ce qui l'entoure, du plafond lumineux au grand éclat de soleil.

La lumière est toute pureté parce qu'elle provient de source divine. Elle est, selon Bayard, « Lumière Incréée, cette Lampe indéfectible qui se trouve dans une Cité primordiale où le temps n'existe plus et où il n'y a plus ni jour ni nuit[21] ». Ainsi brille la lampe du sanctuaire qu'entretiennent avec tant de soin les religieuses des *Enfants du sabbat*. Cette lampe qui brûle jour et nuit représente la lumière du Christ, la vie éternelle dans la splendeur et la pureté d'une lumière inaltérable. Il faut également rappeler la célébration de la lumière que fêtent les religieuses le Samedi saint, à l'occasion de la bénédiction du feu. Toute la cérémonie évoque le mystère du feu qui descend du ciel pour dissiper les ténèbres et redonner la vie. L'on utilise alors le chandelier à trois branches, le grand chandelier triangulaire appelé justement *lumen Christi*, que l'on éteint et rallume dans un rituel de mort et de résurrection. Les cierges, allumés au feu central, au cierge pascal, brûlent d'un même feu spirituel, donnent une même clarté vive et pure. Ils purifient l'air de toute impureté, ils matérialisent la joie spirituelle d'une vie immortelle. Ils serviront tout au cours de l'année liturgique pour diverses cérémonies. Durant l'exorcisme, sœur Julie « tient un cierge allumé à la main [*ES*, p. 170] ». Alors qu'une tempête mystérieuse s'abat sur le couvent et la ville, la mère supérieure « fait allumer des cierges bénits dans le corridor [*ES*, p. 159] ». Dans la cabane, on allume « des cierges aux quatre coins du lit [*ES*, p. 98] » pour l'initiation de Joseph.

[21] BAYARD, *le Feu*, p. 68.

Nous trouvons chez Anne Hébert une autre lumière, plus mystérieuse, sorte de lumière astrale, d'éther paradisiaque ou de feu secret accompagnant la « sortie en corps astral[22] ». L'illumination de l'initié, cette lumière étrange, ou *qaumaneq*, qui lui permet de percer les ténèbres et de voir les événements futurs ou passés, participe de cette clarté surnaturelle. Eliade, citant Rasmussen, écrit que le *qaumaneq* consiste « en une lumière mystérieuse que le chaman sent soudainement dans son corps, à l'intérieur de sa tête, au cœur même du cerveau, un inexplicable phare, un feu lumineux, qui le rend capable de voir dans le noir, au propre aussi bien qu'au figuré[23] ».

Catherine avait été nimbée de lumière comme d'une auréole; Élisabeth connaît à son tour l'expérience d'une lumière initiatique qui, cependant, n'arrive pas à la purifier et à la libérer de son état profane pour la faire accéder à un état transcendant[24]. Elle ne réussit pas à habiter cette lumière, à devenir à son tour chaleur rayonnante. Cette lumière mystérieuse, ce feu imposé lui deviennent au contraire accablants et accusateurs, comme si Élisabeth n'avait pas su traverser avec succès les différentes épreuves initiatiques et ne pouvait accéder à l'état supérieur de l'« élue ». Elle est finalement condamnée à errer dans les ténèbres et le désert d'un monde qui lui est hostile.

Contrairement à Élisabeth, Philomène, dans *les Enfants du sabbat*, est au centre même de la lumière, est elle-même rayonnement. Le feu secret, son noyau, est dans sa tête. Sa perception extrasensorielle lui permet de rejoindre les zones mystérieuses de l'expérience mystique, au-delà du jour et de la nuit, dans l'éclat d'une lumière surnaturelle :

> Il n'y a aucune lampe allumée dans la pièce et pourtant la femme assise, près de la table, les coudes sur la toile cirée, est aveuglée de lumière. Elle a beau mettre ses mains sur ses yeux, se couvrir

[22] BAYARD, *le Feu*, p. 74.
[23] ELIADE, *Mythes* [...], p. 106s.
[24] *Cf.* p. 64-66.

> la figure avec sa veste de laine; la lumière (son centre et son noyau) se trouve dans sa tête et illumine toute la campagne [*ES*, p. 113].

C'est une même illumination que vit sœur Julie guidée dans ses extases par une « lumière venant de la tête [...] comme un phare [*ES*, p. 10] ». Elle renoue avec son énergie centrale et rejoint à travers le temps et l'espace le centre paradisiaque. Même l'abbé Flageole connaît, à la suite d'innombrables jeûnes, prières et crises d'asthme, et sous l'influence de sœur Julie, une vision qui s'apparente à une illumination :

> Son cœur sorti d'entre ses côtes était piqué de flèches rayonnantes et de longues aiguilles d'or. Ainsi le Sacré-Cœur était-il apparu à sainte Marguerite-Marie Alacoque, religieuse visitandine, née à Lauthecour, en 1647.
>
> L'abbé Flageole se réjouissait de cette divine ressemblance. Mais en même temps il avait peur d'étouffer et de mourir [*ES*, p. 131].

Son cœur brille tel un soleil intime, comme s'il participait mystérieusement au rayonnement divin.

La quête du feu sacré, du feu immatériel, du feu initiatique et magique aboutit à la découverte de la lumière, « cette source vibratoire d'où tout est né », dit Bayard. « C'est le rayon intérieur, le *Fiat* de Paracelse et de Boehme. Tous les autres éléments, l'Air, l'Eau, la Terre sont ainsi devenus les véhicules du Feu[25]. »

[25] BAYARD, *le Feu*, p. 265.

L'Union de l'eau et du feu

Dans une rêverie qui propose toujours une même dialectique d'affrontement et d'opposition, les eaux lustrales et les feux purificateurs n'ont jamais fini de se dresser contre les eaux et les feux néfastes. Et si les vertus purificatrices de l'eau comme du feu s'affirment parfois, leur triomphe ne peut conduire à une solution du conflit. Cette opposition de deux éléments contraires surdéterminés par leur propre ambivalence ne peut se résorber. Elle conduit à une exaspération toujours plus grande, à des excès sans limites[1].

Seul un renversement des valeurs symboliques peut permettre une réconciliation de l'eau et du feu. Alors le feu s'euphémise; il n'est plus brûlure mais douce chaleur et tiédeur pénétrante. Ce feu sexuel, explique Durand, « convertit les valeurs négatives d'angoisse et d'effroi en délectation de l'intimité lentement pénétrée[2] ». C'est la naissance

---

[1] AYLWIN a bien saisi ce dilemme dans *les Chambres de bois*. Il écrit : « Mais la fascination exercée sur la fille du feu par un être issu de l'eau signifie davantage : à travers le symbolisme des éléments contraires qui s'épousent sans parvenir à l'union ou à quelque forme de communion, c'est l'éternel drame de l'incommunicabilité qui est représenté; c'est aussi la tentative de l'homme pour retrouver l'unité originelle de son être au-delà de la dualité sexuelle. Mais l'humanité n'est-elle pas divisée en elle-même aussi définitivement que le feu est séparé de l'eau [« Au pays de la fille maigre [...] », *les Cahiers de Sainte-Marie. Voix et Images du pays*, nº 4 (avril 1967), p. 49] ? »

[2] DURAND, *les Structures* [...], p. 229.

du feu par friction ou par frottement que l'on doit relier au geste sexuel. Le « complexe de Novalis », tel que défini par Bachelard, résume ces attributs du feu. Il est « caractérisé par une conscience de la chaleur intime primant toujours une science toute visuelle de la lumière. Il est fondé sur une satisfaction du sens thermique et sur la conscience profonde du bonheur calorifique[3] ». Un tel feu est gage de fécondité.

L'eau, à son tour, s'euphémise; elle s'éloigne de l'image de la mort et de la femme fatale pour proposer celle de la mère féconde, de l'eau-mer, de la « *materia* primordiale tantôt marine, tantôt tellurique[4] ». Surgissent alors les archétypes de la Mère originelle, de la Grande Mère, de la Vierge-Mère, de l'Ève féconde, de la Grande Déesse lunaire à double sexualité, du Fils androgyne et de la Trinité.

L'idéal est de joindre l'action de l'eau à celle du feu. Rêver l'union des substances, c'est les sexualiser. Pour l'imagination il s'agit toujours d'un mariage. « En face de la virilité du feu, la féminité de l'eau est irrémédiable, reconnaît Bachelard. Elle ne peut pas se viriliser. Unis, ces deux éléments créent tout[5]. » Ainsi apparaît l'image du couple, promesse de prospérité et de fécondité. Quand l'imagination rêve l'union des deux éléments, elle découvre en même temps dans la bienheureuse intimité de matières privilégiées, tels les boissons alcoolisées, le vin ou le sang, le bonheur, l'ivresse et la fécondité d'une chaleur secrète.

Dans *les Chambres de bois* l'euphémisation de l'eau et du feu se fait lentement et ce n'est que dans la troisième partie que se produit un renversement des valeurs. Il y a pourtant une lente progression qui annonce la réhabilitation finale des images néfastes des deux premières parties du roman.

Quand nous voyons Catherine frotter avec une telle constance et un tel acharnement fenêtres et parquets, nous

[3] Bachelard, *la Psychanalyse du feu*, p. 70.

[4] Durand, *les Structures* [...], p. 256.

[5] Bachelard, *l'Eau* [...], p. 135s.

devinons une joie secrète, qui, comme le dit avec beaucoup de perspicacité Bachelard, « est inexplicable objectivement. Elle est la marque d'une puissance affective spécifique[6]. » Plus tard, dans les appartements de Michel, Catherine retrouve l'ardeur qu'elle avait chez elle et continue de nettoyer, de maintenir le feu. On voit l'ambivalence du feu. Alors même que nous parlions du feu néfaste du pays de Catherine, il y avait déjà un glissement vers une valorisation positive du feu intime. Et l'éclat du fourneau sur ses joues était aussi la manifestation d'une chaleur secrète qui ne savait s'exprimer autrement. Catherine gardait jalousement la connaissance de ce feu intime, les souvenirs de « matins pleins d'odeur de filles-enfants [*CB*, p. 33] », d'odeurs de cuisson près du poêle, souvenirs de la chaleur de l'été, des fraises rouges de son pays, et aussi du travail des mineurs qui s'enfonçaient dans les entrailles de la terre. « C'est là, songe Bachelard, que la chaleur se diffuse et s'égalise, qu'elle s'estompe comme le contour d'un rêve [...] Au centre sont les germes; au centre est le feu qui engendre. Ce qui germine brûle. Ce qui brûle germine[7]. »

Catherine porte en elle cet héritage; elle aussi creuse patiemment sa galerie souterraine, vivant d'abord l'assurance de cette chaleur concentrée avant de connaître l'irradiation lumineuse. Michel fut surpris par la « chaleur de cette chair adolescente entre ses bras maladroits. Il balbutia : — « Tu es chaude, Catherine, si chaude et douce. [*CB*, p. 75]. » Lui qui a les mains glacées refuse cette chaleur intime de Catherine comme un interdit de la chair. C'est à Bruno que Catherine choisira finalement de l'offrir. « La chaleur est un bien, une possession, ajoute Bachelard. Il faut la garder jalousement et n'en faire don qu'à un être élu qui mérite une communion, une fusion réciproque[8]. »

La troisième partie du roman vient progressivement illustrer l'heureux mariage de l'eau et du feu. La nature

[6] BACHELARD, *la Psychanalyse du feu*, p. 55s.

[7] *Ibid.*, p. 70s.

[8] *Ibid.*, p. 70.

elle-même exprime cet équilibre des forces. Ce n'est plus la sécheresse du pays de Catherine, ni l'omniprésence de l'eau du pays de Michel. Catherine voit « tout le plafond de tuiles rayonn[er], peu à peu, livré à la lumière comme à sa propre couleur saumonée et juteuse. Elle imagin[e] une belle pastèque, et elle [a] soif et faim [*CB*, p. 146]. » La lumière prend une volupté toute terrestre et propose à Catherine une sensuelle incarnation. Celle-ci découvre une lumière qui a couleur et consistance, une lumière liquide, en quelque sorte, puisque « le plafond de la terrasse s'humectait de clarté [*CB*, p. 154] » en un heureux mariage du feu et de l'eau.

Le soleil et le jour perdent leur caractère angoissant de temps qui fuit pour proposer des valeurs plus réconfortantes. L'été qui arrive est lié au cycle de la nature : « L'été de ce pays ne se montre jamais tout à fait, tant que le chant de la cigale ne crépite pas à la cime de chaque arbre semblable à un feu de bois [*CB*, p. 159]. » Ce chant de la cigale annonce le renouveau, le recommencement temporel, le devenir cyclique qui est maîtrise du temps[9]. Dans cette évocation de l'été sont rassemblés trois symboles importants : la cigale, l'arbre et le feu de bois, tous trois surdéterminant la maîtrise du temps. Mais l'arbre, comme le feu, vient suggérer à la rêverie une nouvelle dimension. Tout en s'associant au devenir végétal par ses propres cycles, insensiblement il « nous fait passer de la rêverie cyclique à la rêverie progressiste[10] », écrit Durand. Son verticalisme si apparent nous oriente vers un devenir et rejoint la symbolique du feu de bois qui semble naître à la fois du chant de la cigale et de l'arbre lui-même. L'été de ce pays est à la fois une promesse de recommencement et l'assurance d'un dépassement de la condition temporelle.

De plus, nous sommes dans un pays où l'ardeur du soleil est tempérée par la présence de la mer. Pays de fleurs, de couleurs, d'odeurs, de soleil et d'eau. Il ne s'agit plus

[9] *Cf.* DURAND, *les Structures* [...], p. 360.
[10] *Ibid.*, p. 391.

d'étangs pourris, de canaux, mais de l'eau salée et tonifiante de la mer. C'est dans ce pays que Catherine est venue chercher la promesse d'une guérison. Si elle se laisse dorer par le soleil, elle subit aussi l'influence de l'eau. Elle aime se promener sur la jetée, dans le vieux port; elle se trouve une crique au bord de l'eau et prend l'habitude de s'y baigner. L'eau et le soleil agissent sur elle tour à tour comme s'ils mariaient leurs efforts pour une action plus féconde : « Elle se baigna, se fit sécher au soleil, se baigna encore, demeura tard sur la grève, interrogeant la mer, les rochers, les baigneurs, l'horizon étale [*CB*, p. 158s.]. » Catherine, à l'image de ce pays, devient elle-même à la fois eau et feu. Sa peau bronzée et ses cheveux blonds ont l'éclat du soleil tandis que le bleu de ses yeux et de sa robe aux reflets violets évoque la mer.

Puis Catherine rencontre Bruno. Le jeune homme est l'image même de la virilité avec sa « tête forte, aux cheveux drus, à la nuque puissante de cerf stupéfié [*CB*, p. 155] », sa « face patiente » et cette « ressemblance de taureau blessé [*CB*, p. 181] ». Ce « fils du soleil » est en même temps le maître des eaux : éclusier de métier, il fait monter et descendre le niveau des eaux à la force du poignet [*CB*, p. 181]. Devant ce mâle issu à la fois du feu et de l'eau, Catherine fait la découverte de sa féminité. Quand elle visitera Michel une dernière fois, après avoir accepté d'épouser Bruno, et qu'elle se tiendra debout devant lui, dans toute sa plénitude, il lui reprochera « l'insolence de sa vie [*CB*, p. 189] ».

Ainsi surgit l'image idéalisée du couple primordial : union du mâle et de la femelle à l'origine des temps, Adam et Ève au paradis premier. Ils sont tous deux « marqués des mêmes signes : huile, soleil, eau et sel [*CB*, p. 161] ». Baignant dans le même soleil et dans la même eau, ils se découvrent, après toute une nuit passée côte à côte au bord de la mer, au premier jour du monde : « Le chant heurté de la mer passait par-dessus leurs deux corps couchés, les laissant à découvert après chaque vague, vulnérables et las [*CB*, p. 171]. » La mer les a donc lavés de leur passé.

Elle semble leur donner naissance au terme d'un long voyage aquatique et ténébreux. Après avoir connu les eaux néfastes du pays de Michel, Catherine se retrouve au matin près de la mer, comme si elle venait de naître des profondeurs marines. Les noyés ressuscitent. L'eau néfaste se métamorphose en eau maternelle, originelle et féconde. Bruno et Catherine ressemblent à ces enfants que décrit Bachelard, lesquels étaient abandonnés à la mer, puis, rejetés vivants sur la côte, quand ils étaient « sauvés des eaux, [...] devenaient facilement des êtres miraculeux. Ayant traversé les eaux, ils avaient traversé la mort. Ils pouvaient alors créer des villes, sauver des peuples, refaire un monde[11]. »

Une autre nuit vient réunir le couple dans des gestes de recommencement. Après les vaines tentatives crépusculaires de Michel, Catherine connaît sa première nuit d'amour. Cette fois les ténèbres, au lieu d'être menaçantes, permettent un dialogue intime, une communication qui vainc le temps et qui défie la mort elle-même. L'image du couple qui propose l'éternité met en échec le visage mortel du temps. Le désir de la chair, d'abord associé à la corruption et à la fatalité néfaste dans les deux premières parties du roman, propose finalement l'enracinement fécond et l'espoir. L'amour du couple résout l'antithèse du noir et du blanc comme de l'eau et du feu.

La nuit est non pas vaincue, mais apprivoisée. La nuit d'amour de Bruno et de Catherine permet le passage de l'enfance à la maturité; véritable rituel initiatique où la mort est suivie d'une nouvelle naissance : « Il la porta sur le lit comme on porte un enfant qui va mourir [*CB*, p. 183]. » Union de l'homme et de la femme, recommencement, renaissance dans une unité retrouvée.

Dès la première page des *Enfants du sabbat* surgit cette image d'un « couple sacré qui présid[e] à la destinée de la cabane [*ES*, p. 7] ». La vision paradisiaque de Julie rayonne de bonheur :

---

[11] Bachelard, *l'Eau* [...], p. 102.

> Un homme et une femme se tiennent debout, dans l'encadrement de la porte, souriant de leur grande bouche rouge aux dents blanches. Le soleil, comme une boule de feu, va basculer derrière la montagne, illuminant le ciel, teignant de rose les mains tannées de l'homme et de la femme. Un petit garçon ouvre sa culotte déchirée [...]
>
> [...] Assise sur un tas de bûches, [Julie] fourrage dans sa tignasse pleine de paille, d'herbe et d'aiguilles de pin. Son cou, ses bras et ses jambes hâlés sont criblés de piqûres de maringouins. L'air est parfumé, sonore d'insectes et d'oiseaux [*ES*, p. 7].

Un homme et une femme, un garçon et une fille, images de l'équilibre du couple. La nature tout entière participe à cette harmonie édénique. L'air est riche de parfums, de chants d'oiseaux et d'insectes. L'homme et la femme éclatent de santé et de joie de vivre. Les vêtements déchirés de Joseph, les cheveux pleins de paille, d'herbe et d'aiguilles de pin et la peau bronzée de Julie, comme celle de Catherine à la fin des *Chambres de bois*, trahissent la liberté de leurs jeux au grand air, dans l'intimité et la complicité de la forêt qui entoure la cabane. Le soleil n'a pas l'éclat brutal du feu de midi mais plutôt la richesse des couleurs du crépuscule; ses reflets roses sur les mains du couple, comme la lumière « saumonée et juteuse » du plafond de la maison de vacances de Catherine, proposent une volupté bienheureuse.

Adélard et Philomène forment, dans la luminosité du soleil couchant, ce couple étonnant comme on n'en rencontre guère ailleurs dans l'œuvre d'Anne Hébert. Couple primordial, vivant sans scrupules l'ivresse des sens, partageant toutes les jouissances dans une parfaite impiété. Philomène et Adélard sont dieux et démons, prêtre ou prêtresse, sorcier ou sorcière, ordonnateurs de rites diaboliques, héros mythiques réactualisant dans l'espace « sacré » de la cabane le « grand temps ». Le couple réalise ainsi l'unité des sexes, réunit ce qui a été divisé, rétablit l'androgynie originelle.

> Philomène et Adélard sont des squatters. Ils viennent d'on ne sait où, voyagent à travers bois et portent leurs deux enfants sur

> leur dos, comme font les squaws. [... Ils] peinent et maugréent des mots incompréhensibles, en aucune langue connue. [... Ils sont] doués de vie, plus que personne au monde, dépositaires de secrets, guettant une cabane pour y monter leurs fêtes, leur culte, leurs cérémonies et leur alambic [...] étant faits pour vivre du désir des hommes et des femmes, capables d'éveiller toutes faims et soifs enchaînées au cœur des villages endormis. Ils savent rire et vivre trop fort et s'accouplent l'un l'autre dans un vacarme de chats [*ES*, p. 84s.].

Ce passage dit de façon éclatante les origines mystérieuses de ce couple aux mots incompréhensibles, aux rites secrets et aux pouvoirs magico-religieux. Leurs amours illustrent cette démesure propre aux gestes rituels qui répètent ceux des héros exemplaires, dieux ou démons. Leurs noces se prolongent des jours durant dans une égale volupté et une vigueur sans cesse renouvelée [*ES*, p. 10, 29, 85s.]. « Il y a entre l'homme et la femme une telle égalité de malice et de plaisir, qu'on ne peut s'empêcher de croire que la justice et l'amour seront rendus à chacun, selon ses œuvres, de façon éclatante et absolue [*ES*, p. 29]. »

Plus encore que Catherine et Bruno, Philomène et Adélard incarnent le couple originel, l'Adam et Ève d'une ère nouvelle, celle-là même que Julie inaugure à son tour à la dernière page du roman lorsqu'elle rejoint le jeune homme qui l'attend.

Les boissons alcoolisées

De toutes les matières l'alcool est sans doute celle qui permet le mieux à l'imagination de rêver la fusion de l'eau et du feu. Elle flambe devant l'œil émerveillé, elle brûle et réchauffe lorsqu'on la boit :

> L'eau-de-vie, c'est l'eau de feu. C'est une eau qui brûle la langue et qui s'enflamme à la moindre étincelle [...] Elle est la communion de la vie et du feu. L'alcool est aussi un aliment *immédiat* qui met tout de suite sa chaleur au creux de la poitrine [...] Seule de toutes les matières du monde l'eau-de-vie est aussi près de la matière du feu[12].

---

[12] BACHELARD, *la Psychanalyse du feu*, p. 139s.

Les hommes et les femmes qui boivent l'alcool fabriqué par Adélard disent « que ça brûle comme du feu [*ES*, p. 36] ». L'eau-de-vie d'Adélard n'est pas une banale boisson alcoolisée mais bien la quintessence végétale extraite de substances naturelles : « On ne peut que constater le bon fonctionnement de l'alambic, en parfait état de marche, avec sa cheminée fumante, son serpentin et sa chaudière bien remplie de bûches. Un liquide étrange et joyeux bouillonne doucement [*ES*, p. 10s.]. » Le serpentin qui sert à distiller le précieux liquide a la forme d'une spirale, « emblème du Feu naturel », « emblème de toute vie[13] », dit Bayard. Il ressemble à la « Sainte Fontaine », laquelle « s'écoule suivant la courbe d'une spirale logarithmique et c'est retrouver le symbolisme de la vie et du mouvement qui se vrille dans l'éther; c'est retrouver l'emblème druidique[14] ». Le liquide qui s'écoule de l'alambic est « Vin de Vérité », boisson pure, breuvage sacré :

> Dans la cave, c'est un parfum d'alcool chaud qui accueille Adélard. Ivre, rien qu'à l'odeur, il s'affaire et prépare la bagosse pour la fête.
>
> Une à une, avec un bruit régulier de métronome, les gouttes de liquide s'échappent de l'alambic et retombent dans un pot de ferblanc.
>
> Quand le pot est plein, Adélard le vide dans une des cruches de verre préparées à cet effet. Il enferme soigneusement dans la cruche l'ivresse pure, l'âme et l'esprit de la boisson [*ES*, p. 34].

La « bagosse », comme la tisane au goût amer que sert Philomène dans une même grande tasse lors des rites initiatiques [*ES*, p. 64, 98], comme l'*occtli* mexicain, le *peyotl* nord-américain, le *geshtin* sumérien, l'*yohimbehe* et l'*iboga* africains et tant d'autres breuvages rituels, a les qualités mythiques d'une boisson pure, d'un breuvage sacré. Boissons aux puissances magiques qui procurent l'ivresse, le « délire bachique », et facilitent l'accès à un état second.

---

13 BAYARD, *le Feu*, p. 102, 171.

14 *Ibid.*, p. 106.

Hommes et femmes se soûlent de « bagosse » au cours de la fête du sabbat et des rites initiatiques. Adélard et Philomène, poursuivis par la justice, videront eux-mêmes les dernières cruches pour qu'elles ne tombent pas entre des mains profanes. Philomène s'enivre avant de se soumettre au bûcher de la cabane. Ces beuveries créent un lien mystique entre les participants, leur permettent d'oublier leur existence quotidienne et d'accéder à une condition extatique et paradisiaque.

Au pays de Catherine, les hommes descendent sous terre pour creuser l'or noir et découvrir au centre de la terre les germes d'un feu fécond. Cette fois, les bouilleurs de crus vont sous terre pour en extraire, grâce au feu naturel, l'or potable qu'est la « bagosse », élixir des dieux. L'or liquide qui coule dans la cave se souvient de l'or solaire, du feu céleste qui avait nourri subtilement la plante.

Vin et sang

Bachelard sait conserver l'ardeur des rêves préscientifiques pour retrouver l'alchimie du végétal. Alors le vin devient un sang végétal. « On dira aussi bien : le vin est le sang de la vigne ou le sang est le vin animal. Et entre les règnes extrêmes, entre les liquides extrêmes de haute noblesse, entre l'or potable et le sang, c'est le vin qui est le naturel intermédiaire[15]. »

Seul ce vin naturel peut être utilisé pour le sacrement de l'Eucharistie auquel assistent tous les jours les religieuses. À chaque messe le prêtre consacre le vin qui devient le sang du Christ. Le mystère de la transsubstantiation eucharistique unit l'eau et le vin, l'eau et le feu; le vin du sacrifice est alors breuvage d'immortalité, comme l'est par excellence le sang — mêlé à l'eau — qui coule de la plaie du Christ[16]. À la consécration, le célébrant prononce les

15 BACHELARD, *la Terre et les Rêveries du repos*, p. 328.

16 CHEVALIER et GHEERBRANT, *Dictionnaire des symboles* [...], t. 4, p. 144.

paroles rituelles : « *Hic est enim calix sanguinis mei, novi et aeterni testamenti mysterium fidei*[17]. » Au même moment, dans la montagne de B..., Philomène « trempe ses mains dans les bassines de sang que lui tendent les enfants, offre à boire à toute l'assemblée à même ses deux paumes aux doigts joints [*ES*, p. 43] ». Les participants communient sous les deux espèces, comme ils le feront lors de l'initiation de Julie. Boissons rituelles et sang sont « vin de vérité » et « sang universel », gages de vie nouvelle et de dépassement des conditions profanes d'existence.

Le sang initiatique

Le sang dans *Kamouraska* est une eau noire liée à la mort. Dans *les Enfants du sabbat* il devient un symbole de régénération. Il est principe de vie; il est feu intime, chaleur vitale et corporelle, contrairement à la lumière qui est feu spirituel, immatériel, souffle de l'esprit. « Le sang, observe Bayard, charrie la chaleur magnétique et c'est nous proposer l'équation de la Vie universelle, c'est revenir au trinaire, au sang de la fécondation[18]. »

Quand Julie est initiée, elle perd tout son mauvais sang d'enfance, sang pourri qui doit disparaître et « être remplacé par de la semence magique [*ES*, p. 67] ». Cette initiation est mort et renaissance. Le sang qui coule est promesse de puissance et de fécondité. Julie découvre, au centre d'elle-même, la chaleur magique, le feu intime :

> Sur la table [...] elle frémit sous le poids du feu qui la brûle. Philomène rit.
>
> — C'est ce qu'il faut, ma belle. Le pain doit cuire de ta brûlure à toi, comme si tu étais un vrai poêle allumé.
>
> [...] Mon pouvoir se décide et se fonde, en ce moment même où le feu, pareil à une bête, toutes griffes dehors, s'agrippe à mes reins. Moi-même feu et aliment de feu, je fais l'hostie de notre étrange communion [*ES*, p. 68s.].

---

17 *ES*, p. 43. « Car ceci est le calice de mon sang, le sang de la nouvelle et éternelle alliance, mystère de foi. »

18 BAYARD, *le Feu*, p. 114.

Julie est l'offrande sacrificielle, le sang de la communion et le feu de vie. Elle devient la maîtresse du feu et de l'eau, comme l'était avant elle sa mère Philomène. Dorénavant le feu pourra naître de la chaleur de son propre corps capable de s'embraser et de se consumer : « Le plus effrayant, ma révérende, c'est que la face de créature là-haut dans la fenêtre s'est allumée tout d'un coup, comme un tison, pis est devenue noire, comme du charbon [*ES*, p. 165]. »

> Tout accroissement de puissance, d'ardeur qui provient de la sublimation de l'être, fait naître une « chaleur » naturelle. Dans cette magie primitive, le chaman [...] est un magicien qui peut produire le feu; ce pouvoir religieux est recélé dans le corps même de l'individu et l'homme est « brûlant »[19].

Au couvent, sœur Julie revit son enfance dans une série de rêves extatiques. Elle s'« ajuste à sa chair et à ses os [...] à la source de [sa] vie perdue, pareille à une chatte ronronnante s'installant près du feu [*ES*, p. 38] ». Elle réactualise son initiation, sa mort et sa renaissance. Durant la méditation quotidienne, elle a une hémorragie subite et inexplicable et s'évanouit : « On va jusqu'à parler des stigmates de Notre-Seigneur reçus par sœur Julie, ruisselante de sang, au cours de la méditation du matin [*ES*, p. 74]. » Des cloques se reforment au bas du dos, à l'endroit même où Philomène et Adélard avaient placé le tout petit poêle noir. Son corps se couvre d'écorchures et de blessures toujours fraîches, comme celles de la petite fille qui fuit dans la forêt. Elle se barbouille de sang, blesse ses pieds en marchant sur des tessons, « se gratte jusqu'au sang, de par tout le corps [*ES*, p. 178] », subit l'épreuve des aiguilles, « souffre et saigne [*ES*, p. 179] ».

Toutes ces mutilations, tortures et blessures sont des expériences de mort initiatique; elles symbolisent le morcellement et la disparition de l'être profane en vue d'une régénération. C'est le sens de son « étrange passion » qui précède sa « résurrection mystique », telle que l'a vécue le Christ à qui elle est constamment associée.

---

[19] BAYARD, *le Feu*, p. 176s.

L'androgynat primitif

Le sang vient surdéterminer le pouvoir de vie et de régénération de Julie. Elle est véritablement « la dame du plus précieux sang [*ES*, p. 184] », du sang de la fécondation : « Elle est assise sur le bord de son lit. Jambes ouvertes, ruisselantes de sang. Elle tient un nouveau-né dans ses bras, le lèche et lui souffle dans la bouche. Elle triomphe [*ES*, p. 184]. » Sœur Julie donne naissance à un fils sans qu'elle ait connu, semble-t-il, d'homme. La voilà Vierge-Mère, comme souhaiterait le devenir chacune des religieuses, à l'image de la Vierge Marie :

> Le Paraclet nous engrosse, à tour de rôle. Le fruit de nos entrailles est béni.
>
> *L'Ange du Seigneur a annoncé à Marie*
> *Et elle a conçu par l'opération du Saint-Esprit*
> *Et le Verbe s'est fait chair*
> *Et il a habité parmi nous.*
>
> D'adorables Jésus reposent, en rêve, entre nos bras. Parfois le Saint-Esprit nous apparaît, masqué et costumé, souvent méconnaissable et inquiétant, ressemblant au garçon boulanger, à l'accordeur de piano, ou à Mgr l'évêque lui-même [*ES*, p. 51].

L'Ève fautive ou la Vierge noire devient la Vierge-Mère, l'Ève féconde, la Mère originelle et universelle. Julie, comme Philomène, comme tant de femmes dans l'œuvre d'Anne Hébert, est la Grande Déesse, la Grande Mère, la *materia* primordiale. La Grande Déesse lunaire symbolise alors l'androgynat primitif puisqu'elle a, généralement, une double sexualité[20]. L'on voit se regrouper autour d'un même noyau organisateur synthétisant la réintégration des contraires, la *coincidentia oppositorum* et le mariage de l'eau et du feu, la Vierge-Mère, la Grande Déesse et le Fils androgyne, autant de symboles d'union et de médiation.

L'archétype du Fils serait, d'après Durand, « une traduction tardive de l'androgynat primitif des divinités lu-

---

[20] *Cf.* DURAND, *les Structures* [...], p. 334.

naires[21] ». Julie, déesse lunaire, donne naissance à un fils, Messie ou antéchrist, confirmant ainsi sa double sexualité, son androgynat originel :

> La mère donne naissance au fils et ce dernier devient amant de la mère en une sorte d'*ouroboros* hérédosexuel. Le Fils manifeste ainsi un caractère ambigu, participe à la bisexualité et jouera toujours le rôle de médiateur. Qu'il descende du ciel sur terre ou de terre aux enfers pour montrer le chemin du salut, il participe de deux natures : mâle et femelle, divine et humaine[22].

Tel est le sens profond de la célébration de l'inceste, comme l'indique d'ailleurs l'oracle écrit en lettres noires au-dessus du lit de Philomène [*ES*, p. 96] :

LE PLUS GRAND SORCIER ET MAGICIEN
EST CELUI
QUI NAÎT DE LA MÈRE ET DU FILS

> Telle est la loi, afin que naisse, du fils et de la mère, le plus noir génie jamais promis au monde. La possession de la terre sera pour ce fils unique. *Il fera paître toutes les nations avec une trique de fer* [*ES*, p. 107].

Contrairement à sa mère, Julie se promet de réussir et de réaliser ainsi l'oracle antique : « Moi, moi, Julie Labrosse dite de la Trinité, je ferai cela. Je serai mère et grande mère, maîtresse et sorcière, je retrouverai la loi la plus profonde, gravée dans mes os [*ES*, p. 174]. »

Passage d'une densité symbolique étonnante et qui résume à lui seul tous nos propos. Julie dite de la Trinité a une triple nature, comme si la bi-unité divine de l'androgyne ne lui suffisait plus. Il n'y a pas ici simple référence à la Sainte Trinité, Père, Esprit et Fils, mais réactualisation du mystère. Julie est à la fois Mère, Père et Fils, la fécondité du jour et de la nuit qui se résorbe en maîtrise du temps, le mariage de l'eau et du feu qui donne naissance au Fils,

[21] DURAND, *les Structures* [...], p. 344.
[22] *Ibid.*

lui-même feu nouveau et lumière du monde[23]. Plus qu'une éternelle répétition cyclique, la naissance du Fils conduit du schème rythmique au mythe du progrès[24].

Nous n'en finirions plus de relever les multiples résonances symboliques d'une écriture et d'une rêverie qui s'enracinent aussi profondément dans l'imaginaire non seulement pour en retrouver les grands archétypes mais pour les réactualiser dans la vigueur du récit littéraire.

---

[23] Gabrielle POULIN, dans un article pénétrant intitulé « la « Nouvelle Héloïse » québécoise; une lecture des *Enfants du sabbat* », *Relations*, vol. 36, n° 413 (mars 1976), p. 92, parle également de la trinité de sœur Julie : « En notre « Nouvelle Héloïse » québécoise, prénommée sœur Julie de la Trinité, se rencontrent, étroitement unies, comme son nom l'indique, l'amante, la petite sœur religieuse et la sorcière, comme la terre, le ciel et l'enfer. Trinité à la fois vivante, angélique et démoniaque. »

[24] *Cf.* DURAND, *les Structures* [...], p. 379s.

La Rêverie de la neige dans *Kamouraska*

L'eau et le feu ne connaissent pas, dans *Kamouraska*, la complicité et la fécondité d'un heureux mariage. Les contraires ne peuvent s'harmoniser que dans un renversement des valeurs symboliques, dans une rêverie de l'intimité redécouverte. Ce roman continue d'affronter farouchement ses images antithétiques sans connaître d'apaisement.

Mais voici que s'offre à l'imagination d'Anne Hébert une autre matière, qui n'est ni l'eau ni le feu et qui, pourtant, s'approprie certaines de leurs caractéristiques, surtout purificatrices, pour mieux triompher de la nuit, de la boue et de toutes les souillures terrestres : la neige. À la fois fraîcheur et chaleur, la neige est cependant bien plus que cela. Une rêverie de la neige nous interdit de la confondre à l'eau ou à toute autre matière. La neige, bien plus qu'une simple eau gelée, apparaît comme un « obstacle épistémologique[1] », dirait Durand, une matière authentique

---

[1] DURAND, « Psychanalyse de la neige », *Mercure de France*, août 1953, p. 617. BACHELARD se montre beaucoup plus hésitant. Il dit que « l'imagination du froid est très pauvre [...] Dans la vie éveillée, il est rare que le froid soit conçu comme une *valeur*. Il est donc bien rarement une *substance* [*la Terre et les Rêveries de la volonté*, p. 228]. » Il est vrai, comme le rappelle Durand, que l'oubli de la neige est un « oubli excusable pour un Champenois. Champagne et Bourgogne, vocables trop terrestres, trop chargés de saveurs et de parfums, pour que la neige y joue d'autre rôle que celui d'un épisode assez bref, d'un

au même titre que l'eau, l'air, le feu ou la terre. Si la rêverie de la neige et du froid est plus rare que celles inspirées par la couleur, la chaleur et toutes les sensualités terrestres, c'est sans doute pour des raisons, explique Bachelard, qui sont liées à l'expérience même, mais aussi à des interdits plus profondément enracinés :

> Le froid est, à notre avis, un des plus grands interdits de l'imagination humaine. Alors que la chaleur fait en quelque manière naître les images, on peut dire qu'on n'imagine pas le froid. Le froid cadavérique forme barrage pour l'imagination. Pour l'imagination, rien n'est plus froid qu'un cadavre. Il n'y a pas un au-delà du froid de la mort[2].

Anne Hébert elle-même écrit : « Qui pourra jamais parler du froid ! Ce couteau entre vos deux omoplates, ces aiguilles sous vos ongles, cette misère au centre de vos os. Qui osera jamais parler de l'hiver ? On ne peut pas plus parler de l'hiver que de la mort [*LT*, p. 238]. » Le gel et la mort sont intimement liés comme elle le montre ailleurs dans une image saisissante : « Une petite morte s'est couchée en travers de la porte. / Nous l'avons trouvée au matin, abattue sur notre seuil / Comme un arbre de fougère plein de gel [*P*, p. 47]. »

En réalité, la rêverie de la neige habite l'univers d'Anne Hébert depuis ses premiers écrits[3]. C'est toute-

répit sans lendemain dans le labeur d'un vigneron [p. 615]. » Ce qui ne l'empêche pas d'écrire à son tour, un peu plus loin : « La poésie de la blancheur est plus rarement exprimée, comme d'ailleurs celle du silence [p. 623]. »

[2] BACHELARD, *la Terre et les Rêveries du repos*, p. 266.

[3] En avril 1938, Anne HÉBERT publie « Enfants à la fenêtre », dans *le Canada français*, vol. 25, nº 8 (avril 1938), p. 822-825, courte féerie en deux tableaux qui nous montre deux jeunes filles à leur fenêtre, un jour d'hiver, admirant les jeux de la lumière sur la neige et la glace. Il faut signaler quelques contes de Noël [« Trois Petits Garçons dans Bethléem », *le Canada français*, vol. 25, nº 4 (déc. 1937), p. 395-397; « la Part de Suzanne », *ibid.*, vol. 26, nº 4 (déc. 1938), p. 348-352; « la Boutique de monsieur Grinsec », *l'Action catholique*, vol. 5, nº 1 (5 janv. 1941), p. 4 et 10; vol. 5, nº 2 (12 janv. 1941), p. 4; et vol. 5, nº 3 (19 janv. 1941), p. 4 et 10] et des poèmes épars ayant pour sujet

fois avec *Kamouraska* qu'elle se présente comme la plus séduisante et obsédante à la fois, révélant une connaissance intime de l'hiver. La neige devient alors foyer de convergence et de rayonnement.

« Histoire de neige et de fureur [*K*, p. 184] », écrit-elle à propos de son roman. Plus de cent pages se déroulent en hiver[4]. Comme dans *le Temps sauvage*, l'hiver y est bien la saison la plus importante, tant par la qualité que la quantité des événements qui s'y produisent. C'est en hiver qu'Élisabeth rencontre George, qu'ils s'avouent leur amour, qu'ils vont ensemble au bal de Saint-Ours malgré l'interdiction d'Antoine, qu'Élisabeth accouche de son troisième enfant, l'enfant de « l'amour ». C'est encore en hiver qu'Aurélie part vers Kamouraska dans le but d'empoisonner Antoine, que George refait le même trajet pour assassiner son rival avant de s'enfuir aux États-Unis et qu'Élisabeth essaie de traverser la frontière avec sa tante pour aller rejoindre son amant. C'est toujours l'hiver quand Aurélie et Élisabeth sont emprisonnées et accusées de meurtre.

L'hiver, le froid et la neige ont raison des eaux noires, des routes boueuses, du fleuve lui-même qui gèle et se couvre de glaces et de neige à ne plus « discerner la ligne de partage de la neige, entre la terre et le fleuve gelé [*K*, p. 235] ».

---

l'hiver ou Noël [« Sous-bois d'hiver », *Gants du ciel*, nº 4 (juin 1944), p. 8-10; « Noël », dans Guy Robert, *Littérature du Québec*, t. I : *Témoignages de 17 poètes*, Montréal, Déom, 1964, p. 59-61]. Dans *Songes en équilibre*, elle évoque la neige et ses saisons, sa nudité et ses fleurs étranges [*SÉ*, p. 45, 146]. Elle consacre tout un poème à la magie de la neige transformatrice dans *Mystère de la parole* [*P*, p. 88]. Les deux premiers actes du *Temps sauvage* se déroulent en hiver, saison privilégiée d'Agnès.

[4] L'hiver dans *Kamouraska* : p. 106-142, 184-249, soit plus de cent pages, sans compter les nombreuses autres pages où survient une rêverie passagère de la neige. L'été tient bien moins de place : quelques pages au début, surtout les p. 50, 71-75, puis p. 148-168 et la dernière page du roman. L'automne, avec ses pluies, sa boue et l'omniprésence de l'eau, est une autre saison importante : en particulier p. 66-68, 75, 95-105, 169-183.

> Dehors, l'immensité de la neige, à perte de vue. Cette espèce de vapeur blanche, épaisse, s'élevant des champs, de la route, du fleuve, de partout où le vent peut soulever la neige en rafales. La poudrerie efface les pistes et les routes [*K*, p. 211].

Cette neige qui recouvre tout propose une purification que ni les eaux ni le feu purificateur ne pouvaient donner. La neige enveloppe de blanc et de silence les sensualités et les bruits terrestres. Elle illumine, elle éblouit, elle brûle tel un feu mystérieux. Elle est eau lustrale par excellence en même temps que brûlure purificatrice; elle offre à la fois le baptême de l'eau et du feu.

La blancheur de la neige

La neige recouvre le noir et les couleurs de la terre et des eaux d'une blancheur immaculée, purifiant comme par miracle les souillures terrestres. Voilà l'eau lustrale par excellence dont l'éclat s'allie au feu céleste pour une purification plus radicale. Sa blancheur est telle qu'elle aveugle et éblouit en même temps. Blancheur aveuglante qui efface toute nuance. Elle est la grande négatrice des formes et des couleurs; elle invite la rêverie à une véritable ascèse.

Élisabeth revoit en rêve la maison de la rue Augusta et fait appel à la neige pour qu'elle efface toute trace d'un passé indésirable : « Les gravats ont été balayés, en tas, contre la plinthe. Une poussière fine tombe, inlassable comme la neige. Vais-je mourir là dans ce vide absolu ? Une cloche de verre où persiste une sèche poussière, pour m'étouffer [*K*, p. 58]. » Véritable désert intérieur. De la poussière du désert au désert de neige le pas est vite franchi. Élisabeth découvre un désert de neige qui est le vide et l'infini de l'espace intérieur tout autant que de l'espace extérieur : « J'habite le vide absolu. Un désert de neige, chaste, asexué comme l'enfer. En vain j'examine la vaste étendue blanche, dépouillée de ses villages et de leurs habitants. Les grandes forêts. Les champs. Le fleuve gelé.

Nul cheval noir à l'horizon [*K*, p. 197s.]. » George se perd « dans un désert d'arbres et de neige [*K*, p. 238] ». Le crime se déroule au loin, dans un autre monde, au-delà de toutes les frontières. Élisabeth met ce vide d'un désert de neige entre elle et le mal. Toute la campagne est dépeuplée de ses témoins gênants, de toute présence humaine, même de celle de George et de son cheval. Le désert de neige ressemble même à un enfer, mais purifié en quelque sorte, « chaste » et « asexué ». Un lieu de vide total, de possible conversion, en tout cas de négation de toute réminiscence terrestre avec ses désirs, ses passions et surtout ses crimes.

Élisabeth convie la neige en vue d'une nouvelle purification. Dans cette cloche de verre remplie de poussière de neige, dans la maison fermée de son enfance, surgit subitement une communiante vêtue de blanc de la tête aux pieds : robe blanche, long voile blanc, couronne de roses blanches [*K*, p. 58]. Et voilà que l'enfant qu'elle était « se débarrasse joyeusement de sa robe blanche qui tombe à terre, l'entoure d'un anneau neigeux, qu'elle franchit allégrement à cloche-pied [*K*, p. 59] ». Cet « anneau neigeux » sera remplacé plus tard par la couronne de mariée. Déjà dans le poème « la Chambre de bois » nous trouvions l'image étonnante de la neige associée à la cloche de verre et à l'anneau : « La neige, une poignée à peine, / Fleurit sous un globe de verre / Comme une couronne de mariée [*P*, p. 42s.]. »

Cette innocence qu'Élisabeth enfant abandonnait si légèrement, la femme qu'elle est devenue aimerait la retrouver définitivement, maintenant qu'elle sait où l'a conduite son aventure loin du cercle protecteur. Retrouver grâce à la blancheur purificatrice de la neige la sagesse de l'enfance : « Je veux bien attendre ici, au bord de la route (comme une petite fille sage, perdue dans la neige), que l'exécution d'Antoine soit terminée. Mais ne compte pas sur moi pour te suivre jusqu'à... [*K*, p. 233]. » Elle veut porter à nouveau le « masque froid de l'innocence [*K*, p. 237] » et se purifier du meurtre comme elle a voulu se laver d'Antoine lui-même. Elle avait jeté les moufles d'Antoine dans la neige et avait rêvé de perdre dans la campagne toutes les affaires de son mari dans l'espoir que la neige les recouvre et efface toute souillure. Élisabeth demande à la neige une purification définitive, comme si elle pouvait lui redonner sa virginité au moment même où elle va visiter George pour la première fois.

Le silence de la neige

À la blancheur de la neige il faut ajouter son silence, le silence d'une nuit d'hiver qui étouffe les bruits. La neige purifie des couleurs et des formes terrestres mais aussi de ses bruits, de ses cris et de ses agitations.

Le contraste est frappant entre la nuit de pluie du début du roman, nuit de cauchemars et de bruits inquiétants, et celle, de neige et de silence, où Élisabeth épie le passage du traîneau de George sous ses fenêtres. La première est peuplée des bruits d'une gouttière qui déborde, des sabots d'un cheval traînant une charrette aux roues cerclées de fer, de cris de toutes sortes, alors que la nuit d'hiver propose le silence : « Longtemps, dans le silence de la nuit, j'épie le pas du cheval, le glissement du traîneau sur la neige. Avant même que cela ne soit perceptible à aucune autre oreille humaine [*K*, p. 116]. »

Élisabeth est encore saisie par le silence de cette autre nuit d'hiver où elle et George, en route pour Saint-Ours, versent dans la neige. Plus tard, durant le long voyage de George à Kamouraska, elle sera « livrée au froid de l'hiver, au silence de l'hiver [*K*, p. 195] ». Le temps s'accumule sur elle, lui « fait une armure de glace. Le silence s'étend en plaques neigeuses [*K*, p. 197]. » Élisabeth est « placée dans la neige. Le froid. En vigie silencieuse et passive [*K*, p. 207]. » La neige va même étouffer les coups de feu de l'arme meurtrière : « Le bruit de la première détonation sur le chemin du Roi se perd dans la neige épaisse qui tourbillonne. [...] La seconde détonation résonne très loin, dans l'anse. Un signe à peine [*K*, p. 234]. »

Mais la neige nous propose aussi un silence plus fondamental associé au vide et à la mort, une purification définitive des désirs et des gestes terrestres. George s'isole en plein hiver, dans sa maison, pour attendre le retour d'Aurélie et l'accouchement d'Élisabeth. Le voilà « secrètement mêlé et confondu au froid de l'hiver. Comme il a été mêlé et confondu à la boue des chemins, un soir d'automne [*K*, p. 187]. » Comme s'il devinait d'avance l'échec d'Aurélie et se préparait déjà à affronter le désert de neige. Il quittera le monde des vivants pour traverser des frontières invisibles et habiter une « terre sauvage. Au-delà du silence [*K*, p. 193]. » Élisabeth voit son « image déformée par le givre et la mort pass[er] de l'autre côté du monde [*K*, p. 189] ». Elle s'imagine elle aussi « livrée au froid de l'hiver, au silence de l'hiver, en même temps que [son] amour. Lancée avec lui sur des routes de neige, jusqu'à la fin du monde. [Elle] ne sai[t] plus rien de [lui], que ce froid mortel qui [le] dévore [*K*, p. 195]. »

Le froid et la neige deviennent à leur tour des gueules dévorantes. Perfidie de la neige qui cache sous sa blancheur et son silence la mort elle-même :

> Attention à l'apparente douceur de la neige. Les flocons en rangs serrés, sur nous, autour de nous. Comment prévenir George ? Lui dire de ne pas se laisser prendre par la rêverie qui vient de la neige. Cette ivresse calme, cette fascination insidieuse (à peine un léger pincement au cœur, et nous glissons, peu à peu, d'abandon en abandon, de songerie en songerie, vers le sommeil le plus profond). Ne pas se laisser désarmer. Conserver vivaces, tout amour et toute haine. La neige étale, à perte de vue, nivelant paysage, ville et village, homme et bête. Toute joie ou peine annulées. Tout projet étouffé dans sa source. Tandis que le froid complice s'insinue et propose sa paix mortelle [*K*, p. 198].

La neige se fait agressive. « Les flocons en rangs serrés » sont autant de soldats qui assaillent de toutes parts pour « désarmer » et proposer cette « paix mortelle » qui n'est autre que la mort. Blanchet, le vagabond, connaîtra la même douceur envahissante d'une neige traîtresse, le même engourdissement sournois [*K*, p. 225]. Il n'y a plus qu'à se laisser aller à « l'envie pressante de se coucher dans la neige et d'y mourir paisiblement [*K*, p. 222] ». Faire corps avec elle. S'abandonner à sa douceur et à son silence, après avoir lutté désespérément pour conserver vivaces l'amour et la haine. Victoire de la neige qui efface toute passion, tout désir, sauf celui du vide, du silence absolu, de la mort enveloppante et douce. Que de voyageurs, réels et imaginaires, se sont laissés désorienter par la neige et ont succombé à l'engourdissement du froid ! Le silence de la neige est finalement silence primordial, hypersilence, silence absolu.

La neige transformatrice

Durand souligne le caractère dialectique et ambivalent de la neige : « Négatrices par nature, ses images dépassent en ambivalence les images de n'importe quel autre élément. Résolument anti-terre, la neige va annexer autant qu'il se peut toutes les images des éléments non terrestres qui à quelque degré s'opposent à la terre[5]. » La neige transforme tout, transfigure les paysages et les êtres, bouleverse les habitudes, renverse les valeurs. Sa purification est une métamorphose, un rajeunissement et une renaissance. Et la mort qu'elle propose est elle-même régénération.

La neige commence par nier tout ce qui est terrestre en le recouvrant de son tapis magique. Elle nivelle tout, rendant le paysage méconnaissable :

> La plate, longue, large, vague, poudreuse étendue neigeuse [*K*, p. 92].

> La neige. Ce n'est pas encore la fin du monde. Ce n'est que la neige. La neige à perte de vue, comme un naufrage [*K*, p. 184].

> Dehors, l'immensité de la neige, à perte de vue. Cette espèce de vapeur blanche, épaisse, s'élevant des champs, de la route, du

[5] Durand, « Psychanalyse de la neige », *Mercure de France*, août 1953, p. 628.

> fleuve, de partout où le vent peut soulever la neige en rafales. La poudrerie efface les pistes et les routes [*K*, p. 211].

Elle s'unit à l'eau, à l'air, à la blancheur et au silence pour éroder toutes les vertus terrestres et proposer un lieu originel, sorte de nirvāna de l'âme où sont anéantis les désirs et les vicissitudes de la terre.

Si la neige se fait tapis magique, manteau ou linceul, si elle nie avec tant de force la terre, c'est pour mieux l'affirmer par la suite dans toute sa fécondité. Elle est « tombe passagère », baptême et épiphanie. L'eau proposait une mort triste et désespérée, une liquéfaction et une dissolution des « beaux noyés ». Le feu offrait une mort qui ne laisse aucune trace, un anéantissement total de l'être dans l'éblouissement d'un instant. La mort par la neige est bien différente. Elle conserve au lieu de détruire, elle recouvre pour mieux dévoiler. Le repos qu'elle offre permet un rajeunissement comme si la neige était douée de propriétés magiques qui permettraient aux êtres et aux choses de renaître transformés, revitalisés. Elle est promesse de résurrection. Elle est cycle de mort et de vie[6].

La mort d'Antoine, en hiver, dans l'anse de Kamouraska, prend une autre signification. Comme si elle n'était pas définitive. « Un homme plein de sang gît à jamais dans la neige. Je le vois là ! Son bras gelé dur, levé, tendu vers le ciel [*K*, p. 30] ! » Son bras semble esquisser un geste de supplication ou de prière perpétuelle, comme un appel à la vie. C'est d'ailleurs à cause de ce bras hors de la neige qu'on découvre son cadavre et qu'on le ramène chez son oncle. L'on voit alors « la glace et la neige qui sont restées attachées aux vêtements d'Antoine et dans ses cheveux blonds fond[re] peu à peu [...] c'est une pitié pour un homme aussi jeune de dégeler ainsi, tout doucement. Comme un pauvre petit poisson des chenaux [*K*, p. 231]. » La congélation est une mort temporaire. D'ailleurs, l'homme du

---

[6] *Cf.* DURAND, « Psychanalyse de la neige », *Mercure de France*, août 1953, p. 628.

vingtième siècle n'hésite pas à mettre la science de l'hibernation au service de son imaginaire. Antoine semble reprendre vie en dégelant. La rêverie de la neige a vite fait de redonner vie au cadavre pétrifié : « Regardez bien l'homme immense qui s'avance vers vous, couvert de neige. Se relevant de quelque trou, creusé dans un banc de neige sur la glace. Pour l'ensevelir à jamais [*K*, p. 92]. »

La terre aussi, comme l'eau d'ailleurs, peut proposer une renaissance. La dernière page du roman l'illustre avec force. Une femme noire, encore vivante et étrangement conservée, a été déterrée dans un champ, sous les pierres. « Chacun se dit que la faim de vivre de cette femme, enterrée vive, il y a si longtemps, doit être si féroce et entière, accumulée sous la terre, depuis des siècles [*K*, p. 250] ! » Mais cette femme n'a guère été purifiée de ses désirs terrestres. Bien au contraire, son ensevelissement les a décuplés. L'ensevelissement par la neige, comme la crémation, propose une purification en même temps qu'une régénération. L'innocence d'Antoine paraît plus éclatante. La neige le lave bien plus que ses fausses confessions.

La neige s'approprie encore les qualités purificatrices des autres éléments pour mieux s'opposer à la terre. S'il semble naturel qu'elle annexe les images de l'air et de l'eau, elle n'hésite pas pour autant à se faire feu. « Rien ne semble, du point de vue d'une physique du sens commun, plus antithétique que la neige et que le feu, constate Durand. Rien n'est plus proche du point de vue poétique [...] Car des trois éléments restants le feu est le plus farouchement purificateur des souillures terrestres[7]. »

Aurélie touche les vêtements d'Élisabeth, « comme si elle touchait du feu ou de la neige [*K*, p. 62] », comme si elle subissait une même brûlure. Devine-t-elle l'ardeur secrète qui habite le cœur d'Élisabeth et la conduira à l'amour adultère ? Mais c'est tout autant la fascination de l'interdit chez Aurélie qui nous est révélée par cette comparaison.

---

[7] DURAND, « Psychanalyse de la neige », *Mercure de France*, août 1953, p. 630.

Plus tard, son désir de posséder les beaux vêtements d'Élisabeth l'entraînera à sa perte.

Quand George voyage vers Kamouraska, il connaît la brûlure du froid et de la neige, dans ses poumons, sur son visage et ses mains : « Mon amour respire le gel comme l'air ? Mon amour crache la neige en fumée de glace ? Ses poumons brûlent [*K*, p. 197] ? » Voici que la rêverie de la neige bouscule toute logique et parle du gel que l'on respire et que l'on crache en fumée de glace. La neige, tout à l'heure douceur et engourdissement, se transforme en brûlure.

Mais, surtout, elle libère des contraintes quotidiennes, bouleverse les habitudes les plus sages, éveille en chacun les enthousiasmes de l'enfance, permet les exaltations les plus folles. George Nelson, toujours si réservé, se révèle enjoué comme si la neige le libérait d'un poids insupportable. Il engage avec Antoine des poursuites insensées en traîneau sous les fenêtres d'Élisabeth. Toute prudence est abolie. À son tour Élisabeth fait atteler les chevaux et se rendra en traîneau jusqu'à la maison de George, aux yeux de tout Sorel. Emportés par l'ivresse de leur passion, défiant les menaces d'Antoine et les habitudes bourgeoises de la société de Sorel, ils montent dans le même traîneau pour se rendre au bal de Saint-Ours. Folle équipée dans une neige qui se fait complice de leur amour :

> Nous versons dans la neige, sens dessus dessous. Le silence de la nuit me saisit, après cette chevauchée insensée. On n'entend que le cheval qui s'ébroue. J'ai de la neige dans le cou. Mon bonnet de fourrure est tombé. George met une des robes du traîneau sur le dos de son cheval. Il vient vers moi. Sans un mot. Me prend dans ses bras. Nous roulons dans la neige. Dégringolons le talus en pente. Comme des enfants, couverts de neige. De la neige plein mon cou, dans mes oreilles, dans mes cheveux. Je mange de la neige. Son visage glacé sur mon visage. La chaleur humide de sa bouche sur ma joue.
>
> Hors d'haleine. Étouffés de froid et de rire. [...] Mon amour m'embrasse. Il dit « qu'il m'aime plus que tout au monde ». Je lui réponds « qu'il est toute ma vie ».

> Nous restons dans la neige. Couchés sur le dos. Regardons le ciel, piqué d'étoiles. Frissonnons de froid. Longtemps j'essaye de me retenir de claquer des dents [*K*, p. 137].

Après la « chevauchée insensée », c'est le silence de la neige et de la nuit, un silence enveloppant, mystérieux, presque sacré; un silence qui étouffe les bruits profanes de la terre, isole les amants dans un bonheur partagé. La neige complice s'infiltre dans le cou, les oreilles et les cheveux, brise les dernières résistances, redonne la légèreté, l'insouciance et l'exaltation de l'enfance et de l'amour. Elle offre aux corps enlacés la douceur et l'intimité d'un lit duveteux et moelleux.

Une telle nuit d'hiver ne peut que rayonner de clarté. Aux cristaux de neige répondent les étoiles du ciel, comme s'il neigeait des étoiles ou que le ciel lui-même était piqué de cristaux de neige. Nuit lumineuse au cœur des amants et autour d'eux. La nature tout entière semble briller de joie. Leur amour trouve dans l'infini d'un ciel étoilé un reflet d'absolu et d'éternité. Leur jeunesse retrouvée est à la fois celle de l'enfant et du monde. Grâce à la complicité et à la féerie de la neige et des étoiles, George et Élisabeth se retrouvent aux premiers âges du monde, seuls au monde, participant en quelque sorte à la nébuleuse originelle. Ils habitent le paradis primordial de l'amour qui recommence le monde, le nirvāna originaire d'une nuit d'hiver, comme Julie à la fin des *Enfants du sabbat*.

La neige a permis à George et Élisabeth un instant d'éblouissement. Ils espèrent encore grâce à elle une libération définitive. Quand la neige tombera et que les glaces prendront, Aurélie pourra partir pour Kamouraska et empoisonner Antoine. Effectivement, la neige venue, « Aurélie Caron trottine sur la neige, son ombre légère et dansante devant elle [*K*, p. 185] », comme si la neige la soulageait du poids de sa mission et lui donnait la légèreté et l'élan nécessaires pour se rendre jusqu'à Kamouraska, malgré ses hésitations et ses peurs.

À son tour George partira en traîneau sur la neige dans une aventure démentielle. Il ne s'enfonce plus dans les ornières et la boue de l'automne. La neige lui donne la rapidité et l'agilité du vent : « Le sleigh américain monté sur de hauts patins est rapide comme le vent [*K*, p. 136]. » Si son cheval a des ailes, c'est bien la neige qui les lui donne. « Veille mon cœur, la neige nous met en selle sur des coursiers d'écume [*P*, p. 88] », écrit Anne Hébert dans son poème « Neige ». George abandonne prudence et sagesse. La neige lui donne la témérité de l'aventurier et l'audace de l'assassin. Il vole sur les routes gelées vers un bonheur illusoire : « Le mirage du bonheur se levant devant nous sur la route gelée. Comme un banc de brume. Vivre ensemble, tous les deux. Doucement, tendrement, sans faire de bruit. Pareils à des ombres bleues sur la neige [*K*, p. 223]. »

Et voilà qu'Élisabeth, réfugiée jusqu'ici derrière sa fenêtre et le cercle protecteur de ses tantes et de sa mère, s'aventure à son tour sur les routes glacées dans une folle chevauchée vers la frontière américaine pour tenter de rejoindre son amant, aveuglée elle aussi par la vision du bonheur : « C'est l'hiver. Derrière moi le bruit des patins sur la neige durcie. On me prend en chasse avec ma tante Adélaïde. [...] Vite la frontière américaine et je serai sauvée. Gagner ma petite tante à cette idée. [...] L'amour derrière cette ligne imaginaire. La frontière en pleine forêt, la liberté [*K*, p. 12s.].

Que de poursuites dans la neige, de courses folles en traîneau, de fureurs et d'enthousiasmes libérés ! La neige est bien la grande transformatrice.

Ainsi, plus encore que la rêverie de l'eau ou du feu, c'est celle de la neige qui propose, dans l'univers imaginaire d'Anne Hébert, une purification substantielle. La blancheur, l'éclat, le rayonnement, le silence et les vertus transformatrices de la neige permettent une métaphysique du pur. La neige va même s'approprier les qualités lustrales de l'eau, du feu et de l'air.

L'ambivalence de la neige

Cependant, pas plus que les autres éléments, la neige n'est en soi une substance de la pureté. Et, malgré ses vertus purificatrices, elle conserve une ambivalence fondamentale qu'une rêverie qui aime les contrastes ne manque pas de souligner. La perfidie de la neige est sournoise. Elle recouvre les coulées, les ravins, les fossés, autant de pièges dans lesquels peut s'enliser le voyageur imprudent engagé « sur un dangereux chemin de neige [*K*, p. 191] » : « Toute cette neige amassée dans les coulées ! Pourvu que la route soit bien balisée [*K*, p. 193] ? » Elle se fait tempête pour mieux égarer : « Il ne savait plus s'il avançait sur le fleuve gelé ou sur la terre. Avec son cheval et son traîneau. La poudrerie partout. [...] Quand on pressent ce que cela signifie que de se perdre en pleine nuit, dans la neige et le froid [*K*, p. 212]. » Nous l'avons vue encercler le voyageur engourdi par le froid et lui proposer une mort douce et insidieuse. Elle fond par-dessous et tente de le retenir : « Les sabots du cheval avancent péniblement dans la neige fondante. Chaque pas, retiré avec effort de ce marécage, laisse un trou aussitôt comblé par l'eau. Comme lorsque l'on marche sur une grève rongée par la marée. Un voyageur s'enfonce dans la neige alors qu'il faudrait filer comme une flèche [*K*, p. 238]. » La neige est alors obstacle, écran et séparation des amants.

La neige complice se fait accusatrice. Après avoir permis les ébats amoureux d'Élisabeth et de George, elle les trahit aux yeux de tous. Élisabeth est « exposée sur la place publique. Le velours de [sa] robe est mouillé de neige fondante, par larges plaques [*K*, p. 138]. » Surtout, l'éclatante blancheur de la neige semble mettre en relief le rouge du sang. Les cristaux de neige se métamorphosent en étoiles de sang, en « étoiles noires » : « Le sang [...] s'étale et gèle sur la neige très blanche [*K*, p. 221]. » La neige met en évidence le sang accusateur. Elle conduit les témoins jusqu'au cadavre d'Antoine : « Il y a du sang sur la neige, tout le long du chemin de la batture. De place en place, sur le chemin du Roi aussi, non loin de la petite maison de M. Tassy, du côté de Paincourt [*K*, p. 226]. » Si elle avait su recouvrir le sang et le cadavre d'Antoine, le meurtre aurait été découvert beaucoup plus tard; peut-être même que le cadavre, emporté par les eaux du fleuve à la fonte des neiges, n'aurait jamais été retrouvé. La neige garde pourtant les traces du meurtre et sa blancheur immaculée est tachée comme si le noir et la souillure naissaient de la neige elle-même, comme si son être caché, sa matière secrète, était noire : « Quel mérite, en effet, la neige aurait-elle d'être blanche si sa matière n'est point noire ? si elle ne venait, du fond de son être obscur, cristalliser dans sa blancheur[8] », écrit Bachelard.

L'imagination d'Anne Hébert trouve avec la neige la matière même de son ambivalence. Il est impossible d'évoquer la pureté et la blancheur de la neige dans *Kamouraska* sans songer en même temps au sang coulé qui la souille. Elle est à la fois le noir et le blanc, l'eau et le feu; elle est souillure et pureté, contrainte et libération, mort et renaissance. Elle est le lieu de rencontre des contraires, la matière privilégiée qui rassemble toutes les contradictions sans cependant offrir de réconciliation. Elle résume les tensions sans les résoudre. La neige est le paysage même d'une symbolique du noir et du blanc et d'une dialectique de l'eau et du feu.

[8] BACHELARD, *la Terre et les Rêveries du repos*, p. 26.

UNE POÉTIQUE DU REGARD

Les Yeux et le Regard

La mutilation des yeux, l'omniprésence du regard témoin et juge, les feintes et les ruses du regard humilié qui devient regard fatal et magique, l'affrontement des puissances occultes et divines en vue de l'appropriation du regard divin qui assure souveraineté, puissance et voyance, toutes ces manifestations du regard prolongent la symbolique du noir et du blanc et la dialectique de l'eau et du feu dans une thématique qui continue d'être l'écho des grands dynamismes du monde imaginaire de l'auteure.

Le motif des yeux dans *les Chambres de bois* revêt une importance considérable. Le lecteur se trouve devant une obsédante galerie de visages où dominent les yeux. Ces visages changeants aux regards multiples traduisent les sentiments qui habitent les personnages en même temps que la vision du monde de l'écrivain. Les yeux, plus que la configuration des traits physiques, reflètent la réalité intérieure de chacun.

Nous savons bien peu de l'aspect permanent des personnages. Catherine passe de l'enfance à la maturité sans que l'auteure s'attarde à nous la présenter, livrant ça et là quelques notations qui traduisent bien plus une situation morale qu'un portrait physique. La jeune femme qui se présente devant Michel à la fin du roman, « sans rien qui se retire et se dérobe, ni la plénitude de son corps, ni la rondeur de ses joues, ni la suffisance de sa joie répandue sur sa peau à l'éclat de capucine [*CB*, p. 189] », n'a plus rien de la jeune adolescente « peu sûr[e] aux hanches et aux seins [*CB*, p. 37] ». Nous pourrions encore moins reconnaître Michel, Bruno, Aline, Lia elle-même, n'était-ce sur le front cette petite veine en *y* qu'elle partage avec Michel.

Les notations physiques se rapportent surtout aux yeux de même qu'aux visages et aux mains. Ce sont des yeux, des visages, des mains qui apparaissent subitement, détachés en quelque sorte du corps. Cette technique de présentation des personnages exprime à la fois un refus du corps et sa dislocation. Il faut donner ici au mot dislocation le sens que lui prête Gérard Bessette : « Séparation des parties du corps, démembrement; et, par voie de conséquence, tendance à considérer le corps comme un mécanisme mal monté, mal joint, enclin à la désagrégation : dont les différents organes n'obéissent pas à une volonté, à une impulsion centrale, mais agissent, bougent, se déplacent chacun pour soi, autonomes et chosifiés[1]. » Retranchés du corps et de la volonté, ces membres poursuivent leur propre destin. Catherine avoue à Bruno à la fin du roman « que son cœur n'avait jamais rien décidé par lui-même, que la vie lui avait été donnée par surcroît [*CB*, p. 180] ». L'on retrouve ainsi dans la manière même de présenter les personnages cette scission de l'être moral et de l'être physique qu'illustrait déjà une symbolique du noir et du blanc.

Quand Catherine quitte son pays aux fenêtres transparentes pour suivre Michel dans ses appartements sombres, elle accepte une mutilation qui lui coûtera presque la vie; mutilation de tous ses sens et en particulier de la vue. Pénétrer dans l'univers de Michel, c'est entrer dans un monde de brouillard, de pluie, de nuit; saison aveugle et saison d'aveugles. Déjà, enfant, Catherine s'était perdue sous la pluie avec ses sœurs dans le pays de Michel. À

[1] BESSETTE, « la Dislocation dans la poésie d'Anne Hébert », *Une littérature en ébullition*, p. 13. Il montre par ailleurs que cette dislocation dans la poésie d'Anne Hébert « s'exprime par trois images ou motifs principaux : celui de la main; celui du visage (en particulier, de l'œil); celui du cœur [p. 18] ».

Paris, les journées s'écoulent « sourdes et aveugles [*CB*, p. 70] », dans la pénombre de pièces sombres aux rideaux constamment fermés. La nuit, « Catherine demeur[e] seule dans le noir [*CB*, p. 71] ». Elle ressemble à ces « poissons aveugles [*CB*, p. 77] » auxquels elle songe en prenant son bain, ou à une « taupe aveugle [*CB*, p. 179] ». Ses yeux de chair lui ont été ravis; elle a les prunelles crevées, tel le faucon aveugle du « Tombeau des rois ».

Un passage illustre avec force cette cécité matérialisée :

> Lorsque Catherine parut, fière, innocente et parée, Michel tint à souligner lui-même le tour des yeux d'un trait noir bien dessiné.
> — Comme c'est drôle, Catherine, tu as maintenant l'air d'une idole, avec tes prunelles bleues enchâssées dans le noir comme des pierres précieuses [*CB*, p. 92].

Le geste de Michel vient concrétiser la mutilation subie. Les yeux de Catherine ressemblent à ces « pierres d'eau [*P*, p. 36] » qui étaient les yeux mêmes de la poétesse du *Tombeau des rois*. Comme un habile joaillier, Michel transplante les yeux de sa femme, les enchâsse dans l'orbite noire de cette idole de pierre. Catherine subit patiemment cette amputation des yeux. Elle devient blanche, fade, fine et douce. Elle se laisse mourir à petit feu, dans un refus de son corps et de ses sens.

Catherine n'est pas la seule à souffrir semblable mutilation des yeux. Cependant, il n'est pas nécessaire d'insister sur la cécité d'un Michel qui fuit la lumière du jour pour ne vivre que la nuit. Une phrase en particulier montre bien son aveuglement : « Michel se releva, portant ses mains devant soi, l'air d'un aveugle tâtant la réalité du monde [*CB*, p. 152]. »

Plus, peut-être, que ceux des *Chambres de bois*, les personnages de *Kamouraska* semblent étrangers à eux-mêmes, condamnés à habiter un corps qu'ils ne possèdent guère et que, finalement, ils rejettent. Nulle part nous ne trouvons une description suivie des traits physiques. Ces derniers nous sont livrés au fil des pages comme autant de caractéristiques disparates, autonomes, dispersées. Même rassemblés, ils ne proposent pas subitement une unité ou une réconciliation qui nous ferait oublier l'être éparpillé et divisé dans son corps comme dans son âme.

Cette vision dualiste est abondamment illustrée tout au long du roman. Nous avons vu Élisabeth rêver d'une innocence et d'une virginité à jamais perdue, faux angélisme de celle qui a subi l'influence d'une éducation janséniste valorisant une désincarnation illusoire. Ce mépris de la chair conduit souvent à une sensibilité exacerbée; les personnages cherchent alors l'apaisement dans les excès de l'amour et de la haine. Au terme de leur aventure ils se retrouvent encore plus démunis, éprouvant dans leur chair même la cuisante morsure d'une sensibilité trop longtemps bafouée qui cherche en vain à se rassasier.

Comme dans *les Chambres de bois*, cette mutilation imposée et acceptée s'exprime de façon notoire dans le motif des yeux. Les personnages sont menacés d'aveuglement, comme s'il importait avant tout de s'attaquer à la vue pour mieux vaincre la sensibilité. L'ablation des yeux semble une mutilation nécessaire. À plusieurs reprises Élisabeth parle de sa « face aveugle [*K*, p. 147] », dit qu'elle est « aveugle, sourde et muette [*K*, p. 209] », qu'elle a « le regard aveugle des statues [*K*, p. 47] », telle Catherine, telle également Victoire Dufour aux « grands yeux de faïence [*K*, p. 203] ». Les personnages de Kamouraska, menacés de cécité, traversent toujours une saison aveugle, une longue nuit.

Cette mutilation de la vue s'exprime encore dans le désir de fermer les yeux à la réalité quotidienne comme à la vérité trop brutale d'images qui rappellent un passé indésirable. À de nombreuses reprises, Élisabeth refuse de voir, garde les « yeux obstinément fermés [*K*, p. 85] », comme si elle avait choisi de « vivre les yeux fermés [*K*, p. 28] ».

Voici que les personnages des *Enfants du sabbat* s'offrent à nous dans la permanence de certains traits physiques et vestimentaires, comme s'ils pensaient retrouver ainsi l'unité de leur être. Les dames du Précieux-Sang porteront leur vie durant le même costume. Elles se ressemblent toutes avec leurs cornette et guimpe, leur scapulaire et leurs gros souliers noirs. Mais comment exprimer le refus de son corps, de sa personnalité et le rejet du monde mieux que dans cette tentative désespérée de sanctification ? Attitude angélique qui trahit à nouveau un dualisme foncier, une déchirure de l'être.

Il n'y a bien que sœur Julie de la Trinité qui n'arrive pas à masquer derrière son costume la séduction et la vitalité de son corps de femme qu'elle révèle dans toute sa nudité à un abbé Flageole abasourdi, un docteur Painchaud émoustillé, une mère supérieure scandalisée et une Marilda Sansfaçon terrorisée. Elle troquerait volontiers son costume de religieuse contre celui de sa mère, robe rose à petites fleurs mauves, chapeau de paille bleue avec un oiseau et une fleur aux fils rouges et dorés, parasol multicolore. Elle aimerait se maquiller tout le corps de couleurs vives, comme le faisait Philomène, pour devenir, à son tour, regards multipliés, beauté rayonnante, « somme de beautés [...] somme d'yeux toujours ouverts[2] », dirait Bachelard, comme si le corps de Julie se couvrait d'yeux. Elle affiche la même impudeur que sa mère ou son père, le même désir d'assouvir toutes les envies d'une sensualité débordante. Cette étonnante vitalité et cette acceptation de la chair offrent un contraste saisissant avec la pudibonderie des autres religieuses.

Au couvent des dames du Précieux-Sang, il faut fermer les yeux aux attraits des choses, « traverser le monde, comme une aveugle », se soumettre à une « obéissance aveugle », avoir « des gestes précis d'aveugle [*ES*, p. 16, 50, 15] ». La cécité semble bien le chemin de la sainteté dans un univers où la beauté des choses et des êtres devient un obstacle à l'élévation de l'âme. Toutes les religieuses portent les « mêmes petites lunettes cerclées de métal [*ES*, p. 18] », sauf sœur Julie qui a une excellente vue. Cette infirmité des yeux attestée par le port de lunettes

---

[2] Gaston BACHELARD, *la Poétique de la rêverie*, Paris, PUF, 1971, p. 159.

semble la garantie d'une vocation authentique. Le docteur Painchaud rêve d'endormir sœur Julie et d'extraire ses yeux trop perçants, telles deux pierres maléfiques :

> Son œil [...] arraché de son orbite, déposé dans la main de Jean Painchaud. Pour usage non professionnel. Aucune dissection possible, ni aucune utilisation médicale. Une pierre d'apparence anodine, en réalité faite pour mirer le cœur le plus secret [*ES*, p. 72].

Pierres précieuses, « pierres d'eau » ou pierres maléfiques, les yeux offrent l'ultime résistance. Les mutiler, c'est déposséder l'être de son bien le plus précieux.

Mais leur mutilation s'exprime encore de façon plus subtile et tout aussi pernicieuse à travers les caractéristiques animales que leur donne Anne Hébert. Après avoir été « chosifié », le regard est « animalisé ». Les yeux sont pour ainsi dire déshumanisés, dépossédés d'un regard personnel.

Catherine, faut-il le rappeler, ressemble à une « taupe aveugle ». Lia a un « œil de profil, long, très noir et étroit [*CB*, p. 95] », qui appartient bien plus à l'oiseau sacré ou au corbeau auxquels elle ressemble [*CB*, p. 96, 119] qu'à la femme qu'elle est. Michel, avec son « œil de hibou [*CB*, p. 88] », ressemble à sa mère qui avait une « figure de hibou immobile [*CB*, p. 31] ». Quant à son père, il avait « quelque chose de vif et de rusé » dans le regard, « comme un petit renard qui rompt soudain un masque [*CB*, p. 29] ». Aline, qui est comparée à une « vieille chèvre butée [*CB*, p. 166] », a des « yeux d'insecte [*CB*, p. 86] ». Lucie a un « front bouclé de bélier têtu [*CB*, p. 36] », alors que celui de Bruno ressemble à un « taureau blessé [*CB*, p. 181] ».

Des yeux d'Aurélie, dans *Kamouraska*, naît une vipère [*K*, p. 63]. Ailleurs, « ses pupilles se dilatent comme celles des chats [*K*, p. 141] ». Les femmes enceintes ont « des yeux de vache suppliante [*K*, p. 143] ». Les yeux de la mère d'Antoine sont ceux d'un lézard [*K*, p. 77]. Antoine est comparé à « des fourmis noires, avec des yeux énormes. Bleus [*K*, p. 92]. » Jérôme Rolland est semblable à une « huître hors de sa coquille. Seuls les yeux veillent, pointus, avec quelque chose qui ressemble à de la haine [*K*, p. 14]. » Le regard même de George se métamorphose en celui d'un animal mystérieux, sorte de loup-garou, d'homme-loup, de lycanthrope [*K*, p. 205].

Le regard ainsi déshumanisé devient dans *les Enfants du sabbat* un attribut humiliant, parfois ridicule, voire menaçant. Mère Marie-Clotilde a un « bel œil de cheval, mobile et effrayé [*ES*, p. 21] », de « gros yeux de cavale affolés [*ES*, p. 61] », un « regard chevalin [*ES*, p. 130] ». Sœur Julie a un « œil de chat [... ou] de hibou [*ES*, p. 72] »; « la pupille de son œil est horizontalement fendue, comme celle des loups [*ES*, p. 91] ». Elle a encore des « yeux de couleuvre [*ES*, p. 149] », comme Aurélie, comme sa mère et sa grand-mère : « Toute une lignée de femmes aux yeux vipérins [*ES*, p. 92]. » Donner ainsi aux yeux des caractéristiques animales, c'est les priver d'un regard personnel. L'œil n'est plus le reflet d'une âme, d'un monde ou d'une spiritualité, mais d'une animalité triomphante. La poétique du regard garde le souvenir des figures bestiales de la nuit.

Vision et regard

Mais il ne faut pas confondre vision et regard, organe et fonction. Passer du motif des yeux au thème du regard, c'est aller de la fonction passive de l'œil, qui consiste à voir, à la fonction active des yeux qui est de regarder. Le regard dépasse la passivité de la vision pour aller au-devant du monde s'assurer une prise de possession et une domination[3]. C'est dans cet élan vers le dehors, dans cette projection de l'être dans l'espace que l'œil s'ouvre au monde. Il n'est plus simplement miroir, il devient énergie active, acte de préhension et de connaissance. « L'acte du regard, souligne Starobinski, comporte un élan persévérant, une

[3] *Cf.* Jean PARIS, *l'Espace et le Regard*, Paris, Éditions du Seuil, 1965, p. 47s., 50, 215.

reprise obstinée, comme s'il était animé par l'espoir d'accroître sa découverte ou de reconquérir ce qui est en train de lui échapper[4]. » Si le regard est signifié par les yeux, il a vite fait de les dépasser. Il « jouit d'une telle transcendance, écrit Paris, que, si l'œil le conduit, il ne saurait le déterminer [...] Un regard « noir » ou « de feu » n'implique évidemment pas une pigmentation sombre ou rouge de l'iris[5]... » Ainsi les yeux de Catherine, pourtant bleus, « se noirciss[ent] d'attention à regarder Lia [*CB*, p. 104] ». Jean-Paul Sartre montre que « l'œil n'est pas saisi d'abord comme organe sensible de vision, mais comme support du regard [...] Le regard [...] apparaît sur fond de destruction de l'objet qui le manifeste[6]. » À regarder de trop près les yeux, l'on perd de vue le regard; à vouloir appréhender le regard, ce sont les yeux qui disparaissent.

Ce regard, dans l'œuvre d'Anne Hébert, est d'une nature bien particulière. Avant de devenir à son tour triomphateur et souverain, il doit subir le regard accusateur et impersonnel d'un œil étranger et omniprésent. Il est épié, jugé et condamné. Culpabilité et faiblesse caractérisent au départ ce regard menacé. Il en vient à regarder et à se regarder impitoyablement, condamnant et jugeant à son tour. Écartèlement du regard à la fois juge et victime. Le personnage, avant d'acquérir la puissance du regard, subit sa « néantisation », sa « chosification » sous le regard implacable d'un étranger[7]. Le regard des autres réduit le personnage au rang d'objet, le dépossède, l'humilie; la présence de ce regard inspire la honte et la culpabilité. Dans

---

[4] Jean STAROBINSKI, *l'Œil vivant; essai. Corneille, Racine, Rousseau, Stendhal*, Paris, Gallimard, 1971, p. 11.

[5] PARIS, *l'Espace* [...], p. 41.

[6] Jean-Paul SARTRE, *l'Être et le Néant; essai d'ontologie phénoménologique*, Paris, Gallimard, 1976, p. 304, 323.

[7] SARTRE écrit : « Je saisis le regard de l'autre au sein même de mon *acte*, comme solidification et aliénation de mes propres possibilités [...] Et l'autre, comme regard, n'est que cela : ma transcendance transcendée [...] Par le regard d'autrui, je me *vis* comme figé au milieu du monde, comme en danger, comme irrémédiable [*ibid.*, p. 309, 314]. »

un tel univers le regard ne favorise guère le partage ou le dialogue.

Ici encore se font sentir les impératifs d'une rêverie qui ne valorise pas la réconciliation mais l'opposition, qui cherche une suprématie. Durand, comme la mythologie universelle ou la psychanalyse, constate qu'« œil ou regard sont toujours liés à la transcendance[8] ». Ce regard surplombant est une valorisation du surmoi qui « est avant tout l'œil du Père, et plus tard l'œil du roi, l'œil de Dieu, en vertu d'un lien profond qu'établit la psychanalyse entre le Père, l'autorité politique et l'impératif moral[9] ».

À relire la première page du « Torrent » l'on voit bien que la dépossession de François est d'abord celle du regard. S'il ne touche au monde que par fragments, c'est que son regard est mutilé. Ses yeux ne voient qu'un univers morcelé, un cahier, un coin d'étable, une main : « Jamais, jamais la campagne offerte par la fenêtre. Je voyais la grande main de ma mère quand elle se levait sur moi, mais je n'apercevais pas ma mère en entier, de pied en cap [*LT*, p. 9]. » Il est dominé, deviné, écrasé par les yeux de sa mère, des yeux qui « lançaient des flammes [*LT*, p. 19] ». Elle remplace le père disparu; elle incarne l'œil de l'autorité, l'impératif moral, le surmoi. Une phrase obsède d'ailleurs François jusqu'au suicide : « François, regarde-moi dans les yeux [*LT*, p. 65]. »

Comme Claudine, Agnès dans *le Temps sauvage* veut garder sous la domination de son regard tous les membres de sa famille : « Je veux te garder là, sous mes yeux, le plus longtemps possible [*TS*, p. 38]. »

Dans la nouvelle « le Silence », le jeune Michel éprouve un vif sentiment de culpabilité sous le regard pénétrant et accusateur du commissaire de police : « Son œil de rayon X semble lire à travers moi. À la source même de cette certitude que j'ai de ma culpabilité[10]. »

---

8 DURAND, *les Structures* [...], p. 170.

9 *Ibid.*

10 Anne HÉBERT, « le Silence », *le Figaro littéraire*, nº 1285 (10 janv. 1971), p. 24.

Dans *les Chambres de bois* ce regard étranger et impersonnel se manifeste à nouveau. Il serait vain de chercher, avant l'arrivée de Bruno, la présence d'un regard personnel qui permettrait un véritable dialogue. Ce sont plutôt des yeux multiples, apparentés la plupart du temps à ceux d'animaux nocturnes, qui regardent froidement les autres. C'est un regard sans âme qui semble n'appartenir à personne; un regard témoin, détaché de l'être, qui erre dans le monde en épiant. Un regard universel, omniprésent, qui éveille un sentiment de culpabilité et de honte.

C'est d'abord au pays des hauts fourneaux le regard du père qui sait déceler toute insoumission. L'homme frappe au visage sa fille Lucie pour avoir pensé que son père se faisait vieux et que la sécurité de la maison se trouvait menacée. C'est le regard de la tante Anita qui vient régler l'avenir de la famille en l'absence de la mère défunte et qui épie la moindre trace de boue sur les souliers de Catherine. C'est aussi celui des hommes qui s'arrêtent pour regarder Catherine. C'est enfin le regard anonyme et accusateur de toute la ville : « On vous a vus ensemble dans la ville [*CB*, p. 48] »; « Tout le monde en parle dans la ville. Et l'on parle de toi aussi comme d'une douce niaise qui court après les grandeurs [*CB*, p. 53]. » Catherine, accablée par tous ces regards, rêve de fuir au loin.

Progressivement, c'est le regard de Michel qui tente de lui imposer sa domination. Michel l'épie, la suit en secret jusque chez elle, la cherche dans les rues de la ville, surgit à ses côtés à l'improviste. Plus tard, dans les chambres de bois, il lui interdit la liberté du regard. Catherine, privée, comme l'était François, d'un droit de regard sur le monde, doit se contenter de sa couture et de ses broderies.

L'arrivée de Lia qui surveille tous ses gestes impose à Catherine un autre regard étranger et ennemi. Avec son œil noir d'oiseau sacré elle rappelle la « figure de hibou immobile » de sa mère, que l'oncle de Catherine avait lui-même aperçue un soir de pluie; regard impersonnel de l'oiseau de nuit qui scrute les ténèbres.

Dans l'exiguïté et le loisir des chambres de bois, chacun des gestes est perçu et mesuré par le regard de l'autre. La victime devient juge; interversion constante des rôles; jeux infinis des regards; cercle infernal. À son tour Catherine épie le regard de Michel. Si elle s'était sentie misérable et honteuse, ravalée à sa condition de fille inculte et pauvre sous le regard hautain des enfants des seigneurs, à son tour de faire naître honte et culpabilité. Tous les soins de Michel consistent alors « à fuir Catherine : le regard de Catherine [...] Michel aurait voulu chasser sa honte comme on jette une fille à la rue [*CB*, p. 117]. » C'est tantôt Lia qui, respirant avidement l'odeur d'encre et de cuir d'un vieux psautier, devine subitement le regard de Catherine et se sent « pareille à un enfant pris en faute [*CB*, p. 133] ». Quand la servante oublia de fermer la porte de la chambre de Catherine, celle-ci, fiévreuse et immobilisée, était demeurée exposée en sa nudité sous le double regard de Michel et Lia [*CB*, p. 139s.]. À la fin du roman, quand Catherine revient à l'appartement après sa longue convalescence, c'est au tour de Lia et de Michel d'être interrogés, diminués et mis à nus, en quelque sorte, par le regard de Catherine devenue « élégante, belle et cruelle [*CB*, p. 189] » : « Tout de suite, Catherine vit des choses tombées, des choses perdues, des choses salies, des choses sans maître [*CB*, p. 187]. » Michel, un peu honteux, tente de s'excuser tandis que Lia fuit Catherine en quittant la chambre.

Hors les chambres de bois, Catherine doit subir le regard hautain d'Aline qui la surveille sans cesse, épie ses moindres gestes et la condamne : « Aline dit que rien ne lui échappait et qu'elle éprouvait toutes choses à ses côtés comme des compagnies rapides et menacées. Et, en disant cela, elle regardait Catherine de ses yeux durs, sans ombre [*CB*, p. 159]. » Aline a le même regard dominateur qu'Agnès dans *le Temps sauvage* [*TS*, p. 59], que Claudine dans « le Torrent ». Comme cette dernière d'ailleurs, elle a eu un enfant illégitime et a dû porter secrètement sa honte toute sa vie et se tuer au travail. Elle est, à son tour, l'œil de la sagesse, du devoir, de l'ordre établi. « Quelle vieille sorcière tu fais [*CB*, p. 165] », accuse Catherine qui « craignait le regard d'Aline [*CB*, p. 164] ». Catherine est encore épiée quand elle va à la plage ou lorsqu'elle rencontre Bruno. Elle éprouve constamment le malaise de celle « qu'on suit des yeux [*CB*, p. 158] ». Le regard de la servante n'est-il pas « prompt comme la grêle [*CB*, p. 160] », n'a-t-elle pas « l'œil perçant [*CB*, p. 167] », le visage impassible ? Aline voit d'un mauvais œil la liaison naissante de Catherine et de Bruno et lui reproche même sa beauté. Avant de mourir, elle condamne Catherine en ces termes : « Cette dernière grande dame en qui j'ai cru, Catherine, Catherine, est fausse comme le reste, c'est une garce, pareille à Lia et à Madame sa mère, Messeigneurs, une vraie petite garce, et fille d'ouvrier, sachez-le [*CB*, p. 176]. »

Même en l'absence de la servante, Catherine souffre de la présence d'un autre regard, transcendant celui-là, tout-puissant. Il s'agit du soleil lui-même, souvent considéré comme l'œil de Dieu[11]. Il n'est pas toujours bénéfique et parfois Catherine arrive plus tôt à la plage pour « éviter le grand soleil [*CB*, p. 162] ». Ne se plaint-elle pas à Bruno « du soleil qui donne mal à la tête et de la hauteur impitoyable du ciel [*CB*, p. 162] », comme si une menace mystérieuse planait sur leur complicité naissante ?

Dans *Kamouraska*, à nouveau des regards humiliés, culpabilisés, médusés, qui se sentent constamment surveillés et qui cherchent désespérément à vaincre leur état d'infériorité et à acquérir à leur tour la puissance d'un regard triomphant. Depuis son enfance Élisabeth a été soumise à la surveillance étroite de sa mère, de ses trois tantes, de toutes les vieilles filles, des veuves, des femmes et des hommes de Sorel; regard sévère et autoritaire qui impose ses règles de bonne conduite, qui scrute l'âme et le cœur à la recherche des moindres manquements. À la maison comme dans la rue ou à l'église, Élisabeth est encadrée de regards qui jugent et condamnent. Ce n'est qu'en s'éva-

---

[11] DURAND, *les Structures* [...], p. 171.

dant vers les îles, du côté du fleuve, qu'elle a pu échapper à quelques reprises à l'omniprésence de ce regard étranger.

Un tel regard accuse d'avance, annonce la faute et le crime. Les témoins sont en place; il ne reste plus qu'à accomplir les gestes coupables déjà prévus. La culpabilité naît avant le crime, est à l'origine même du crime. Les gestes interdits ne sont plus que des aboutissements nécessaires, conditionnés par un regard qui a faussé à sa source le sentiment même de la culpabilité. La faute n'est plus dans le crime mais dans le scandale. Ce que craignent par-dessus tout les personnages d'Anne Hébert, ce n'est pas de poser tel geste répréhensible mais d'être surpris à le faire, d'être dévoilé : « Apprenez que je ne crains rien tant que d'être découvert... [*K*, p. 124] », avoue George qu'Élisabeth a surpris la nuit sous ses fenêtres. La honte naît du regard même d'autrui[12].

Élisabeth a appris la honte sous un regard impitoyable qui a vite fait de repérer l'adultère et le crime. Ce regard témoin lui impose une double humiliation : celle d'avoir été découverte une première fois, puis celle de devoir apparaître en public et d'être démasquée par tous les témoins accusateurs. Elle en est venue à s'imposer un tel regard, à se regarder avec une semblable intransigeance : « J'adore marcher dans les rues, l'idée que je me fais de ma vertu à deux pas devant moi. Ne quittant pas cette idée de l'œil, un seul instant. Une surveillance de garde-chiourme [*K*, p. 9]. » Depuis près de vingt ans qu'elle vit sous cette surveillance constante, elle s'est imposé une conduite irréprochable, comme le faisait George en se dévouant pour ses malades et en s'efforçant d'être aux yeux de tout Sorel

[12] SARTRE explique ainsi la nature de ce sentiment de honte : « La honte pure n'est pas sentiment d'être tel ou tel objet répréhensible; mais en général, d'être *un* objet, c'est-à-dire de me *reconnaître* dans cet être dégradé, dépendant et figé que je suis pour autrui. La honte est sentiment de *chute originelle*, non du fait que j'aurais commis telle ou telle faute, mais simplement du fait que je suis « tombé » dans le monde, au milieu des choses, et que j'ai besoin de la médiation d'autrui pour être ce que je suis [*l'Être et le Néant* [...], p. 336]. »

un médecin exemplaire, un croyant modèle, un homme d'honneur. Il espérait ainsi faire oublier sa faute originelle qui était d'être né étranger et protestant. À son tour il sera découvert et démasqué, tel l'imposteur et criminel qu'il était déjà à leurs yeux. Son crime ne fait que révéler aux yeux de tous sa véritable nature.

Dès la première page du roman se manifeste ce regard impersonnel qui poursuit Élisabeth traumatisée par toutes ses expériences passées, emprisonnée plus sûrement par les regards d'autrui que par les murs d'une prison : « On m'observe. On m'épie. On me suit. On me serre de près. On marche derrière moi. [...] On se retourne sur mon passage. C'est cela ma vraie vie. Sentir le monde se diviser en deux haies pour me voir passer [*K*, p. 7s.]. » Puis elle entend une voiture dans la nuit et croit que ce « on » impersonnel, ce justicier inconnu, vient la chercher : « C'est pour moi que l'on vient ! Je suis sûre que c'est pour moi [*K*, p. 12]. » Élisabeth se croit traquée, livrée à un regard inquisiteur qui ne cherche qu'à la dénoncer. Tel justement celui de Jérôme Rolland qui, sur son lit de mort, aimerait la prendre en faute, lui arracher un aveu et ne la quitte pas des yeux. Lui-même, d'ailleurs, est épié par Élisabeth : « Ne plus quitter Jérôme Rolland de l'œil, le veiller comme le mystère même de la vie et de la mort. Surprendre la main de Dieu saisissant sa proie, rassurer cette pauvre proie humaine. Être vigilante jusqu'à l'extrême limite de l'attention [*K*, p. 35]. » En même temps, surveillance de Dieu lui-même perçu comme un bourreau venant chercher sa victime.

Élisabeth se retire dans la chambre de Léontine Mélançon et est livrée en rêve à tous les regards accusateurs. Elle se voit avec ses tantes au centre d'un cirque immense rempli de monde, avec, « au premier rang, trois juges énormes en perruque de ficelle blanche [*K*, p. 48] » qui « se penchent et regardent concentrés, attentifs, comme si le sort du monde allait se jouer à l'instant [*K*, p. 49] ». Les dimensions exagérées du cirque et des juges montrent à quel point Élisabeth se sent diminuée et écrasée par tant de regards. Les juges, impassibles, semblables à l'œil du père ou de Dieu, attendent patiemment avant de livrer leur sentence, comme s'ils aimaient regarder leur victime se débattre en vain.

Alors surgissent policiers et témoins, telle une présence impersonnelle, invisible, mais omniprésente, enveloppante. Élisabeth est obsédée par cette ubiquité d'un regard impitoyable tapi dans l'ombre et l'« examin[ant] avec avidité [*K*, p. 208] », la « dévisag[eant] et [la] reconnaiss[ant] [*K*, p. 167] » :

> Je n'ose détourner la tête. Je regarde fixement devant moi. À droite et à gauche de ma personne il se passe pourtant quelque chose que je ne vois pas. Cela se rapproche de moi, des deux côtés à la fois. Cela me frôle. Me presse. [...] Encadrée de deux policiers me faudra-t-il franchir la porte, là devant moi ? Les témoins ! Ils sont tous là, massés dans le grand salon, à l'abri derrière les volets fermés. Je les entends qui chuchotent [*K*, p. 57].

Elle imagine que l'univers tout entier s'est ligué contre elle. Le réel déformé par la folie d'un cauchemar paranoïaque, le va-et-vient des gens dans la maison devient les frôlements, les toussotements, les bavardages et l'animation des témoins. Leurs témoignages revêtent la légitimité du tribunal d'accusation. Élisabeth voit également George sur la place publique, accusé à son tour : « La foule se retourne contre vous. Hurle, menaçante. Tous les protestants sont des damnés. Un témoin s'avance, un deuxième, un troisième, puis un quatrième... [*K*, p. 155]. » Les morts eux-mêmes, tels Antoine ou Mélanie Hus, ressuscitent pour le dénoncer.

Élisabeth et George sont surveillés par ce regard omniprésent. Même lorsqu'ils se rencontrent en cachette, la nuit, ils sont à sa merci. Ils iront jusqu'à le défier dans un geste qui tient davantage de l'aveu de culpabilité. Ils se tiennent debout, nus, l'un en face de l'autre, devant une fenêtre sans rideaux : « Il s'agit maintenant de nous compromettre à jamais. De provoquer le scandale. D'accepter sans retour qu'on nous accuse et nous montre du doigt.

Tous deux liés ensemble dans une seule nécessité [*K*, p. 158]. » Leur nudité révélée confirme bien plus leur condition de pécheurs que leur adultère[13]. Ils se savent coupables depuis toujours, coupables avant les gestes. D'ailleurs, après leur escapade en traîneau, le regard inquisiteur des danseurs, danseuses et chaperons du bal de Saint-Ours les traquait déjà, les accusant de tous les maux.

Le regard témoin jouit non seulement de l'ubiquité mais également de l'éternité. Il est présent depuis toujours. Élisabeth est comme ligotée par le regard médusant de Victoire Dufour :

> Ses grands yeux de faïence. Immobiles, sans vie, Fixés sur moi. Depuis combien de temps ces yeux pâles me regardent-ils ? Ils ne peuvent cligner et s'emplissent de larmes à me dévisager ainsi. Peut-être ne me voient-ils pas, ces yeux glacés, arrêtés comme les aiguilles d'une pendule morte ? Je suis fascinée. Enchaînée à mon lit [*K*, p. 203].

Regard impersonnel, sans pitié, figé dans une fixité éternelle, comme celui de madame Tassy mère. Celle-ci émerge des pierres calcinées du manoir de Kamouraska pour fixer Élisabeth par-delà la mort, tel l'œil de Dieu poursuivant Caïn, comme si la nature tout entière était regard accusateur :

> Quelque chose de fixe et d'interdit m'épie dans le paysage pétrifié de Kamouraska. [...] Quelque part dans la muraille, un point fixe, vivant, quoique pierreux, est braqué sur moi. Au cran d'arrêt. Chevillé dans la pierre. Soudain cela bouge. Un lézard, sans doute [...]
>
> Son petit œil marron, rivé sur moi, ses grosses paupières plissées qui ne clignent pas. Ma belle-mère est vivante. [...]
>
> [...]
>
> Mme Tassy me regarde si fortement que je suis sûre qu'elle me voit penser. À un nouvel éclat de son petit œil je crains un instant qu'elle n'abatte sa lourde canne sur mon dos [*K*, p. 77s.].

---

[13] SARTRE écrit que « se vêtir, c'est dissimuler son objectivité, c'est réclamer le droit de voir sans être vu, c'est-à-dire d'être pur sujet. C'est pourquoi le symbole biblique de la chute, après le péché originel, c'est le fait qu'Adam et Ève « connaissent qu'ils sont nus » [*l'Être et le Néant* [...], p. 336]. »

La canne ne fait que confirmer sa domination. Ici encore la femme remplace le mari défunt, assume le rôle de l'autorité mâle, comme le font les tantes d'Élisabeth, comme le faisait Claudine dans « le Torrent », qui avait chassé le vagabond venu la dénoncer en le frappant à la tête d'un coup de bâton. Elle était apparue, aux yeux de François, « immense [...], la trique toute frémissante à la main, l'homme étendu à ses pieds [*LT*, p. 17] ». La souveraineté est mâle. Claudine s'est approprié le sceptre du chef, aux connotations phalliques évidentes, pour faire régner son ordre. Ainsi le fait la mère Tassy avec sa canne, l'abbé Foucas avec son bâton de hockey ou George avec la crosse de son pistolet : « Mais ce sceptre est également verge, assure Durand. Car il semble bien qu'il faille adjoindre à l'élévation monarchique la notion œdipienne de Dieu Père, de Dieu grand-mâle[14]. »

Ce regard souverain n'a rien de compatissant. C'est l'œil d'un justicier qui ajoute à l'impassibilité une cruauté sadique. Il s'assure, par tous les moyens, la suprématie, la domination du regard frustré et violé. Regard cruel qui semble se complaire dans l'humiliation et la souffrance qu'il inflige. Regard qui devient instrument de torture, qui enchaîne, tourmente, blesse, perce, empoisonne : yeux « pointus [*K*, p. 14] » de Jérôme Rolland, œil perçant de la mère Tassy, regard « virulent [*K*, p. 62] » et empoisonné d'Aurélie. Cet œil fait appel à tout l'arsenal diaïrétique pour mieux triompher. Élisabeth, les mains liées derrière le dos et la poitrine découverte, voit quelqu'un d'invisible lui lancer des poignards. Elle « voit venir l'éclair métallique du couteau s'abattant en plein cœur [*K*, p. 49] ». Le regard invisible est prompt comme la foudre et tout aussi dévastateur. Regard meurtrier porté à son extrémité funeste par le revolver que George caresse et qu'il braque sur Antoine. « Arme suprême du regard, le fusil en élève la force destructrice à une magie presque onirique : le rayon de la mort, le projectile aussi invisible qu'instantané[15] », écrit Paris. La

[14] Durand, *les Structures* [...], p. 152s.

[15] Paris, *l'Espace* [...], p. 83.

nature projectile du regard se réalise ici pleinement en accord avec une rêverie qui favorise l'attitude guerrière. La poétique du regard garde donc la trace d'une dialectique de l'affrontement et de la quête de la puissance souveraine.

L'œil souverain prend encore la forme d'un œil éblouissant, œil supérieur, céleste. Il est alors lumière mystérieuse, « plus claire que le soleil [*K*, p. 103] », lumière implacable et intolérable qui s'immobilise au-dessus d'Élisabeth, l'éblouit, la retient prisonnière et dévoile ses pensées les plus secrètes [*K*, p. 107]. Soumise à cette lumière éclatante, elle a « envie de mettre [son] bras replié sur [ses] yeux, pour les protéger contre l'éblouissement [*K*, p. 50] ». Regard omnipotent et accusateur qui oblige Élisabeth à regarder en pleine lumière les scènes de sa vie passée.

Chaque religieuse des *Enfants du sabbat* est soumise à son tour à l'omniprésence de ce regard implacable. Le « regard impassible [*ES*, p. 57] » des compagnes enregistre les moindres manquements. La mère supérieure exerce une surveillance constante, rappelant les fautives à l'ordre, punissant les récalcitrantes, s'assurant la soumission de chacune à son regard autoritaire. Non contente d'épier les faits et gestes, elle scrute encore les cœurs et les consciences afin d'arracher des aveux de culpabilité pour les fautes les plus banales. Rien ne lui échappe, comme si elle disposait du regard omniprésent et tout-puissant de Dieu au nom de qui elle exerce son autorité. Elle est en cela appuyée par le prêtre qui conseille et confesse et par le médecin qui a charge des corps. Tous ces regards rivalisent d'ardeur pour affirmer leur emprise.

Parce que sœur Julie se révèle, dès le début, réfractaire, elle est soumise à l'humiliation quotidienne de regards inquisiteurs. Le mot n'est pas trop fort puisqu'on l'accuse justement d'être possédée du démon. La mère supérieure l'envoie d'abord à l'hôpital où elle est « tournée et retournée, dans tous les sens, comme un objet suspect [*ES*, p. 15] », soumise à l'œil impersonnel d'instruments de toutes sortes, analysée et radiographiée : « Une litanie dégoûtante qui parle d'urine et de sang, d'excréments, de boyaux éclairés par le baryum, de squelette visible à travers la chair et la peau, de crâne scalpé, dénudé jusqu'à l'os par les rayons X [*ES*, p. 13]. » Le docteur Painchaud l'ausculte à maintes reprises sous l'œil vigilant de mère Marie-Clotilde qui, aidée de l'infirmière, l'examine elle-même. L'abbé Flageole souhaite « que sœur Julie de la Trinité soit prise en flagrant délit d'ébriété diabolique, aux yeux de tous [*ES*, p. 131] ». On la soumet alors à une surveillance spéciale. Elle est enfermée sous clef avec un gardienne qui doit « la veiller de jour et de nuit, l'observer sans relâche [*ES*, p. 148] ». Les surveillantes font rapport à la mère supérieure et à l'abbé Flageole qui prépare pour l'archevêché un dossier impressionnant. Il y a toujours dans cet univers un regard supérieur auquel il faut se soumettre.

L'abbé Flageole, avec l'assistance de mère Marie-Clotilde, osera même pratiquer l'épreuve des aiguilles sur le corps nu et rasé de sœur Julie, ligotée à son lit. Le regard sadique trouve dans l'aiguille son prolongement naturel. Il découvre alors son pouvoir destructeur; il est assez dur et pointu pour percer les chairs; il tourmente et blesse sa victime. Le regard devient projectile maléfique et arme de torture pour mieux imposer sa domination.

Même les occupants de la cabane dans la montagne de B..., comme les habitants du village tout près, ne sont pas à l'abri du regard témoin. Ces derniers sont sous la surveillance étroite du curé, de la société de tempérance qu'il dirige et des différents comités paroissiaux. La femme doit jurer obéissance et soumission à son mari; les enfants, dès l'âge de dix ans, renoncent solennellement à Satan. Tous les villageois sentent le poids des interdictions d'un regard qui les juge et les condamne, regard qui est finalement celui de Dieu lui-même, juge suprême et tout-puissant devant lequel tous trembleront à l'heure du jugement dernier.

À leur tour Philomène et Adélard sont soumis au regard inquisiteur des villageois qui les dénoncent de village en village et les obligent à fuir talonnés par la police et des hommes et des femmes en colère. Quand Julie se retrouve seule en forêt, abandonnée par ses parents, elle se sent entourée par mille regards inconnus et menaçants : « Tout ce qui vole, marche et rampe, entoure Julie et la frôle. [...] Là, sur un vieil arbre, une plaque de phosphore brille, semblable à des dizaines de petits yeux allumés. Soudain deux prunelles surgissent dans l'ombre, tout à côté de Julie [*ES*, p. 127]. » De même Pierrette, qui a fui la ville et l'usine pour participer aux réjouissances du sabbat, voit soudain apparaître dans la nuit, sur l'écorce d'un arbre, l'œil réprobateur de son patron.

Ainsi s'exprime l'ubiquité d'un regard inhumain et monstrueux. L'univers tout entier devient le témoin impassible de l'être dépossédé et humilié qui ne sait où fuir, sans cesse traqué comme un condamné à mort. Le regard dominé est un regard frustré qui courbe l'échine. Le regard triomphant exige l'abaissement de l'être dans des gestes de soumission et de servilité. Paris explique : « Saluts, courbettes, génuflexions servent alors double but : permettre à l'autre de me chosifier, en m'empêchant de lui rendre la pareille. La posture physique reflète même cette humiliation, cet abaissement servile devant un pouvoir supérieur[16]. »

Ce sont les hommes et les femmes dans la montagne de B... qui défilent à tour de rôle pour l'hommage à Philomène alors que les religieuses dans la chapelle du couvent entonnent le sanctus. Du matin au soir les dames du Précieux-Sang se confondent en courbettes et révérences de toutes sortes : processions « aux yeux baissés, aux pas feutrés [*ES*, p. 30] », prières à genoux, les paupières fermées, signes de croix, confessions obligatoires et humiliations quotidiennes. Au moment de l'élévation « les cornettes blanches s'inclinent à l'unisson [*ES*, p. 43] » en un geste d'adoration qui est en même temps l'expression d'un regard frustré.

C'est également Julie qui feint d'accepter les croyances de son frère par amour pour lui : « Voyez comme la fille se soumet, s'agenouille aux pieds de son frère, le sup-

[16] PARIS, *l'Espace* [...], p. 95s.

plie de l'aimer toujours et de la bénir, baisse la tête pour qu'il lui passe autour du cou la ficelle avec la médaille de l'Immaculée Conception [*ES*, p. 152]. » Elle se prête encore au rite du baptême, incline la tête et regarde au fond de l'eau alors que Joseph, en prononçant les paroles de circonstance, lui maintient la tête sous l'eau jusqu'à ce qu'elle s'étouffe. Plus tard, elle s'agenouille devant la mère supérieure pour recevoir sa bénédiction, puis devant l'exorciste pour se confesser et demander son absolution, « les yeux baissés, les mains cachées dans ses larges manches [*ES*, p. 170] ». Elle affiche un « petit air humble et soumis [... qui] inquiète Marie-Clotilde [*ES*, p. 74] ». La mère supérieure elle-même, lorsqu'elle marche dans les rues de la ville, « ras[e] les murs, le regard baissé à la hauteur des chevilles des passants [*ES*, p. 178] ».

Jeux des regards, esquives et affrontements

Le regard témoin, omniprésent, impersonnel, accusateur et sadique, exerce une véritable domination. Il se pare de tous les attributs de la souveraineté. Il est omnipotence, ubiquité et éternité. Se soumettre à ce regard, c'est accepter la domination et se livrer sans défense. Cependant, lutter contre lui et tenter de franchir l'interdit du regard souverain éveille les sentiments de culpabilité, la crainte d'être puni, d'être foudroyé du regard et condamné. Car usurper le regard souverain, ravir le regard de Dieu, ce serait accéder à la toute-puissance.

Mais le combat se situe d'abord au niveau des hommes. Il faut lutter contre le regard d'autrui, s'approprier la souveraineté du regard de l'autre avant de dérober celui de Dieu. C'est alors que l'on peut devenir le rival de Dieu, à son tour dieu ou déesse, ou encore sorcière douée de pouvoirs maléfiques. La puissance du regard est une domination des hommes et des choses. Elle s'exerce telle une domination magique. Un tel regard pétrifie, foudroie, hypnotise, envoûte, charme, paralyse, méduse...

Le cheminement de Catherine vers la puissance qui est libération et connaissance, ouverture et don, se révèle progressivement dans le jeu des regards, les esquives et les affrontements, toute cette lutte de l'être pour se libérer du regard médusant. C'est combattre, dans le regard dominateur de l'autre, toute une éthique sociale, tout un code de conduite que la société impose à ses membres; c'est se révolter contre l'autorité.

La lutte s'engage dès la première page des *Chambres de bois* puisque Catherine, comme les autres femmes de sa ville, revendique le regard transparent et libérateur. Son acharnement à laver constamment les fenêtres de la maison témoigne de son refus de se soumettre « aveuglément » à cet univers de l'homme, à cette salissure des hommes et de leurs hauts fourneaux. Son zèle est une insoumission, sa propreté et son ordre, une domination. Elle est la « maîtresse » de maison, celle qui remplace la mère, rôle que Lucie voudra usurper et qu'elle revendiquera auprès du père. Dans les appartements de Paris, Catherine demande les clefs de la maison pour redevenir la maîtresse et désire justement « *régner* sur les arrivées de sucre et la consommation du café, sur les toiles que l'on lave, repasse et plie[17] ». Elle demande des balais de couleur et du savon noir; elle s'ennuie des marchés de légumes, de fleurs et de fruits. Elle aimerait pouvoir cueillir toutes les fleurs de l'été que Michel lui promet dans un instant d'ivresse, à la pensée de rentrer chez lui en maître pour chasser Lia et son amant : « Toutes les fleurs vivantes seront mises en notre pouvoir, Catherine, même ces sensibles camomilles qui remuent encore après qu'on les a cueillies [*CB*, p. 91]. » Les fleurs n'offrent pas que la couleur; éclats de beauté, elles proposent aux yeux enchantés un échange de regards. Elles deviennent les yeux et les regards de l'univers. « Alors, dit Bachelard, dans une exaltation du bonheur de voir la beauté du monde, le rêveur croit qu'entre lui et le monde, il y a un échange de regards [...] Tout ce que je regarde

[17] *CB*, p. 76. C'est nous qui soulignons.

me regarde[18]. » Mais Michel ne sait pas évoquer la beauté des fleurs. Il veut les assujettir à son pouvoir, les dominer comme il aimerait régner en maître sur Catherine et Lia. Aussi Catherine ressemble-t-elle étrangement à ces camomilles qui remuent encore après avoir été cueillies. Elle est cette morte vivante que Michel a transplantée en oubliant « d'effacer la beauté du monde » en elle et autour d'elle, en oubliant « de fermer [ses] yeux avides » et en permettant « leur passion perdue [*P*, p. 51] ».

Le regard devient possession précieuse, menacée de toutes parts, et qu'il faut protéger contre autrui, contre le regard inquisiteur de l'autorité, qu'il s'agisse du regard anonyme de la ville, de celui du père, de la tante ou de Michel. Protéger son regard, c'est déjà éviter l'anéantissement, la « chosification ». La tante Anita comprend « qu'elle ne tirerait pas un mot, pas un geste, *pas un regard* de cette fille défendue comme la pierre[19] ». Quand Catherine revoit Michel pour la première fois après plusieurs rendez-vous ratés par lui, elle lui refuse son regard, « regardant le jeune homme à la dérobée [*CB*, p. 44] », n'osant encore l'affronter, mais se tenant sur ses gardes. Plus tard, après plusieurs rencontres, quand il la foudroie du regard parce qu'elle évoque le passé et son enfance, elle se met « à fixer obstinément deux cailloux à ses pieds [*CB*, p. 50] ». Son regard se fait pierre; il devient dur, résistant; cette fille « défendue comme la pierre » s'arme de l'obstination et de la résistance du minéral, sans rien abdiquer. Elle insiste même, exigeant une réponse à ses interrogations concernant la maison des seigneurs, la sœur de Michel et la vie qu'il mène là-bas.

> Michel redressa la tête de Catherine, la tint dans ses deux mains, bien en face de lui, écartant les cheveux, éprouvant le petit crâne dur, touchant le front, le nez, les mâchoires, les joues mouillées de larmes, comme on goûte la fraîche dureté d'un caillou poli par la mer.

---

[18] BACHELARD, *la Poétique de la rêverie*, p. 159.

[19] *CB*, p. 48. C'est nous qui soulignons.

> Catherine regarda aussi Michel, longuement, sans baisser les yeux. Michel se mit à trembler comme s'il avait eu peur [*CB*, p. 51].

Ils se mesurent du regard comme deux adversaires. Catherine défie le regard de Michel. Soutenir le regard de l'autre sans être anéanti, c'est déjà l'égaler, voire le vaincre. Ce dont François dans « le Torrent » était incapable. L'insistance et l'audace du regard de Catherine ont raison de Michel qui se met à trembler et qui, finalement, l'invite chez lui.

De nouveaux affrontements visuels opposent Catherine à Michel et à d'autres personnages. Dans les appartements de Paris, il lui reproche ses goûts fantasques et veut lui imposer sa discipline : Catherine suit le regard de Michel qui se perd dans les motifs du tapis. Elle « s'épuisait à ce jeu. Il y avait une minute incroyablement vide où les arabesques du tapis éclataient dans les yeux de Catherine [*CB*, p. 79]. » En suivant le regard de Michel, elle tente de voir clair, de découvrir un sens à la peine de son mari, comme si les dessins du tapis étaient des signes secrets à déchiffrer. Jeu stérile et néfaste qui semble mettre en danger sa vue elle-même. De nouveau Catherine se ressaisit et affronte ce regard sans soumission, sans abandon, avec la fermeté et la froideur de qui refuse de se perdre dans le regard de l'autre. Elle se tient « debout devant son mari, les doigts fermés, sans rien de donné dans le regard, ni larme, ni reproche, sans rien qui laisse prise, stricte et droite, mince fille répudiée sur le seuil [*CB*, p. 80] ».

Catherine doit ensuite se mesurer au regard de Lia venue revendiquer sa place et ses droits auprès de Michel. C'est dans un véritable duel des regards que les deux femmes expriment leur rivalité :

> Le silence dura, tandis que les objets et les meubles de la cuisine devenaient extrêmement présents entre les deux femmes, tout comme si elles se les fussent lancés à la tête, à tour de rôle. L'arrangement de Catherine sautait aux yeux de Lia qui mentalement remettait chaque chose dans son désordre originel. Le regard de Catherine passait derrière celui de Lia et rangeait tout à mesure [*CB*, p. 97].

Voilà qui illustre bien la puissance du regard, comme s'il détenait une force magique lui permettant de déplacer à volonté les objets. Catherine ne cède en rien au regard envahisseur de Lia et refuse de se soumettre à l'ordre nouveau que celle-ci tentera d'imposer. Elle renvoie la servante et s'occupe elle-même de la maison. Elle surveille Lia et cherche à connaître le secret de l'étrange passion qui habite la fille du seigneur. Elle poussera l'audace jusqu'à exiger une réponse dans un geste où le regard triomphe : « Lia semblait grandie de colère. Elle regardait Catherine, et celle-ci, sans baisser les yeux, s'entêtait, répétait d'une voix claire : — Lia, Lia, même si vous êtes fâchée, répondez-moi. J'ai tant besoin de savoir [*CB*, p. 111]. »

La maladie de Catherine la rendra vulnérable, offerte au regard d'autrui. Il ne lui reste plus qu'à refuser son regard, dernière résistance devant le regard fasciné de Michel qui l'invite à mourir tout doucement : « Il s'approcha à nouveau, chercha en vain le regard de sa femme. Catherine s'était juré de ne pas ouvrir les yeux, de ne pas répondre à l'appel muet de Michel. Cette complicité avec la mort sur le visage brûlé de Catherine, Michel la réclamait comme son bien et son plaisir [*CB*, p. 141s.]. »

Parfois, pour mieux vaincre ou punir, le regard s'allie au feu et à l'éclair. Alors il flambe, terrasse et foudroie. Tel le regard de George, dans *Kamouraska*, regard de feu qui exerce une étrange fascination : « Ses yeux [...] Noirs. Un feu terrible. Fixé sur moi. Je détourne la tête [*K*, p. 112]. » Regard brûlant, envoûtant, auquel Élisabeth ne peut résister. George semble avoir usurpé le regard divin ou diabolique, tout au moins « l'arme essentielle de sa puissance : le feu, la foudre ou la lumière[20] », selon Paris. Il « foudroie [...] du regard [*K*, p. 112] » la mère d'Élisabeth qui tente de disculper Antoine. Ce regard inquiétant a les propriétés de l'éclair. Il jaillit de l'œil tel un coup de feu, la foudre ou le glaive, comme s'il avait une nature projectile : « Il me lance un regard soupçonneux. [...] Comme

[20] PARIS, *l'Espace* [...], p. 39.

vous me regardez, docteur Nelson. Non pas la paix, mais le glaive. Cette pâleur soudaine. Cette fièvre dans vos yeux [*K*, p. 120s.]. » Le regard se fait matière pour qu'il puisse fuser dans l'espace. Regard-feu qui brûle de fièvre, de colère et de désir. Regard qui embrase, consume et tue. Regard magique aussi qui a le pouvoir de tarir les mamelles de la nourrice : « Elle pleure et se lamente. Jure que c'est la faute du docteur qui lui a jeté un sort. — Il a les yeux si noirs. Il regarde si fixement. Quand il s'est approché de moi pour examiner le petit, dans mes bras... J'ai eu un choc... [*K*, p. 114]. » Regard maléfique qui exerce sa puissance contre les êtres et les choses, qui subjugue, envoûte, hypnotise pour mieux dominer. George force Aurélie à le regarder bien en face. Il veut anéantir chez elle toute résistance, toute volonté, pour l'obliger à aller empoisonner Antoine : il ne la quitte pas des yeux et « ramène impitoyablement à lui le regard fuyant de la jeune fille [*K*, p. 180] », jusqu'à ce qu'elle abandonne toute résistance « sous le regard perçant et noir qui la tient [*K*, p. 185] ».

Élisabeth, à son tour, veut fasciner et dominer par le regard : « Regarder tous les hommes, dans la rue. Tous. Un par un. Être regardée par eux [*K*, p. 9]. » Elle aime séduire et voir les hommes réduits à de vulgaires pantins, éblouis par sa beauté. Au bal du gouverneur tous les garçons la « regardent par en dessous [*K*, p. 64] ». Mais c'est surtout contre le gouverneur lui-même qu'elle exerce sa séduction, heureuse de danser avec lui, de le voir loucher dans son corsage, de triompher, ne serait-ce qu'un soir, de celui qui est le représentant de la reine, l'autorité suprême.

Avec Antoine le jeu des regards est un combat épuisant, sans cesse repris. Après avoir surpris son mari en compagnie d'une prostituée, elle le défie du regard : « Un long moment nous nous regardons. En silence. Sa confusion. Sa veulerie. La mienne. Et mon orgueil qui se rend peu à peu. Nous détournons la tête, l'un de l'autre, épuisés, comme deux lutteurs [*K*, p. 70]. » Élisabeth pourrait fermer les yeux sur la conduite de son mari et se satisfaire de son rôle de mère. Mais tous deux se déchirent du regard, tentent par tous les moyens d'humilier l'autre, de briser sa résistance. Élisabeth rêve même qu'Antoine la poursuit de son regard au-delà de la mort et qu'il veut l'obliger à regarder sa blessure : « Son œil si pâle, exorbité, cherche mon regard. Je cache mon visage dans mes mains. [...] Mon Dieu ! Il va ôter son bandeau ! Montrer sa blessure ! Antoine arrache mes mains de sur mon visage. [...] Me force à le regarder bien en face [*K*, p. 82]. »

Même entre George et Élisabeth l'affrontement est inévitable, malgré le désir de le retarder le plus longtemps possible : « Je détourne la tête. Refuse de te regarder en face. D'être regardée par toi. Qui le premier osera se trahir devant l'autre [*K*, p. 144] ? » Au retour de George, après le meurtre, quand ils se regardent enfin, c'est pour se perdre à jamais, devenus étrangers l'un à l'autre : « Debout, l'un en face de l'autre. Nous nous emplissons de ténèbres. Nous nous touchons avec des mains inconnues. Nous nous flairons comme des bêtes étrangères [*K*, p. 241]. »

Comme il est difficile de s'armer contre l'autorité et la puissance du regard dominateur ! Dans *les Enfants du sabbat*, Julie tentera à son tour de surprendre la faiblesse de l'adversaire. Elle doit d'abord se mesurer à la mère supérieure qui devine chez sa novice une résistance farouche. Le combat se prolonge entre les deux femmes sans que mère Marie-Clotilde, à son grand désespoir, ne réussisse à affirmer son autorité. La scène se déroule dans le bureau de la supérieure qui désire de sœur Julie qu'elle confesse ses fautes. Celle-ci feint les gestes extérieurs de soumission pour se protéger du regard inquisiteur de mère Marie-Clotilde qui cherche à lire dans son cœur et ses pensées afin de mieux déraciner toute révolte et anéantir tout esprit de rébellion. Julie « baisse la tête [...] se tait et ferme les yeux [*ES*, p. 19] »; elle se dérobe aux indiscrétions d'un regard importun et offre un visage de pierre, « un vrai caillou [*ES*, p. 22] », comme le faisait déjà Catherine dans *les Chambres de bois*. Elle ne veut rien abdiquer de sa liberté intérieure, de son désir de suivre sa « vocation secrète [*ES*, p. 22] » qu'elle révélera sans équivoque le moment venu. Dans ce combat contre le regard autoritaire, elle a la certitude de défendre sa vie elle-même. Quand, finalement, elle se redresse « d'un bond excessivement brusque [*ES*, p. 22] », trahissant ainsi une impatience et une vitalité qu'elle aurait peut-être préféré dissimuler davantage, c'est qu'elle est assurée de pouvoir soutenir le regard de sa supérieure sans rien révéler qui puisse la trahir et elle « regarde mère Marie-Clotilde droit dans les yeux [*ES*, p. 22] ». L'audace de ce regard revendique une liberté et une puissance qui échappent maintenant à mère Marie-Clotilde, laquelle, à la fin de l'affrontement, « contemple avec stupeur ses grandes mains, comme séparées de son corps, qui tremblent de rage [*ES*, p. 22] ». La voilà momentanément désarmée, réduite à l'impuissance d'une agitation stérile.

Sœur Julie doit encore subir à plusieurs reprises les examens humiliants du docteur Painchaud et combattre ce regard étranger et interrogateur qui dépiste sur son corps les signes extérieurs d'épreuves suspectes :

> Dans un visage blême, pétrifié, deux yeux dévorants, fixés sur le médecin. Celui-ci emploie toute sa volonté à ne pas baisser les yeux. Mais il se sent vu, pénétré, jusqu'à la moelle de ses os, avalé, en quelque sorte, mastiqué et recraché, avec dégoût, sur le parquet bien ciré, comme de la bouillie.
>
> Plusieurs minutes passent. Le Dr Painchaud se fait un point d'honneur de ne pas baisser les yeux, le premier.
>
> Soudain, sœur Julie détourne la tête du côté du mur et se met à pleurer [*ES*, p. 71s.].

Jean Painchaud a bien deviné le regard dédaigneux et insolent de sœur Julie, lui qui a l'habitude d'être accueilli avec respect. Il s'est senti à son tour dévoilé et humilié sous l'intensité de ce regard méprisant. Si sœur Julie détourne la tête, c'est qu'elle attend le moment propice pour le confondre tout à fait. Le docteur peut bien d'ici là croire avoir échappé à un danger et rêver d'anesthésier sœur Julie et de lui arracher les yeux.

Quand il revient examiner sœur Julie, il porte des « lunettes d'écaille [qui] écrasent son tout petit nez dans sa face ronde et rose [*ES*, p. 92] », comme s'il voulait protéger ses yeux du regard de Julie qu'il « n'ose soutenir [...], de peur d'y découvrir ces étranges pupilles dont lui a déjà parlé Léo-Z. Flageole[21] ».

Durant la tempête, attiré mystérieusement vers le couvent et la chambre de sœur Julie, le docteur Painchaud « touche du doigt le globe de son œil sans qu'elle cille [*ES*, p. 162] ». Veut-il s'assurer de l'impuissance de son regard ? Sœur Julie paraît hors d'atteinte, plongée en elle-même dans un état second qui ressemble à un sommeil profond. C'est alors que Jean Painchaud veut lui avouer son amour et l'invite à quitter le couvent. Mais au moment même où il se croyait à l'abri du regard envoûtant, sœur Julie « le regarde entre ses cils. Elle le supplie de s'approcher encore plus près, de panser ses blessures, de respirer contre sa bouche le souffle de sa détresse [*ES*, p. 163]. » Le docteur ne peut résister à l'invitation et caresse avec des mains fiévreuses toutes les plaies de sœur Julie, « superbe et maudite [*ES*, p. 163] », telle qu'elle lui apparaissait dans ses cauchemars. Il tente de se ressaisir, mais trop tard : « Deux yeux jaunes le regardent fixement »; sœur Julie « se moque et ricane », subitement guérie; les mains du docteur se couvrent de « vésicules suppurantes [*ES*, p. 163] ».

Le regard de sœur Julie est un regard maléfique qui envoûte pour mieux empoisonner, tel celui des vipères, tel également celui des sorcières qui pouvaient, disait-on, pulvériser du venin. Regard magique qui darde ses rayons fatals contre une victime réduite à l'impuissance et semble transmettre tares et maladies. Le docteur Painchaud n'a pas su se protéger à temps des maléfices d'un tel regard.

Ni sœur Gemma que Julie choisit comme autre victime et contre laquelle elle aiguise la puissance occulte de son regard. Elle l'observe et guette la moindre défaillance, « épiant sur le doux visage les premiers signes de désespoir [*ES*, p. 49] ». Impitoyable, elle se réjouit à l'avance des malheurs qui vont s'abattre sur sa consœur, les pro-

---

[21] *ES*, p. 135; *cf.* également p. 92.

voque même. Sœur Gemma connaîtra mille humiliations, sombrera dans le désespoir et l'horreur : « Nausées, vomissements, évanouissements, sœur Gemma est malade [...] Son dégoût est extrême, comme si on l'avait précipitée dans un tas de fumier pour y vivre et pour y mourir [*ES*, p. 136s.]. » Sœur Julie exulte devant « l'image de sœur Gemma ruisselante de larmes, ainsi qu'il lui est donné de l'apercevoir, de jour ou de nuit, dès [qu'elle] en éprouve la malicieuse envie [*ES*, p. 137] ».

Elle peut épier sa victime et exercer ses maléfices même à distance. Mère Antoine de Padoue meurt brutalement d'une crise cardiaque au moment où elle allait dévoiler les origines de sœur Julie : « Le mauvais œil de sœur Julie s'est fixé sur la vieille religieuse qui en savait trop [*ES*, p. 180]. » Le regard devient assassin.

À son tour l'abbé Migneault est victime du regard tortionnaire de sœur Julie qui le ridiculise et l'anéantit. « Il en [vient] à craindre toute rencontre avec sœur Julie, ne parvenant jamais à baisser les yeux avant que ne l'atteigne le regard jaune et moqueur au détour d'un corridor. Le pouvoir destructeur de sœur Julie agi[t] sur l'aumônier, sans rencontrer aucune résistance [*ES*, p. 53]. » L'abbé s'effondre et s'agenouille aux pieds de la religieuse pour avouer sa parfaite insignifiance. Les rôles sont maintenant inversés : le confesseur s'humilie devant sa pénitente avant d'aller se pendre, détruit par le « mauvais œil » de sœur Julie.

Le nouvel aumônier, l'abbé Flageole, malgré sa méfiance naturelle et sa connaissance livresque des maléfices auxquels il s'expose, ne réussit pas toujours à se protéger contre le regard ensorceleur de Julie : « Incapable de bouger ni de baisser les yeux, l'aumônier supplie Dieu, tout bas, de briser l'air entre lui et sœur Julie, afin que se détache de lui ce regard qui l'envoûte et le cloue à sa chaise pour le crucifier [*ES*, p. 91]. » Rien ne semble pouvoir résister au magnétisme d'un regard qui devient palpable, concret, comme s'il était un prolongement matériel de la personne. Il poursuit l'abbé Flageole jusque dans sa cellule :

> Il tente de reculer, se recroqueville, les genoux au menton. Sœur Julie, immobile, le domine de toute sa taille. La pupille noire barre l'œil et semble pétrifiée, telles les deux aiguilles d'une montre arrêtées l'une sur l'autre, au point du temps le plus fixe et le plus insoutenable [*ES*, p. 102].

Exposé dans sa vulnérabilité la plus criante, il ne peut trouver mieux, pour se protéger, que la position fœtale.

Mais aucun refuge dans l'espace ou le temps ne peut le mettre vraiment à l'abri de ce regard omniprésent et éternel. Tel l'œil pourchassant Caïn, il se loge dans les profondeurs de la conscience de l'abbé, comme tout à l'heure il avait envahi celle du docteur Painchaud ou de sœur Gemma. Il est semblable au regard impersonnel et glacial de Victoire Dufour dans *Kamouraska*; c'est le même regard jaune et moqueur qu'avait Aurélie [*K*, p. 103, 179], ou Amica dans « le Torrent », ainsi que le chat témoin de la mort de Claudine :

> Amica a les mêmes yeux que ce chat. Deux grands disques en apparence immobiles, mais qui palpitent comme la flamme. [...] Il me semblait que la bête maléfique était disparue en moi. [...] Et, aujourd'hui, de trouver ainsi cette femme aux yeux si étonnamment semblables, rivés sur moi, je crois voir mon témoin surgir au jour. Mon témoin occulte émerger dans ma conscience, en face de moi, bien au clair. Il me torture ! Il veut que j'avoue ! Qu'est venue faire ici cette sorcière [*LT*, p. 52] ?

On croirait lire un passage des *Enfants du sabbat*, ouvrage pourtant publié vingt-cinq ans plus tard. Anne Hébert exprimait déjà en termes non équivoques le désarroi d'une conscience débusquée dans ses retranchements les plus secrets, violée par un regard étranger surgi des profondeurs mêmes de l'âme. Fixité et éternité du regard témoin qui culpabilise et tourmente, depuis « le Torrent », depuis toujours.

Parures de souveraineté, auréole et voyance

La liberté du regard est une puissance et la véritable puissance, disions-nous, serait de s'approprier le regard de

Dieu. Difficile conquête qu'entreprend Catherine et que poursuivent à leur tour Élisabeth et Julie. Seule l'élue peut recevoir en partage le regard absolu de Dieu qui est voyance. Acquérir la voyance, c'est dépasser l'impuissance du regard humain pour découvrir la souveraineté et la toute-puissance du regard central capable de pénétrer l'essence même des choses.

Il ne faut pas négliger l'importance des « parures de tête[22] » qui annoncent cette vision souveraine. Quand Catherine, malgré l'opposition de la servante, va rencontrer Bruno, elle se coiffe avec un soin particulier, « ses cheveux tirés aux tempes, relevés sur la nuque [*CB*, p. 167] ». Elle ne laisse plus ses cheveux tomber sur ses épaules comme dans les appartements de Paris, mais les noue soigneusement en forme de diadème, telle une parure de souveraineté. Catherine rayonne de beauté de la tête aux pieds et se dresse devant le miroir dans tout son éclat royal. N'a-t-elle pas toujours rêvé d'être une grande dame ou une « infante, une pure fille de roi [*CB*, p. 85] », de la race des seigneurs, comme Lia ? Elle s'est laissé modeler et parer par Michel dans l'espoir de ressembler à une idole, d'entrer « dans la maison des seigneurs par la porte la plus haute, et [de voir] la servante [s'incliner] devant [elle] [*CB*, p. 92] ». C'est ainsi que Michel, après l'avoir revêtue de la robe couleur de camélia, aux fils d'or, et après lui avoir maquillé les yeux, écarte les cheveux du visage de Catherine pour « les ramener en gerbe au sommet de sa tête [*CB*, p. 93] », tel un couronnement.

C'est une Catherine transformée et méconnaissable qui se présente devant Michel et Lia à la fin du roman. Avec son chapeau, autre parure de souveraineté, son manteau et ses gants fins, elle paraît devant eux dans toute sa

[22] PARIS décrit ainsi ces « parures de tête » : « Que [l'auréole] figure l'organe de vision divine explique l'importance, dans les cultures archaïques, de ce qui la prépare, ces parures de tête, parures de souveraineté : plumes, cornes, torsades, lauriers, etc., dont nos couronnes, casques, chapeaux, tonsures, seront autant de souvenirs [*l'Espace* [...], p. 70]. »

grandeur : « Ah ! Catherine, comme tu as changé ! Tu as l'air d'une grande dame en visite et tu me gênes. Pourquoi ce chapeau et ces gants ? Comme te voici élégante, belle et cruelle [*CB*, p. 189]. » Elle arrive en souveraine et Michel, comme s'il devait subir l'apparition d'un être lumineux, met « les mains devant ses yeux et reproch[e] à Catherine l'insolence de sa vie [*CB*, p. 189] ». Jadis, il avait eu le même geste lorsque Catherine, debout près de la fenêtre, avait été « nimbée de lumière de la tête aux pieds [*CB*, p. 89] ». Quel contraste avec Lia qui, le matin même, est entrée « couleur de cendres, rageuse, pillée, affamée, blessée à l'épaule [*CB*, p. 188] » ! Catherine est transformée depuis qu'elle est sortie des ténèbres pour devenir un être de lumière. Ce rayonnement qu'illustrent ses parures de souveraineté, et plus particulièrement l'auréole qui l'entoure, confirme la métamorphose de son regard en voyance, comme si elle avait vécu en partage le regard absolu. L'auréole corrige la linéarité du regard humain, le projette dans toutes les directions à la fois, lui donne un rayonnement circulaire. « Ce cercle radieux [...] ce feu signale moins le sacré que son privilège : la voyance[23] », affirme Paris.

Nous pouvons comprendre, maintenant, la signification de l'aveuglement de Catherine jusqu'à sa sortie des chambres de bois. Son regard mutilé a une grande portée symbolique. Tel le faucon aux yeux crevés ou la « taupe aveugle », sa cécité est un moyen d'accéder à la voyance et en même temps à la souveraineté : « La Toute-Puissance est *borgne*[24] », confirme Durand. L'aveuglement de Catherine était l'épreuve nécessaire avant l'acquisition du regard supérieur : « Le sacrifice de l'œil [...] est le moyen de *renforcer la vision* et d'acquérir la voyance magique[25]. » Mais Catherine n'a guère le temps d'affirmer sa voyance; l'auteure l'abandonne au seuil de son émancipation.

---

[23] *Ibid.*, p. 69.

[24] DURAND, *les Structures* [...], p. 172.

[25] *Ibid.*

Quant à Élisabeth, pour mieux dérouter et dominer le regard des autres, elle choisit la fierté et la vanité. Elle pourrait s'approprier ces mots de Sartre : « Je tente, dans la vanité, d'agir sur Autrui en tant que je suis objet; cette beauté ou cette force ou cet esprit qu'il me confère en tant qu'il me constitue en objet, je prétends en user, par un choc en retour, pour l'affecter passivement d'un sentiment d'admiration ou d'amour[26]. » Prisonnière des « regards sévères des vieilles filles et des veuves », Élisabeth va demeurer hautaine et défiante : « Ne pas courber l'échine. Ne pas cligner des yeux. Regarder par-dessus les têtes immobiles, à bandeaux tirés. [...] Feindre de fixer un point sur le mur [*K*, p. 138s.]. » Elle aura la même attitude méprisante en face des témoins. Elle fait appel à son orgueil, sa « seule joie, de place en place, tout le long d'un chemin amer [*K*, p. 249] ». Elle désire confondre juges et témoins. C'est la justice officielle qu'elle brave. Elle revendique la souveraineté de la reine, elle-même déesse souveraine :

> Elle n'aura qu'à paraître pour confondre ses accusateurs; droite, hautaine, superbe et rouée. Cette chair rayonnante qu'elle a, la Petite, cette haute taille, ces robes bien coupées, cette morgue au coin de la bouche, le regard aveugle des statues, insoutenable. [...] Soutenez donc son regard vert, couleur d'herbe et de raisin, si vous le pouvez [*K*, p. 47] ?

Cette séduction par la beauté exige des parures qui la préparent et la confirment. Parures de souveraineté, tel l'« échafaudage des boucles [...] Un port de reine. [...] Une idée fixe entre les deux yeux [*K*, p. 134]. » Petite, Élisabeth avait subi l'humiliation des cheveux coupés : ses tantes ont eu vite fait de couper ses cheveux blonds, affirmant ainsi leur propre domination. Au contraire, le chignon redressé, l'échafaudage de boucles, les fleurs et les couronnes dans les cheveux sont ornements de vanité, de séduction et revendications de la souveraineté royale.

---

[26] Sartre, *l'Être et le Néant* [...], p. 338.

Pour le bal du gouverneur et celui de Saint-Ours, Élisabeth veut multiplier sa vision; elle veut éprouver toutes les séductions de la vue et désire en même temps rayonner de beauté. Aussi met-elle sa robe de velours rouge et des fleurs dans les cheveux, rappel de sa communion solennelle où elle avait une couronne de roses blanches et de son mariage, plus tard, avec une couronne de fleurs d'oranger et un bouquet entre les mains. Elle ajoute à tout cet éclat celui d'un collier de perles. Alors, elle n'est que vue multipliée, yeux innombrables, beauté rayonnante. Fleurs et perles sont autant d'yeux enchantés et enchanteurs. Le bal devient un « Argus », une « somme de beautés et d'yeux ouverts[27] », selon l'expression de Bachelard.

Mais la vue deviendra vite borgne. À l'éclat des bals succède le terne quotidien, au « champ de roses imaginaires [*K*, p. 75] », les mauvaises herbes ou plutôt les fleurs du mal, fleurs de sang, étoiles de sang. Tous les beaux rouges, robe de velours cerise, rubans rouges, châle aux pompons rouges, se tachent de sang. Les séductions s'adressent au regard d'autrui qui peut à tout instant dévoiler leur supercherie. Fausse domination d'un regard qui dépend de l'approbation d'un autre et qui ne fait qu'assujettir plus sûrement celui qui fonde ainsi sa puissance sur le rejet ou l'admiration d'autrui. Il suffit que l'autre détourne son regard ou ne soit plus sensible à la séduction pour que cesse la domination et que toutes les parures de souveraineté paraissent ridicules.

Mais voilà qu'Élisabeth semble dépasser le regard humain pour accéder à la voyance, à la souveraineté du regard divin. Celui-là s'approprie les vertus de celui-ci en participant à sa nature. D'où les multiples techniques, depuis les anciennes pratiques chamaniques jusqu'aux exercices de yoga, pour modifier les habitudes sensorielles et obtenir des facultés paranormales telle la clairvoyance.

Nous avons déjà mis en évidence chez Élisabeth ce désir de dépasser la condition humaine par la mort rituelle

[27] BACHELARD, *la Poétique de la rêverie*, p. 159.

et le « vol magique », par « l'illumination » ou le *qaumaneq*, vision privilégiée, vision supérieure qui n'est autre que la voyance. Cette « illumination » se double d'une faculté de percer les ténèbres, de voir au loin dans le temps comme dans l'espace. L'on sait, avec Paris, que ce regard central, c'est « celui que la tradition, des religions asiatiques à l'occultisme occidental, attribue au fameux troisième œil dont nos aïeux jouissaient en d'autres ères [...] Cet œil, donc, primordial [...] pouvait capter directement l'essence des choses dont aujourd'hui nous ne percevons que les dehors[28]. » Élisabeth, devenue voyante, participe d'un regard cosmique, est capable de voir à distance comme si elle disposait d'un organe métaphysique, d'un œil frontal, de ce troisième œil : « Voyante. Je suis voyante. [...] Extra-lucide, on m'a placée là pour que je voie tout, que j'entende tout [*K*, p. 184]. » Elle bénéficie de l'ubiquité d'un regard magique qui se répand sans limites et à qui rien n'échappe.

Par son rêve et ses rêveries qui revêtent les caractéristiques de l'extase, Élisabeth dépasse le regard mutilé de sa vision quotidienne. Son aveuglement prépare sa voyance. En fermant ses yeux de chair, elle accepte la mutilation de sa vision profane pour mieux ouvrir son troisième œil et déboucher sur une vision supérieure : « J'empêche la vie et la mort de la rue du Parloir d'arriver jusqu'à moi. Je construis des barrages d'obstination et de mauvaise volonté. Je persiste du côté des ténèbres. Je fouille les ténèbres. Je tâtonne comme une aveugle [*K*, p. 242]. »

Mais sa voyance sera de courte durée. Comme si elle lui était ravie à peine acquise. Ambiguïté d'un regard qui a toutes les apparences de la souveraineté et qui, finalement, est réduit à l'impuissance. La dernière page du roman nous montre une Élisabeth qui « baisse les yeux. Essuie une larme sur sa joue [*K*, p. 250]. » Elle se soumet au regard de son mari qui la harcèle jusqu'à la fin pour la prendre en faute. Les yeux remplis de larmes, elle affiche devant tous

[28] PARIS, *l'Espace* [...], p. 290.

une tristesse exemplaire, prise au piège de sa propre détresse et des exigences de son rôle d'épouse éplorée.

Mais voilà que sœur Julie de la Trinité revendique à son tour la toute-puissance du regard divin, celui-là même qu'elle ose défier dans la chapelle du couvent : « Regarder, bien droit devant moi, la lampe du sanctuaire, signe de la présence réelle de Dieu dans le tabernacle. C'est comme si je regardais Dieu en face, sans cligner des yeux, et que je ne trouvais rien à lui dire [*ES*, p. 26]. » Affronter le regard de Dieu, « sans cligner des yeux », c'est tenter d'usurper sa puissance et vouloir se soustraire à la domination de cet œil éblouissant symbolisé par la flamme de la lampe du sanctuaire. Sœur Julie la fixe longuement; elle l'entend même palpiter, tous ses sens aux aguets. Subitement, elle sent passer dans la chapelle un vent étrange qui vient souffler d'un seul coup la lampe du sanctuaire alors qu'elle-même est transportée en esprit dans la montagne de B... Julie a ravi le feu sacré, le regard divin.

Dans le couvent des dames du Précieux-Sang, des forces occultes s'affrontent. L'univers de la montagne de B... envahit la chapelle. Philomène et Adélard viennent prêter main forte à Julie et s'installer sur l'autel, tout près du tabernacle : « Je vois leurs yeux luisants, pareils à de petites lampes noires [*ES*, p. 31]. » Le feu sacré de la lampe du sanctuaire est remplacé par le feu noir des yeux de la sorcière et du démon : « Quelqu'un dit qu'il faut regarder la nuit en face et que si l'on cille, une seule fois, tout est perdu. Voir, au risque de mourir, la chance de vivre deux fois [*ES*, p. 65]. » De même qu'on ne peut soutenir le regard de Dieu sans être foudroyé par son éclat, ainsi « nul ne peut voir le diable sans mourir [*ES*, p. 66] ». Puissance du regard, divin ou démoniaque, qui foudroie et pétrifie. La nuit a également ses divinités au regard omnipotent et fatidique. La lune est l'œil de la nuit et, dit Paris, « bénéficie dans plus d'un mythe des privilèges de son rival[29] ». Puissances maléfiques et bénéfiques s'affrontent dans un

[29] *Ibid.*, p. 24.

combat visuel qui prolonge la symbolique du noir et du blanc : « C'est ainsi dans l'ordre visuel que les dieux engagent la bataille magique : tous ces combats du Jour et de la Nuit, du Bien et du Mal, du Héros et des Monstres, apparaissent d'abord, en maintes traditions, comme un combat du Regard et de l'Obscur[30]. »

Dans *les Enfants du sabbat* l'affrontement est d'abord celui des déesses lunaires et des dieux solaires. Julie triomphe contre la double domination mâle du clergé et de la médecine. Elle acquiert la puissance du regard de Philomène. À son tour, elle peut percer les ténèbres, voir à travers tous les obstacles, deviner le secret des cœurs et des corps. Elle guérit à distance. Elle peut « dire le temps qu'il fera rien qu'en clignant les yeux et en regardant le nord avec attention [*ES*, p. 95] ». Elle fait apparaître à volonté personnes et choses[31].

Mais, en plus de jouir de sa puissance, de sa clairvoyance et de son ubiquité, le regard de Julie flambe encore tel le regard céleste. Comme lui, elle est nimbée d'éclairs et rayonne en tous sens. Durant la tempête qu'elle déchaîne, elle apparaît à sa fenêtre, « sa tête ou son derrière plein d'éclairs [*ES*, p. 165] ». C'est bien le feu céleste qu'elle s'est approprié, lequel se fait foudre et auréole ou se matérialise encore en ces étranges stigmates qui apparaissent parfois sur ses mains et son corps et qui symbolisent, selon Paris, l'empreinte ou la « brûlure de l'Œil céleste[32] ».

Mais le signe le plus éclatant de la souveraineté de son regard demeure sa voyance. En dérobant le feu sacré de la lampe du sanctuaire et en s'envolant dans la montagne, elle « frappait son Maître au principe même de l'autorité : la voyance[33] » : « Moi seule suis voyante et tirée hors de mon corps avec violence [*ES*, p. 32]. » Cette lumière qui irradie de sa tête et qui la guide de son éclat lors de ses

---

30 PARIS, *l'Espace* [...], p. 26.

31 *Cf. ES*, p. 102, 130, 149, 156, 166s.

32 PARIS, *l'Espace* [...], p. 87.

33 *Ibid.*, p. 39.

« vols magiques » ou « illuminations » n'est autre que ce troisième œil, œil primordial capable d'émettre des rayons propres à percer toutes choses. Il est irradiation divine dans l'infini. Sa portée est illimitée, sa saisie instantanée, sa vision unitaire[34]. C'est également cet œil magique qui rayonne chez Philomène.

Catherine, dans *les Chambres de bois*, avait d'abord connu la cécité avant d'accéder à une voyance encore précaire. Celle d'Élisabeth demeure ambiguë et de courte durée. Mais Julie et Philomène jouissent des pleins pouvoirs du regard souverain. Et l'apparition des étoiles dans la nuit d'hiver à la fin du roman semble la confirmation de la vision divine de sœur Julie de la Trinité qui quitte le couvent pour des espaces infinis.

---

[34] Un peu à la manière d'Eliade, PARIS écrit : « Dans cet état d'extase, *moksha, samâdhi* [ou *qaumaneq*], le minuscule peut fort bien devenir immense ou inversement [...] C'est que la vision s'est installée au « centre du monde », au point focal d'où elle règne sur lui par l'intérieur et l'ordonne [*ibid.*, p. 292]. »

Les Fenêtres

La fenêtre est à la fois un regard supplémentaire et une nouvelle vision. Elle est œil et verre magique. Elle permet l'éblouissement tout en offrant un écran protecteur. Elle ouvre des perspectives infinies d'échanges. Elle met en juxtaposition l'extérieur et l'intérieur, dévoile une intimité et propose l'immensité. Elle est dialectique de l'ici et de l'ailleurs, du fini et de l'infini. « La fenêtre, dit Rousset, unit la fermeture et l'ouverture, l'entrave et l'envol, la clôture dans la chambre et l'expansion au dehors, l'illimité dans le circonscrit[1]. » Elle offre la fuite d'un univers cloisonné et la perspective d'un monde rempli de promesses. Elle donne à voir au-delà du réel. Si la fenêtre demeure encadrement, point de fixation et d'attache, elle est départ sans dépossession puisque le regard et la rêverie s'envolent au loin sans avoir à abandonner leur point d'observation. La rêverie devant une fenêtre n'a pas de limites. Elle ouvre tous les possibles.

Il y a une image obsédante qui revient sans cesse dans l'œuvre d'Anne Hébert depuis ses premiers écrits : une femme seule à sa fenêtre, généralement le soir, dans l'attente de quelque chose. Dans un texte en prose, l'auteure elle-même s'exclame : « Qu'y avait-il d'autre à faire durant les longues soirées dans la solitude de l'hiver, le front contre la vitre givrée, essayant de percer la nuit et la neige, pour

---

[1] ROUSSET, *Forme et Signification* [...], p. 123.

ensuite retourner à la patiente contemplation du feu dans le poêle[2] ? » La femme est enfermée dans la maison, vouée par la tradition et la société au rôle de mère, de ménagère, d'épouse, de femme oisive ou de jeune fille naïve. Elle est dans l'attente d'une libération et s'offre à la fenêtre dans le vague espoir de trouver dans sa rêverie, « le front contre la vitre », une illusion de liberté. Image, surtout, d'une jeune fille à la fenêtre appelant dans la nuit de tout l'éclat de sa beauté le bel étranger qui viendrait la libérer[3].

Ainsi, dans le poème « Figure de proue », cette jeune fille à la fenêtre d'une tour :

> Voici
> Une maison normande;
> Une tour qui s'avance.
> Un toit pointu
> Comme un clocher,
> Une fenêtre, petite,
> Telle une meurtrière.
>
> À la fenêtre,
> Tout en haut,
> Un visage
> Dans le vent,
> Une chevelure
> Dans le vent.
>
> [...]
>
> Visage à la fenêtre,
> Évocation
> Du mystère

---

[2] Anne HÉBERT, « Quand il est question de nommer la vie tout court, nous ne pouvons que balbutier », *le Devoir*, 22 oct. 1960, p. 9.

[3] Adrien THÉRIO a raison d'écrire : « Ce n'est pas pour rien que j'ai vu des princes charmants rôder partout et des belles au bois dormant soulever des rideaux de fenêtre [...] N'est-il pas normal en effet de croire que ces princesses qui attendent patiemment le prince derrière la vitre rêvent en même temps au beau château qu'elles vont avoir en partage quand elles pourront sortir du pauvre héritage de leurs parents [la Maison de la belle et du prince ou l'Enfer dans l'œuvre romanesque d'Anne Hébert », *Livres et Auteurs québécois 1971*, 1972, p. 276] ? »

> De la maison :
> Figure de son drame,
> En garde
> Dans le vent [*SÉ*, p. 19-22].

Une simple maison normande se métamorphose en château, puis en vaisseau, la fenêtre en meurtrière, la jeune fille en princesse capturée. Il faut que la maison soit bien sévère pour garder ainsi en captivité la belle jeune fille au visage pâle et aux cheveux sombres. Et il semble bien que la maison soit conçue pour protéger la jeune fille autant d'elle-même que des libérateurs éventuels. Serait-elle intouchable, symbole de beauté et d'amour, « figure de proue » à l'avant d'un vaisseau ? Sorte d'apparition dans la nuit, figure irréelle ? Elle apparaît à nouveau, accoudée à sa fenêtre, dans le poème « De plus en plus étroit » : « Cette femme à sa fenêtre / La place des coudes sur l'appui [...] Elle regarde passer des équipages amers [*P*, p. 44]. »

Dans *les Invités au procès*, on retrouve la même belle jeune fille, figure de proue elle aussi, qui s'offre à sa fenêtre :

> LE VOYAGEUR — Déjà, j'ai fait briller les cheveux de ta fille Aude. Elle prend tant de plaisir à ces miroitements du lin que, posée à la fenêtre, comme une figure de proue, elle fait ruisseler sa chevelure, et ruisselle aussi son cœur, à la lune. De loin, on voit cet éclat d'algue pâle et mouillée et l'on pressent déjà la douceur de son cœur qui se donne [*IP*, p. 165].

> AUDE, *fièvre* — J'ai allumé la lampe à la lucarne. J'ai poli mon corps avec de la cire douce. Mes cheveux pâles comme le miel coulent sur moi. Le mystère de mon visage repose en ma main effrayée. Ma jeunesse tendre et blanche se dessine sur cet écran de feu [*IP*, p. 169].

Déjà elle attire dans la nuit le chevalier Renaud. Mais Le Bossu devancera le beau jeune homme et la possédera.

Dans le conte « la Robe corail », la jeune Émilie qui tricote tous les jours, sauf le dimanche, depuis son enfance, sans autre raison de vivre, est bouleversée par la venue à l'atelier d'un jeune homme. Les soirs suivants, elle se montre à sa fenêtre, vêtue de la robe corail qu'elle tricote pour une dame très riche :

> Ainsi, à moitié parée, Émilie se penche à la fenêtre. La fenêtre est juste à la bonne hauteur et n'encadre que la tête auréolée et le radieux corsage rose !
>
> [...]
>
> Pendant presque une semaine, à mesure que le tricot avance, la fenêtre au clair de lune découpe, chaque soir, un peu plus de l'image d'Émilie, au regard du jeune homme [*LT*, p. 114s.].

Finalement, Gabriel, tel l'archange du même nom, vient visiter la jeune vierge et la transporte dans la forêt pour une nuit d'amour avant de disparaître à jamais.

Dans « la Mort de Stella », une jeune fille, le visage contre la vitre, attend de l'aide dans la nuit : « Marie s'obstine à regarder dehors, guettant désespérément je ne sais quel secours pouvant venir de cette route plate, longue, à mi-chemin entre deux villages étrangers [*LT*, p. 240]. »

Enfin, dans « Un grand mariage », Marie-Louise est à la fenêtre, le soir, après toute une journée d'ennui : « Elle enlèv[e] sa bague et rageusement, d'un geste sûr, elle grav[e] son nom sur la vitre avec son solitaire, à la suite d'autres prénoms féminins qui s'étageaient là depuis plusieurs générations [*LT*, p. 178]. » Les fenêtres deviennent les témoins de toutes ces femmes oisives, souvent déçues par la vie ou par le beau chevalier, lequel n'était finalement qu'un Bossu ou un aventurier abusant de leur innocence, tel Gabriel ou tel Augustin, l'époux de Marie-Louise.

Il y a là, déjà, des constantes. La première fonction de la fenêtre dans l'œuvre d'Anne Hébert est de révéler la femme, de l'offrir au regard de celui qui est à l'extérieur. La femme n'utilise pas la fenêtre pour voir à l'extérieur. Elle regarde mais ne voit rien. Que pourrait-elle voir sur fond de nuit sinon sa propre image reflétée par la fenêtre devenue miroir ? Ce qu'elle fixe dans le vide de la nuit, c'est un rêve d'avenir, d'amour romanesque, de châteaux et de jeunes seigneurs devenus chevaliers servants. Du même coup, elle refuse le monde dans lequel elle vit, le quotidien terne et le travail servile. Elle appelle à son secours un regard inconnu. Elle est offrande et séduction. Elle se pare de tous les attraits pour mieux séduire, pour mieux briller dans la nuit, pour mieux éblouir. Elle polit son corps avec de la cire, fait briller ses cheveux d'or; elle porte des vêtements somptueux et allume la lampe. La transparence de la fenêtre et sa luminosité deviennent son second regard. Sa force de séduction est décuplée par l'attrait irrésistible de cette fenêtre allumée dans la nuit derrière laquelle se dessine le profil d'une femme qui s'offre aux regards. Richard décrit ainsi l'importance de la fenêtre éclairée :

> Car le soleil dépouille, écrase l'univers. Sous le soleil nous sommes tous égaux et misérables, mauvais acteurs d'un drame dont nous ignorons le sens, jaugés, jugés par l'œil lointain. Mais la vitre rassure. Elle met le monde sous glace. Elle transforme la réalité en un spectacle, l'absurdité en une énigme, la platitude en une profondeur, et nous devenons nous-mêmes, derrière elle et par elle, des spectateurs, et donc des innocents. Transparente, elle empêche la splendeur, mais elle favorise cette concentration lumineuse qu'est *l'éblouissement*[4].

L'éblouissement est aveuglement; c'est l'œil séduit et trompé. Ainsi la femme veut assujettir l'inconnu dans l'ombre. C'est un regard médusant qu'elle lance dans la nuit. Nouvelle façon de s'approprier la puissance. Elle est auréole et rayonnement. Elle est regard envoûtant. Quand cessera l'ensorcellement, le jeune homme fuira, libéré, tels Renaud dans *les Invités au procès* ou Gabriel dans « la Robe corail ».

La vitre a donc des vertus magiques. Elle métamorphose la femme qui s'ennuie en princesse éblouissante. Elle l'isole mais la livre à la convoitise du regard. Elle crée une distance sacrée et propose une image défendue à l'œil ébloui. La femme derrière la fenêtre est une vierge intou-

---

[4] RICHARD, *Poésie et Profondeur*, p. 112.

chable, une déesse qui n'accepte que les hommages d'un regard admirateur. Crainte d'un monde avili, refus du contact réel, du don réciproque, la jeune fille n'accepte pas de franchir sa cage de verre pour aller au-devant du monde. Elle ne peut qu'être enlevée, sacrilège qui est vite puni. La belle Aude « est détruite. La fraîche fille est ravagée. Tout ce qui fut doux, périssable et cher est défait comme le sable... [*IP*, p. 177]. » Renaud, son chevalier, demande la mort. Émilie devient une vagabonde qui erre de par les chemins tandis que son beau charmeur redevient le gars anonyme qui retourne à son village.

Récurrence saisissante, dès la première page des *Chambres de bois*, nous voyons les femmes du pays de Catherine à leurs fenêtres, en train d'essuyer les vitres pour enlever les patines de la nuit. C'est un travail monotone et quotidien. Veulent-elles donner à leurs fenêtres la transparence qui leur permettra, le soir venu, d'attirer des regards inconnus ? C'est en tout cas derrière sa fenêtre, toujours claire, que l'on retrouve Catherine, le soir, lorsque sa tante décide de la marier.

Mais Catherine ne veut pas attirer les hommes frustes de sa ville. D'ailleurs, elle n'affiche pas un profil de femme accomplie, déjà prête à assumer son rôle d'épouse et de mère de famille. Elle demeure la jeune fille innocente qui, comme celles déjà évoquées, attend un prince libérateur qui la transportera dans son château. Comme par miracle surgit un jeune seigneur du nom de Michel qui la demande en mariage et lui promet une grande maison seigneuriale. Mais le jeune seigneur s'avère un être faible et impuissant, dépossédé même de son héritage. Catherine, qui croyait devenir princesse, est abandonnée dans des appartements sombres composés de « deux seules pièces lambrissées de bois [*CB*, p. 81] ».

Nous la retrouvons alors, à Paris, derrière la fenêtre donnant sur une cour étroite, « le nez contre la vitre, le rideau de mousseline sur son dos, regard[ant] obstinément ce pan de mur gris derrière lequel le monde emmêlait sa vie véhémente et tumultueuse [*CB*, p. 88s.] ». Il n'y a rien à voir; il n'y a surtout personne pour la voir et la libérer. Elle doit toucher le fond de sa solitude sans compter sur l'arrivée d'un beau jeune homme. Il lui faut quitter les chambres de bois et aller elle-même à la recherche du bel étranger.

Seule avec la servante dans une maison près de la mer, Catherine se penche souvent à sa fenêtre. Un soir, quand la servante lui parle de l'arrivée d'un « jeune monsieur » dans la maison voisine, Catherine « soulèv[e] le rideau, s'appu[ie] contre la vitre », puis, voyant une fenêtre s'illuminer au premier étage, laisse retomber le rideau et « [vient] s'asseoir près de la table, sous la lampe, attentive, comme si elle eût cherché à toucher le mystère d'autrui dans la nuit [*CB*, p. 149] ». Les deux fenêtres illuminées sont deux regards qui se découvrent. Complicité nocturne qui permet une première communication mystérieuse. Quand elle aura fait la connaissance de Bruno, on retrouvera encore Catherine à sa fenêtre : « La chambre donnait sur la mer. La large porte-fenêtre battait sous le vent. Cela sentait l'encaustique et le linge. Catherine demeura à la fenêtre, droite et coiffée [*CB*, p. 183]. » Mais cette fois le jeune homme est dans la chambre et il la porte sur le lit pour une première nuit d'amour.

Bruno surgit de nulle part. Il vient offrir l'amour à la « princesse délivrée ». Pourtant, quel sort attend celui qui a osé franchir le seuil interdit ? Renaîtra-t-il sous les traits de George Nelson pour être défait entre les mains de la femme et chassé en exil son rôle terminé ?

D'autres profils féminins apparaissent aux fenêtres dans *les Chambres de bois*. Il faut songer à toutes « ces femmes de grande race, cruelles et oisives [*CB*, p. 59] », qui se sont succédé dans la maison des seigneurs, prisonnières de leur rang et de leur inactivité. L'oncle de Catherine avait ainsi aperçu à la fenêtre la mère de Michel et de Lia, « sa figure de hibou immobile contre la vitre de la maison des seigneurs, un soir de pluie [*CB*, p. 31] ». Mais ce regard dans la nuit est bien plus un œil qui épie, qui surveille, qu'un regard séducteur. Ces femmes désabusées n'ont plus guère d'espoir. Leur attente fut trop longtemps sans réponse et le beau prince s'est déjà métamorphosé en vieux satyre, comme l'attestent « les bêtes blessées pourrissant dans les fourrés et [les] filles pures rendues mauvaises en une seule nuit [*CB*, p. 30] ».

À son tour Lia « a gravé son nom sur les vitres et les glaces [*CB*, p. 53] », comme l'avait fait Marie-Louise dans « Un grand mariage ». Est-ce ainsi qu'elle a attiré le bel amant qui est venu la ravir ? Geste sacrilège, car Lia est « cette fille sacrée entre toutes [*CB*, p. 60] », comme l'étaient toutes les femmes de sa race, comme le sont toutes les jeunes filles innocentes derrière leur cage de verre. Aussi Lia sera-t-elle abandonnée, « comme un vieux pain noir qu'on rejette après l'avoir rompu [*CB*, p. 125] », par son amant transformé en homme cupide et indifférent.

L'importance de la fenêtre apparaît également dès les premières pages de *Kamouraska* pour se confirmer par la suite tout au long du roman. Nous trouvons Élisabeth enfermée dans sa maison, rue du Parloir, avec son mari malade, allant de la fenêtre au lit sans pouvoir s'échapper. C'est par la fenêtre qu'elle a vu le bel été, puisqu'elle n'a pas quitté sa maison pour aller à la campagne. C'est encore par la fenêtre qu'elle épie les bruits de la pluie ou d'une charrette dans la nuit et qu'elle surveille le va-et-vient des gens de la maison. À l'arrivée de Florida, la servante, Élisabeth « se penche à la fenêtre[5] », perdue dans une vague rêverie.

Voilà que surgit à nouveau l'image d'une femme à la fenêtre, celle d'Élisabeth bien sûr, mais aussi celle de la mère de George : « Votre mère pleure contre la vitre. À Montpellier, Vermont [*K*, p. 128] »; celle aussi d'Aurélie qui « pose sa main sur la vitre gelée et gratte avec ses on-

[5] *K*, p. 29. Comment ne pas songer à *Madame Bovary* de Gustave Flaubert et au rôle de la fenêtre ? ROUSSET a d'ailleurs consacré un chapitre fort intéressant à l'importance du point de vue dans ce roman [« *Madame Bovary* ou le Livre sur rien. Un aspect de l'art du roman chez Flaubert : le point de vue », *Forme et Signification* [...], p. 109-133].

gles, pour faire fondre le givre. Longtemps elle regarde dans la nuit, en direction du manoir [*K*, p. 75]. » Rêve-t-elle aux richesses et aux « trésors » promis par Élisabeth et George si elle réussit à empoisonner Antoine Tassy ? Mais plus que toute autre, Élisabeth est cette femme qui a toujours veillé, la nuit, derrière sa fenêtre, dans l'attente d'une libération. Prisonnière de ses tantes et d'un mari qui la délaissait, elle s'offrait à sa fenêtre au bel étranger qui viendrait « délivrer la princesse suppliciée [*K*, p. 164] ».

Si elle a su séduire le seigneur de Kamouraska, Élisabeth a vite compris son erreur, isolée dans le manoir de son mari, seule avec sa belle-mère, guettant dans la nuit le retour d'un mari toujours ivre. Elle éprouve le même désenchantement que Marie-Louise, dans « Un grand mariage », ou que Catherine dans *les Chambres de bois*. Revenue à Sorel auprès de ses tantes, elle « menace de [se] jeter par la fenêtre. [... Se] précipite à la fenêtre. Les yeux grands ouverts. Le cœur battant. [Elle] écoute le pas d'un cheval qui s'éloigne, dans la ville [*K*, p. 116]. » La nuit, penchée à sa fenêtre, elle veille et appelle de toute sa beauté, de toute sa détresse, un regard attendri ou séduit. Le moindre bruit dans la nuit fait naître en elle l'espoir qu'on vient la délivrer.

Effectivement surgit dans la nuit le bel étranger, George Nelson, tel Renaud dans *les Invités au procès*, tel Gabriel dans « la Robe corail ». Le jeune docteur ne peut résister aux appels de cette femme, attiré malgré lui par la fenêtre d'Élisabeth : « Toutes les nuits il passe sous [ses] fenêtres [*K*, p. 116] »; « Passer dix fois peut-être, devant les fenêtres de Mme Tassy... [*K*, p. 129]. » Il assume pleinement le rôle de chevalier servant qui vient délivrer la princesse des mains d'un monstre infâme : « Je lui prendrai sa tour. Je lui prendrai sa reine. Je lui prendrai sa femme, il le faut. Je ne puis supporter l'idée que... Une femme, aussi belle et touchante, torturée et humiliée [*K*, p. 129]. » La fenêtre allumée dans la nuit exerce à nouveau une étrange fascination. Elle attire le regard voyeur, éveille toutes les convoitises et promet la découverte d'un bonheur. Vertus magiques d'une vitre qui interdit toute approche sauf celle du regard et qui métamorphose en « tour » ou en « reine » la femme qu'elle isole !

Comme les autres femmes à leur fenêtre, Élisabeth est intouchable. Elle veut bien séduire les regards extérieurs mais malheur à celui qui ose pénétrer jusqu'à elle et violer de la sorte l'espace sacré derrière la vitre. George sera chassé à son tour, d'abord dépêché jusqu'à Kamouraska pour tuer Antoine puis renvoyé définitivement du pays, sans même un regard consolateur, un mot d'encouragement, abandonné à jamais par la femme qui l'avait attiré à elle. Antoine, le premier, avait osé franchir l'interdit. Il n'a guère survécu à son exploit. Quant à Jérôme Rolland, malgré dix-huit ans de sursis, il meurt à son tour, laissant derrière sa fenêtre une Élisabeth toujours aussi belle et séduisante malgré ses trente-huit ou quarante ans, avec tout juste « une petite ligne fine de l'aile du nez à la commissure de la lèvre [*K*, p. 9] ». Une femme qui a toujours su se « refaire une innocence à chaque séance [du tribunal], comme une beauté entre deux bals, une virginité entre deux hommes [*K*, p. 8] ».

Si l'image de la femme à la fenêtre n'apparaît pas dès le début des *Enfants du sabbat*, c'est pour surgir avec plus de force encore au moment opportun. Quand sœur Julie se montre à la fenêtre du couvent, sa séduction est un éblouissement foudroyant : complètement nue, elle se tient à sa fenêtre, bien visible dans la tempête qui fait rage, et s'offre aux regards extérieurs dans l'éclatante blancheur de sa nudité [*ES*, p. 164s.]. Avec la tempête qui accentue l'étrange rayonnement de sœur Julie, la fenêtre est véritablement regard médusant et ensorceleur qui attire irrésistiblement. Le docteur Painchaud et Marilda Sansfaçon seront saisis « au passage par l'appel muet de sœur Julie, postée à sa fenêtre comme un aimant [*ES*, p. 159] ». Plus encore que les autres femmes à leur fenêtre, depuis *les Songes en équilibre*, Julie exerce un attrait fatal. Ceux qui l'approchent connaissent bientôt la désillusion la plus totale quand ce n'est pas la mort elle-même.

Mais pas plus que les autres femmes, elle ne regarde vraiment par sa fenêtre. Elle est d'abord séduction et envoûtement. Elle se livre à la convoitise du regard ébloui pour mieux subjuguer :

> Sœur Julie se traîne à la fenêtre, regarde à travers les barreaux ce qu'en réalité on ne peut apercevoir du deuxième étage. Sœur Julie appelle qui elle ne voit pas, qui elle sait être là, sur le trottoir, attendant d'être appelé, afin de venir habiter de plain-pied avec elle l'espace étroit de sa possession [*ES*, p. 161].

Son regard attire l'être rêvé comme s'il naissait du désir même. Une étrange complicité s'établit entre elle et ce mystérieux jeune homme vêtu d'un long manteau noir qui l'attend dehors. Même enfermée dans un couvent, isolée au deuxième étage d'une pièce minuscule, elle réussit à attirer à elle le jeune héros qui viendra la ravir :

> Je ne peux pas voir ce qu'elle voit, ni quoi, ni qui, quand elle regarde par la fenêtre, étant derrière elle exprès pour la surveiller. Mais je sens l'effronterie qui passe, de part et d'autre, de la rue au couvent et du couvent à la rue, à travers la vitre, comme un courant d'air qui monte et descend... [*ES*, p. 138].

Mais sa séduction ne s'exerce pas seulement à l'extérieur du couvent. Une autre fenêtre, celle du vasistas, donnant sur le corridor, attire le regard voyeur ou témoin. Les unes après les autres, les religieuses défilent, attirées par un étrange magnétisme : « Un escabeau a été placé dans le corridor, contre la porte de sœur Julie. Tour à tour, juchées sur la dernière marche, les sœurs examinent à travers la vitre du vasistas les faits et gestes de sœur Julie [*ES*, p. 158]. » Mère Marie-Clotilde et l'abbé Flageole eux-mêmes ne peuvent résister : « Un deuxième escabeau est placé contre la porte de la pharmacie. L'aumônier et la mère supérieure collent leurs visages sur la vitre du vasistas [*ES*, p. 159]. » Tous assistent, fascinés, aux étranges métamorphoses de sœur Julie. Elle suscite visions et hallucinations et les entraîne dans un univers envoûtant, comme si tout le couvent était possédé par les charmes de cette femme extraordinaire.

La fenêtre, un écran protecteur

Si la fenêtre transforme la réalité en un spectacle et favorise l'éblouissement, si elle devient regard médusant dans la nuit, elle demeure aussi écran qui protège, qui interdit. La vitre permet le retrait derrière la sécurité du verre. Elle protège du monde extérieur en interdisant tout accès, sauf celui du regard voyeur, témoin ou juge. Le verre immunise, en quelque sorte, en protégeant de tout contact. Il innocente en isolant d'un monde trop charnel :

> Fermez la fenêtre !
> Que le parfum n'entre pas;
> Il dérangerait mon songe
> Renfermé !
> [...]
> Fermez la fenêtre,
> Cette lézarde à l'été;
> Si je ne dois pas habiter ce jour,
> Qu'il ne vienne pas me tourmenter ! [*SÉ*, p. 13] !

Intimité ou vulnérabilité protégée. Mais la fenêtre n'est pas que vitre. Elle trouve un supplément d'épaisseur puisqu'elle est aussi rideaux, volets, jalousies, persiennes... Et la vitre elle-même peut se couvrir de glace, de givre, de buée ou de pluie pour mieux isoler. La fenêtre de Stéphanie dans « la Maison de l'esplanade » en est un exemple éloquent : « Géraldine ouvrait les rideaux du lit, les rideaux de la fenêtre, puis enfin les persiennes. La vieille demoiselle aimait dormir dans l'obscurité la plus parfaite et exigeait plusieurs doublures d'étoffe et de lattes vernies entre elle et les maléfices de la nuit [*LT*, p. 154]. » Catherine aussi, pour mieux se protéger de Michel, « ordonn[e] que l'on ferm[e] plus tôt les volets et la porte, prétextant la brume et cette odeur de terre montant tout alentour de la ville, à l'assaut des longues soirées d'automne [*CB*, p. 51] ».

Elle est déçue de ne voir « ni tourelles, ni balcons, ni barreaux aux fenêtres [*CB*, p. 57] » de la maison des seigneurs, comme si elle avait désiré observer le monde du haut d'une forteresse imprenable. Michel, surtout, désire la protection de la fenêtre. Il insiste « pour que Catherine tir[e] les rideaux » et il aime alors « la lueur sourde qui filtr[e] à travers les rideaux fermés [*CB*, p. 69] ». Il désire vivre hors du monde et du temps, refusant la luminosité, les bruits et les odeurs de l'été. L'appartement aux fenêtres fermées devient une maison aveugle, une sorte de tombeau : « L'été respirait son haleine nocturne, pareille à un mufle chaud contre les fenêtres closes. Les volets tirés sur l'appartement, il y régnait une fraîcheur de cave [*CB*, p. 102]. »

Élisabeth, derrière sa vitre, est enfermée dans une « cage de verre [...] comme les poissons rouges dans leur aquarium [*K*, p. 186] ». Sous la pluie comme sous la neige, elle se sait prisonnière : « Si je retrouve son visage c'est à travers une vitre. Une eau profonde, infranchissable. Il gesticule et parle, loin de moi [*K*, p. 152s.]. » Il lui semble impossible de rejoindre les vivants. On la retrouve encore derrière la petite fenêtre de la prison à regarder fondre les glaçons, isolée du reste du monde, condamnée à la solitude.

À l'écran de verre s'ajoute celui de la pluie ou du givre, des jalousies, persiennes, rideaux et voilages : « Élisabeth referme la jalousie et la fenêtre. Encore un peu elle tirerait les rideaux. Pour se protéger, se barricader contre toute attaque de l'extérieur [*K*, p. 25]. » À l'auberge de Louis Clermont nous trouvons des « fenêtres calfeutrées avec de l'étoupe ou du papier journal humide, roulé en boule [*K*, p. 210] ». Si la fenêtre doit permettre au regard séduit d'apercevoir la femme de ses désirs, elle doit également empêcher le regard étranger et juge de pénétrer à l'intérieur. Ces écrans multipliés sont autant d'obstacles contre l'invasion du regard ennemi. Élisabeth est au supplice lorsque George l'oblige à se dévêtir à la lumière de la lampe, sans rideaux aux fenêtres. Elle se sent traquée lors du départ d'Antoine : « Il y a trop de soleil dans cette maison aussi. [...] Un long rayon traverse la pièce, m'atteint de plein fouet. Je suis prise au piège de la lumière à mon tour. Je détourne la tête [*K*, p. 146s.]. » Ce « long rayon » n'est autre que l'œil extérieur, le regard souverain et juge, l'œil du Père et de Dieu, l'œil de la conscience et du « surmoi » qui vient accuser Élisabeth d'adultère. Elle ne peut supporter une lumière aussi vive qui la repère dans ses derniers retranchements : « [Aurélie] ouvre les rideaux brusquement. Une lumière extraordinaire entre à flots, déferle jusque sur le lit. Je me couvre le visage avec mon drap. Cette lumière est intolérable, plus claire que le soleil [*K*, p. 103]. » Même si, avant de se coucher dans le lit de l'institutrice, elle avait bien pris garde de tirer les rideaux de toile rouge, le soleil réussit à passer : « Il aurait certainement mieux valu fermer les jalousies. [...] Je vais appeler Mademoiselle et Agathe pour qu'elles ferment les persiennes [*K*, p. 41]. »

Les religieuses des *Enfants du sabbat* ont renoncé au monde. Vitres, barreaux, murs de pierre et lourdes portes les isolent des influences néfastes. Si, du côté de la rue, les fenêtres ont des barreaux, c'est à la fois pour décourager l'invasion du regard extérieur et l'évasion du regard prisonnier. Il est interdit à toute religieuse d'ouvrir les fenêtres : « On ne sait jamais ce qui peut nous venir de l'extérieur, caché dans une poussière, dans une escarbille. Le démon est rusé, insidieux, comme un grain de sable [*ES*, p. 14]. » Lorsque, durant la tempête déclenchée par sœur Julie, les fenêtres battent au vent, les sœurs courent d'un étage à l'autre pour les refermer, comme si elles risquaient d'être envahies de toutes parts par des forces diaboliques. Mère Marie-Clotilde s'empresse de badigeonner de peinture blanche la vitre derrière laquelle est enfermée Julie. Et lorsque les religieuses doivent voyager en voiture dans la ville, « les glaces sont soigneusement fermées [*ES*, p. 16] ». Les petites lunettes cerclées de métal qu'elles portent, en plus de trahir une infirmité du regard, mettent un obstacle supplémentaire entre elles et le monde; sous prétexte d'améliorer leur vue, elles les privent d'un regard personnel et empêchent toute séduction. Parfois même, à des moments critiques, le verre des lunettes devient tout embué pour mieux voiler et noyer le regard.

Les fenêtres sont inutiles au sorcier et à la sorcière de la montagne de B..., qui ont une vue perçante capable de traverser tout obstacle. En les révélant au regard extérieur, elles ne pourraient que les trahir. Barricadées, elles éloignent les regards indiscrets ou accusateurs et protègent en même temps le regard voyeur du spectacle des scènes hallucinantes qui se déroulent à l'intérieur. Les deux chambres de la cabane « sont petites et sans fenêtre, de vraies cases de bois bien fermées [*ES*, p. 9] ». De chaque côté de la porte de la cabane, les deux seules fenêtres ont des volets grisâtres qu'on a cloués; Philomène et Adélard vont même y ajouter des planches en X. Après la mort de Philomène et l'incendie qui détruit la cabane, Julie et Joseph trouvent refuge dans des chalets aux volets fermés, voulant toujours se soustraire aux regards extérieurs. Comme si Julie, trop heureuse de la présence de son frère, comme Philomène de celle d'Adélard, ne voulait pas d'une fenêtre pour séduire un regard inconnu ou fuir vers d'autres espaces. Retrait derrière ces fenêtres closes, dans ces lieux fermés où se déroulent des scènes de vie et de mort qui annoncent l'éclatement final.

La fenêtre, lieu d'évasion et d'ouverture

Mais la fenêtre peut être évasion, ouverture sur l'ailleurs. Le regard est alors projection et libération, pourvu que rien ne l'arrête et qu'il puisse donner libre cours à son élan. D'où l'importance de la transparence des fenêtres qui permet au regard d'aller au loin et que Richard nous invite à voir « comme une grâce de l'univers sensible : une grâce chargée d'ouvrir la totalité des choses à l'accueil et au don d'elle-même[6] ».

[6] RICHARD, *Poésie et Profondeur*, p. 114.

Anne Hébert a écrit, en 1938, une féerie qui a justement pour titre « Enfants à la fenêtre[7] ». Deux enfants regardent par la fenêtre un paysage de neige et de givre. La transparence de la fenêtre est multipliée à l'infini par la blancheur, la luminosité et l'étincellement d'une neige qu'une pluie a recouverte de givre et de glace. Comme si toute la nature était une immense fenêtre aux mille reflets donnant aux choses une transparence irréelle : « La rue est comme une vitre[8] ! » Le regard des enfants joue dans l'espace, libéré de toute contrainte.

Catherine, dans *les Chambres de bois*, lutte depuis le début pour cette transparence du regard. Ses fenêtres sont toujours claires, « toute transparence refaite à mesure [*CB*, p. 27] ». La fenêtre est second regard qui lui permet une échappée vers d'autres horizons alors qu'elle est prisonnière de la maison de son père. Dans les appartements de Michel, Catherine étouffe « comme quelqu'un qui va périr [*CB*, p. 130] » et elle ouvre les fenêtres toutes grandes, ainsi que le faisait la servante qui laissait « tout l'air de la ville [entrer] à pleines fenêtres [*CB*, p. 86] ». Quand Lia les referme avec colère, Catherine les rouvre aussitôt. C'est qu'elle ne veut plus d'obstacle entre elle et le monde extérieur, ni rideaux, ni volets, ni même de vitre.

Cependant, c'est en quittant la ville qu'elle trouve la transparence d'un regard libéré. Les fenêtres s'ouvrent sur un « vaste espace solitaire planté d'oliviers, s'étageant jusqu'à la mer [*CB*, p. 147] ». Quand Catherine vient à la fenêtre, c'est tout son corps qui devient regard et qu'elle projette dans l'embrasure pour aller à la rencontre du monde. La fenêtre est à son tour auréole qui établit la vision. Elle devient rayonnement supplémentaire. Le regard acquiert cette « dimension cosmique » dont parle Starobinski à propos de la poétique du regard chez Racine : « Le symbole éthique, ici, se manifeste comme une dimension cosmique du regard : la lumière et l'ombre ne sont pas

[7] Anne HÉBERT, « Enfants à la fenêtre », *le Canada français*, vol. 25, nº 8 (avril 1938), p. 822-825.

[8] *Ibid.*, p. 822.

seulement les conditions qui rendent possible ou impossible la vision; elles sont elles-mêmes un regard et un aveuglement transcendants[9]. » Catherine est passée d'un aveuglement transcendant à un regard transcendant.

La fenêtre n'est pas seulement la démarcation du dedans et du dehors, de l'intime et de l'immense, mais le lieu du « passage paradoxal » ou du « passage étroit[10] » à caractère initiatique. Elle traduit concrètement la frontière entre les ténèbres et la lumière, l'aveuglement et la voyance.

Déjà, enfant, Élisabeth s'échappait par une fenêtre avec sa tête de petit garçon tondu pour aller rejoindre les gamins de Sorel et pêcher avec eux du côté des îles. La fenêtre proposait déjà l'évasion de l'univers maternel et la découverte des grands espaces libres. Mais bien vite ramenée à la maison, la récalcitrante, derrière la fenêtre, devra se contenter la plupart du temps d'une évasion par le regard qui suit les arrivées et les départs, toute la vie du dehors. Sentinelle à son poste, derrière sa fenêtre : « Je fais le guet. Je soulève le rideau. Je gratte le givre avec mes ongles. Je suis du regard la rue Philippe qui s'échappe vers la campagne [*K*, p. 184]. » À son tour, comme Catherine, Élisabeth lutte pour la transparence du regard. Tout se passe comme si elle avait reçu « l'ordre de surveiller la rue et d'y déceler le moindre mouvement d'arrivée et de départ. À peine relevée de [ses] couches, [elle] doi[t] reprendre [sa] faction devant la fenêtre. Fouiller l'horizon le plus loin possible. À la limite extrême de l'attention [*K*, p. 189]. » La moindre distraction pourrait lui coûter la vie même. Une défaillance du regard et c'est l'effondrement de tout un monde. Il ne lui resterait plus qu'à mourir :

> Quelqu'un d'invisible, de fort et de têtu me presse contre la vitre. M'écrase avec des paumes gigantesques. Je suis broyée. J'étouffe

---

[9] STAROBINSKI, *l'Œil vivant; essai* [...], p. 78.

[10] ELIADE, *le Chamanisme* [...], p. 375s. Il signale que le « « passage étroit » ou « dangereux » est un motif courant des mythologies funéraires comme des mythologies initiatiques [p. 377] ».

> et deviens mince comme une algue. Encore un peu de temps et je ne serai plus qu'une fleur de givre parmi les arabesques du froid dessinées sur la vitre. Je veux vivre [*K*, p. 195] !

À force de regarder à travers la vitre, Élisabeth semble avoir perdu toute consistance. Dépossédée de son corps, elle habite le verre, à la façon des arabesques du froid. Se métamorphoser en verre, n'est-ce pas tenter de s'approprier la transparence elle-même, se désincarner au point de n'être qu'une fleur imaginaire avant de devenir limpidité ou translucidité : « Je deviens translucide. Dénuée de toute réalité apparente. Dépossédée de toute forme, de toute épaisseur et profondeur [*K*, p. 213]. »

Élisabeth est tout regard; elle se perd en regard. Elle transgresse sa fonction de vigie pour devenir voyante. Elle n'est plus vision mais voyance. Elle se projette dans l'espace, traverse tous les obstacles, s'infiltre partout, voit tout. Sa voyance est regard cosmique, regard transcendant. Élisabeth devient à la fois tous les témoins et le témoin principal. Ses rêves et rêveries défient le temps et l'espace, rassemblent tous les éléments de sa vie et, à la manière d'une « loupe à multiples facettes [*K*, p. 211] », lui proposent une vision nouvelle. Le rêve aurait pu devenir le lieu d'une transformation, « passage » à un nouveau mode d'être, pourvu qu'il ne restât pas prisonnier de lui-même. Mais Élisabeth est finalement la première victime de son propre regard souverain qui se loge en elle pour mieux l'anéantir. Au réveil, la fenêtre magique et illusoire du rêve éclate en mille morceaux. Élisabeth se retrouve derrière les fenêtres closes de la chambre de Jérôme Rolland, brisée elle aussi à jamais.

Si les maisons sont si étanches dans l'œuvre d'Anne Hébert, c'est pour mieux préparer l'éclosion. La maison, telle une coquille, est un lieu de métamorphose. Selon Bachelard, « nid, chrysalide et vêtement ne forment qu'un moment de la demeure. Plus condensé est le repos, plus fermée est la chrysalide, plus l'être qui en sort est l'être d'un ailleurs, plus grande est son expansion[11]. » Comme la cécité, les « fenêtres aveugles » des *Enfants du sabbat* préparent la voyance. À la fin du « Tombeau des rois » l'oiseau aux prunelles crevées se tourne vers le matin alors qu'un reflet d'aube envahit les lieux. Catherine, telle une taupe aveugle, creuse sa galerie vers la lumière, quitte les chambres de bois et découvre le soleil et l'amour. Élisabeth réussit à son tour à s'évader en rêve vers des espaces ouverts, mais elle se retrouve toujours au réveil dans des maisons fermées. Quant à Julie, cloîtrée dans un couvent, elle réintègre la cabane de son enfance, revit les fêtes étranges qui s'y déroulaient derrière les volets clos et se prépare pour l'évasion définitive, par sa fenêtre, vers le jeune homme qui l'attend dehors :

> Le système de poulie, de cordes et de petits paniers installé dans le vasistas par mère Marie-Clotilde lui est d'un grand secours, une fois de plus. Il s'agit de bien fixer le tout à la fenêtre. Heureusement que cette fenêtre donne sur la rue.
>
> Le ciel haut est plein d'étoiles. La neige fraîchement tombée a des reflets bleus. Une paix extraordinaire. La ville entière dort. Un jeune homme, grand et sec, vêtu d'un long manteau noir, étriqué, un feutre enfoncé sur les yeux, attend sœur Julie, dans la rue [*ES*, p. 187].

Les barreaux ont mystérieusement disparu. L'expédient qu'invente sœur Julie pour atteindre la rue paraît bien superflu. Ce n'est plus seulement par le regard qu'elle s'évade. C'est corps et âme qu'elle s'échappe vers ce jeune étranger, homme ou diable, qui surgit bien mystérieusement. Julie, en véritable sorcière qu'elle est, s'est envolée par la fenêtre dans le ciel d'hiver rempli d'étoiles et on la chercherait bien en vain dans les rues de la ville. Julie a dépassé toutes les conditions profanes de l'existence; elle s'est perdue en son regard métamorphosé en vol magique et réintègre la condition primordiale; elle jouit de la spontanéité, de la liberté et de la béatitude des temps paradisiaques.

---

[11] BACHELARD, *la Poétique de l'espace*, p. 72.

Les Miroirs

La poétique du regard chez Anne Hébert se résorbe en un miroir type qui a ceci de particulier qu'il est en fait double, ou plus exactement à double face, si bien que nous pourrions le qualifier de « miroir à deux faces » tant il peut être trompeur. Non pas deux miroirs différents mais un seul qui a son endroit et son envers, à la mesure du monde imaginaire d'Anne Hébert et de sa vision du monde. L'endroit, c'est le reflet séduisant des surfaces qui proposent des images de beauté, de lumière, de ciel bleu, de blanc, d'absolu. Mais il suffit de franchir la limite, de dépasser le tain, de se mirer avec un peu plus d'attention, pour découvrir l'envers du miroir et les images des profondeurs. Alors, la nuit et le noir succèdent au jour et à l'éclat du blanc, les morts aux vivants, la bête à l'ange, la laideur à la beauté. L'envers est à l'exacte mesure de l'endroit mais aux valeurs contraires. À moins que ce ne soit l'endroit qui s'oppose à la profondeur ténébreuse. Deux mondes superposés, deux abîmes dos à dos, se reproduisant à l'infini, aussi excessifs l'un que l'autre; reflets inversés, doubles antithétiques. Entre les deux, au milieu, la frontière invisible du miroir. Illusion du regard trompé à sa source même. Déchirure et écartèlement du regard que le thème du miroir vient illustrer avec un rare bonheur. Vertu magique du miroir qui n'est autre que le regard même de l'auteure, sa vision d'un monde déchiré par des forces contraires.

L'endroit du miroir

Retenons d'abord le reflet des surfaces associé à la beauté et à la séduction. Nous y retrouvons les beaux visages aux chevelures parées. Il faut évoquer ces figures de femmes à leur fenêtre. Que font-elles, sinon se mirer dans leur fenêtre devenue miroir sur le fond noir de la nuit ? Elles ne regardent pas à l'extérieur; elles se mirent pour mieux séduire. Elles préparent, aiguisent leur beauté pour ce regard étranger dans la nuit. Bachelard nous rappelle avec raison cet aspect souvent négligé d'un « narcissisme actif » : « Le miroir est le *Kriegspiel* de l'amour offensif [...] À l'être devant le miroir on peut toujours poser la double question : pour qui te mires-tu ? contre qui te mires-tu ? Prends-tu conscience de ta beauté ou de ta force[1] ? »

Aude, dans *les Invités au procès*, fait « luire son âme à la fenêtre [*IP*, p. 169] ». Toute son occupation et son loisir consistent à fourbir sa beauté telle une arme, même si elle ne connaît pas encore le beau chevalier pour lequel elle se mire et se fait belle.

De même, Émilie, dans « la Robe corail », cherche l'appui du miroir devenu subitement indispensable pour mieux séduire. Elle qui n'a jamais eu de miroir, il suffit qu'elle rencontre Gabriel pour que s'éveille en elle le besoin de se mirer, de vérifier sa beauté, de préparer sa séduction. Elle rêve au visage du bel étranger et « c'est dans l'évocation de ces yeux-là, tout luisants comme des rivières, qu'Émilie découvre le miroir qu'elle n'a jamais eu [*LT*, p. 114] ». C'est dans le regard ébloui qu'elle mesure sa séduction. Elle ne regarde pas le visage du jeune homme mais sa propre beauté reflétée dans les yeux de l'autre : prise de conscience et de sa beauté et de sa force.

Pour qui se mire Marie-Louise dans « Un grand mariage » ? Pour qui grave-t-elle son nom sur la fenêtre, comme si elle voulait que la vitre garde de la sorte un reflet éternel d'elle-même ? Ou contre qui se mire-t-elle, tant

[1] BACHELARD, *l'Eau* [...], p. 32.

son geste est rageur ? Sa beauté est sans doute sa dernière arme contre son mari Augustin Berthelot; son dernier refuge aussi, le miroir devenant le témoin le plus sûr de sa séduction et l'assurance d'une jeunesse et d'une innocence inviolables.

Dès la première page des *Chambres de bois* nous voyons les femmes astiquer, nettoyer et polir. Il faut souligner les rapports entre le feu et le miroir, entre l'élément igné et les reflets de surface. La maison de Catherine se transforme par ses soins en une maison de glaces. Les fenêtres, les planchers, les objets retrouvent leur lustre, comme si Catherine redonnait à chaque chose son feu intérieur. Ses gestes répétés exigent une patience capable de raviver le feu caché et de redonner l'éclat. Elle n'a de cesse qu'elle se soit entourée de miroirs. Elle veut exorciser toute saleté, toute noirceur, aussi s'arme-t-elle d'objets réfléchissants pour mieux conjurer l'ennemi. Mais c'est aussi pour donner à sa maison un surcroît de beauté, comme si elle parachevait chaque objet en lui redonnant sa beauté perdue. Nous croyons, avec Bachelard, « qu'on peut sentir comment un être humain se donne aux choses et se donne les choses en parachevant leur beauté. Un peu plus beau, donc autre chose. Un rien plus beau, donc tout autre chose [...] Par les soins du ménage est rendue à la maison non pas tant son originalité, que son origine[2]. »

Il faudrait pouvoir demander à Catherine qui s'entoure de tant de beauté : « Pour qui te mires-tu ? Contre qui te mires-tu ? Prends-tu conscience de ta beauté ou de ta force ? » Elle veut plaire, mais pas à n'importe qui. C'est contre les hommes de son pays qu'elle cultive une beauté intouchable. Celui qu'elle veut séduire demeure le « jeune seigneur oisif et beau [*CB*, p. 43] » qu'incarne Michel. Pour lui elle aiguise sa beauté devant les multiples miroirs qu'offrent les glaces des vitrines [*CB*, p. 43]. Elle se pare, en imagination, de robes, de bijoux et de fleurs pour mieux ressembler à cette image d'elle-même qu'elle

[2] BACHELARD, *la Poétique de l'espace*, p. 75.

porte en elle mais qu'elle ne retrouve pas encore devant elle. Elle aimerait se métamorphoser en princesse et accepte de se plier aux exigences de Michel. Elle met à se « polir », à se « faire belle », autant de patience qu'elle mettait à astiquer sa maison. Chaque matin, elle consulte son miroir, « s'interrog[eant] dans la glace au sujet de la ressemblance que Michel désirait qu'elle eût avec un portrait d'infante, une pure fille de roi [*CB*, p. 85] ». Catherine aime s'enfermer dans le petit cabinet de toilette « tout en glaces [*CB*, p. 77] ». Ne pouvant plus entretenir la maison, se voyant refuser les gestes coutumiers devenus indispensables, elle peut alors se mirer à loisir et découvrir les jeux de la séduction :

> Il arrivait à la jeune femme d'essayer ses robes, l'une après l'autre, de faire trois fois le tour de la salle de bain, lentement, saluée de-ci de-là dans les glaces par ses propres images graves et droites. Elle imagina une façon rituelle de quitter jupes et jupons, en un tour de main, laissant tomber à ses pieds un rond parfait de tissu précieux. Catherine enfilait ensuite ces grands cerceaux défaits sur son bras, comme des trophées, avant de tout ranger dans ses armoires parfumées [*CB*, p. 78].

Catherine remplace la transparence des fenêtres par celle des miroirs. Les jeux qu'elle imagine deviennent des rites devant assurer sa métamorphose. Elle cherche la complicité de son propre regard pour s'assurer de sa beauté, de la lente transformation et d'un triomphe possible.

L'on comprend mieux pourquoi Catherine est si heureuse lorsqu'elle peut assister à la coiffure de Lia. Elle « apportait les peignes et les épingles. Elle tenait le miroir, sans broncher, tout le temps que durait la longue coiffure [*CB*, p. 108]. » C'est que Catherine veut découvrir les secrets de la séduction de la fille des seigneurs, à qui elle aimerait ressembler pour exercer sur Michel la même fascination. En tenant le miroir elle pourra peut-être s'approprier ses charmes, devenir le reflet, le double de Lia. Posséder l'instrument magique de la beauté, c'est déjà participer à celle de Lia. Plus tard, malade et désabusée, Catherine voudra « barbouiller de suie les miroirs de la salle d'eau, afin qu'aucune image maigre et cuivrée n'y fût reçue, ce matin-là [*CB*, p. 132] ». Elle refuse dorénavant la séduction de Lia en même temps que tout l'univers de Michel.

On retrouve Catherine devant son miroir vers la fin du roman alors qu'elle se prépare à rencontrer Bruno. Il lui renvoie cette fois l'image d'une femme belle et élégante et Catherine se souvient « de la petite fille inculte qu'elle était lorsque Michel l'avait prise et mise à mûrir en des chambres fermées [*CB*, p. 167] ». La voilà maintenant consciente à la fois de sa force et de sa beauté.

Toute la nature, en même temps que Catherine, rayonne de beauté avec ses jardins de fleurs, ses couleurs vives et l'éclat du jour : illustration d'un « narcissisme cosmique », explique Bachelard : « Le narcissisme généralisé transforme tous les êtres en fleurs et il donne à toutes les fleurs la conscience de leur beauté[3]. » Catherine elle-même est miroir : l'éclat de sa peau réveille « le sourd reflet violet de sa robe bleue [*CB*, p. 167] » et ses yeux bleus reflètent la splendeur du ciel méditerranéen.

Tout se passe comme si le regard demandait au miroir d'éblouir, de réfléchir la beauté et la séduction pour mieux faire oublier les reflets de laideur et d'horreur qui se cachent dans l'ombre et risquent à tout moment de surgir à la surface. Le regard trouve dans toute matière réfléchissante un support essentiel, voire même un regard multiplié à l'infini.

Élisabeth, dans *Kamouraska*, a passé sa vie dans des chambres closes à chercher des moyens d'évasion. C'est d'abord devant un miroir qu'elle aiguise sa séduction, qu'elle prépare son apparition à la fenêtre, laquelle pouvait elle-même lui renvoyer le reflet éblouissant de sa beauté. Que d'heures à faire sa toilette, à maquiller son visage et son cœur pour présenter l'image d'une petite fille modèle, d'une jeune fille et d'une femme séduisante ! Avec, autour

[3] BACHELARD, *l'Eau* [...], p. 37.

d'elle, ces femmes complices que sont sa mère, ses tantes, les servantes et, en particulier, Aurélie.

Revoyons-la, dans la chambre de Jérôme, alors qu'elle vient de refermer la fenêtre, à la recherche d'une image rassurante à opposer à celles, troublantes, que le bruit d'un cheval traînant une charrette a brusquement réveillées :

> Mme Rolland cherche des yeux un refuge dans la pièce. La grande glace en pied reflète le petit guéridon encombré : verres, fioles, médicaments, journaux, livres pieux s'entassent en désordre. Soulevée sur une masse d'oreillers, livide, veille la figure traquée de Jérôme Rolland.
>
> Mme Rolland se redresse, refait les plis de sa jupe, ajuste ses bandeaux. Va vers la glace, à la rencontre de sa propre image, comme on va vers le secours le plus sûr. Mon âme moisie est ailleurs. Prisonnière, quelque part, loin. Je suis encore belle. Tout le reste peut bien crouler autour de moi. Une certitude me soutient au milieu des pressentiments de la peur et de l'horreur des jours. Un homme. Un seul homme au monde, perdu. Être belle à jamais pour lui. L'amour me lave à mesure. Il chasse toute faute, toute peur, toute honte.
>
> M. Rolland voit une image triomphante s'avancer dans la glace. Sa femme lui apparaît telle qu'en lui-même se dresse la mort, transfigurée, tout au long des nuits de cauchemar [*K*, p. 13s.].

C'est devant le miroir qu'Élisabeth se retrouve telle qu'elle veut être. Tout autour, dans la chambre, ce ne sont que reflets de désordre, de maladie et de mort. Le visage de Jérôme dans la glace est une figure traquée déjà surprise par la mort et qui guette à son tour le moindre signe de décrépitude chez elle. Élisabeth va à la rencontre de sa propre image comme Narcisse au-devant de sa beauté. Un narcissisme non pas masochiste mais bien idéalisant : « Alors Narcisse ne dit plus : « Je m'aime tel que je suis », il dit : « Je suis tel que je m'aime. Je suis avec effervescence parce que je m'aime avec ferveur. Je veux paraître, donc je dois augmenter ma parure. »[4]. » Élisabeth se cherche une beauté qu'elle retrouve en se mirant dans la glace. Tout peut s'écrouler autour d'elle pourvu qu'elle

---

[4] BACHELARD, *l'Eau* [...], p. 35.

puisse se reconnaître dans la glace telle qu'elle a toujours voulu être, telle qu'elle a toujours aimé être, une femme belle et séduisante. Devant sa beauté rassurée, elle peut tenir le coup, elle se permet même de rêver d'amour. Cet amour qui la « lave à mesure », chassant « toute faute, toute peur, toute honte », ce n'est pas tant le souvenir d'un homme aimé que son amour d'elle-même. C'est ce regard amoureux et idéalisant qu'elle jette sur elle-même qui la sauve du naufrage et qui, grâce à la complicité d'une glace, tel un miroir d'eau, la lave, lui rend toute sa beauté. « Ce narcissisme idéalisant, ajoute encore Bachelard, réalise alors la sublimation de la caresse[5]. » L'image contemplée est une volupté visuelle. « Elle n'a nul besoin de la main caressante. Narcisse se complaît dans une caresse linéaire, virtuelle, formalisée[6]. » Son regard fasciné assure sa beauté et l'immortalise. Élisabeth rêve d'être belle à jamais. Tout peut recommencer.

Catherine, dans *les Chambres de bois*, devait aiguiser sa beauté en redonnant d'abord à chaque chose qui l'entourait son feu intérieur, son éclat secret, en faisant de sa maison une maison de glaces. Son propre reflet dans les miroirs et les vitrines n'offrait pas l'éclatante beauté d'Élisabeth. Catherine a mis beaucoup de temps à préparer une image séduisante.

Élisabeth, au contraire, a toujours rayonné de beauté, a toujours su fasciner, séduire et attirer sur elle les regards admiratifs. Sa beauté a toujours été son atout le plus sûr. Ni le crime ni le malheur ne semblent pouvoir la ternir : « L'épreuve de l'horreur sur une chair incorruptible. Voyez vous-même ? [...] Mon âme n'a pas encore rejoint mon corps. Toutes mes dents, des seins et une croupe dure. Une pouliche de deux ans. Et grande avec ça. Prestance des vierges indomptées [*K*, p. 10]. » Beauté provocatrice, sûre d'elle-même.

[5] *Ibid.*
[6] *Ibid.*

Il suffirait pourtant d'une hésitation, d'un doute dans sa contemplation d'elle-même pour que se désagrège sa beauté. Car, à trop insister du regard, elle risque de voir apparaître les reflets de la profondeur, de voir réfléchies dans la glace son « âme moisie », ses fautes, sa peur et sa honte. Pour l'instant, elle réussit à chasser ces images de son double ténébreux et à montrer une « image triomphante ». Mais l'extrait en question, en passant brutalement du regard d'Élisabeth à celui de Jérôme, nous fait voir la mort qui déjà la menace. Pour Jérôme, l'image triomphante de sa femme qu'il aperçoit à son tour dans la glace n'est autre que la mort transfigurée.

Sans se dévêtir, sans se départir de ses parures de beauté, Élisabeth s'endort sur le lit de Léontine Mélançon. La voilà livrée au rêve, aux images de délire et d'hallucination, aux cauchemars les plus extravagants. Toutefois, s'abandonner ainsi au rêve, c'est devoir se mirer dans l'autre face du miroir, c'est livrer l'envers du tableau, c'est faire apparaître les fantômes qui l'habitent. Reflets menaçants qui risquent à tout moment de la trahir, de la métamorphoser en furie ou sorcière.

Les images de surface obéissent à un regard conscient de sa séduction, provoquant même cette séduction. Narcisse se contente un instant de cette passivité des miroirs de surface qui réfléchissent fidèlement les mirages de sa contemplation idéalisante. Il ira même jusqu'à multiplier ces reflets de beauté pour mieux exorciser les reflets indésirables. Mais Narcisse ne peut se contenter de ce double sans profondeur, simple reflet de lui-même. Il voudra l'investir d'une réalité autonome, il exigera d'être contemplé en retour.

L'envers du miroir

Il y a toutefois l'envers du miroir. Fenêtre qui s'ouvre sur un monde mystérieux et redoutable, le miroir ne propose pas toujours une image rassurante. À trop se mirer le reflet se trouble, l'image familière devient méconnaissable, comme si une autre image surgissait des profondeurs et se superposait à celle de surface. Le miroir est un lieu de passage permettant au regard de franchir la frontière du tain et de découvrir l'envers du monde; grâce à lui les morts envahissent l'univers des vivants. Il est le lieu de rencontre de deux univers opposés se repoussant l'un l'autre par les vertus magiques des surfaces réfléchissantes : l'image belle, trop belle, enivrante, semble exercer toute sa séduction contre les visages difformes et les figures bestiales qui habitent les profondeurs.

Mais où est l'endroit, où est l'envers du miroir ? La fascination est telle que l'on hésite à peine à interroger ces reflets qui introduisent dans un monde inconnu. Le miroir est un œil magique qui ouvre de nouvelles perspectives. La « vie de château » de ces femmes oisives est vouée à l'enchantement trompeur des glaces :

> L'enchantement pervers de ces lieux
> Est tout dans ses miroirs polis.
>
> La seule occupation possible ici
> Consiste à se mirer jour et nuit.
>
> [...]
>
> Vois, ces glaces sont profondes
> Comme des armoires
> Toujours quelque mort y habite sous le tain
> Et couvre aussitôt ton reflet
> Se colle à toi comme une algue
>
> S'ajuste à toi, mince et nu,
> Et simule l'amour en un lent frisson amer [*P*, p. 54].

En se mirant avec un peu plus d'insistance, ou plutôt, en franchissant la limite du tain, en se laissant entraîner de l'autre côté du miroir, Narcisse engendre soudain un inconnu. Il découvre, nous dit Paris, « cette rupture entre contemplateur et contemplé, cette dialectique onirique suivant laquelle le spectre peu à peu l'emporte sur le vivant[7] ». Ce double qu'admire Narcisse lui propose une

[7] PARIS, *l'Espace* [...], p. 253.

identification illusoire, une étreinte factice. À donner trop d'importance au reflet, celui-ci acquiert une vie autonome et le regard narcissique se perd là où il croyait rejoindre sa vérité secrète.

Souvent chez Anne Hébert, le miroir s'associe à l'eau pour donner au reflet une profondeur onirique. L'imagination matérielle vient alimenter la rêverie poétique. Les miroirs usuels sont, aux yeux de Bachelard, « des objets trop civilisés, trop maniables, trop géométriques; ils sont avec trop d'évidence des outils de rêve pour s'adapter d'eux-mêmes à la vie onirique[8] ». L'eau devient alors le miroir originaire : « C'est le seul miroir qui ait une vie intérieure. Combien sont proches, dans une eau tranquille, la surface et la profondeur ! Profondeur et surface sont réconciliées [...] et la rêverie des eaux dormantes va sans fin de l'une à l'autre. Le rêveur rêve à sa propre profondeur[9]. » C'est bien ce que fait Anne Hébert qui accepte de se mirer dans les eaux dormantes des grandes fontaines : « L'eau de ces bois sombres / Est si pure et si uniquement fluide / Et consacrée en cet écoulement de source / Vocation marine où je me mire [*P*, p. 17]. »

Mais se mirer dans de tels miroirs c'est aussi se noyer, c'est retrouver le complexe d'Ophélie. « Se mirer, confirme Durand, c'est déjà un peu s'ophéliser et participer à la vie des ombres[10]. » Narcisse rejoint Ophélie. Les « beaux noyés », les yeux ouverts, flottent quelque temps à la surface des eaux avant de sombrer. L'eau regardée, admirée, offre aux vivants le regard des morts.

François, dans « le Torrent », a succombé à la séduction du miroir des eaux. Déjà, enfant, il contemplait dans l'eau « le reflet mouvant de [ses] propres traits, lorsque l'été [il se] penchai[t] pour boire aux ruisseaux [*LT*, p. 12] ». Il est attiré irrésistiblement par la profondeur de l'eau comme si elle cachait à sa vue le meilleur de lui-même :

---

[8] BACHELARD, *l'Eau* [...], p. 32.

[9] BACHELARD, *la Poétique de la rêverie*, p. 169s.

[10] DURAND, *les Structures* [...], p. 109.

« Je suis tiré près des chutes. Il est nécessaire que je regarde mon image intérieure. Je me penche sur le gouffre bouillonnant. Je suis penché sur moi [*LT*, p. 57]. » Ce que cherche ce François-Narcisse, c'est son identité cachée. Nos yeux de chair sont incapables de projeter notre propre image. Ils ont besoin du miroir pour nous révéler à nous-même. Mais l'image qu'ils contemplent dans le miroir des eaux, dans tous les miroirs, si elle est familière aux autres, nous est étrangère. Narcisse devrait se contenter de ce double qui lui permet de sortir de l'ignorance de soi et se détourner du miroir pour aller vers les autres, riche d'une présence nouvelle qui lui révèle déjà autrui. S'il tente l'impossible fusion avec son propre reflet, il perd tout. François voit surgir des profondeurs de l'eau le visage d'Amica, puis celui de sa mère dans un miroir d'argent : « François, regarde-moi dans les yeux [*LT*, p. 65]. » Profondeur envoûtante des miroirs superposés. L'appel devient irrésistible et François se noie, tel Narcisse, telle Ophélie : « Je me penche tant que je peux. Je veux voir le gouffre, le plus près possible. Je veux me perdre en mon aventure, ma seule et épouvantable richesse [*LT*, p. 65]. »

On a vu tout l'attrait qu'exercent les eaux funestes sur une Catherine-Ophélie tentée elle aussi par l'aventure de Narcisse. Les fenêtres dans lesquelles elle se mire se transforment dans les appartements de Paris en miroirs d'eau. Le cabinet de toilette tout en glaces est également une salle d'eau. Et c'est au sortir du bain que Catherine prépare sa séduction.

Mais, contrairement à François, elle a su se détourner à temps de l'envoûtement des miroirs. Grâce à eux, elle a appris à aiguiser sa beauté, à se découvrir une image et ainsi sortir de l'inconscience et de l'aveuglement. Les miroirs, comme les fenêtres, lui ont donné des yeux nouveaux, une voyance. Ils peuvent être le lieu possible d'une ouverture sur un monde nouveau, une « translucidité aveugle[11] ». Mais il faut résister à leurs reflets et détourner son regard de leurs

[11] *Ibid.*, p. 103.

séductions[12]. Il faut se méfier autant du reflet des surfaces que de celui des profondeurs, tous deux illusoires.

Catherine se détourne d'eux pour aller à la rencontre de Bruno. C'est lui d'ailleurs qui tenait le miroir lorsqu'elle se coiffait sur la plage, à genoux sur ses talons [*CB*, p. 182]. N'est-il pas le maître du miroir et des eaux, celui qui peut à la force du poignet faire monter et descendre leur niveau ?

Catherine peut maintenant regarder autour d'elle les êtres et les choses, riche d'une nouvelle connaissance d'elle-même. Plus lucide, elle rejette la grandeur illusoire du faux prince qu'est Michel et lui remet l'anneau d'or qui la retenait prisonnière dans l'univers clos et trompeur du songe. Alors, elle ferme les yeux, comme si elle allait mourir, et se souvient des mots de Supervielle que Michel lui avait appris : « « Une toute petite bague pour le songe », Michel, rien qu'une toute petite bague [*CB*, p. 190]. » Elle emprunte le regard du poète pour mieux voir. Et si elle se laissait séduire à nouveau par les « dons singuliers » de Michel ? Si la poésie était un autre reflet trompeur ?

> Pauvre jeu !
> Pauvre poème que j'écris,
> Clairière où j'avais cru
> Convier tant de trésors exotiques
> Et d'alentour.
> Simple miroir
> Où je me retrouve
> Entière et seule,
> Sans aucun changement [*SÉ*, p. 46s.].

Le regard de Catherine, comme celui de la romancière elle-même, épouse le regard du poète. Mise *en abyme* des regards, jeux des regards, infinis reflets des regards dans le

[12] André GIDE écrit dans *le Traité de Narcisse* suivi de *la Tentative amoureuse*, Lausanne, H.-L. Mermod, 1946, p. 27 : « Si Narcisse se retournait, il verrait, je pense, quelque verte berge, le ciel peut-être, l'Arbre, la Fleur, — quelque chose de stable enfin, et qui dure, mais dont le reflet tombant sur l'eau se brise et que la fugacité des flots diversifie. »

miroir du texte. Mais « ce n'est que la profondeur de la mort qui persiste [*P*, p. 61] », un monde qui ne renvoie qu'à lui-même et que Catherine regarde une dernière fois. Fragile Catherine qui vient tout juste de sortir du songe et qui risque, si elle ne prend garde, d'y sombrer à nouveau.

À son tour Élisabeth vit, dans *Kamouraska*, une expérience onirique qui révèle l'inconnue qu'elle porte en elle, son « infernale altérité[13] ». Elle découvrira, au fil de son délire, « l'envers de l'image de Victoria [*K*, p. 34] ».

Dans les ruines calcinées du manoir, elle retrouve un fragment de miroir, « un petit hublot de tain pur. Quel joli tableau se mire dans cette eau morte. Un portrait de famille. Le père et la mère confus se penchent sur un nouveau-né tout rouge. La belle-mère apporte un châle de laine du pays qu'elle vient de tricoter [*K*, p. 85]. » Image idéalisée d'une vie heureuse. Le regard se rassure en embellissant volontiers la réalité pour mieux confondre le rêve. Reflet séducteur d'un miroir de « tain pur ». Mais bien vite tout se gâte et surgissent des reflets menaçants. Élisabeth voit apparaître son mari, un bandeau blanc au front, le poing levé pour la maudire. Alors, elle « ferme les yeux [... et] le morceau de glace se casse en mille miettes » :

> Un seul éclat persiste au mur. Minuscule triangle guilloché. Mais si clair. Limpide. Non, je ne bougerai pas. Je resterai ainsi le temps qu'il faudra, mon fils serré contre mon sein. Je garderai les yeux obstinément fermés. Il faudrait me les ouvrir de force, pour que je consente à regarder. Cette glace est trop pure. Son éclat ne peut que me percer le cœur [*K*, p. 85].

L'image idyllique s'éparpille en éclats de verre. Le miroir entier serait « signe de l'harmonie, de l'union conjugale, le miroir brisé étant celui de la séparation[14] ». Mais déjà au début le miroir n'était qu'un fragment de miroir, recouvert en plus de suie. L'image d'Antoine au front bandé est insup-

---

[13] PARIS, *l'Espace* [...], p. 254.

[14] CHEVALIER et GHEERBRANT, *Dictionnaire des symboles* [...], t. 3, p. 223.

portable. Élisabeth ne choisit plus ses reflets. Le miroir semble générer ses propres fantômes; doué d'un pouvoir autonome, il impose désormais ses images. Malgré son désir, Élisabeth semble incapable de le détruire tout à fait. Subsiste un minuscule triangle, si clair, si limpide, si pur que son éclat peut lui percer le cœur. Voilà que le miroir se métamorphose en œil qui voit tout, en organe divin de vision. Il est, selon Paris, et sa forme triangulaire nous le rappelle, « un Œil flambant dans un triangle, comme sur les temples francs-maçons[15] », l'œil de Dieu, du Père ou de la conscience, l'œil d'Antoine aussi, « ce clair regard d'enfant, parfois, si bleu [*K*, p. 85] », qui vient la démasquer, qui voit jusqu'au fond de son cœur. Le miroir, comme l'œil, devient un regard conquérant.

Alors Élisabeth se voit courant avec Antoine sur la grève mouillée, ses jupes pleines de boue, son corsage décousu. Antoine lui lance un couteau de cuisine à la tête, se laisse aller au désespoir et veut se tuer. Des images de cauchemar se succèdent. Aucun reflet séduisant ne vient tromper le miroir des profondeurs auquel rien n'échappe. L'âme est maintenant exhibée au grand jour :

> Antoine se traîne à genoux sur le plancher. Il tente de se relever. Tient à répéter sa confession, face au petit morceau de miroir, accroché au mur, au-dessus de la commode.
>
> — Je veux voir ma tête d'idiot dans la glace !
>
> Il écarquille les yeux. Ouvre la bouche. Exhibe une langue pâteuse. Tire une balle dans la glace. La rate. Un trou dans le mur. Tandis que l'éclat de verre intact (pendu à un clou) oscille. Vertigineusement [*K*, p. 87].

Il semble bien impossible dorénavant de se débarrasser de cet œil-miroir.

À preuve cette autre scène où le miroir joue un rôle essentiel. Élisabeth a accepté l'invitation de George de monter avec lui dans son traîneau pour se rendre au bal de Saint-Ours. Nous la retrouvons devant une glace, se

---

[15] PARIS, *l'Espace* [...], p. 33.

parant pour mieux séduire celui qui pourrait la délivrer de son mari et de l'ennui de la maison rue Augusta :

> Le cabinet de toilette de ma mère. On étouffe ici. Cette odeur de renfermé. J'ai la nausée. L'étoffe verte de la coiffeuse s'effiloche. La vraie vie est ailleurs; rue du Parloir, au chevet de mon mari. Je m'assois pourtant, docile, sur le tabouret. Face à la glace piquée.
> Aurélie secoue le peigne et la brosse d'ivoire jauni. Souffle la poussière.
> — Je vais nettoyer la glace !
> J'ai un mouvement de recul.
> — Non, surtout ne touche pas à la glace [*K*, p. 133] !

Élisabeth est entraînée, comme malgré elle, à la rencontre d'elle-même. Elle a besoin de son double pour mieux se connaître, pour découvrir sa propre profondeur, malgré son inquiétude. Elle est en quelque sorte à la merci de cet étranger imprévisible, immatériel et inaccessible qui va surgir devant elle.

Il ne s'agit pas cette fois d'un miroir brisé mais d'une « glace piquée ». Miroir mystérieux qui cache ses fantômes derrière la poussière et les taches. Pour l'instant il n'est guère menaçant, mais il ne faut surtout pas le toucher. Nettoyer la glace, c'est éveiller les fantômes endormis, c'est voir se refléter subitement, dans tout son éclat, son double réanimé, c'est livrer un passage aux spectres. Le frotter, c'est ranimer le feu secret, c'est le faire reluire, lui redonner vie :

> — Un petit coup de torchon. Là. C'est fait. Il faut que Madame se regarde bien en face. Voyez quelle jolie figure. Quelles épaules. Je vais coiffer Madame pour le bal. Madame doit se rendre compte par elle-même.
> Le miroir ravivé comme une source. Ma jeunesse sans un pli. L'échafaudage des boucles me semble un peu ridicule. Un port de reine. Une âme de vipère. Un cœur fou d'amour. Une idée fixe entre les deux yeux. Une fleur dans les cheveux. L'œil gauche devient fou. Les deux paupières s'abaissent. Le frôlement des cils sur la joue [*K*, p. 133s.].

Voilà qu'Élisabeth rayonne de beauté. Mais elle n'est pas dupe. Sa beauté conquérante retrouvée est une beauté fatale qui l'a conduite à l'adultère et au crime. Sous le port de reine se cache une âme de vipère.

Aurélie le sait. C'est elle qui nettoie la glace, qui aiguise la beauté de sa maîtresse à l'aide de peignes et de brosses et qui l'invite à s'admirer. Aurélie connaît l'enchantement pernicieux des glaces : « Costumée en soubrette, chaussée, enjuponnée, enrubannée, Aurélie [aime] se regard[er] dans la glace, avec ravissement [*K*, p. 103]. » Que l'on songe surtout à cette autre scène au cours de laquelle George et Élisabeth ont paré Aurélie de la fameuse robe de velours rouge et l'ont obligée à se regarder dans une glace pour qu'elle soit la première victime de sa séduction :

> Aurélie regarde sa propre image avec étonnement. Se laisse aller au ravissement le plus étrange. Puis, bat des mains. S'agite. Se trémousse. Se pavane dans toute la pièce. Revient au miroir. Déclare d'une voix haut perchée qui traîne. — Adorable ! Je suis adorable, comme une vraie dame... [*K*, p. 179].

Fascinée par sa propre beauté, par des images de conquête et de richesse, Aurélie avait accepté d'aller empoisonner Antoine. Son enivrement l'a conduite au crime, à la prison et à la solitude.

L'Aurélie qui surgit en rêve garde le souvenir de ces choses et vient en quelque sorte hanter Élisabeth et se venger. N'est-elle pas apparue tel un fantôme, comme si elle traversait les murs, ou plutôt les miroirs ? Double d'Élisabeth, face cachée et honteuse, la voilà nettoyant elle-même le miroir magique pour qu'Élisabeth puisse « se rendre compte par elle-même ». Aurélie est une apparition du passé, une vision irréelle, un reflet des profondeurs qui propose à son tour à Élisabeth la séduction fatale et l'oblige à se regarder dans la glace. Rien d'étonnant à ce que « l'œil gauche » d'Élisabeth devienne fou. La voilà menacée par son propre regard médusant. De plus, elle appréhende la fin de la scène et les autres « revenants » qui ne manqueront pas de surgir du miroir ranimé :

> Un homme s'avance précipitamment. Prend place à côté de la femme trop parée. [...]

> Je n'ai pas le temps de m'étonner. Comment Antoine a-t-il pu faire pour venir jusqu'ici ? [...]
> Un homme et une femme côte à côte. Mari et femme. Se haïssent. Se provoquent mutuellement. Dans un lueur douce de bougies, allumées de chaque côté du miroir [*K*, p. 134].

C'est encore le mari qui intercepte le reflet séduisant destiné à un autre, comme le fait Jérôme au début du roman. Trahison démasquée qui provoque la colère. Cette séduction promise à un autre éveille chez l'homme trompé le désir de ternir à jamais cette image, d'humilier cette femme conquérante. Jérôme voulait avoir la force de violer Élisabeth, de la faire souffrir, de voir sa beauté se corrompre. Antoine interdit à Élisabeth d'aller au bal. Le regard de nouveau levé vers le miroir, Élisabeth voit le visage de son mari se transformer étrangement :

> Ni fureur, ni étonnement. Une espèce d'anéantissement plutôt, doux, envahissant, gagne tous ses traits. Je regarde résolument cette image d'homme qui se défait, dans la glace. Le ton ferme de ma propre voix me surprend, tandis que la peur me serre la gorge.
> [...]
> La glace se brouille. Quelqu'un souffle les bougies. Cette scène est intolérable. Je ne supporterai pas davantage... [*K*, p. 134s.].

Sous les yeux d'Élisabeth, l'image d'Antoine se défait dans la glace. À nouveau surgit des profondeurs du miroir le double inquiétant, la face cachée, la brute qui frappe Élisabeth d'un coup de poing dans le côté. Si la « glace se brouille », c'est pour chasser dans l'ombre un souvenir trop pénible qui n'a cessé de hanter Élisabeth depuis. C'est aussi pour ne pas voir dans la glace son beau visage grimaçant de douleur. C'est elle qui « souffle les bougies » comme l'on ferme les yeux pour ne plus voir.

Au fil de son rêve et des images qui apparaissent, Élisabeth découvre l'envers d'elle-même, la femme noire et ténébreuse, la sorcière. Elle ne peut sortir indemne d'une telle expérience. Quand, au réveil, elle se regarde dans la glace, elle aperçoit une femme fatiguée, défaite. Ce n'est plus l'image triomphante du début. En quelques heures

Élisabeth semble avoir vieilli prématurément, comme si son « âme moisie » avait finalement rejoint son corps : « La femme dans la glace, a les yeux battus. Un visage trop rond. Des cernes sous les yeux. Un cou trop large pour le col de lingerie froissée. [...] Mon image ternie dans la glace. Après une si longue nuit. Effacer cette buée d'un revers de manche. Retrouver ma jeunesse... [*K*, p. 246]. » En se penchant sur sa propre profondeur Élisabeth se découvre autre. Sur cette figure méconnaissable elle entrevoit la mort elle-même. D'où vient cette trahison du miroir ? Élisabeth ne réussit plus à départager reflets des profondeurs et reflets de surface. Son regard conquérant du début fait place à un regard traqué. Elle n'a pu se détourner à temps des séductions du miroir et son regard reste prisonnier d'elle-même. Elle, si hautaine et distante il y a quelques heures, se raccroche maintenant « à la main livide de M. Rolland, comme à un fil fragile qui la rattache encore à la vie et risque de casser d'une minute à l'autre [*K*, p. 250] ». Élisabeth, en larmes, ressemble à une noyée. Narcisse noyé se métamorphose en Ophélie.

À première vue, les miroirs semblent absents des *Enfants du sabbat*, du moins en tant qu'objets réfléchissants. D'ailleurs, pourquoi recourir aux miroirs quand on est sûr d'avance de sa beauté ? Ni Philomène ni Julie n'ont besoin d'aiguiser leur séduction à la manière de Catherine, ou de trouver dans la glace, comme Élisabeth, la confirmation de charmes toujours agissants. La cabane aux volets toujours fermés n'a même pas de fenêtres où se mirer, encore moins de miroirs. Et au couvent des dames du Précieux-Sang, il faut « s'habiller sans le secours d'aucune glace, avec des gestes précis d'aveugle [*ES*, p. 15] ». Julie ne va pas à la fenêtre pour trouver dans son reflet une confirmation de sa beauté, comme le faisaient les autres femmes, mais pour exercer sans fard sa séduction. Les reflets de surface n'exercent plus leur fascination de jadis. Le regard se détourne d'images trop rassurantes et cherche au-delà du tain les figures cachées du passé, les reflets ténébreux et maléfiques de l'être. C'est le versant satanique qui intéresse ici le regard confiant. C'est dans l'envers du miroir qu'il accepte de se mirer pour mieux rejoindre son double mystérieux et s'assurer de ses pouvoirs occultes.

Quand, au début du roman, sœur Julie s'agenouille aux pieds de la mère supérieure, elle « s'abîme dans la contemplation du parquet bien ciré. La tête lui tourne. Le parquet miroite et prend une importance excessive, emporte sœur Julie dans son éblouissement, lui fait chavirer l'esprit. Vertige [*ES*, p. 21]. » Tel Narcisse, Julie se penche sur sa propre profondeur, se perd dans le reflet vertigineux d'elle-même, dans une quête éperdue de son identité secrète. Comme si elle demandait au miroir de lui montrer son vrai visage, celui qu'elle cache en elle, qu'elle refuse au regard de la supérieure et qu'elle aimerait rencontrer. Elle a tout à coup une étrange vision : la mère supérieure se dédouble, s'agenouille près d'elle, trempe une serpillière dans un seau plein d'eau de Javel et lui baigne longuement le visage sans essorer le linge. Vision révélatrice des intentions de chacune. Mère Marie-Clotilde a bien compris la révolte de Julie et cette dernière a bien deviné les pensées de sa supérieure qui, en lui lavant le visage à l'eau de Javel, tente de lui enlever son masque impénétrable, de faire disparaître toute résistance, tout trait personnel, pour rendre son visage lisse et transparent, comme le faisait déjà « la sagesse », cette « très vieille femme envieuse » dans « la Sagesse m'a rompu les bras » : « Elle m'a jeté ses douceurs à la face / Désirant effacer mes traits comme une image mouillée / Lissant ma colère comme une chevelure noyée [*P*, p. 92]. » Déchirée, Julie accepte en rêve cette mutilation avec des sentiments partagés, éprouvant « à la fois une douleur et une volupté extraordinaires [*ES*, p. 21] ». Il y avait déjà de ce masochisme dans son désir de s'enfermer au couvent sans vocation authentique. Cette vision est prémonitoire en ce qu'elle dénonce les desseins véritables de mère Marie-Clotilde et met Julie en garde contre ses propres sentiments contradictoires et les dangers qui la guettent. Subitement, elle a le vertige et « le plancher se décape et devient rude, tout plein d'échardes [*ES*, p. 21] ». La surface polie du miroir éclate en mille miettes agressives, comme si elle était cause directe de la mutilation de Julie. Elle devra se faire un visage dur comme un caillou pour se protéger de toute mutilation [*ES*, p. 22]. Elle devra se méfier des reflets rassurants et étrangers. Elle doit briser les surfaces polies pour atteindre l'envers du miroir et pénétrer le monde interdit.

Dorénavant, Julie rejette les images trop fades et aliénantes d'un quotidien monotone. Elle cherche dans le miroir des profondeurs à ranimer un passé encore bien vivant et tellement plus exaltant. Elle court à la rencontre des visages de son enfance et, comme Élisabeth, découvre dans les yeux de l'enfant qu'elle était son « infernale altérité » :

> La petite fille se penche vers moi. Son œil jaune en vrille me gêne comme un miroir. Sa voix aigrelette.
>
> — Tu devrais avoir honte. Tu me ressembles comme une goutte d'eau. Tu es moi et je suis toi. Et tu fais semblant d'être une bonne sœur [*ES*, p. 32] !

Julie désire rejoindre ce double mystérieux qu'elle avait renié en entrant au couvent. Elle ne veut plus d'un visage anonyme, lessivé, semblable à celui de toutes les autres religieuses. Aussi accueille-t-elle les reflets souvent redoutables de la face cachée du miroir, comme elle avait appris à le faire de sa mère qui possédait mieux que nulle autre l'art de faire surgir les secrets enfouis au fond des cœurs : « La fille relève la tête, regarde le visage de sa mère, penché sur elle. Le visage ricanant de Philomène se déforme, pareil à un reflet dans le fond d'un chaudron, bosselé, tout sale [*ES*, p. 68]. »

Alors naissent des visions de toutes sortes. Le miroir des profondeurs permet la conquête des ténèbres. Il est plus qu'un objet; il acquiert une vie personnelle, des pouvoirs autonomes. Il n'est plus simple reflet mais donne à voir. Sa fécondité s'enracine dans les profondeurs de la conscience qu'il dévoile au regard étonné. Il est, comme pour Catherine, translucidité et voyance. Grâce à lui, Julie

« passe de l'autre côté du monde [*ES*, p. 111] » : « L'ordre du monde est inversé. La beauté la plus absolue règne sur le geste atroce [*ES*, p. 42]. » Ses visions naissent des zones mystérieuses de son être et donnent sur l'absolu.

Tous ceux qui acceptent de se mirer dans les yeux de sœur Julie découvrent eux aussi leur face obscure. Son œil, telle une boule de cristal, révèle les mystères cachés; arraché de son orbite et déposé dans la main du docteur Painchaud, il ressemble à « une pierre d'apparence anodine, en réalité faite pour mirer le cœur le plus secret [*ES*, p. 72] ». L'abbé Migneault reconnaît sa nullité; sœur Gemma assiste, épouvantée, à l'étrange métamorphose de son être livré aux pires extravagances; toutes les religieuses, d'une façon ou d'une autre, se sentent menacées par des forces diaboliques; Jean Painchaud s'éveille à la passion et à la concupiscence; le grand exorciste lui-même s'enivre devant sa glace de sa propre fatuité [*ES*, p. 173].

Quand finalement Julie s'évade du couvent par la fenêtre, elle choisit de rejoindre son double ténébreux qui l'attend dehors sous la forme de ce jeune homme au long manteau noir. Pour retrouver son identité secrète, coïncider avec l'être obscur qu'elle porte en elle et qui lui est révélé, elle traverse la fenêtre, miroir sans tain, frontière invisible entre les vivants et les morts, et se perd dans le vide du miroir sans fond. Elle habite désormais, au-delà des frontières humaines, les limites de l'absolu.

CONCLUSION

Nous sommes allé à la rencontre de l'œuvre d'Anne Hébert en demeurant le plus attentif et le plus réceptif possible à cette « terre inconnue » qui s'offrait à nous, découvrant ses images, les recréant en quelque sorte dans l'élan d'une lecture qui tentait de revivre les dynamismes d'une imagination créatrice. Nous avons parcouru l'œuvre en tous sens, depuis ses fondements jusqu'à ses émergences, à la recherche des foyers d'images, des grandes constellations, des pôles, des carrefours, en d'autres mots des lois internes de ce monde imaginaire, de sa « constitution poétique » ou de son « patron dynamique ». Si l'univers symbolique d'Anne Hébert n'a pas fini de nous étonner ni de nous livrer ses secrets, du moins pouvons-nous maintenant en dessiner les contours et en indiquer quelques constantes et lignes de force.

Nous avons suivi le fonctionnement de l'imagination symbolique, de l'imagination matérielle et de l'imagination poétique de l'auteure et montré l'interdépendance de ces trois manifestations de la fonction imaginante. De la symbolique du noir et du blanc, en passant par la dialectique de l'eau et du feu, jusqu'à la poétique du regard, nous sommes allé de l'universel au particulier, d'une fantastique à une thématique, d'une imagination aux traits collectifs à une imagination au visage distinctif.

Ainsi avons-nous découvert le manichéisme d'une imagination qui oppose le blanc au noir, le jour à la nuit, la montée à la chute, les armes aux liens. D'un roman à l'autre surgissent des images multiples, sans cesse renouvelées.

Chaque roman reprend dans l'infinie variété des images la symbolique du noir et du blanc. Choses, paysages, vêtements et personnages révèlent alors leur appartenance à l'ombre et à la lumière. Chacun a son double ténébreux. Derrière les visages innocents se cachent des figures de démons ou de sorcières.

Les forces de l'ombre sont puissantes et exercent sur l'imagination d'Anne Hébert une fascination déterminante. La nuit aux cauchemars multiples se peuple de fantômes, d'animaux aux gueules dévorantes et résonne de bruits terrifiants : plaintes, gémissements, rires sardoniques, clameurs et galops infernaux; le cri rassemble toutes les figures bestiales, comme s'il leur donnait naissance, et devient un sommet d'épouvante.

Le poids des profondeurs entraîne la rêverie dans une chute sans fin vers des gouffres insondables; aux images d'abîmes rêvés s'ajoutent celles d'abîmes réels : galeries souterraines, fondrières énormes, ravins, chambres fermées, caves froides, saloirs et lieux infernaux. La chute physique se double d'une chute morale. Les personnages sont obsédés par le péché et la crainte de l'enfer. Le mal les habite jusqu'à la possession diabolique et la sexualité leur apparaît comme la salissure première, l'abîme moral par excellence.

Le ventre sexuel est microcosme du gouffre et image d'une chute. La femme incarne le noir, la nuit, la chute et les liens. Responsable de la faute originelle, elle pactise avec le diable et engendre le mal dans le monde. Alors surgit l'image de la « Mère terrible », de la « Vamp » fatale, de l'Ève fautive, en un mot de la sorcière. Quel que soit son visage, elle ne peut assumer son rôle que dans la révolte, la folie, l'adultère, la violence meurtrière, la sorcellerie, la débauche ou le retrait du monde dans une maternité rédemptrice et une sainteté factice, celles de Claudine, d'Agnès, d'Élisabeth ou de sœur Julie de la Trinité. Que ce soit dans le mysticisme ou la sorcellerie, elle est à la recherche d'un surcroît de vie, d'un absolu et d'une immortalité. Goule, vamp, sorcière, lycanthrope, succube ou vampire, la femme dans l'œuvre d'Anne Hébert craint plus que tout l'ennui et trouve dans l'adultère, la passion, le meurtre, la sorcellerie et le vampirisme une exaltation à la mesure de ses aspirations. Sa quête de l'absolu la conduit aux enfers ou au ciel, peu importe, pourvu qu'elle dépasse la monotonie du quotidien. Son intensité de vivre n'a d'égal que son élan vertigineux vers le haut comme vers le bas.

À son tour le ventre digestif accentue la chute en proposant des nourritures et des parfums interdits; viandes rouges, saignantes ou grasses, odeurs nauséabondes et irritantes : odeurs de pourriture, d'aliments qui se gâtent, de chairs malades, de vieilles maisons ou de sang.

Les liens physiques et moraux qui retiennent l'être prisonnier sont nombreux : prisons réelles, prisons des maisons et des chambres fermées, des appartements ou des couvents; règles et contraintes de toutes sortes, celles de la famille, du couple, de la société ou de la communauté religieuse; saleté, désordre, inaction, silence et mort. L'imagination tisse dans les ténèbres mille filets qui encerclent et étouffent.

Contre tout ce noir, contre la nuit, ses vertiges et ses liens, contre la fuite du temps et les visages de la mort se dressent le blanc, le jour, la montée et les armes. Une telle rêverie n'en finit plus d'exorciser la nuit. Elle fait appel à la transparence, à la clarté et à l'éclat du jour ou d'une lumière onirique pour chasser les apparitions nocturnes ou pour mieux les démasquer. À la chair honteuse elle oppose la chasteté et la continence dans une quête éperdue d'un univers asexué, celui de l'enfance, de la virginité et de la sainteté, d'un temps pur, « sauvage », primordial; exaltation exacerbée d'un ascétisme illusoire. Des images angéliques succèdent aux figures bestiales. Nourritures et parfums défendus sont remplacés par des viandes blanches, des laitages, des bouillons, du gruau, du riz blanc, des pommes de terre à l'eau et du blanc-manger. Des odeurs de cierge, d'encens et de roses blanches purifient l'air de toutes les émanations dégoûtantes.

Surtout, le blanc est légèreté, élan vers le haut, ascension et vol. Les images ascensionnelles d'une rêverie qui donne des ailes aux êtres et aux choses s'accompagnent d'un véritable « vol magique », expérience privilégiée du rêve extatique qui propulse l'être hors du quotidien vers d'autres zones cosmiques. Anne Hébert reproduit avec une remarquable homogénéité et constance la pratique du vol chamanique, de la *Magische Flucht*, du voyage « en esprit » ou de la « sortie en corps astral ». Dans cette expérience de mort initiatique et de renaissance rituelle, l'être dépasse la condition quotidienne, meurt à une sensibilité profane pour accéder à une sensibilité magico-religieuse aux étonnantes capacités sensorielles, aux facultés paranormales.

L'être hébertien ne craint pas de prendre les armes contre tout ce qui entrave sa quête de liberté. Il se dresse dans une attitude guerrière qui prend l'allure d'un combat épique. La main, d'abord nue, devient poing ou main magique et trouve vite des armes tranchantes, pointues ou à percussion pour mieux séparer le bien du mal et terrasser l'adversaire : couteaux, poignards, rasoirs, hachettes, scies, tailloirs, tranchoirs, scalpels, aiguilles, épingles, épines, piqûres, fusils et pistolets. La virilité s'arme contre une trop féminine temporalité, contre toutes les puissances nocturnes. Le carrelage de la cuisine de Catherine, tel un bel échiquier noir et blanc, annonçait duels et jeux d'échecs, tous ces combats guerriers contre les forces de l'ombre. La parole elle-même se fait cri, blasphème, injure, incantation, invocation ou prière, autant d'armes contre le silence et la mort.

Mais dans cet univers où s'opposent avec tant d'énergie des forces contraires, le blanc n'a pas raison du noir. C'est parce que la nuit exerce une fascination irrésistible que le jour a tant d'éclat, que le vol prend une telle importance et que les armes sont si nombreuses. La rêverie d'Anne Hébert se complaît volontiers dans les profondeurs ténébreuses et toutes ses tentatives d'exorciser ses fantômes révèlent plus sûrement leur emprise.

Si dans *les Songes en équilibre* elle réussit à se maintenir un instant au-dessus du gouffre, sur l'étroite margelle du rêve, dans la fraîcheur, la transparence et la légèreté de ses poèmes, déjà le poids des profondeurs l'attire. Dès *le Torrent* et « les Invités au procès », puis avec plus de force encore dans les écrits qui suivent, elle accepte de sonder son cœur ténébreux. Pourtant, au fil des œuvres, il se produit un changement important. Le noir, d'abord désiré, puis accepté ou imposé, est progressivement refusé avant d'être rejeté énergiquement ou assumé dans une inversion symbolique significative. La révolte, de plus en plus véhémente, éclate sans retenue dans *les Enfants du sabbat*, avec une audace et une intensité rarement égalées dans nos lettres. Dans ce roman, l'opposition du noir et du blanc se réalise pleinement. La vision dualiste du monde, le manichéisme des images déjà à l'œuvre dans les écrits précédents s'imposent cette fois avec force. Anne Hébert accepte de donner forme et vie à toutes ces forces contradictoires qui depuis toujours aiguisent leurs armes dans l'ombre en attendant le combat au grand jour. En même temps que sœur Julie, elle choisit d'user à jamais certaines images obsédantes avec l'espoir de vaincre les visages de la mort. Elle va au bout de sa nuit et des forces ténébreuses qui l'habitent dans une tentative désespérée d'exorciser le mal ou de l'habiter à jamais.

Cependant, le blanc ne peut triompher du noir ni la lumière des ténèbres; le vol n'est que chute inversée et l'âme écartelée fourbit en vain ses armes. La polémique dualiste du *régime diurne* de l'image ne connaît guère de répit et l'opposition paraît sans fin. Pour vivre la réconciliation du noir et du blanc, de la chair et de l'esprit, il faut un renversement des valeurs symboliques. Heureuse conversion qui découvre son bonheur au sein même de la nuit, laquelle devient lieu d'intimité rassurante et annonce l'aurore, c'est-à-dire la renaissance.

Si Anne Hébert privilégie le *régime diurne* de l'image, elle a su trouver dans l'antiphrase et l'inversion, comme dans les valeurs synthétiques et dramatiques du *régime nocturne*, une fécondité nouvelle. Sa rêverie se complaît alors dans l'évocation des voluptés de la terre, des beautés du monde et de la fécondité de l'amour. Elle découvre des nourritures abondantes, des odeurs enivrantes et des couleurs vives. Elle rêve d'intimité, de chaleur bienfaisante et suggère des images d'équilibre et d'harmonie édénique. La chute devient descente; la nuit est apprivoisée et les visages de la mort liés à la fuite du temps et à une féminité néfaste s'euphémisent. La femme est réhabilitée et propose le bien-être et la fécondité de son ventre maternel, lieu d'intimité et centre paradisiaque. Nous voyons la déchéance du Grand Souverain Mâle et la valorisation de la Femme, déesse ou sorcière.

La rêverie cherche encore au sein de la fluidité temporelle des images de constance et de devenir cyclique. Les morts eux-mêmes sont des médiateurs et permettent une renaissance. Le temps est récupéré et devient réversible. Rites, fêtes et cérémonies initiatiques se multiplient. Les divinités lunaires succèdent aux dieux ouraniens. Nous assistons à une intégration des contraires grâce à un dépassement de la dialectique du mal et du bien. La nuit et le chaos illustrent la phase tragique d'une maîtrise cyclique du temps.

Si, toutefois, n'apparaît pas dans *Kamouraska* cette métamorphose des valeurs symboliques, cela n'équivaut pas pour autant à une absence totale d'images rassurantes. Le rêve d'Élisabeth, s'il se manifeste surtout comme cauchemar, est, à quelques rares occasions, le lieu d'une intimité heureuse qui, cependant, ne triomphe jamais, contrairement à ce qui se produit dans *les Chambres de bois* et surtout dans *les Enfants du sabbat*. L'héroïne ne peut déposer les armes et trouver le repos d'une intimité valorisée et bénéfique. Il ne semble pas y avoir d'issue possible pour Élisabeth, à la fin du roman, pas plus qu'il n'y en avait pour François dans « le Torrent ». L'impuissance de l'un comme celle de l'autre éclatent ou dans le suicide ou dans les larmes de désespoir. Le roman n'offre pas de solution au conflit et maintient jusqu'à la fin l'impossible réconciliation.

Les Chambres de bois et *les Enfants du sabbat* proposent, au contraire, une réponse à l'opposition du noir et du blanc. Si, pour François comme pour Élisabeth, tout est à recommencer, tel n'est plus le cas pour Catherine ou Julie. Aussi fragile que soit l'équilibre de Catherine à la fin du roman, elle ne peut plus revenir en arrière et habiter l'univers de Michel. Elle a véritablement traversé l'épreuve et vaincu les forces adverses; elle est transformée. Dorénavant sa tâche consistera à faire l'apprentissage de la vie et non de la mort. De même, sœur Julie de la Trinité quitte le couvent pour ne plus jamais y revenir. Contrairement à Catherine, cependant, elle habite désormais la nuit, et non le jour, et trouve son bonheur dans l'acceptation des forces maléfiques, comme l'avaient fait avant elle ses parents Adélard et Philomène. Catherine et Julie, chacune à leur façon, réussissent à dénouer leurs conflits pour habiter leur être intime réconcilié avec sa vérité première.

Quelle que soit leur destinée, les personnages d'Anne Hébert demeurent des monstres de sainteté ou de dépravation, quand ils ne sont pas des monstres tout court, telle Héloïse, véritable vampire qui ne survit que du sang de ses victimes. Le cœur est absent, oublié quelque part au fond des tombeaux en même temps que les morts assassinés. Être éviscérés, insensibilisés en quelque sorte, réduits finalement à l'état de pantins, ils n'obéissent plus qu'aux lois aveugles de leur nature. Ils appartiennent à un univers fantastique où l'amour, la compassion ou la pitié n'ont plus place. Leur révolte et leur démesure les ont conduits loin du monde des vivants, dans un au-delà aux figures troublantes et inhumaines.

Il n'y a donc pas de ligne droite qui conduise des *Songes en équilibre* aux derniers écrits d'Anne Hébert. Il n'y a pas non plus commune mesure entre la voix fragile du début qui manie les songes avec délicatesse et la parole éclatée, impétueuse et envoûtante des *Enfants du sabbat* ou des *Fous de Bassan*. Anne Hébert emprunte des chemins multiples pour exploiter à divers niveaux une matière toujours neuve. Chaque récit, poème, ou pièce de théâtre semble vouloir reprendre à jamais les mêmes images obsédantes, chaque écrit en étant un approfondissement, un éclatement et une mise à jour nouvelle. C'est aussi le trajet exemplaire d'une rêverie qui, loin de se contenter d'un régime de l'image, en inverse le contenu symbolique et trouve alors une source nouvelle de créativité.

* * *

À l'imagination symbolique s'ajoute l'imagination matérielle. Celle-ci trouve son soutien et sa plénitude grâce à une rêverie des éléments qui prolonge dans l'intimité substantielle la symbolique du noir et du blanc. La dialectique de l'eau et du feu se joue dans l'ambivalence des substances, les oppositions et les réconciliations des régimes de l'image.

Ainsi l'eau et le feu deviennent tous deux matières d'abîmes ou de purifications. L'eau se fait complice de la nuit et du noir, est substance même des ténèbres et propose une inquiétante stymphalisation. Les eaux funestes cachent en leur profondeur ténébreuse d'innombrables monstres marins, stymphalides, dragons et méduses. L'eau s'infiltre partout et liquéfie les paysages, les êtres et les choses. Elle contamine sournoisement et prépare une dissolution totale. Le sang, eau noire par excellence, se répand à son tour pour envahir tout l'espace extérieur et intérieur. Les larmes deviennent la matière d'un dépérissement mélancolique de l'être qui se dissout dans une tristesse et un désespoir sans fin. Elles offrent un appui substantiel aux eaux néfastes et préparent au suicide par l'eau. Si l'on ne trouve guère de noyades réelles, que de noyades rêvées ! Chaque personnage à un moment ou l'autre est menacé des eaux.

L'attrait des eaux noires et tristes qui invitent à une mort jeune, belle et tranquille, laquelle ne semble qu'un sommeil passager, trouve dans le « complexe d'Ophélie » sa plus juste représentation. La figure d'Ophélie, si fréquente dans l'œuvre d'Anne Hébert jusqu'aux *Chambres de bois*, cède la place dans *Kamouraska*, comme d'ailleurs dans « le Torrent », au « complexe de Caron ». La mort est alors un voyage sur le fleuve des enfers dans le bateau des morts. Voitures, bateaux ou traîneaux deviennent des barques de Caron. Les eaux coulent et proposent une mort sans fin, une mort au loin, un voyage sans retour. Les eaux de surface, les eaux souterraines, rivières et canaux coulent tous vers le fleuve qui se jette lui-même dans la mer.

À son tour le feu pactise avec le noir, devient fournaise infernale crachant suie et saletés; il est soleil noir, mauvais feu, passion dévorante ou fièvre mystérieuse. À l'appel de l'eau profonde répond la séduction d'un feu qui brûle autant dans les cœurs que hors de ceux-ci. Au « complexe d'Ophélie » s'ajoute celui d'Empédocle. La rêverie s'abandonne alors, surtout dans *Kamouraska*, à l'« appel du bûcher » et trouve dans le feu la mort totale qui ne laisse aucune trace, la consommation de l'être dans un moment d'éblouissement et de fascination. La rêverie devant le foyer éveille les passions endormies où se mêlent instinct de vie et instinct de mort, respect et amour du feu ardent. Elle prend également l'allure d'une prière, a un caractère cérémonial, prépare des gestes hiératiques, comme si les personnages obéissaient à un rite occulte, sollicitaient l'esprit du feu en vue de la célébration d'un pacte diabolique.

Mais la rêverie de l'eau et du feu épouse également les sollicitations du blanc. En face des eaux funestes et des feux néfastes se dressent les eaux et les feux purificateurs. Quand l'imagination rêve la blancheur, la propreté, la limpidité ou la fraîcheur, elle trouve d'abord dans les eaux lustrales un support dynamique. L'eau lustrale purifie intégralement. Elle lave tout autant l'âme que le corps, le péché que les salissures. Les personnages d'Anne Hébert l'utilisent bien davantage pour une purification morale que physique. D'où l'importance des ablutions, aspersions, immersions, baptêmes et lustrations. Une goutte peut suffire lorsqu'il s'agit d'une eau lustrale. Telles sont les vertus de l'eau bénite ou de l'eau intégrale. Aucune souillure ou impureté ne peut leur résister. Ce sont de telles eaux qui triomphent dans *les Enfants du sabbat*.

La purification par le feu est plus radicale, comme si le feu allait au cœur même de l'impureté. Le feu purificateur a l'éclat de la foudre ou de la lumière; il est prolongement du feu céleste. Il se fait guerrier, devient arme contre les ténèbres. Il est brûlure qui détruit toute impureté; il est cuisson qui transforme les aliments, élimine les odeurs nauséabondes. Le baptème du feu complète celui de l'eau. Le feu est Pentecôte, transfiguration et renaissance. Cependant, la véritable idéalisation du feu est la lumière qui est pureté intrinsèque, clarté, transparence, feu spirituel, forme sublime du principe igné, qui illumine sans brûler ni se consumer, qui est de nature divine. Tels sont le feu céleste, l'éther paradisiaque, la lumière incréée, transcendante ou astrale, la lampe indéfectible, dont l'auréole, les cierges allumés, la lampe du sanctuaire, l'illumination, l'éblouissement ou le *qaumaneq* de l'initié ne sont que de pâles reflets.

Devant les eaux et les feux néfastes s'affirment les eaux et les feux purificateurs, dans une opposition toujours plus farouche et une ambivalence continuelle. Et si, chez Anne Hébert, triomphent tour à tour eaux ou feux néfastes et eaux ou feux purificateurs, la domination des uns comme des autres n'est jamais assurée, en une dialectique qui ne peut conduire à une solution du conflit. Le feu guerrier comme l'eau lustrale continueront toujours de fourbir leurs armes contre les maléfices de l'eau ou du feu. Il faudra une métamorphose des valeurs symboliques pour que se fasse le mariage des deux éléments. Anne Hébert ne se contente pas de les opposer; elle imagine leur union dans une heureuse fécondité. Cette rêverie que sous-tend le *régime nocturne* de l'image propose une véritable conversion et un dépassement des valeurs antithétiques.

Nous passons alors du « complexe d'Empédocle » au « complexe de Novalis » où domine la conscience d'un bonheur calorifique. Le feu est chaleur douce et intime, chaleur partagée, feu sexuel, délectation d'une chaude intimité lentement pénétrée. Les personnages découvrent la joie de frotter, fourbir, polir ou astiquer. Ils éprouvent la certitude d'une chaleur concentrée avant de connaître l'irradiation lumineuse. L'eau s'euphémise à son tour, devient eau-mer, fécondité originelle. Les images de la femme fatale, de la « Mère terrible » sont remplacées par celles de la Grande Mère, la Mère originelle et universelle, l'Ève féconde, la Vierge-Mère, le Fils, le couple primordial, autant de symboles de l'androgynat primitif, de la réintégration des contraires, ou du mariage de l'eau et du feu.

C'est encore dans la bienheureuse intimité de matières privilégiées que l'imagination rêve l'union des deux éléments. Elle connaît le bonheur et l'ivresse de l'eau-feu des boissons rituelles : l'eau-de-vie est une eau de feu, un « vin de vérité », une boisson pure, un breuvage sacré aux qualités mythiques, une boisson magique; le vin est sang végétal, union de l'eau et du feu, breuvage d'immortalité; le sang initiatique est feu intime, chaleur vitale et « sang universel », gage de vie nouvelle, de renaissance et de régénération.

Une autre matière permet à Anne Hébert une rêverie de prédilection : la neige. Celle-ci, surtout dans *Kamouraska* où l'union de l'eau et du feu ne se réalise guère, rassemble certaines de leurs qualités respectives, devient le lieu de rencontre des contradictions sans pour autant les résoudre. Si la rêverie de la neige est présente depuis les premiers écrits de l'auteure, c'est néanmoins dans ce roman qu'elle se déploie avec le plus de vigueur et de constance.

La neige est eau lustrale par excellence, à la fois baptême de l'eau et du feu. Elle est blancheur éclatante qui triomphe pour une purification radicale. Elle invite à une conversion, à une véritable ascèse morale, à la transcendance. Elle est silence qui purifie des bruits et des agitations terrestres, mais peut également devenir linceul. Elle transforme tout, transfigure les êtres comme les paysages. Elle est métamorphose, rajeunissement et régénération. Avec elle aucune mort ne semble définitive. La neige promet la résurrection. Elle est encore brûlure purificatrice, nirvāna originaire et permet au couple amoureux un moment d'éternité, un instant d'éblouissement et de béatitude.

Si la neige, plus que l'eau ou le feu lui-même, semble s'approprier des vertus purificatrices et proposer une métaphysique du pur, elle conserve toutefois, comme les autres éléments, une même ambivalence. Elle est aussi agression et mort. Complice des ébats amoureux, elle se fait par la suite accusatrice. Elle résume admirablement les séductions d'une rêverie qui se complaît dans les contrastes et rassemble les contradictions du noir et du blanc comme de l'eau et du feu.

* * *

La poétique du regard nous livre une thématique riche elle aussi d'images neuves où domine l'« atlas visuel ». Dans un espace fermé, replié sur lui-même, réduit la plupart du temps aux quatre murs d'une pièce, dans un univers où les gestes semblent condamnés d'avance par une fatalité aveugle, irrémédiablement voués à l'impuissance, le regard supplante l'action, ou plutôt c'est l'acte de regarder qui devient l'action souveraine, une puissance recouvrée. Si l'œil a d'abord une fonction passive, voir, c'est-à-dire refléter les images qu'il capte, il a également une fonction active qui est de regarder, d'aller au-devant du monde pour l'appréhender et le connaître. C'est, de la vision, passer au regard. Dans l'espace hébertien, il appartient d'abord au regard de partir à l'aventure, de s'échapper et de tenter de s'approprier le monde. Il cherche alors tous les appuis, ceux des fenêtres comme des miroirs; il se veut regard multiple, regard décuplé, regard illimité. Mais il peut être brisé dans son élan ou réfléchi par les fenêtres trompeuses et le jeu des miroirs. Il doit également rencontrer le regard des autres, obstacle par excellence, à moins de fermer les yeux pour simuler la mort ou se perdre dans le rêve. Le regard devient, dans le monde imaginaire d'Anne Hébert, une fonction créatrice par excellence; il dessine des lignes de force, tisse un réseau de convergences des divers éléments thématiques, se fait principe organisateur. Non seulement il s'inscrit tout naturellement dans le prolongement d'une symbolique du noir et du blanc ou d'une dialectique de l'eau et du feu, mais il est en quelque sorte sa propre justification. Par lui et en lui l'élan poétique trouve forme dans une « incarnation singulière ».

Il est d'abord regard mutilé, amputé, déchiré, mais encore vivant, comme si quelque assassin avait oublié de fermer les yeux de sa victime qui continuent de voir en pure perte[1]. Cécité aussi d'un regard dépersonnalisé souvent associé au regard animal. C'est le principe même de la vision qui est atteint par la mutilation et l'« animalisation » de la vue. Cette dépossession conduit à un regard coupable, sans cesse jugé, jaugé, épié par un œil étranger, extérieur, omniscient, impersonnel et implacable. Une étrange fatalité pèse sur l'être hébertien, menacé de toutes parts, prisonnier de lui-même et des autres, à la fois juge et victime, coupable et innocent. Le regard humilié doit endurer une longue épreuve, subir sa « néantisation » ou sa « chosification » avant de triompher à son tour. Car c'est un regard qui revendique une suprématie, qui est à la conquête d'une puissance et qui, finalement, se révolte contre le regard médusant. Il veut ravir la souveraineté du regard divin. Loin de se contenter de capter des images, de voir, il désire se lancer à la conquête du monde, regarder, s'approprier et dominer. La cécité, assumée et dépassée, conduit à la transcendance du regard qui est la voyance, préparée par toutes les parures de souveraineté et confirmée par l'auréole, regard circulaire, rayonnement dans toutes les directions, sublimation et vision cosmique, comme

[1] *Cf.* poème « Il y a certainement quelqu'un », *P*, p. 51.

par l'« illumination », ou *qaumaneq*, qui est l'acquisition du regard magique et primordial de l'œil frontal ou troisième œil.

La fenêtre est regard supplémentaire et propose à l'œil fasciné le leitmotiv d'une femme à sa fenêtre, dans l'attente d'un événement ou d'un être libérateurs. Cette femme appelle de son éclatante beauté le jeune étranger qui viendrait la ravir. Sa séduction est souvent un éblouissement foudroyant. L'une des premières fonctions de la fenêtre chez Anne Hébert est bien de révéler la femme, de l'offrir au regard voyeur, de se métamorphoser en regard médusant, aux vertus magiques. En même temps, elle protège et crée un espace inviolable. Elle concrétise le refus de la chair tout en favorisant la séduction. Elle permet l'intimité tout en proposant au regard une évasion vers l'immense. Elle ouvre des perspectives infinies d'échanges; elle est frontière entre le dedans et le dehors, l'ici et l'ailleurs, le fini et l'infini. Liée à la voyance, la fenêtre est finalement « passage paradoxal » vers la transcendance et lieu d'une transformation, d'une échappée vers de nouveaux horizons.

Le thème de la fenêtre appelle celui du miroir, fenêtre magique qui s'ouvre sur deux mondes antithétiques. Miroir à double face dont l'une, associée au feu, aux eaux claires et aux surfaces polies, offre la profondeur lumineuse d'un ciel azuré, les beautés du monde et des visages rassurants, et permet la séduction d'un narcissisme à la fois « actif », « cosmique » ou « idéalisant »; elle a l'éclat triomphant du regard éblouissant. L'autre face, liée à l'eau funeste et à la nuit, s'ouvre sur la profondeur ténébreuse du monde des morts et des visages noyés, est l'instrument d'un narcissisme « ophélisant ». Si Catherine a su se détourner à temps du miroir trompeur alors qu'Élisabeth s'y noie, sœur Julie de la Trinité découvre dans le reflet des profondeurs son identité secrète. Le miroir devient à son tour le lieu d'une voyance, d'une translucidité et d'une métamorphose.

La séduction des profondeurs ténébreuses, qu'il s'agisse de celles du noir, de l'eau, du feu ou des miroirs, attire irrésistiblement la rêverie hébertienne. Les beautés du jour et les reflets des miroirs polis ne réussissent guère à s'imposer. En cela, Anne Hébert est fidèle à « sa vérité intérieure » : « Et ce n'est pas une mince affaire que de demeurer fidèle à sa plus profonde vérité, si redoutable soit-elle, de lui livrer passage et de lui donner forme [*P*, p. 70]. » Elle a recours aux forces mêmes de l'ombre et aux pouvoirs occultes pour mettre en échec les puissances dominatrices d'un jour aux vertus factices et aux lois aliénantes.

Cette poétique du regard comme la symbolique du noir et du blanc et la dialectique de l'eau et du feu reflètent une dualité omniprésente : elle trahit un écartèlement tragique que le regard réussit à son tour à parcourir et à reproduire[2].

Finalement, l'œuvre d'art, roman, poème, nouvelle ou pièce de théâtre, est également regard, miroir et vision du monde, illusion suprême en même temps que lieu d'une possible voyance, autant pour l'écrivain que pour le lecteur. Mais avant et après l'œuvre d'art il y a le silence, que ne saurait combler le regard critique qui ne la prolonge pas plus qu'il ne la justifie. Il est lieu de passage et d'ouverture; il se veut à la fois fenêtre et miroir. Il prépare le retour à l'œuvre qui seule est plénitude.

---

[2] BOUCHARD, dans *Une lecture d'Anne Hébert* [...], p. 134, affirme que « la dualité [...] relève de la structure fondamentale des œuvres d'Anne Hébert. Tout, en effet, y est dualité : jour et nuit, bien et mal, imagination aux fruits grandioses, imagination aux prises avec la mort, sensibilité et insensibilité, amour et haine, lumière et ténèbres, espaces extérieurs et intérieurs, ouverts et clos, etc. »

Bibliographie

I. Écrits d'Anne Hébert

Manuscrits

« L'Arche de midi; poème dramatique en trois actes », manuscrit daté de 1944-1945 et déposé à la bibliothèque de l'université de Montréal, 33 f.

« Les Invités au procès » (théâtre radiophonique présenté à Radio-Canada le 20 juillet 1952), manuscrit déposé à la bibliothèque de l'université de Montréal.

« Les Indes parmi nous » (commentaire de film), Montréal, Office national du film, 1954, 3 f.

« Drôle de micmac » (commentaire de film pédagogique), Montréal, Office national du film, 1954, 5 f.

« Le Médecin du Nord » (commentaire de film), Montréal, Office national du film, 1954, 2 f.

« La Canne à pêche » (commentaire de film), Montréal, Office national du film, 1959, 5 f.

« Saint-Denys Garneau » (scénario et commentaire), Montréal, Office national du film, 1960, 3 f.

« Le Déficient mental » (commentaire de film pédagogique), Montréal, Office national du film, 1960, 3 f.

Livres publiés

Les Songes en équilibre; poèmes, Montréal, Éditions de l'arbre, [1942], 160 p.

Le Torrent, Montréal, Éditions Beauchemin, 1950, 171 p.; Montréal, Éditions HMH, coll. L'arbre, nº 1, 1963, 256 p. (édition utilisée).

Le Tombeau des rois, préface de Pierre Emmanuel, Québec, Institut littéraire du Québec, 1953, 77 p.

Les Chambres de bois, préface de Samuel S. de Sacy, Paris, Éditions du Seuil, 1958, 192 p.

Poèmes, Paris, Éditions du Seuil, 1960, 112 p.

Le Temps sauvage, la Mercière assassinée, les Invités au procès, Montréal, Éditions HMH, coll. L'arbre, 1967, 192 p.

Dialogue sur la traduction, à propos du Tombeau des rois, présentation de Jeanne Lapointe, préface de Northrop Frye, Montréal, Éditions HMH, 1970, 112 p., (en collaboration avec Frank Scott).

Kamouraska, Paris, Éditions du Seuil, 1970, 256 p.

Les Enfants du sabbat, Paris, Éditions du Seuil, 1975, 192 p.

Héloïse, Paris, Éditions du Seuil, 1980, 128 p.

Les Fous de Bassan, Paris, Éditions du Seuil, 1982, 258 p.

Autres textes

Contes, nouvelles et pièces de théâtre

« Trois Petits Garçons dans Bethléem », *le Canada français*, vol. 25, nº 4 (déc. 1937), p. 395-397.

« Enfants à la fenêtre », *le Canada français*, vol. 25, nº 8 (avril 1938), p. 822-825.

« La Part de Suzanne », *le Canada français*, vol. 26, nº 4 (déc. 1938), p. 348-352.

« La Boutique de monsieur Grinsec », *l'Action catholique*, vol. 5, nº 1 (5 janv. 1941), p. 4, 10; vol. 5, nº 2 (12 janv. 1941), p. 4; vol. 5, nº 3 (19 janv. 1941), p. 4, 10.

« Shannon », *Châtelaine*, vol. 1, nº 1 (oct. 1960), p. 34-35, 77-85.

« Un dimanche à la campagne », *Châtelaine*, vol. 7, nº 9 (sept. 1966), p. 38-39, 125-151.
« Les Petites Villes », *Galerie*, nº 99 (déc. 1970), p. 74-76.
« Le Silence », *le Figaro littéraire*, nº 1285 (10 janv. 1971), p. 23-25.
« L'Île de la demoiselle », *Écrits du Canada français*, Montréal, Fides, t. 42, 1979, p. 9-92.

Poèmes

« L'Esclave noire », *Amérique française*, vol. 2, nº 6 (mars 1943), p. 41-42.
« Paradis perdu », *Amérique française*, vol. 2, nº 19 (févr. 1944), p. 31-32.
« Prélude à la nuit », *la Nouvelle Relève*, vol. 3, (mai 1944), p. 209.
« L'Infante ne danse plus », *Gants du ciel*, nº 4 (juin 1944), p. 5-6.
« Aube », *Gants du ciel*, nº 4 (juin 1944), p. 6-7.
« Sous-bois d'hiver », *Gants du ciel*, nº 4 (juin 1944), p. 8-10.
« Chats », *Gants du ciel*, nº 4 (juin 1944), p. 11-12.
« Présence », *Gants du ciel*, nº 4 (juin 1944), p. 12-13.
« Je voudrais un havre de grâce », *Gants du ciel*, nº 4 (juin 1944), p. 13-14.
« Le Château noir », *Gants du ciel*, nº 4 (juin 1944) p. 15-16.
« Ballade d'un enfant qui va mourir », *Gants du ciel*, nº 4 (juin 1944), p. 16-20.
« Plénitude », *Amérique française*, vol. 4 (oct. 1944), p. 33.
« Résurrection de Lazare », *Revue dominicaine*, vol. 51, nº 1 (mai 1945), p. 257-258.
« Offrande », *Revue dominicaine*, vol. 52 (juin 1946), p. 321.
« Ô beauté », *Revue dominicaine*, vol. 53 (janv. 1947), p. 3.
« Sainte Vierge Marie », *le Temps*, 10 déc. 1954, p. 5.
« Et le jour fut », dans *Poetry 62*, E. Mandel et J.-G. Pilon, Toronto, Ryerson Press, 1961, p. 8-9.
« Amour », dans Guy ROBERT, *Littérature du Québec*, t. I : *Témoignages de 17 poètes*, Montréal, Déom, 1964, p. 57-58.

« Pluie », dans Guy ROBERT, *Littérature du Québec*, t. I : *Témoignages de 17 poètes*, Montréal, Déom, 1964, p. 58-59.

« Noël », dans Guy ROBERT, *Littérature du Québec*, t. I : *Témoignages de 17 poètes*, Montréal, Déom, 1964, p. 59-61.

« Fin du monde », dans Guy ROBERT, *Littérature du Québec*, t. I : *Témoignages de 17 poètes*, Montréal, Déom, 1964, p. 61-63.

« Terre originelle », *la Presse*, cahier *Un siècle 1867-1967 : l'épopée canadienne*, 13 févr. 1967, p. 1.

« Les Offensés », *Poetry Australia*, nº 16 (juin 1967), p. 41.

« Couronne de félicité », *le Journal des poètes*, juillet 1967, p. 6.

« Des flammes très hautes et belles », dans René LACÔTE, *Anne Hébert*, Paris, Éditions Seghers, coll. Poètes d'aujourd'hui, nº 189, 1969, p. 93.

« Villes en marche », dans René LACÔTE, *Anne Hébert*, Paris, Éditions Seghers, coll. Poètes d'aujourd'hui, nº 189, 1969, p. 160.

« En cas de malheur », *Châtelaine*, vol. 13, nº 12 (déc. 1972), p. 22.

« Éclair », *Châtelaine*, vol. 13, nº 12 (déc. 1972), p. 22.

« La Cigale », *Châtelaine*, vol. 13, nº 12 (déc. 1972), p. 22.

« Sommeil », *Québec français*, nº 32 (déc. 1978), p. 34.

« Mémoire », *Québec français*, nº 32 (déc. 1978), p. 35.

« Le Jour n'a d'égal que la nuit », *Québec français*, nº 32 (déc. 1978), p. 41.

« Mes enfants imaginaires », *Québec français*, nº 32 (déc. 1978), p. 41.

Proses diverses

« De Saint-Denys Garneau et le Paysage », *la Nouvelle Relève*, vol. 3, nº 9 (déc. 1944), p. 523.

« L'Annonce faite à Marie », *Revue dominicaine*, vol. 51, nº 1 (janv. 1945), p. 3-7.

« La Critique en procès », *le Devoir*, 12 mai 1951, p. 8.

« Suzanne Rivest, gymnaste et danseuse », *la Revue moderne*, vol. 39, nº 9 (janv. 1958), p. 18.

« Quand il est question de nommer la vie tout court, nous ne pouvons que balbutier », *le Devoir*, 22 oct. 1960, p. 9, 17.

« Albee, Godard, Varda », *le Magazine Maclean*, vol. 5, nº 5 (mai 1965), p. 93.

« *La Guerre civile* et *De l'amour* », *le Magazine Maclean*, vol. 5, nº 6 (juin 1965), p. 63.

« Cinéma, livre, jardin », *le Magazine Maclean*, vol. 5, nº 7 (juill. 1965), p. 47.

« Le Royaume de madame Métrot », *le Magazine Maclean*, vol. 5, nº 8 (août 1965), p. 46.

« Une villa au cœur de Paris », *le Magazine Maclean*, vol. 5, nº 9 (sept. 1965), p. 61.

« Deux Dames en noir », *le Magazine Maclean*, vol. 5, nº 10 (oct. 1965), p. 71.

« Voix sèche de la Provence en appel », *le Magazine Maclean*, vol. 5, nº 11 (nov. 1965), p. 93.

« Sagan, Moreau... et Ingmar Bergman », *le Magazine Maclean*, vol. 5, nº 12 (déc. 1965), p. 66.

« Albertine Sarrazin, écrivain-vedette », *le Magazine Maclean*, vol. 6, nº 1 (janv. 1966), p. 46.

« Le Québec, cette aventure démesurée », *la Presse*, cahier *Un siècle 1867-1967 : l'épopée canadienne*, 13 févr. 1967, p. 16-17.

« Les Étés de Kamouraska... et les Hivers de Québec », *le Devoir* (supplément littéraire), 28 oct. 1972, p. VII.

[« Autoportrait »], *Miroirs; autoportraits*, photographies d'Édouard Boubat, présentation de Michel Tournier, Paris, Denoël, 1973, p. 102-103.

« Mon cœur sauvage, je le dis en français », *les Nouvelles littéraires*, vol. 54, nº 2517 (29 janv. 1976), p. 22.

II. ÉTUDES SUR L'ŒUVRE D'ANNE HÉBERT

Livres

BOUCHARD, Denis, *Une lecture d'Anne Hébert; la recherche d'une mythologie*, Montréal, Éditions Hurtubise HMH, Cahiers du Québec, coll. Littérature, nº 34, 1977, 250 p. (bibliographie, p. 197-242).

HARVEY, Robert, Kamouraska *d'Anne Hébert : une écriture de la Passion* suivi de *Pour un nouveau* Torrent, Montréal, Éditions HMH, Cahiers du Québec, coll. Littérature, nº 69, 1982, 216 p.

LACÔTE, René, *Anne Hébert*, Paris, Éditions Seghers, coll. Poètes d'aujourd'hui, nº 189, 1969, 192 p.

LEMIEUX, Pierre-Hervé, *Entre songe et parole. Structure du* Tombeau des rois *d'Anne Hébert*, Ottawa, Éditions de l'université d'Ottawa, coll. Cahiers du Centre de recherches en civilisation canadienne-française, nº 15, 1978, 252 p.

MAJOR, Jean-Louis, *Anne Hébert et le Miracle de la parole*, Montréal, PUM, coll. Lignes québécoises, 1976, 116 p.

PAGÉ, Pierre, *Anne Hébert*, Montréal, Fides, coll. Écrivains canadiens d'aujourd'hui, 1965, 192 p.

ROBERT, Guy, *la Poétique du songe; introduction à l'œuvre d'Anne Hébert*, Montréal, Association générale des étudiants de l'université de Montréal, cahier nº 4, 1962, 125 p.

ROY, Lucille, *Entre la lumière et l'ombre; l'univers poétique d'Anne Hébert*, Sherbrooke, Éditions Naaman, 1984, 204 p.

RUSSEL, Delbert W., *Anne Hébert*, Boston, Twayne Publishers, Twayne's World Authors Series, nº 684, 1983, 155 p.

THÉRIAULT, Serge A., *la Quête d'équilibre dans l'œuvre romanesque d'Anne Hébert*, Hull, Éditions Asticou, coll. Centre d'études universitaires dans l'ouest québécois, 1980, 223 p.

Thèses, bio-bibliographies, bibliographies, index

AMAR, Wenny, « l'Amour dans l'œuvre d'Anne Hébert », thèse de maîtrise, université McGill, 1975, 102 f.

AONZO, Jeannine, « la Femme dans les romans d'Anne Hébert », thèse de maîtrise, université McGill, 1981.

BASZCZYNSKI, Marilyn Jane, « la Poétique du discours dans *les Enfants du sabbat* d'Anne Hébert », thèse de maîtrise, université Western Ontario, 1981.

BERNARD-LEFEBVRE, Louisette, « le Thème de la femme dans l'œuvre romanesque d'Anne Hébert », thèse de maîtrise, université du Québec à Trois-Rivières, 1976, VII-397 f.

BERTRAND, Madeleine, « Bibliographie de l'œuvre de Anne Hébert, précédée de sa biographie », préface de Théophile Bertrand, École des bibliothécaires, université de Montréal, 1946, 23 f.

BISHOP, Neil Breton, « la Thématique de l'enfance dans l'œuvre poétique et romanesque d'Anne Hébert », thèse de doctorat, université d'Aix-en-Provence, 1977.

BOUTET, Odina, « Bio-bibliographie critique d'Anne Hébert », Québec, 1950, 28 f.

CAILLET, Annie, « Espace et Temps dans *Kamouraska* d'Anne Hébert », mémoire de maîtrise, université de Rennes II, 1974, 89 f.

CANTIN, Pierre, Normand HARRINGTON et Jean-Paul HUDON, *Bibliographie de la critique de la littérature québécoise dans les revues des XIX*e *et XX*e *s.*, t. IV, Ottawa, Centre de recherches en civilisation canadienne-française, 1979, p. 614-621.

CESCHI, Geneviève, « À la source du *Torrent* d'Anne Hébert », thèse de maîtrise, université de Colombie-Britannique, 1979.

CHAMPAGNE, Jean-Marc, « l'Enfance dans les romans d'Anne Hébert », thèse de maîtrise, université du Québec à Trois-Rivières, 1973, IV-97 f.

CHÂTILLON, Pierre, « les Thèmes de l'enfance et de la mort dans l'œuvre poétique de Nelligan, Saint-Denys Garneau, Anne Hébert, Alain Grandbois », thèse de maîtrise, université de Montréal, 1961, 87 f.

CHIASSON, Arthur Paul, « The Tragic Mood in the Works of Anne Hébert », thèse de doctorat, université Tufts, 1974, 297 f.

COLENO, Gilbert, « le Milieu physique dans l'œuvre d'Anne Hébert », mémoire de diplôme d'études supérieures, université de Montréal, 1971, VII-112 f.

DENEAULT-TURCOT, Louise, « Une lecture de l'œuvre d'Anne Hébert : *les Enfants du sabbat* », thèse de maîtrise, université du Québec à Montréal, 1979, 111 f.

DORAY, Michèle, « *le Torrent* d'Anne Hébert ou le Mythe devenu roman », thèse de maîtrise, université McGill, 1973, IV-197 f.

ÉMOND, Maurice, « le Monde imaginaire d'Anne Hébert dans *les Chambres de bois, Kamouraska* et *les Enfants du sabbat* », thèse de doctorat, université Laval, 1981, XXVII-444 f.

FERATON, Dolores, « la Couleur dans l'œuvre d'Anne Hébert », thèse de maîtrise, université du Manitoba, 1976, II-113 f.

FRASER, Anne Kathryne, « Sexuality and Guilt in the Novels of Anne Hébert and Margaret Laurence », thèse de maîtrise, université de Sherbrooke, 1977, XI-168 f.

GIGUÈRE, Richard, « Évolution thématique de la poésie québécoise (1935-1965). Étude de Saint-Denys Garneau, A. Hébert, R. Giguère et P. Chamberland », thèse de maîtrise, université de Sherbrooke, 1970, 389 f. (bibliographie, f. 370-385).

GOSSELIN, Michel, « Étude du discours narratif dans *Kamouraska* d'Anne Hébert », thèse de maîtrise, université de Sherbrooke, 1974, 120 f.

HAMEL, Réginald, John HARE et Paul WYCZYNSKI, *Dictionnaire pratique des auteurs québécois*, Montréal, Fides, 1976, p. 344-349.

HARVEY, Robert, « Remémoration et commémoration dans *Kamouraska* d'Anne Hébert », thèse de maîtrise, université de Montréal, 1980.

JUÉRY, René Y. F., « Œuvres en prose d'Anne Hébert; essai de sémiotique narrative et discursive de « la Robe corail » et de *Kamouraska* », thèse de doctorat, université d'Ottawa, 1977.

LAROCQUE, Hubert, « Anne Hébert, *Poèmes* : index, concordances et fréquences », université d'Ottawa, 1973.

LEIGH FULTON, Barbara, « *Kamouraska* : le vide au centre », thèse de maîtrise, université de Colombie-Britannique, 1975, IV-75 f.

LYNCH, Arlène, « la Symbolique de « l'Arche de midi » d'Anne Hébert », thèse de doctorat, université d'Ottawa, 1976.

MEZEI, Kathy, « Anne Hébert's *les Chambres de bois* : a Translation and Interpretation », thèse de maîtrise, université Carleton, 1971, VI-186 f.

MILLER, Joanne Élizabeth, « le Passage du désir à l'acte dans l'œuvre poétique et romanesque d'Anne Hébert », thèse de maîtrise, université de Western Ontario, 1975.

MOUSSALLI, Mireille, « l'Œuvre romanesque d'Anne Hébert », thèse de maîtrise, université Laval, 1966, XXII-135 f.

MUIRSMITH, Elizabeth, « l'Eau dans l'œuvre poétique d'Anne Hébert », thèse de maîtrise, université d'Ottawa, 1973, 202 f.

NADEAU-FOURNELLE, Jeannine, « Analyse des techniques narratives dans *Kamouraska* », thèse de maîtrise, université du Québec à Montréal, 1977.

NAHMIASH, Robert, « l'Oppression et la Violence dans l'œuvre d'Anne Hébert », thèse de maîtrise, université McGill, 1972, III-104 f.

NAZAIRE-GARANT, France, « Ève et le Cheval de grève; contribution à l'étude de l'imaginaire d'Anne Hébert », thèse de maîtrise, université Laval, 1983, xx-128 f.

PATERSON, Janet M., « Bibliographie critique des études consacrées aux romans d'Anne Hébert », *Voix et Images*, vol. 5, n° 1 (automne 1979), p. 187-192.

———, « l'Architexture des *Chambres de bois* : modalités de la représentation chez Anne Hébert », thèse de doctorat, université de Toronto, 1981.

———, « Bibliographie d'Anne Hébert », *Voix et Images*, vol. 7, n° 3 (printemps 1982), p. 505-510.

ROBERT, Guy, « Anne Hébert et sa poétique du songe », thèse de maîtrise, université de Montréal, 1962, III-123 f.

ROY-HEWITSON, Lucille, « la Cosmologie poétique d'Anne Hébert », thèse de doctorat, université de Bordeaux III, 1979.

SAINT-PIERRE-ALLAIRE, Solange, « le Fonctionnement du discours dans *Kamouraska* d'Anne Hébert », thèse de maîtrise, université du Québec à Montréal, 1978.

SAVOIE, Paul, « Anne Hébert, Saint-Denys Garneau : maison vide, solitude rompue », thèse de maîtrise, université du Manitoba, 1970, 87 f.

SINCENNES, Gustave, « *le Tombeau des rois* d'Anne Hébert et l'Introspection », thèse de maîtrise, université d'Ottawa, 1968, 97 f.

STHÈME DE JUBÉCOURT, Lila, « l'Univers poétique d'Anne Hébert dans *le Tombeau des rois* », thèse de maîtrise, université d'Alberta, 1969, 178 f. (en appendice, un index des mots du *Tombeau des rois*, f. A2-A85).

TELLES, Mercedes, « Lecture d'Anne Hébert : *Kamouraska* », thèse de maîtrise, université McGill, 1970, 109 f.

VERONNEAU, Pierre, « *Kamouraska* : étude du roman et de son adaptation cinématographique », thèse de maîtrise, université du Québec à Montréal, 1977.

WALKER, Cheryl Anne, « Anne Hébert : the Mystery of Innocence and Experience », thèse de maîtrise, université Western Ontario, 1961, v-89 f.

Études sur la poésie, le théâtre et l'œuvre en général[1]

ADAM, Jean Michel, « Sur cinq vers de *Mystère de la parole*; lire aujourd'hui « Neige » d'Anne Hébert », *Études littéraires*, vol. 5, nº 3 (déc. 1972), p. 463-480.

AMYOT, Georges, « Anne Hébert et la Renaissance », *Écrits du Canada français*, Montréal, Fides, t. 20, 1965, p. 233-253.

AYLWIN, Ulric, « Vers une lecture de l'œuvre d'Anne Hébert », *la Barre du jour*, vol. 2, nº 1 (été 1966), p. 2-11.

BELLEFEUILLE, Normand DE, « Tel qu'en lui-même » (sur un poème d'Anne Hébert : « Il y a certainement quelqu'un »), *la Barre du jour*, nºs 39-41 (printemps-été 1973), p. 104-123.

BESSETTE, Gérard, « la Dislocation dans la poésie d'Anne Hébert », *Une littérature en ébullition*, Montréal, Éditions du jour, 1968, p. 13-23.

BLAIS, Jacques, « l'Univers magique d'Anne Hébert », *De l'Ordre et de l'Aventure. La poésie au Québec de 1934 à 1944*, Québec, PUL, coll. Vie des lettres québécoises, nº 14, 1975, p. 253-268.

BOLDUC, Yves, « la Comparaison dans l'œuvre poétique d'Anne Hébert », *Si que*, nº 4 (automne 1979), p. 123-142.

BRAULT, Jacques, « Une poésie du risque », *Culture vivante*, nº 1 (1966), p. 41-45.

[1] Nous n'avons retenu dans cette section et la suivante que les études publiées dans des livres ou revues et qui présentaient un intérêt particulier, écartant ainsi les très nombreux comptes rendus, entrevues et commentaires parus dans divers périodiques.

CHÂTILLON, Pierre, « la Naissance du feu dans la jeune poésie du Québec », *la Poésie canadienne-française*, « Archives des lettres canadiennes », t. IV, Montréal, Fides, 1969, p. 255-284.

ÉMOND, Maurice (avec la collaboration de Cécile DUBÉ et Christian VANDENDORPE), « Dossier Anne Hébert : entrevue, biographie, bibliographie, pistes de lecture, poèmes inédits et article : « Introduction à l'œuvre d'Anne Hébert » », *Québec français*, nº 32 (déc. 1978), p. 33-41.

ÉTHIER-BLAIS, Jean, « Anne Hébert et Paul Toupin — fleurons glorieux », *Signets II*, Montréal, Le cercle du livre de France, 1967, p. 195-212.

GATHERCOLE, Patricia M., « Two Contemporary French-Canadian Poets : Anne Hébert, Saint-Denys Garneau », *French Review*, nº 28 (1954-1955), p. 309-317.

GIGUÈRE, Richard, « D'un « équilibre impondérable » à une « violence élémentaire »; évolution thématique de la poésie québécoise (1935-1965) : Saint-Denys Garneau, Anne Hébert, Roland Giguère et Paul Chamberland », *Voix et Images du pays VII*, 1973, p. 51-90.

GILLARD, Roger, « Anne Hébert ou la Poésie de l'exigence », *la Dryade*, nº 51 (automne 1967), p. 89-93.

GIROUX, Robert, « Lecture de « la Fille maigre » d'Anne Hébert », *Présence francophone*, nº 10 (printemps 1975), p. 73-90.

GODIN, Jean-Cléo, « Anne Hébert : Rebirth in the Word », *Language in action*, nº 45 (1970), p. 137-153 (traduction de Rosemary Brown).

HAECK, Philippe, « Naissance de la poésie moderne au Québec », *Études françaises*, vol. 9, nº 2 (mai 1973), p. 95-113.

HILAIRE, père (capucin), « De François d'Assise à Anne Hébert », *Gants du ciel*, nº 4 (juin 1944), p. 21-34.

JUÉRY, René, « l'Expression et le Contenu dans un poème d'Anne Hébert »; « Articulation récit-discours : étude de *Kamouraska* »; « Intertextualité chez Anne Hébert », *Initiation à l'analyse textuelle*, Hull, Éditions

Asticou, coll. Centre d'études universitaires dans l'ouest québécois, 1981, p. 18-33, 74-146, 168-183.

KUNTSMANN, Pierre, « *le Tombeau des rois* ou la Progression régressive », *Voix et Images*, vol. 2, nº 2 (déc. 1976), p. 255-264.

LACÔTE, René, « le Sentiment de frustration dans la poésie d'Anne Hébert », *Europe* (numéro spécial sur la « Littérature du Québec »), vol. 47, nᵒˢ 478-479 (févr.-mars 1969), p. 139-148.

LAPOINTE, Jeanne, « *Mystère de la parole* par Anne Hébert », *Présence de la critique; critique et littérature contemporaines au Canada français*, textes choisis par Gilles Marcotte, Montréal, Éditions HMH, 1966, p. 120-123.

LE GRAND, Albert, « Une parole enfin libérée », *Maintenant*, nᵒˢ 68-69 (15 sept. 1967), p. 267-272.

_______, « Anne Hébert : de l'exil au royaume », *Littérature canadienne-française*, Montréal, PUM, 1969, p. 181-213.

LEMIEUX, Pierre-Hervé, « la Mort des rois. Commentaire du poème titre « le Tombeau des rois » d'Anne Hébert », *la Revue de l'université d'Ottawa*, vol. 45, nº 2 (avril-juin 1975), p. 133-161.

_______, « Un théâtre de la parole : Anne Hébert », *le Théâtre canadien-français*, « Archives des lettres canadiennes », t. V, Montréal, Fides, 1976, p. 551-579.

_______, « *le Tombeau des rois*, recueil de poèmes d'Anne Hébert », *Dictionnaire des œuvres littéraires du Québec*, t. III : *1940 à 1959*, Montréal, Fides, 1982, p. 1001-1006.

MAILHOT, Laurent, « Anne Hébert ou le Temps dépaysé », dans Jean-Cléo GODIN et Laurent MAILHOT, *le Théâtre québécois; introduction à dix dramaturges contemporains*, Montréal, Éditions HMH, 1970, p. 123-150.

MAJOR, Jean-Louis, « Anne Hébert : tension nature-culture »; « Anne Hébert : de la fenêtre au miroir » (émission *Entretiens*, radio FM de Radio-Canada, les

29 nov. et 6 déc. 1979), Service des transcriptions et dérivés de la radio, Montréal, cahier nº 30, 26 p.

MARCOTTE, Gilles, « *le Tombeau des rois* d'Anne Hébert », *Une littérature qui se fait*, Montréal, Éditions HMH, coll. Constantes, nº 2, 1966, p. 272-283.

MARMIER, Jean, « Du *Tombeau des rois* à *Kamouraska* : vouloir-vivre et instinct de mort chez Anne Hébert », *Missions et Démarches de la critique; mélanges offerts au professeur J. A. Vier*, université de Haute-Bretagne, Rennes, Librairie C. Klicksieck, nº 2 (nov. 1973), p. 807-814.

MARTA, Janet, « Déchiffrage du code biblique dans les *Poèmes* d'Anne Hébert », *Présence francophone*, nº 16 (printemps 1978), p. 123-130.

MEZEI, Kathy, « Anne Hébert : a Pattern Repeated », *Canadian Literature*, nº 72 (printemps 1977), p. 29-40.

PAGÉ, Pierre, « la Poésie d'Anne Hébert », *la Poésie canadienne-française*, « Archives des lettres canadiennes », t. IV, Montréal, Fides, 1969, p. 357-378.

PAGEAU, René, « la Fatalité chez Anne Hébert », *l'Information médicale et para-médicale*, vol. 24, nº 21 (19 sept. 1972), p. 74-78.

PATERSON, Janet M., « Anne Hébert », *Canadian Modern Language Review*, nº 37, 1981, p. 207-211.

PÉPIN, Fernande, « la Femme dans l'espace imaginaire de la dramatique d'Anne Hébert : *le Temps sauvage* », *Canadian drama/l'Art dramatique canadien*, vol. 5, nº 2 (automne 1979), p. 164-178.

PURCELL, Patricia, « The Agonizing Solitude. The Poetry of Anne Hébert », *Canadian Literature*, nº 10 (automne 1961), p. 51-61.

RACETTE, Jacques-Thomas, « Anne Hébert publie », *Revue dominicaine*, vol. 59, nº 2 (juill.-août 1953), p. 25-30; vol. 59, nº 3 (sept. 1953), p. 79-86.

ROSA DA SILVA, Edson, « la Régénération du cosmos dans un poème d'Anne Hébert : « Printemps sur la ville » », *Présence francophone*, nº 23 (automne 1981), p. 163-175.

RYAN, Marie-Laure, « « Neige » d'Anne Hébert : un dialogue avec Saint-John Perse », *Présence francophone*, n° 20 (printemps 1980), p. 127-135.

SMART, Patricia, « la Poésie d'Anne Hébert : une perspective féminine », *la Revue de l'université d'Ottawa*, vol. 50, n° 1 (janv.-mars 1980), p. 62-68.

WYCZYNSKI, Paul, « l'Univers poétique d'Anne Hébert », *Poésie et Symbole*, Montréal, Déom, coll. Horizons, 1965, p. 149-185.

Études sur les romans, contes et nouvelles

AMPRIMOZ, Alexandre L., « Sémiotique de la segmentation d'un texte narratif : « la Mort de Stella » d'Anne Hébert », *Présence francophone*, n° 19 (automne 1979), p. 97-105.

AYLWIN, Ulric, « Au pays de la fille maigre : *les Chambres de bois* d'Anne Hébert », *les Cahiers de Sainte-Marie. Voix et Images du pays*, n° 4 (avril 1967), p. 37-50.

BACKÈS, Jean-Louis, « le Système de l'identification dans l'œuvre romanesque d'Anne Hébert », *Voix et Images*, vol. 6, n° 2 (hiver 1981), p. 269-277.

BENSON, Renate, « Aspects of Love in Anne Hébert's Short Stories », *Journal of Canadian Fiction*, nos 25-26, 1979, p. 160-174.

BISHOP, Neil Breton, « *les Enfants du sabbat* et la Problématique de la libération chez Anne Hébert », *Études canadiennes*, n° 8, 1980, p. 33-46.

________, « Distance, Point de vue, Voix et Idéologie dans *les Fous de Bassan* », *Études canadiennes*, vol. 9, n° 2 (hiver 1984), p. 113-129.

BLAIN, Maurice, « Anne Hébert ou le Risque de vivre », *Approximations*, Montréal, Éditions HMH, coll. Constantes, n° 11, 1967, p. 180-190.

BLAIS, Jacques, « Notes sur le héros de roman québécois; de *la Scouine* à *l'Hiver de force* », *Québec français*, n° 17 (févr. 1975), p. 36-39.

BOAK, Denis, « Kamouraska, Kamouraska ! », *Essays in French Literature*, nº 14, 1977, p. 69-104.

BUCKNALL, Barbara J., « Anne Hébert et Violette Leduc, lectrices de Proust », *le Bulletin de l'A.P.F.U.C.* (Association des professeurs de français des universités canadiennes), févr. 1975, p. 83-100.

CHAMPAGNE, Martin, « *le Torrent* d'Anne Hébert », *Littérature canadienne*, avril 1947, p. 17-23.

COHEN, Henry, « le Rôle du mythe dans *Kamouraska* d'Anne Hébert », *Présence francophone*, nº 12 (printemps 1976), p. 103-111.

COUILLARD, Marie, « *les Enfants du sabbat* d'Anne Hébert : un récit de subversion fantastique », *Incidences*, nouvelle série, vol. 4, nºs 2-3 (mai-déc. 1980), p. 77-83.

DORAIS, Fernand, « *Kamouraska* d'Anne Hébert; essai de critique herméneutique », *la Revue de l'université Laurentienne*, vol. 4, nº 1 (nov. 1971), p. 76-82.

DUFRESNE, Françoise M., « le Drame de Kamouraska; la réalité et la fiction dans le roman *Kamouraska* d'Anne Hébert », *Québec histoire*, vol. 1, nºs 5-6 (mai-juin-juillet 1972), p. 72-77.

ÉMOND, Maurice, « Introduction à l'œuvre d'Anne Hébert », *Québec français*, nº 32 (déc. 1978), p. 37-40.

_______, « *les Chambres de bois*, roman d'Anne Hébert », *Dictionnaire des œuvres littéraires du Québec*, t. III : *1940 à 1959*, Montréal, Fides, 1982, p. 172-176.

ENGLISH, Judith, et Jacqueline VISWANATHAN, « Deux Dames du Précieux-Sang : à propos des *Enfants du sabbat* d'Anne Hébert », *Présence francophone*, nº 22 (printemps 1981), p. 111-119.

ESCOMEL, Gloria, « la Littérature fantastique au Québec : *les Enfants du sabbat* », *Requiem*, vol. 4, nº 2 (mars 1978), p. 30-32.

FABI, Thérèse, « le Thème de la violence dans *le Torrent* d'Anne Hébert », *l'Action nationale*, vol. 65, nº 2 (oct. 1975), p. 160-168.

FÉRAL, Josette, « Clôture du moi, clôture du texte dans l'œuvre d'Anne Hébert », *Voix et Images*, vol. 1, nº 2 (déc. 1975), p. 265-283.

GRANDPRÉ, Pierre DE, « la Crypte du poème et ses tombeaux princiers. Anne Hébert, *les Chambres de bois* », *Dix Ans de vie littéraire au Canada français*, Montréal, Librairie Beauchemin, 1966, p. 147-151.

HOUDE, Gilles, « les Symboles et la Structure mythique du *Torrent* », *la Barre du jour*, nº 16 (oct.-déc. 1968), p. 22-46, et nº 21 (sept.-oct. 1969), p. 26-68.

JACQUES, Henri-Paul, « Un probable souvenir-écran chez Anne Hébert », *Voix et Images*, vol. 7, nº 3 (printemps 1982), p. 449-458.

JONES, Grahame C., « *Alexandre Chenevert* et *Kamouraska* : une lecture australienne », *Voix et Images*, vol. 7, nº 2 (hiver 1982), p. 329-341.

LEBLOND, Sylvio, « le Drame de Kamouraska d'après les documents de l'époque », *les Cahiers des dix*, nº 37, 1972, p. 239-273.

LEBRUN, Paule, « les Sorcières », *Châtelaine*, vol. 17, nº 11 (nov. 1976), p. 39-43, 88-89 (Anne Hébert et *les Enfants du sabbat*, p. 42, 43, 88, 89).

LE GRAND, Albert, « *Kamouraska* ou l'Ange et la Bête », *Études françaises*, vol. 7, nº 2 (mai 1971), p. 119-143.

_______, *Anne Hébert* (Français 341), Montréal, La librairie de l'université de Montréal, 1973, 228 f.

LEMIEUX, Pierre H., « la Symbolique du *Torrent* d'Anne Hébert », *la Revue de l'université d'Ottawa*, vol. 43, nº 1 (janv.-mars 1973), p. 114-127.

LE MOYNE, Jean, « Hors les chambres d'enfance : *les Chambres de bois*, roman d'Anne Hébert », *Présence de la critique; critique et littérature contemporaines au Canada français*, textes choisis par Gilles Marcotte, Montréal, Éditions HMH, 1966, p. 35-42.

LENNOX, John, « Dark Journeys : *Kamouraska* and *Deliverance* », *Essays on Canadian Writing*, nº 12 (automne 1978), p. 84-104.

MACCABÉE IQBAL, Françoise, « *Kamouraska*, la fausse représentation démasquée », *Voix et Images*, vol. 4, n° 3 (avril 1979), p. 460-478.

MACRI, Francis M., « Anne Hébert, Story and Poem » (sur *le Torrent*), *Canadian Literature*, n° 58 (automne 1973), p. 9-18.

———, « Not Simply a Problem of « Cahin-caha » », *Laurentian University Review*, vol. 7, n° 1 (nov. 1974), p. 86-93.

MAJOR, Ruth, « *Kamouraska* et *les Enfants du sabbat :* faire jouer la transparence », *Voix et Images*, vol. 7, n° 3 (printemps 1982), p. 459-470.

MERLER, Grazia, « la Réalité dans la prose d'Anne Hébert; essai », *Écrits du Canada français*, Montréal, Fides, t. 33, 1971, p. 45-83.

NORTHEY, Margot, « Psychological Gothic : *Kamouraska* », *The Gothic and Grotesque in Canadian Fiction*, Toronto, University of Toronto Press, 1977, p. 53-62.

OUELLETTE, Gabriel-Pierre, « Espace et Délire dans *Kamouraska* d'Anne Hébert », *Voix et Images*, vol. 1, n° 2 (déc. 1975), p. 241-264.

PARADIS, Suzanne, *Femme fictive, femme réelle; le personnage féminin dans le roman féminin canadien-français; essai*, Québec, Éditions Garneau, 1966, 330 p. (*les Chambres de bois*, p. 137-143).

PASCAL, Gabrielle, « la Condition féminine dans *Kamouraska* d'Anne Hébert », *French Review*, vol. 54, n° 1 (oct. 1980), p. 85-92.

———, « Soumission et Révolte dans les romans d'Anne Hébert », *Incidences*, nouvelle série, vol. 4, n°s 2-3 (mai-déc. 1980), p. 59-75.

PATERSON, Janet M., « l'Écriture de la jouissance dans l'œuvre romanesque d'Anne Hébert », *la Revue de l'université d'Ottawa*, vol. 50, n° 1 (janv.-mars 1980), p. 69-73.

PESTRE DE ALMEIDA, Lilian, « *Héloïse* : la mort dans cette chambre », *Voix et Images*, vol. 7, nº 3 (printemps 1982), p. 471-481.

POULIN, Gabrielle, « la « Nouvelle Héloïse » québécoise; une lecture des *Enfants du sabbat* », *Relations*, vol. 36, nº 413 (mars 1976), p. 92-94.

RENAUD, André, et Réjean ROBIDOUX, « *les Chambres de bois* », *le Roman canadien-français du vingtième siècle*, Ottawa, Éditions de l'université d'Ottawa, 1966, p. 171-185.

RENAUD, Benoît, « *Kamouraska* : roman et poème », *Co-Incidences*, vol. 5, nºs 2-3, 1975, p. 26-45.

ROY-HEWITSON, Lucille, « Anne Hébert : *le Torrent* ou l'Intégration au cosmos », *French Review*, vol. 53, nº 6 (mai 1980), p. 826-833.

_______, « Anne Hébert ou le Désert du monde », *Voix et Images*, vol. 7, nº 3 (printemps 1982), p. 483-503.

ROY, Max, « *le Torrent*, recueil de nouvelles d'Anne Hébert », *Dictionnaire des œuvres littéraires du Québec*, t. III : *1940 à 1959*, Montréal, Fides, 1982, p. 1007-1011.

RUBINGER, Catherine, « Actualité de deux contes témoins : « le Torrent » d'Anne Hébert et « Un jardin au bout du monde » de Gabrielle Roy », *Présence francophone*, nº 20 (printemps 1980), p. 121-126.

SAINTE-MARIE-ÉLEUTHÈRE, sœur, *la Mère dans le roman canadien-français*, Québec, PUL, coll. Vie des lettres québécoises, nº 1, 1964, 214 p. (*le Torrent*, p. 64-72; *les Chambres de bois*, p. 121-126).

SAYNAC, Brigitte, « le Pacte de l'enfance dans *les Chambres de bois* et *les Enfants du sabbat* d'Anne Hébert », *Recherches et Travaux*, université de Grenoble, bulletin nº 15, [1977], p. 79-86.

STRATFORD, Philip, « *Kamouraska* and *The Diviners* », *Review of National Literatures*, nº 7, 1976, p. 110-126.

SYLVESTRE, Roger, « Du sang sur des mains blanches », *Critère*, nº 4 (juin 1971), p. 46.

THÉRIO, Adrien, « la Maison de la belle et du prince ou l'Enfer dans l'œuvre romanesque d'Anne Hébert », *Livres et Auteurs québécois 1971*, 1972, p. 274-284.

TOMLINSON, Muriel D., « A comparison of *les Enfants terribles* et *les Chambres de bois* », *la Revue de l'université d'Ottawa*, vol. 43, nº 4 (oct.-déc. 1973), p. 532-539.

VAILLANCOURT, Pierre-Louis, « Sémiologie d'un ange, étude de « l'Ange de Dominique » d'Anne Hébert », *Voix et Images*, vol. 5, nº 2 (hiver 1980), p. 353-363.

III. OUVRAGES GÉNÉRAUX

ALBOUY, Pierre, *Mythes et Mythologies dans la littérature française*, Paris, Librairie Armand Colin, coll. U2, nº 49, 1969, 340 p.

AZIZA, Claude, Claude OLIVIÉRI et Robert SCTRICK, *Dictionnaire des symboles et des thèmes littéraires*, Paris, Éditions Fernand Nathan, coll. Dictionnaires littéraires Nathan, 1978, 208 p.

BACHELARD, Gaston, *la Psychanalyse du feu*, Paris, Gallimard, coll. Idées, nº 73, 1969, 192 p.

———, *Lautréamont*, Paris, Librairie José Corti, 1970, 160 p.

———, *la Poétique de l'espace*, Paris, PUF, 1970, 220 p.

———, *l'Eau et les Rêves; essai sur l'imagination de la matière*, Paris, Librairie José Corti, 1971, 268 p.

———, *la Terre et les Rêveries de la volonté*, Paris, Librairie José Corti, 1971, 410 p.

———, *la Terre et les Rêveries du repos*, Paris, Librairie José Corti, 1971, 346 p.

———, *la Poétique de la rêverie*, Paris, PUF., 1971, 188 p.

———, *l'Air et les Songes; essai sur l'imagination du mouvement*, Paris, Librairie José Corti, 1972, 310 p.

———, *le Droit de rêver*, Paris, PUF, coll. À la pensée, 1973, 256 p.

BAROJA, Julio Caro, *les Sorcières et leur monde*, traduit de l'espagnol par M.-A. Sarrailh, Paris, Gallimard, 1972, 306 p.

BAYARD, Jean-Pierre, *le Feu*, Paris, Flammarion, coll. Symboles, 1958, 318 p.

BEIGBEDER, Olivier, *la Symbolique*, Paris, PUF, coll. Que sais-je ? n° 749, 1961, 128 p.

BERNIS, Jeanne, *l'Imagination*, Paris, PUF, coll. Que sais-je ? n° 649, 1969, 120 p.

CHEVALIER, Jean, et Alain GHEERBRANT, *Dictionnaire des symboles; mythes, rêves, coutumes, gestes, formes, figures, couleurs, nombres*, Paris, Éditions Seghers, 1976, 4 t.

CLANCIER, Georges-Emmanuel, « Note sur la poétique de l'œil chez Victor Hugo », *Cahiers du Sud*, vol. 49, n° 368 (oct.-nov. 1962), p. 87-96.

COLLIN DE PLANCY, J. A. S., *Dictionnaire infernal*, introduction de Roland Villeneuve, Verviers, Éditions Gérard et Co., 1973, 512 p.

DIEL, Paul, *le Symbolisme dans la mythologie grecque*, Paris, Payot, coll. Petite Bibliothèque Payot, n° 87, 1966, 256 p.

DURAND, Gilbert, « Psychanalyse de la neige », *Mercure de France*, août 1953, p. 615-639.

_______, *les Structures anthropologiques de l'imaginaire; introduction à l'archétypologie générale*, Paris, Bordas, coll. Études supérieures, 1969, 552 p.

_______, *le Décor mythique de* la Chartreuse de Parme; *les structures figuratives du roman stendhalien*, Paris, Librairie José Corti, 1971, 256 p.

_______, *Science de l'homme et Tradition. Le « nouvel esprit anthropologique »*, Paris, Éditions tête de feuilles/Éditions du Sirac, 1975, 252 p.

_______, *l'Imagination symbolique*, Paris, PUF, coll. SUP, n° 66, 1976, 136 p.

_______, *Figures mythiques et Visages de l'œuvre; de la mythocritique à la mythanalyse*, Paris, Berg international, coll. L'île verte, 1979, 327 p.

DURAND, Gilbert, *l'Âme tigrée; les pluriels de psyché*, Paris, Denoël/Gonthier, 1980, 224 p.

ELIADE, Mircea, *le Chamanisme et les Techniques archaïques de l'extase*, Paris, Payot, coll. Bibliothèque scientifique, 1968, 408 p.

———, *le Mythe de l'éternel retour; archétypes et répétition*, Paris, Gallimard, coll. Idées, n° 191, 1969, 192 p.

———, *Traité d'histoire des religions*, Paris, Payot, coll. Bibliothèque scientifique, 1970, 400 p.

———, *Aspects du mythe*, Paris, Gallimard, coll. Idées, n° 32, 1971, 256 p.

———, *le Sacré et le Profane*, Paris, Gallimard, coll. Idées, n° 76, 1971, 192 p.

———, *la Nostalgie des origines; méthodologie et histoire des religions*, Paris, Gallimard, coll. Les essais, n° 157, 1971, 335 p.

———, *Mythes, Rêves et Mystères*, Paris, Gallimard, coll. Idées, n° 271, 1972, 288 p.

———, *Images et Symboles; essais sur le symbolisme magico-religieux*, Paris, Gallimard, 1976, 240 p.

———, *Initiation, Rites, Sociétés secrètes. Naissances mystiques. Essai sur quelques types d'initiation*, Paris, Gallimard, coll. Idées, n° 332, 1976, 288 p.

FRAZER, James G., *Mythes sur l'origine du feu*, Paris, Payot, coll. Petite Bibliothèque, n° 142, 1969, 256 p.

FRYE, Northrop, *Anatomie de la critique*, traduit de l'anglais par Guy Durand, Paris, Gallimard, coll. Bibliothèque des sciences humaines, 1969, 456 p.

———, *Pouvoirs de l'imagination; essai*, traduit de l'anglais par Jean Simard, Montréal, Éditions HMH, coll. Constantes, n° 22, 1969, 176 p.

GAGNON, François, « le Soleil noir, le Piège et l'Oiseau de malheur; notes sur la symbolique graphique de Roland Giguère », *la Barre du jour*, nos 11-13 (déc. 1967-mai 1968), p. 111-122.

GARNEAU, Saint-Denys, *Poésies complètes : Regards et Jeux dans l'espace, les Solitudes*, introduction de

Robert Élie, Montréal, Fides, coll. du Nénuphar, 1966, 226 p.

GIDE, André, *le Traité de Narcisse* suivi de *la Tentative amoureuse*, Lausanne, H.-L. Mermod, 1946, 84 p.

GIRAULT, Claude, « le Thème du feu dans l'œuvre de Henri Bosco », *la Table ronde*, n° 203 (déc. 1964), p. 80-94.

GLASS, Justine, *la Sorcellerie; le sixième sens et nous*, traduit de l'anglais par Georgette Rintzler-Neuburger, Paris, Payot, coll. Aux confins de la science, 1971, 240 p.

HUBERT, Étienne-Alain, « Quelques Aspects de l'expression romanesque du surnaturel dans *le Journal d'un curé de campagne* », *la Revue des lettres modernes*, vol. 8, nos 67-68 (hiver 1961-1962), p. 515-549.

JUNG, Carl G., *Métamorphoses de l'âme et ses symboles. Analyse des prodromes d'une schizophrénie*, préface et traduction de Yves Le Lay, Genève, Librairie de l'université, 1967, 776 p.

________, *l'Homme à la découverte de son âme; structure et fonctionnement de l'inconscient*, traduit et commenté par Roland Cahen, Paris, Payot, coll. Petite Bibliothèque Payot, n° 53, 1962, 352 p.

________, *Problèmes de l'âme moderne*, préface de Roland Cahen, traduction de Yves Le Lay, Paris, Éditions Buchet/Chatel, 1976, 468 p.

JUNG, Carl G., et Ch. KÉRENYI, *Introduction à l'essence de la mythologie; l'enfant divin, la jeune fille divine*, traduit par H. E. Del Medico, Paris, Payot, coll. Petite Bibliothèque Payot, n° 124, 1968, 256 p.

JUNG, Carl G., M.-L. VON FRANZ, Joseph L. HENDERSON, Jolande JACOBI et Aniela JAFFÉ, *Man and his Symbols*, New York, Doubleday and Company Inc., 1972, 322 p.

LAROCHE, Maximilien, « Sentiments de l'espace et Image du temps chez quelques écrivains québécois », *Voix et Images du pays VII*, 1973, p. 167-182.

LEGRIS, Renée, Pierre PAGÉ et collaborateurs, *le Symbole, carrefour interdisciplinaire*, Montréal, Éditions Sainte-Marie, coll. Recherche en symbolique, nº 1, 1969, 164 p.

LE MOYNE, Jean, *Convergences; essais*, Montréal, Éditions HMH, coll. Constantes, nº 1, 1966, 328 p.

MANDROU, Robert, *Magistrats et Sorciers en France au XVIIIe siècle; une analyse de psychologie historique*, Paris, Plon, coll. Civilisations et mentalités, 1968, 586 p.

MANSUY, Michel, *Gaston Bachelard et les Éléments*, Paris, Librairie José Corti, 1967, 380 p.

MICHAUD, Guy, *Connaissance de la littérature. L'œuvre et ses techniques*, Paris, Librairie Nizet, 1957, 272 p.

MICHELET, Jules, *la Sorcière*, chronologie et préface par Paul Viallaneix, Paris, Garnier-Flammarion, 1966, 318 p.

NERVAL, Gérard DE, *les Filles du feu, la Pandora, Aurélia*, textes présentés et annotés par Béatrice Didier, Paris, Gallimard, 1972, 446 p.

ONIMUS, Jean, « la Poétique de l'eau d'après l'œuvre de Henri Bosco » (suivi d'une lettre d'Henri Bosco à Jean Onimus), *Cahiers du Sud*, vol. 46, nº 353, 1959, p. 88-102.

PARIS, Jean, *l'Espace et le Regard*, Paris, Éditions du Seuil, 1965, 320 p.

POULET, Georges, *Études sur le temps humain I*, Paris, Plon, coll. 10/18, nº 721, 1972, 448 p.; *II*, Paris, Éditions du rocher, 1976, 372 p.; *III, Le point de départ*, Paris, Éditions du rocher, 1976, 248 p.; *IV, Mesure de l'instant*, Paris, Éditions du rocher, 1977, 384 p.

RICHARD, Jean-Pierre, *Littérature et Sensation*, Paris, Éditions du Seuil, 1954, 288 p.

———, *Poésie et Profondeur*, Paris, Éditions du Seuil, 1955, 254 p.

———, *l'Univers imaginaire de Mallarmé*, Paris, Éditions du Seuil, 1961, 656 p.

ROMI, *Métamorphoses du diable*, Paris, Librairie Hachette, 1968, 254 p.

ROUGEMONT, Denis DE, *l'Amour et l'Occident*, Paris, Plon, 1972, 320 p.

ROUSSET, Jean, *Forme et Signification : essais sur les structures littéraires de Corneille à Claudel*, Paris, Librairie José Corti, 1970, 198 p.

ROY, Jean-Pierre, *Bachelard ou le Concept contre l'image*, Montréal, PUM, 1977, 244 p.

SAINT-PIERRE, Marcel, « Noir sur blanc », *la Barre du jour*, n°s 11-13 (déc. 1967-mai 1968), p. 99-110.

La Sainte Bible, traduite en français sous la direction de l'École biblique de Jérusalem, Paris, Éditions du cerf, 1956, 1678 p.

SARTRE, Jean-Paul, *l'Imaginaire; psychologie phénoménologique de l'imagination*, Paris, Gallimard, coll. Idées, n° 101, 1975, 384 p.

________, *l'Être et le Néant; essai d'ontologie phénoménologique*, Paris, Gallimard, 1976, 704 p.

SAVARD, Félix-Antoine, *Menaud, maître-draveur*, présentation, notice biographique et bibliographie par André Renaud, Montréal, Fides, coll. Bibliothèque canadienne-française, 1965, 216 p.

SÉGUIN, Robert-Lionel, *la Sorcellerie au Québec du XVIIe au XIXe siècle*, Montréal, Éditions Leméac, 1971, 256 p.

SELLIER, Philippe, *le Mythe du héros ou le Désir d'être dieu*, Paris, Bordas, coll. Thématique, 1970, 208 p.

STAROBINSKI, Jean, *l'Œil vivant; essai. Corneille, Racine, Rousseau, Stendhal*, Paris, Gallimard, 1971, 264 p.

________, *l'Œil vivant II. La relation critique*, Paris, Gallimard, 1972, 352 p.

TANS, J. A. G., « la Poétique de l'eau et de la lumière d'après l'œuvre d'Albert Camus », dans Pierre GUIRAUD, J. A. G. TANS, A Kibédi VARGA et Paul ZUMTHOR, *Style et Littérature*, La Haye, Van Goor Zonen, 1962, p. 75-95.

THERRIEN, Vincent, *la Révolution de Gaston Bachelard en critique littéraire; ses fondements, ses techniques, sa portée. Du nouvel esprit scientifique à un nouvel esprit littéraire*, Paris, Éditions Klincksieck, 1970, XVII-400 p.

VAVRA, Robert, *le Cheval nu*, adaptation française de Gérard Turrettini, Lausanne, Edita SA, 1977, 222 p.

WARREN, Austin, et René WELLECK, *la Théorie littéraire*, traduit de l'anglais par Jean-Pierre Audigier et Jean Gattégno, Paris, Éditions du Seuil, 1971, 400 p.

Table des matières

ACHEVÉ D'IMPRIMER EN SEPTEMBRE 1984 PAR L'ÉCLAIREUR LTÉE, BEAUCEVILLE, QUÉBEC, CET OUVRAGE A ÉTÉ COMPOSÉ PAR LES ATELIERS MARIKA INC., LÉVIS, QUÉBEC, POUR LES PRESSES DE L'UNIVERSITÉ LAVAL, SAINTE-FOY, QUÉBEC